法律硕士精品系列教材

仲裁法原理与实务

ZHONGCAIFA YUANLI
YU SHIWU

主　编　杨建学
副主编　张　平　卢荣荣　侯国跃
撰稿人（以撰写章节先后为序）
杨建学　邱威棋　卢荣荣　杨　桦
贺　嘉　许志华　侯国跃　张　平
吕　辉　杨茗皓　王　筝　徐志强

中国人民大学出版社
·北京·

主编简介

杨建学，男，云南陆良人，西南政法大学教授，西南政法大学仲裁研究院（仲裁学院）院长，全国多家仲裁委员会委员或仲裁员。曾任西南政法大学应用法学院院长、中国仲裁学院执行院长、最高人民法院应用法学研究基地负责人、西部基层卓越法律人才培养基地负责人，《中国仲裁论丛》《应用法学文库》《应用法学评论》主编。

担任《商法学》《经济法学》《涉外经济法学》等多部法学教材主编或副主编，在《法律科学》《现代法学》《法律适用》《人民检察》《法治论坛》等刊物发表论文30余篇。主持完成国家社会科学基金项目、中国法学会法学研究重点项目、司法部《仲裁法》修订重大理论研究及农业农村部农村土地承包经营纠纷仲裁研究等多项课题。2009年作为主要完成人的教学成果获重庆市第三届高等教育教学成果奖一等奖，2010年作为主要完成人的教学成果获第六届高等教育国家级教学成果奖二等奖。

总　序

2022年10月16日，习近平总书记在中国共产党第二十次全国代表大会上强调："深化教育领域综合改革，加强教材建设和管理"。同时，党的二十大报告第七部分"坚持全面依法治国，推进法治中国建设"专门部署法治建设，要求发挥法治固根本、稳预期、利长远的保障作用，在法治轨道上全面建设社会主义现代化国家。习近平总书记指出，全面推进依法治国，建设一支德才兼备的高素质法治队伍至关重要。[①] 高校是法治人才培养的第一阵地，高校法学教育在法治人才培养中发挥着基础性、先导性作用。

在法治轨道上全面建设社会主义现代化国家，迫切需要法律硕士专业学位研究生（以下简称"法律硕士"）教育开辟一条加快培养高层次应用型法治人才的新渠道。法律硕士是具有特定法律职业背景的专业性学位，在培养目标上强调实务特点，主要培养立法、司法、行政执法和法律服务以及各行业领域德才兼备的高层次的复合型（专门型）、应用型法治人才。根据新时代法治人才培养的要求"立德树人、德法兼修、明法笃行"，要将法律硕士培养成具有坚定政治立场和崇高法律职业道德的法治人才，培养成具有宽基础、复合型、跨学科知识结构的法治人才，培养成能够综合运用法律、经济、管理、科技、外语、计算机以及其他方面专业知识独立从事法律实务和管理工作的法治人才。

近年来，各高校、科研院所及法律实务部门在应用型高级法律实务人才培养方面不断探索。西南政法大学作为新中国最早建立的高等政法学府，是国家首批卓越法律人才教育培养基地。自1979年开展研究生教育以来，西南政法大学坚持科学的研究生教育观，把研究生教育作为提升学校品牌的重要支点，坚定不移地推进改革，凝心聚力，攻坚克难，不断增强研究生教育的竞争力、吸引力和培养能力，以实施科教兴国战略和满足经济发展对高层次、高素质、创新型人才的需求为出发点，努力发展研究生教育。2010年，西南政法大学被确定为教育部法律硕士教育综合改革试点高校；2013年，西南政法大学被评为全国法律硕士优秀培养院校。西南政法大学紧紧围绕党中央的要求和国家经济、社会发展的需要，明确目标和功能定位，充分发挥培养复合型、实践型法律人才的作用，以培养德才兼备、系统掌握法学理论

---

① 中共中央文献研究室．十八大以来重要文献选编：中．北京：中央文献出版社，2016：190.

知识、具备实践能力、具有社会主义法治理念、能够独立从事法律实务或理论研究工作的高层次专门人才为目标，不断进行探索和创新：

——实施责任教授制度，创新课程管理模式。针对法律硕士专业必修课程实施责任教授制度，实行团队教学。课程所属学科确定一名课程责任教授，由其负责组建教学团队、主持课程建设的各项工作，包括课程规划、教学内容安排、课程进度控制、教学方法使用、考核评价方式等。课程责任教授制度的确立，改变了任课教师单打独斗的授课局面，形成了课程教学合力。

——推进课程教学改革，创新课程教学方法。自 2013 年大力推进研究生课程教学改革以来，制定并实施了《西南政法大学研究生课程教学改革办法（试点）》，推行基于问题、基于项目、基于案例的教学方法和学习方法，探索建立以学生为主体、以培养学生创新能力为主要特征的研究型教学方式，促进课程教学与科研训练、实习实践相结合。已立项建设 4 批次共 37 门改革课程，培育重庆市优质研究生课程 12 门。

——强化教学案例建设，注重实践能力培养。重视案例编写，积极开展案例教学，已组织编写校级法律硕士教学案例 21 个，其中 4 个教学案例入选首批全国法律硕士教学案例库，为首批入库案例最多的院校。在积极开展案例库建设的同时，大力推进案例教学，在法律硕士专业课程教学过程中，引用案例进行讲解的教学内容占比达到 30%以上。

——开设实践训练课程，强化职业能力培养。为适应职业型与复合型的人才培养定位，法律硕士人才培养要把理论知识与开展实务能力加以复合，要开展更加注重实务与应用的实践性教学。学校专门开设了法律实践训练课程，占法律硕士课程的四分之一，任课教师大都为校外行业专家，由此大大提升了学生的法律逻辑分析能力与知识运用能力。

法律硕士的招生院校及招生规模不断扩大，对专业法律人才的培养提出了新的挑战，对法律硕士教学规范化也提出了比较高的要求。党的二十大报告指出："深化教育领域综合改革，加强教材建设和管理，完善学校管理和教育评价体系，健全学校家庭社会育人机制。"这说明深化教育领域综合改革，扎实推进法律硕士教育、加强相关教材建设非常关键。在 2012 年前后，西南政法大学与中国人民大学出版社共同推出针对法律硕士的"应用型高级法律人才系列教材"。该套教材内容设计贴近教学需要，编写质量优良，打下了较好的教材基础。为遵循法律硕士的教学特点和更加贴近司法实务的教学要求，西南政法大学根据全国专业学位研究生教育指导委员会《专业学位研究生核心课程指南（试行）》，更新编写了这套"法律硕士精品系列教材"。该系列教材体系的构建主要有几点考虑：

第一，提升教材的普适性，按照全国专业学位研究生教育指导委员会《专业学位研究生核心课程指南（试行）》的目录搭建对应的系统性教材。

第二，立足教材的应用性，结合实务训练课程需要编写案例丰富、实践性强、以案说法的实务性教材。

第三，侧重特色交叉教材，以满足学校新兴学科发展需要和法律硕士教育特色发展为目标，编写特色教材。

本套教材得以面世，首先要感谢校内外多位主编、编委和作者的精诚合作和辛勤笔耕；还要感谢中国人民大学出版社的大力支持，感谢郭虹分社长对教材编写和出版的精心策划与宝贵建议。西南政法大学副校长唐力教授及校党委常委、研究生院院长李燕教授在教材设计和编写方面做了大量的开创性工作；还有很多工作人员在教材编写和出版过程中默默付出辛劳，我代表编委会对他们一并表示诚挚的敬意和谢忱。

付子堂

2022 年 10 月 29 日于西南政法大学

目　录

第一章　仲裁与仲裁法

【内容摘要】

仲裁是一种国际通行的非诉讼的纠纷解决方式，商事仲裁因其所具有的自治性、专业性、便捷性、灵活性、保密性等特征，以及或裁或审、一裁终局、不公开审理等制度设计优势，被广泛应用于国际、国内民商事争议的处理实践。我国商事仲裁争议解决机制是国家治理过程中与诉讼、调解、行政裁决、行政复议、信访等多元化纠纷解决方式相互配合协调并满足社会主体多样需求的程序运作系统，是国家治理体系的重要组成部分。《中华人民共和国仲裁法》（简称《仲裁法》）于1994年8月31日公布并于1995年9月1日起施行，内容包括总则、仲裁委员会和仲裁协会、仲裁协议、仲裁程序、申请撤销裁决、执行、涉外仲裁的特别规定、附则共八章80条。2009年8月27日对我国《仲裁法》进行第一次修正、2017年9月1日对我国《仲裁法》进行第二次修正。我国《仲裁法》的颁布实施，对保障我国社会主义市场经济健康发展、服务对外开放国家战略、促进国际经济交往均发挥了不可替代的重要作用。

【学习目标】

（1）在知识学习层面，需要熟悉民商事仲裁的内涵及特征、仲裁与民事诉讼的区别、仲裁的不同分类及我国《仲裁法》的适用范围，掌握仲裁法的基本原则、基本制度以及仲裁法与仲裁规则的关系，了解仲裁制度的性质及我国仲裁制度产生和发展的历程。（2）在能力训练层面，要通过对仲裁在我国多元化纠纷解决系统中的定位及作用的理解，通过对我国《仲裁法》中的自愿仲裁、公平合理仲裁、诚信仲裁、合法仲裁、独立仲裁等基本原则的分析、理解，养成体系化或系统性的思维方式。同时，要通过对协议仲裁、或裁或审、一裁终局、不公开审理、仲裁回避、仲裁司法审查等仲裁制度在民商事仲裁实践中应用的理解，提升运用仲裁制度的实践能力。(3) 在价值引领层面，需要清醒认识“法律服务商业化”意识对仲裁、律师、公证等行业的消极影响，严格界分中国“仲裁事业”与西方“仲裁产业”的不同价值初心、发展规律，坚持中国特色社会主义仲裁事业的制度自信，从满足我国纠纷解决的实际需求出发，构建契合我国发展战略并为其助力的、具有中国特色的商事仲裁制度。仲裁是国际通行的纠纷解决方式，是我国社会主义市场经济条件下国家选择的纠纷解决制度，理应成为国家治理体系和治理能力现代化的重要支撑。“坚持以人民为中心，坚持法治为人民服务”是习近平法治思想的根本立足点，实现“让当事人在每一个仲裁案中感受到公平正义”是中国特色社会主义仲裁事业的客观要求。深刻领悟并充分认识公平合理解决争议是仲裁纠纷解决机制的核心价值，是商事仲裁公信力的基础和保障。仲裁庭、仲裁员在仲裁活动的全过程应当秉持中立、公正理念，平等对待双方当事人，依据查明的案件事实，在法律精神许可范围内公平合理地确定当事人之间的权利义务关系，依法作出公平合理并令人信服的裁决结论。

【知识要点】

一、仲裁的概念和特征

（一）仲裁的概念

从汉语的字义上讲，“仲裁”一词中的“仲”表示地位居中的意思，“裁”表示衡量、判断、作出结论的意思。《中国大百科全书》《牛津法律大词典》均将“仲裁”解释为当事人将争议事项提交第三方处理的一种居中公断的争议解决方法，即仲裁是由地位居中的第三人对争议事项公正地作出判断、结论，是非经司法诉讼途径即具有法律约束力的争议解决方式。仲裁作为争议解决的一种方法，有着悠久的历史。在我国，仲裁既是劳动争议和农村土地承包经营纠纷的争议解决方式，也广泛运用于民商事纠纷的处理实践。除特别提示外，本书中所称仲裁特指作为民商事纠纷解决方式的商事仲裁，劳动争议仲裁与农村土地承包经营纠纷仲裁本书设专章介绍。

仲裁是指双方当事人在争议发生前或争议发生后达成仲裁协议，将争议事项提交中立的第三者进行审理并由其作出对双方当事人有约束力的仲裁裁决的争议解决制度和方式。与诉讼、调解等其他争议解决方式相比较，仲裁具有鲜明的特征。

（二）仲裁的特征

1. 仲裁的自治性

仲裁的自治性是指当事人自主选择仲裁争议解决方式、仲裁组庭、案件审理开庭形式、庭审方式、仲裁调解或和解等事项的特征。仲裁的自治性主要表现为：（1）选择仲裁解决争议方式需双方当事人自愿并达成合意。没有仲裁协议，一方申请仲裁的，仲裁机构不予受理。这是仲裁区别于诉讼的最显著特征。（2）当事人自主选择仲裁机构进行仲裁，即当事人可以协商选择并确定对争议事项进行处理的仲裁机构。①（3）当事人自主选择仲裁庭组成形式及组成人员、仲裁审理方式、仲裁地点、仲裁适用法律等。（4）当事人自主选择调解、和解等方式化解彼此之间的争端。仲裁允许当事人进行必要的妥协和礼让，而不必严格根据法律规则划分和确定当事人各自的权益归属。②

2. 仲裁的专业性

仲裁的专业性是指通过仲裁解决的民商事纠纷可能涉及不同行业、不同领域的技术性、专业性问题，需要匹配专业性较强的纠纷解决队伍的特征。为保证仲裁案件公正合理裁决，维护当事人的正当权益，各仲裁机构都选择聘任法律、经济贸易、保险、运输和海事等专业领域的专家作为仲裁员，并按专业设置仲裁员名册供当事人选择。如我国《仲裁法》第 13 条除规定“仲裁委员会应当从公道正派的人员中聘任仲裁员”外，还具体规定了仲裁员需要具备的基本专业水平和专业条件。

3. 仲裁的独立性

仲裁的独立性是指有权仲裁机构或仲裁庭合法行使争议处理权具有独立性的特征，即当事人依法且合意选择的仲裁机构或仲裁庭在受理、审理、裁决案件时，不因任何私利、外界压力而影响裁决的公正性，不受任何行政机关、社会团体和个人的干涉。③

4. 仲裁的灵活性

仲裁的灵活性是指仲裁程序及案件处理过程具有自主性、灵活性的特征。仲裁的自治性特征决定了仲裁程序的灵活性，即当事人可以选择仲裁员及仲裁庭的组成形式，可以选择仲裁审理的方式以及开庭的方式，可以选择仲裁程序中环节的简化，可以选择仲裁文书格式、内容、形式的灵活处理。同时，仲裁在法律适用、代理制度方面也显示出较大的灵活性。如我国《仲裁法》第 39 条规定：“仲裁应当开庭进行。当事人协议不开庭的，仲裁庭可以根据仲裁申请书、答辩书以及其他材料作出裁决。”

5. 仲裁的保密性

仲裁的保密性是指仲裁纠纷解决机制实施过程中，须保障涉及的国家秘密、当事人秘密不被泄露的特征。仲裁的保密性主要表现为：（1）与诉讼的公开审理为常态不同，仲裁以不公开审理为原则，以公开审理为例外。如我国《仲裁法》第 40 条规定：“仲裁不公开进行。当事人协议公开的，可以公开进行，但涉及国家秘密的除外。”（2）各国仲裁法或各仲裁机构的仲裁员管理办法或仲裁规则通常都对包括仲裁

① 我国《仲裁法》第 6 条规定：“仲裁委员会应当由当事人协议选定。仲裁不实行级别管辖和地域管辖”。

② 顾培东. 社会冲突与诉讼机制. 3 版. 北京：法律出版社，2016：29.

③ 如我国《仲裁法》第 8 条规定：“仲裁依法独立进行，不受行政机关、社会团体和个人的干涉。”第 14 条规定：“仲裁委员会独立于行政机关，与行政机关没有隶属关系。仲裁委员会之间也没有隶属关系。”

员、仲裁秘书在内的仲裁从业人员规定了相应的保密义务，保证国家秘密及当事人的商业秘密、隐私等不因仲裁而泄露。如《北京仲裁委员会仲裁规则（2022）》第26条关于保密义务规定：“（一）仲裁不公开审理。当事人协议公开的，可以公开，但涉及国家秘密、第三人商业秘密或者仲裁庭认为不适宜公开的除外。（二）不公开审理的案件，当事人及其代理人、证人、仲裁员、仲裁庭咨询的专家和指定的鉴定人、本会的有关人员，均不得对外界透露案件实体和程序进行的情况。”

6. 仲裁的快捷性

仲裁的快捷性是指仲裁纠纷解决方式的便捷、快速、经济等特征。仲裁的快捷性主要表现为：(1) 与诉讼实行的两审终审制相比，仲裁实行一裁终局制度，能使当事人的纠纷得到快速解决，并降低纠纷解决的成本。(2) 仲裁的自治性、保密性使当事人之间通常无激烈的对抗，对双方当事人其他或后续的商业合作影响较小。(3) 仲裁机构的仲裁规则通常规定较短的仲裁审限以确保仲裁高效。如《广州仲裁委员会仲裁规则（2023）》关于互联网交易争议专门程序第109条规定：“适用独任仲裁庭的，仲裁庭应当在组成后三十日内作出裁决；适用三人仲裁庭的，仲裁庭应当在组成后六十日内作出裁决。”

7. 仲裁的国际性

仲裁的国际性是指仲裁纠纷解决方式有较高的国际社会认可度的特征。国际商事仲裁是经济贸易全球化的产物，作为一种古老的国际通行的民商事纠纷解决方式，仲裁得到了较多国际条约及多数国家国内法的确认，也是我国为适应社会主义市场经济的确立而选择的纠纷解决方式。同时，通过仲裁纠纷解决机制作出的裁决较容易得到外国法院的承认与执行。

二、仲裁与民事诉讼的关系

仲裁与民事诉讼都是解决民商事纠纷的法定方式，是我国多元化纠纷解决系统中协调、互补的重要平台。二者既相互联系，又存在显著区别。

(一) 仲裁与民事诉讼的相同点

仲裁与民事诉讼的相同点主要表现为：仲裁与民事诉讼均属民商事纠纷解决方式的重要组成部分；仲裁与民事诉讼解决的部分纠纷性质相同，它们都解决平等主体之间发生的合同纠纷和其他财产权益纠纷；仲裁与民事诉讼均需遵守较严格、规范的纠纷解决程序，且法院对仲裁的司法监督主要集中于仲裁程序；仲裁与民事诉讼遵循的原则和制度部分一致，如处分原则、调解原则、回避制度等；仲裁裁决书、调解书和民事判决书、调解书具有同等的法律效力。

(二) 仲裁与民事诉讼的区别

仲裁与民事诉讼的区别主要表现为：仲裁是具有一定民间性的纠纷解决方式，而民事诉讼是司法属性的纠纷解决方式；仲裁中的仲裁机构是国家授权处理民商事纠纷的社会组织，民事诉讼中的法院是行使国家审判权的司法机关；仲裁案件的管辖权来自当事人的合意选择，法院受理案件的管辖权来自法律的明确规定；仲裁案件的双方当事人既可以协商选定仲裁委员会、仲裁庭的组成，还有权选定仲裁员，而民事诉讼案件的审判员是根据案件的不同类型由法院指定的，当事人不能自主选择；仲裁以不公开审理为原则，以公开审理为例外，民事诉讼则以公开审理为常态；仲裁实行一裁终局制，适用司法监督程序，而民事诉讼实行两审终审制，对已经发生法律效力、发现确有错误的判决，适用审判监督程序。

三、仲裁的类型

（一）国内仲裁与涉外仲裁

国内仲裁是指本国仲裁机构对不具有涉外因素的国内民商事纠纷所进行的仲裁。例如，我国商事仲裁机构所受理、处理的双方当事人均为中国公民、法人或其他组织，双方之间发生在我国国内的合同纠纷和其他财产权益纠纷的仲裁，即为我国国内仲裁。国内仲裁体现了仲裁机构和双方当事人在属籍上的一致，并且在仲裁程序、仲裁规则的运用上具有显著的国内性。就我国而言，国内仲裁的案件无论是标的金额还是案件数量均占据仲裁机构案件处理的主导地位。

涉外[①]仲裁又称国际商事仲裁，是指争议的当事人分属不同国家或争议的内容涉及不同国家的民商事纠纷仲裁。但涉及我国香港特别行政区、澳门特别行政区和台湾地区的仲裁案件，即一方当事人是我国香港特别行政区、澳门特别行政区或者台湾地区的自然人、法人或者其他组织时，该仲裁案件视为涉外仲裁。就一国而言，国内仲裁和涉外仲裁同属于一国仲裁制度的组成部分。涉外仲裁大多关涉国家间经济贸易关系甚至国家利益等其他关系，故需要解决仲裁程序法、实体法的选择及法律冲突等问题。

我国1956年设立中国国际贸易促进委员会对外贸易仲裁委员会（中国国际经济贸易仲裁委员会的前身），专司国际经济贸易仲裁即涉外仲裁。我国《仲裁法》颁布后，所有仲裁机构可根据当事人的仲裁协议受理国内仲裁案件和涉外仲裁案件，并由此改变了原来专设涉外仲裁机构的做法。

（二）机构仲裁与临时仲裁

机构仲裁是指根据双方当事人达成的仲裁协议，将争议交由约定的常设仲裁机构并依据该仲裁机构仲裁规则或者当事人协议选择的仲裁规则所进行的仲裁。机构仲裁具有仲裁机构的常设性、仲裁规则的实用性、仲裁程序的公开性、仲裁员名册的广泛性及可选择性等优势，是当前世界范围内最主要的仲裁方式。

临时仲裁是指无固定仲裁机构介入，而由当事人各方通过仲裁协议直接选择仲

① 本书关于"涉外"之"外"的解释为"法域外"，不仅包括外国，还包括我国香港特别行政区、澳门特别行政区和台湾地区。

裁员组成仲裁庭并由其进行的仲裁。临时仲裁是机构仲裁出现前唯一的国际商事仲裁方式。这种类型的仲裁活动不依赖任何常设仲裁机构或组织，仲裁庭的成员由当事人协商选定，仲裁庭因审理案件的需要而成立，争议解决之后，仲裁庭即告解散。临时仲裁庭是仲裁的初始形态，目前仍有少数国家在继续使用。

我国《仲裁法》规定的仲裁为机构仲裁，但 2016 年 12 月 30 日《最高人民法院关于为自由贸易试验区建设提供司法保障的意见》第 9 条规定："在自贸试验区内注册的企业相互之间约定在内地特定地点、按照特定仲裁规则、由特定人员对有关争议进行仲裁的，可以认定该仲裁协议有效。人民法院认为该仲裁协议无效的，应报请上一级法院进行审查。上级法院同意下级法院意见的，应将其审查意见层报最高人民法院，待最高人民法院答复后作出裁定。"该规定为我国在特定条件下的临时仲裁提供了存在依据。

（三）依法仲裁与友好仲裁

依法仲裁又称合法仲裁，是指仲裁庭依据法律规定对受理的纠纷进行裁决的仲裁方式。依法仲裁具有明确的法律依据、仲裁程序，当事人对仲裁结果有可预见性且仲裁结果易为当事人认可，是世界各国普遍使用的最基本的仲裁方式。

友好仲裁又称友谊仲裁、衡平仲裁，是指经当事人协商合意，授权仲裁庭可以不依据法律规定而依据其公平合理标准进行裁决的仲裁方式。这是仲裁自治性特征在仲裁法律适用过程中的体现和延伸。

友好仲裁具有很大的灵活性，对依法仲裁起到一定补充作用，但须以双方当事人的授权为前提，且须遵循仲裁地的公共政策和强制性规定。在普遍使用依法仲裁方式的背景下，包括我国部分仲裁机构在内的国际、国内仲裁机构的仲裁规则为友好仲裁预留了使用空间。如《广州仲裁委员会仲裁规则（2023）》第 125 条规定："当事人在仲裁协议中约定，或者在仲裁程序中经协商一致书面提出请求的，仲裁庭可以进行友好仲裁。仲裁庭可以根据公平合理、诚实信用的原则作出裁决，但不得违背仲裁地法律法规的强制性规定，也不得损害案外人利益、仲裁地的公共利益。"

（四）线下仲裁与网络仲裁

线下仲裁又称传统仲裁，是指仲裁程序启动、仲裁案件开庭审理等活动均以线下方式进行的案件仲裁模式，即仲裁程序启动以当事人依据仲裁协议提交书面仲裁申请的方式进行，仲裁审理由仲裁庭在规定地点采取线下开庭审理或当事人选择的书面审理模式进行。线下仲裁也不排除在某些环节、场景中借助或运用互联网技术推进仲裁流程。

网络仲裁又称在线仲裁、线上仲裁，是指仲裁程序启动、仲裁案件开庭审理及作出仲裁裁决的整个过程均在线上（互联网）进行的仲裁模式，是依托信息网络、音频视频传输、多媒体存储与展示等互联网技术进行仲裁的争议解决方式。在网络仲裁中，包括案件受理、仲裁庭的组成、案件审理与合议以及作出仲裁裁决等程序都在互联网上进行，无需仲裁当事人和仲裁庭成员线下前往某一个传统意义上的仲裁地点。①

线下仲裁、网络仲裁是以仲裁程序推进过程的模式为标准所进行的划分。网络仲裁是人工智能和互联网技术发展影响仲裁纠纷解决的便利化产物，展现了纠纷解决过程的独立、智慧、高效的价值，但对当事人纠纷的公平、公正解决没有实质影响。采用新技术不仅会改变人的潜力，也会改变人的品行和意识。② 商事纠纷领域和当事人的特殊性、复杂性，以及互联网技术迭代的局限性，外加从业人员职业伦理规矩的模糊性，容易导致网络仲裁程序瑕疵，引发社会公众对仲裁公信力的质疑。所以，线下仲裁是最主要的不可替代的仲裁模式，但我国大多数仲裁机构在其仲裁规则中也规定了网络仲裁、在线或线上仲裁模式。③

四、仲裁的性质

仲裁的性质是我国仲裁学界长期存在分歧的理论问题。我国关于仲裁性质的理论是以国际上关于仲裁性质的司法权说、契约说、混合说、自治说等四种基本理论为基础形成的。主要有：

（一）准司法权理论

准司法权理论认为，虽然仲裁机构的管辖权来源于当事人的协议授权，但作为解决民商事纠纷的一种方式，仲裁裁决的法律效力、仲裁案件的审理程序等与诉讼有诸多相同之处，因此，仲裁是一种解决当事人之间争议的准司法方法，仲裁程序是准司法程序。

（二）民间性理论

民间性理论认为，从本质上看，仲裁就是当事人通过自愿协商达成合意，将解决纠纷的权力交由其信赖的非司法机构的第三人行使的解决争议活动。仲裁属于民间仲裁，具有任意性和民间性，仲裁权属于私权。民间性理论将仲裁置于社会解决纠纷的总体系中探讨其性质，肯定了当事人在选择支配其关系的法律方面具有高度的自治性，合理揭示了仲裁的本质特征并对仲裁制度的发展具有促进意义。但是，

---

① 《仲裁法（修订）（征求意见稿）》中首次提到“网络仲裁”这一制度。其中第 30 条第 3 款明确“仲裁程序可以通过网络方式进行”，但规定较为笼统，实操性与指引性不强。

② 瓦拉赫，艾伦. 道德机器：如何让机器人明辨是非. 王小红，主译. 北京：北京大学出版社，2017：31.

③ 例如《重庆仲裁委员会仲裁规则（2024）》第 62 条规定：“仲裁庭可以采取线下庭审、在线庭审的方式审理案件。在线庭审应当通过本会在线庭审平台进行，当事人另有约定的除外。”第 63 条规定：“有下列情形之一的，仲裁庭可以采取在线庭审的方式审理案件：（一）仲裁庭认为在线庭审更利于推动仲裁程序进行；（二）仲裁员、当事人、代理人和其他仲裁参加人确有特殊情形无法参加线下庭审；（三）当事人一方书面申请在线庭审，并经仲裁庭同意。”《广州仲裁委员会仲裁规则（2023）》第 64 条规定：“（一）仲裁庭应当开庭审理案件，本规则另有规定的除外；根据案件具体情况，仲裁庭有权决定通过现场出席或远程视频、电话会议等电子通讯方式（或者组合形式）开庭。（二）当事人约定不开庭审理的，仲裁庭可以进行书面审理。仲裁庭应当根据仲裁申请书、答辩书、有关证据以及其他材料作出裁决，必要时也可以当场或者书面听取当事人的意见。（三）除当事人另有约定外，开庭审理、书面审理可以采取线上、线下或者两者相结合的方式进行。”

该理论与契约理论一样，忽视了国家法律对于仲裁的强大影响。

（三）综合性理论

综合性理论认为，从仲裁的历史发展、仲裁的构成要素以及仲裁的发展趋势看，仲裁的性质是契约性、自治性和司法权性的有机结合，是以当事人一致同意为基础的、高度自治的，并由国家法律保障实施的一种解决纠纷的方式。在仲裁中，契约性是仲裁的基础，自治性是仲裁的动因，司法权性则是仲裁的法律效力的保障。

五、仲裁法的概念

仲裁法是指由国家制定或认可的调整仲裁关系的法律规范的总称，即调整仲裁机构、仲裁庭、当事人及其他仲裁活动参与人在纠纷解决过程中所发生的社会关系的法律规范的总称。仲裁法具体规定仲裁适用范围、仲裁基本原则和制度、仲裁机构的地位及设立、仲裁庭的组成和仲裁程序的进行、仲裁裁决的效力及其执行等内容。仲裁法有狭义和广义之分。

（一）狭义的仲裁法

狭义的仲裁法专指仲裁法典，即国家制定颁行的专门调整仲裁关系的法律。如1994年8月31日公布并于1995年9月1日起施行的《中华人民共和国仲裁法》。该法共80条，包括总则、仲裁委员会和仲裁协会、仲裁协议、仲裁程序、申请撤销裁决、执行、涉外仲裁的特别规定、附则等八章。根据2009年8月27日第十一届全国人民代表大会常务委员会第十次会议《关于修改部分法律的决定》，我国《仲裁法》进行了第一次修正；根据2017年9月1日第十二届全国人民代表大会常务委员会第二十九次会议《关于修改〈中华人民共和国法官法〉等八部法律的决定》，我国《仲裁法》进行了第二次修正。

（二）广义的仲裁法

广义的仲裁法是指国家制定或认可的调整仲裁关系的一切法律规范。除仲裁法典外，还包括其他的法律法规、国家缔结或参加的国际公约以及司法解释等法律规范中有关仲裁的规定。如《中华人民共和国民事诉讼法》、《中华人民共和国民法典》、《中华人民共和国著作权法》、最高人民法院关于仲裁的司法解释、我国1987年加入的1958年联合国《承认及执行外国仲裁裁决公约》（《纽约公约》）及有关国际公约中关于仲裁的规定等。

需要特别强调的是，在我国民商事仲裁实践中，最高人民法院有关仲裁的司法解释成为仲裁活动重要的法律依据。主要包括：最高人民法院2005年12月26日通过并于2006年9月8日施行、后2008年12月16日调整并于2008年12月31日施行的《关于适用〈中华人民共和国仲裁法〉若干问题的解释》（以下简称《仲裁法解释》），最高人民法院2017年5月22日发布的《关于仲裁司法审查案件归口办理有关问题的通知》(以下简称《归口办理通知》),最高人民法院2017年11月20日通过并于2018年1月1日施行、后2021年12月24日修正公布并于2022年1月1日施行的《最高人民法院关于仲裁司法审查案件报核问题的有关规定》(以下简称《报核问题规定》),最高人民法院2017年12月26日公布并于2018年1月1日施行的《关于审理仲裁司法审查案件若干问题的规定》(以下简称《仲裁司法审查规定》),最高人民法院2018年2月22日发布并于2018年3月1日施行的《关于人民法院办理仲裁裁决执行案件若干问题的规定》(以下简称《仲裁裁决执行规定》)。

六、仲裁法的适用范围

法律的适用范围是指法律的对人的效力、时间效力和空间效力。仲裁法的适用范围即指仲裁法对什么人什么事、在什么时间和空间范围内发生效力。具体包括:

(一)对人的适用范围

仲裁法对人的适用范围是指仲裁法对哪些人适用,哪些人要受仲裁法的约束。按照规定,凡是在中华人民共和国领域内的仲裁机构进行仲裁活动的当事人,都须遵守我国仲裁法的规定,即我国仲裁法不仅适用于中国的公民、法人和其他组织,而且也适用于在我国参与仲裁活动的外国人、无国籍人以及外国的企业和组织。

(二)对事的适用范围

仲裁法对事的适用范围是指当事人可以提交仲裁的争议事项范围及不能提交仲裁的争议事项范围。我国《仲裁法》第2条规定:"平等主体的公民、法人和其他组织之间发生的合同纠纷和其他财产权益纠纷,可以仲裁。"同时,我国《仲裁法》第3条规定:"下列纠纷不能仲裁:婚姻、收养、监护、扶养、继承纠纷;依法应当由行政机关处理的行政争议。"根据上述规定,我国仲裁机构受理的纠纷应符合以下三个条件:

1. 争议主体的平等性

发生纠纷的双方当事人应当是平等的公民、法人和其他组织。比如依法应当由行政机关处理的行政争议,因其属国家行政机关之间,行政机关与其他国家机关、企事业单位、社会团体以及公民之间因行政管理而引起的争议,争议主体之间不具有平等性,故我国《仲裁法》规定"不能仲裁"。

2. 争议事项的可处分性

当事人对提交仲裁的争议事项依法享有处分权。如:婚姻、收养、监护、扶养、继承纠纷,虽是民事纠纷且不同程度地涉及当事人的财产权益,但因其身份关系的基础特征,当事人通常不能自由处分;行政争议的争议事项涉及国家行政权,当事人无权自由处分。另外,我国《仲裁法》第77条规定:"劳动争议和农业集体经济组织内部的农业承包合同纠纷的仲裁,另行规定。"劳动争议和农村土地承包经营纠纷属于特殊的仲裁范围,适用专门的仲裁法规,不能适用我国仲裁法。

3. 仲裁事项的财产性

提交仲裁的纠纷是合同纠纷和其他非合同的财产权益纠纷。合同纠纷的范围包括我国《民法典》规定的 19 种典型合同和无因管理、不当得利两种准合同。其他非合同的财产权益纠纷主要是指合同关系以外有关财产的侵权纠纷，包括发生在海事、知识产权、房地产、产品质量等领域的财产权益纠纷。

（三）时间上的适用范围

仲裁法在时间上的适用范围是指仲裁法发生法律效力的期间范围，一般以法律的明文规定为准。如我国《仲裁法》第 80 条规定："本法自 1995 年 9 月 1 日起施行。"

（四）空间上的适用范围

仲裁法在空间上的适用范围也称仲裁法的地域效力，是指仲裁法在多大的地域范围内发生法律效力。凡在中华人民共和国领域内的仲裁机构进行的仲裁活动，都要适用我国的仲裁法，即仲裁法在中华人民共和国领域内发生法律效力，而在中华人民共和国领域外不发生法律效力。

七、仲裁法的基本原则

仲裁法的基本原则是贯穿于仲裁法的立法、执法、司法和守法全过程的根本行为准则和指导思想，是仲裁机构、仲裁庭、仲裁当事人及其他仲裁参与人在仲裁活动中必须遵循的基本行为准则。根据我国仲裁法的规定，仲裁法的基本原则主要有：

（一）自愿仲裁原则

自愿仲裁原则是指当事人达成仲裁协议、申请仲裁、选择仲裁机构及仲裁员、选择案件审理开庭形式和庭审方式、形成仲裁调解或和解协议等均须出于其真实意愿。自愿原则是国际、国内商事仲裁制度赖以存在与发展的基石，是仲裁法的基本原则中的首要原则，直接体现商事仲裁当事人意思自治的显著特征。主要表现为：

1. 当事人自愿选择仲裁方式

选择仲裁方式解决纠纷，以双方当事人自愿并达成合意为前提。我国《仲裁法》第 4 条规定："当事人采用仲裁方式解决纠纷，应当双方自愿，达成仲裁协议。没有仲裁协议，一方申请仲裁的，仲裁委员会不予受理。"双方当事人的仲裁协议是提起仲裁及仲裁程序启动的前提条件。

2. 当事人自愿选择仲裁机构和仲裁地点

选择仲裁机构和仲裁地点，由双方当事人协商确定。我国《仲裁法》第 6 条规定："仲裁委员会应当由当事人协议选定。仲裁不实行级别管辖和地域管辖。"[①] 双

---

① 《仲裁法（修订）（征求意见稿）》第 6 条规定："仲裁的管辖由当事人协议约定，不实行级别管辖和地域管辖。"

方当事人有权根据其共同的意愿，在争议解决条款或仲裁协议中合意选择任何一个仲裁机构进行仲裁，不受级别和地域的限制。

3. 当事人自愿选择仲裁的争议事项范围

提交仲裁的争议事项范围，由双方当事人约定。对于符合仲裁法规定允许仲裁的事项，对于何种争议事项提交仲裁，双方当事人应当在仲裁协议中明确约定。仲裁机构必须尊重当事人的意愿和选择，对当事人在协议中没有约定的仲裁事项，仲裁机构无权审理和裁决。

4. 当事人自愿选择仲裁庭组成形式及仲裁员

仲裁庭组成形式及仲裁员由双方当事人自主选定。在仲裁中，当事人有权约定仲裁庭的组成形式，有权选定自己信赖的仲裁员。根据我国《仲裁法》第 30 条、第 31 条的规定，仲裁庭可以由三名仲裁员组成合议仲裁庭或者由一名仲裁员组成独任仲裁庭；当事人约定由三名仲裁员组成仲裁庭的，应当各自选定或者各自委托仲裁委员会主任指定一名仲裁员，第三名仲裁员由当事人共同选定或者共同委托仲裁委员会主任指定；第三名仲裁员是首席仲裁员。当事人约定由一名仲裁员成立仲裁庭的，应当由当事人共同选定或者共同委托仲裁委员会主任指定仲裁员。

5. 当事人自愿选择仲裁程序事项

双方当事人可以约定开庭形式、庭审方式、裁决书形式等仲裁程序事项。根据我国《仲裁法》第 39 条、第 40 条、第 54 条的规定，仲裁案件应当开庭审理，即仲裁庭召集当事人及其他仲裁参与人在特定时空面对面地进行调查、质证、辩论等仲裁活动；当事人协议不开庭的，仲裁庭可以进行书面审理，即仲裁庭根据仲裁申请书、答辩书以及其他书面材料作出裁决；仲裁原则上不公开进行，但当事人协议公开的，可以公开进行，涉及国家秘密的除外；裁决书应当写明争议事项和裁决理由，但当事人协议不愿写明的，可以不写；等等。

（二）公平合理仲裁原则

公平合理仲裁原则是指仲裁庭在仲裁活动中始终保持中立立场，秉持公正仲裁理念，平等对待双方当事人，公平合理对仲裁案件作出裁决。公正是仲裁服务最根本的要求，公平合理解决争议是仲裁纠纷解决机制追求的目标和价值，是仲裁纠纷解决机制道德性、正当性的基本要求。在友好仲裁中，公平合理原则甚至是仲裁庭作出仲裁裁决的唯一依据。[①] 即使是在依法仲裁中，公平合理仲裁原则也需要仲裁机构、仲裁庭在仲裁活动的全过程得以贯彻并遵循。其基本要求主要包括：

1. 仲裁庭、仲裁员必须秉持中立、公正理念

仲裁员是仲裁制度的生命，仲裁员必须具备公道正派的法律职业品格，并在仲裁活动全过程保持中立、公正的立场、态度，无论是选定还是指定的仲裁员，均不代表任何一方当事人的利益。这是实现公平合理仲裁的关键因素。为此，绝大多数

---

① 江伟，肖建国. 仲裁法. 3 版. 北京：中国人民大学出版社，2016：49.

国家仲裁法或仲裁机构都对仲裁员规定了较严格的选任条件，除要求公道正派这一最基本的仲裁职业品格外，还规定了基本的专业条件和伦理约束。如不得私自会见当事人、代理人或者接受当事人、代理人的请客送礼等。放宽或降低条件、标准选聘的仲裁员，较难实现仲裁案件处理的公平合理。

2. 仲裁庭必须平等对待双方当事人

仲裁庭必须平等对待双方当事人，保障双方当事人平等享有各项仲裁权利。公平合理仲裁原则要求仲裁机构、仲裁庭在仲裁活动中不偏不倚，不倾向于任何一方当事人，不能有意或无意流露让当事人对仲裁庭公正立场产生合理怀疑的言语、行为甚至表情。同时，在仲裁程序推进过程中，应当平等赋予双方当事人及其委托代理人参与仲裁、申请仲裁员回避、举证质证、庭审辩论等仲裁权利，平等赋予双方当事人在仲裁组庭、案件审理开庭形式和庭审方式、调解或和解协议的达成等方面的合意选择权。

3. 仲裁庭应当依法作出公平合理并令人信服的仲裁裁决

仲裁庭应依据案件事实，依法作出公平合理并令人信服的仲裁裁决。实质解决当事人争议是仲裁制度的价值之所在。公平合理并令人信服的仲裁裁决是仲裁公信力的基础，也是仲裁纠纷解决高质量的识别标准。仲裁庭应在查清案件事实的基础上，在法律精神许可范围内公平合理确定当事人之间的权利义务关系，实现案结事了人和。公平合理仲裁原则要求仲裁庭的法律适用过程、法律适用方法、法律适用结论既体现法律的价值取向，又契合公众朴素的公平正义理念。

（三）诚信仲裁原则

诚信仲裁原则是指仲裁活动参与人应当遵循诚实信用原则，诚实不欺、保持善意、讲究信用、恪守承诺。诚实信用是市场经济活动中商事主体的基本道德准则，是我国社会主义公民道德建设的重要内容，也是民商事纠纷处理实践应当遵循的基本原则。诚实信用原则具有法律调节和道德调节的双重功能，我国民事实体法或程序法中多有该原则的明确规定。如我国《民法典》第 7 条规定：“民事主体从事民事活动，应当遵循诚信原则，秉持诚实，恪守承诺。”我国《民事诉讼法》第 13 条规定：“民事诉讼应当遵循诚信原则。”我国《仲裁法》虽未明确诚信仲裁，但诚实信用始终是我国仲裁纠纷解决机制价值目标对仲裁活动的客观要求，也是在我国仲裁实践和仲裁法律适用过程中应当遵循的基本原则。我国仲裁机构仲裁规则如《珠海国际仲裁院仲裁规则（2023）》第 5 条规定：“依据本规则进行仲裁应遵循诚实信用、意思自治、独立高效、善意合作及保守秘密的原则。”《仲裁法（修订）（征求意见稿）》明确了诚信仲裁原则。[①] 诚信仲裁原则的基本要求涵盖了参与仲裁的各方。

1. 仲裁机构或仲裁庭

要求仲裁机构或仲裁庭做到：诚实不欺，保持善意；平等、友善对待双方当事

---

① 《仲裁法（修订）（征求意见稿）》第 4 条规定：“仲裁应当诚实善意、讲究信用、信守承诺。”

人，保障双方当事人平等享有各项仲裁权利；为提高仲裁效率和促进仲裁公正，在有利于争议公平合理解决且法律许可的条件下，进行必要释明；禁止有悖程序正义与实体正义的自由裁量权的行使；避免各种程序突袭。

2. 当事人及其代理人

要求当事人及其代理人做到：讲究信用，恪守承诺；尊重仲裁庭，对对方当事人、代理人及纠纷解决保持善意；不得滥用仲裁权利，恶意制造仲裁案件；不得伪造证据或进行虚假陈述；不以各种方式有意阻碍仲裁程序的顺利推进。

3. 证人、鉴定人等其他仲裁参与人

禁止证人、鉴定人等其他仲裁参与人的伪证行为和虚假陈述行为。

(四) 合法仲裁原则

合法仲裁原则也称依法仲裁原则，是指仲裁庭在查明仲裁案件事实的基础上，应当根据法律规定确认当事人各方的权利义务关系，仲裁程序及仲裁裁决法律适用依据符合法律规定。如我国《仲裁法》第 7 条规定："仲裁应当根据事实，符合法律规定，公平合理地解决纠纷。"[①] 合法仲裁原则虽要求仲裁庭在查明事实的基础上严格依照法律规定作出裁决，但仲裁纠纷解决过程中的"依法仲裁"存在一定弹性和自由裁量空间，只要仲裁程序、仲裁裁决公平合理，不违反法律强制性规定，均属合法仲裁原则的体现。

(五) 独立仲裁原则

独立仲裁原则是指仲裁机构独立于行政机关，与行政机关没有隶属关系，仲裁庭在法律和仲裁规则范围内，依据其专业知识和经验依法独立审理案件并作出仲裁裁决，不受仲裁机构的干预，也不受行政机关、社会团体和个人的干预。独立仲裁原则主要表现在：

1. 仲裁机构独立于行政机关

仲裁机构独立于行政机关，与行政机关没有隶属关系。绝大多数国家的仲裁机构设在商会、行业协会之内，或者作为一个社会团体独立设立，属非官方的民间性组织。我国仲裁法规定，仲裁委员会独立于行政机关且二者之间不存在隶属关系，仲裁委员会由政府组织有关部门和商会统一组建，并经司法行政部门登记，但相互之间独立，不存在上下级关系。

2. 仲裁机构或仲裁庭独立受理、审理和裁决仲裁案件

仲裁机构或仲裁庭对仲裁案件有独立受理、审理和裁决权，不受行政机关、社会团体和个人的干涉。仲裁机构负责仲裁管理和事务性工作，如聘任仲裁员、对违法仲裁员除名、进行日常管理等，通常不干预仲裁庭对具体仲裁案件的审理和裁决

---

① 《仲裁法（修订）（征求意见稿）》第 7 条规定："仲裁应当根据事实，符合法律规定，参照交易习惯，公平合理地解决纠纷。"

等实质性工作。机构仲裁中仲裁组庭后，仲裁庭独立展开案件审理、调解或裁决，在仲裁法律适用过程中根据案件事实，公平合理地解决纠纷。

八、仲裁法的基本制度

仲裁法的基本制度是指仲裁机构、仲裁庭、仲裁当事人及其他仲裁参与人在仲裁活动中必须遵循的基本操作规程。仲裁法的基本制度规范仲裁活动中某一阶段或某一环节，具有很强的针对性、规范性。

我国仲裁法的基本制度主要有以下几种。

（一）协议仲裁制度

协议仲裁制度是指当事人向仲裁机构申请仲裁，必须以双方当事人达成的仲裁协议为依据，无仲裁协议的仲裁机构不予受理的仲裁制度。仲裁自治性是仲裁与诉讼争议解决方式相区别的显著特征，协议仲裁制度是仲裁自愿原则的具体体现，仲裁协议是现代仲裁制度的核心和基石，是双方当事人共同授权仲裁机构对仲裁案件行使仲裁权并排除法院司法管辖权的法律依据。以仲裁方式解决纠纷，必须遵循协议仲裁制度。双方当事人不仅要在仲裁协议或仲裁条款中明确将特定争议提交仲裁解决的共同意思表示，还须协商并明确所选定的特定仲裁机构。

（二）或裁或审制度

或裁或审制度是指争议发生前或发生后，当事人有权选择仲裁或诉讼方式解决争议，如果当事人达成仲裁协议，应当向仲裁机构申请仲裁而不能向法院起诉的仲裁制度。如我国《仲裁法》第 5 条规定："当事人达成仲裁协议，一方向人民法院起诉的，人民法院不予受理，但仲裁协议无效的除外。"第 26 条规定："当事人达成仲裁协议，一方向人民法院起诉未声明有仲裁协议，人民法院受理后，另一方在首次开庭前提交仲裁协议的，人民法院应当驳回起诉，但仲裁协议无效的除外；另一方在首次开庭前未对人民法院受理该案提出异议的，视为放弃仲裁协议，人民法院应当继续审理。"我国《民事诉讼法》第 127 条第 2 项规定："依照法律规定，双方当事人达成书面仲裁协议申请仲裁、不得向人民法院起诉的，告知原告向仲裁机构申请仲裁。"对于双方当事人已合意达成仲裁协议的纠纷，其管辖权因双方当事人共同的仲裁意愿而归属于仲裁机构，同时排除了人民法院对争议案件的管辖权。①

（三）一裁终局制度

一裁终局制度是指仲裁机构受理的纠纷，一经仲裁庭裁决，裁决即发生法律效力，当事人不得就同一纠纷再申请仲裁或向人民法院起诉的仲裁制度。如我国《仲裁法》第 9 条第 1 款规定："仲裁实行一裁终局的制度。裁决作出后，当事人就同一

---

① 常英. 仲裁法学. 4 版. 北京：中国政法大学出版社，2019：43.

纠纷再申请仲裁或者向人民法院起诉的，仲裁委员会或者人民法院不予受理。”一裁终局制度作为仲裁的优势特征，有利于争议的快速解决，但形式上阻断或限制了当事人的权利救济渠道。为此，我国部分仲裁机构在其仲裁规则中规定了内部上诉“机制”，如《珠海国际仲裁院仲裁规则（2023）》第74条规定：“（一）依据仲裁地法律或者当事人约定适用的法律，当事人可以在仲裁裁决作出前，书面约定仲裁裁决的内部上诉机制。（二）当事人书面约定了内部上诉机制，但未约定具体上诉机构或上诉仲裁庭的，本院为上诉机构。当事人未约定上诉程序的，依本条的相关规定。本条未作规定的，参照本规则的相关规定。（三）依据本条第（一）（二）款的规定，当事人申请内部上诉的，应在收到原裁决之日起15日内提出，并向本院提交书面申请。（四）如本院为内部上诉机构，当事人未依据本条第（三）款规定提出上诉申请的，原仲裁裁决生效。当事人依据本条第（三）款规定提出上诉申请的，原裁决不发生终局效力。（五）当事人未对上诉仲裁庭的组成作出约定的，本院依照本规则的相关规定组成上诉仲裁庭，原仲裁庭成员不能参加上诉仲裁庭。（六）上诉仲裁庭应当对原仲裁裁决全面审查，但当事人就内部上诉的具体范围作出约定的除外。（七）上诉仲裁庭可以维持或者变更原裁决。上诉仲裁庭作出的裁决为终局裁决，对各方当事人有约束力。（八）当事人申请内部上诉机制的，应当参照本院仲裁费用的收费标准预交上诉费用。”同时，我国法律规定了一裁终局的例外情况，即我国《仲裁法》第9条第2款的规定、我国《民事诉讼法》第248条关于不予执行仲裁裁决情形的规定。

（四）仲裁回避制度

仲裁回避制度是指可能影响案件公正审理的仲裁庭成员遇有法律规定的情形时，不得参加仲裁案件审理的仲裁制度。回避制度是仲裁纠纷解决机制程序正义的客观要求，是确保仲裁公正和案件质量、保证仲裁员依法公平公正处理争议的重要制度。我国仲裁法对回避的事由、方式、程序等作出了具体、明确的规定（仲裁回避的相关具体规定见本书第七章）。

（五）仲裁不公开审理制度

仲裁不公开审理制度是指仲裁庭在进行仲裁案件审理活动时，对案件不进行公开审理的仲裁制度。所谓不公开是指仲裁庭审中，除仲裁庭成员、双方当事人及其代理人、证人、鉴定人员或翻译人员等参加以外，不对社会公开；仲裁庭对争议所作出的仲裁裁决也不公开宣告。不公开审理是仲裁活动与法院审判活动的区别之一。仲裁以不公开审理为原则，以公开审理为例外，而公开审判则是诉讼的基本制度。如我国《仲裁法》第40条规定：“仲裁不公开进行。当事人协议公开的，可以公开进行，但涉及国家秘密的除外。”不公开审理制度设计的目的主要在于保守当事人的商业秘密，同时避免因仲裁案件的审理影响当事人的商业信誉。需要强调的是，涉及国家秘密的仲裁案件，即使当事人协议公开审理，也不允许公开。

（六）仲裁司法审查制度

仲裁司法审查制度又称仲裁司法监督制度，是指法院对商事仲裁案件依法行使司法监督权，对法定监督事项作出具有最终效力裁定的仲裁制度。监督事项包括但不限于认定仲裁协议效力、确认仲裁管辖、承认和执行仲裁裁决、对仲裁裁决裁定撤销或不予执行等。仲裁作为所谓民间、独立的“一裁终局”的纠纷化解机制，既需要具有公权力属性的法院的依法支持，又离不开法院的必要监督。同时，仲裁裁决的强制执行也须依托法院并按照法院强制执行程序进行，当仲裁裁决出现瑕疵时，当事人可以通过向人民法院申请撤销或不予执行仲裁裁决寻求救济。作为维护社会公平正义的最后一道防线，司法对仲裁进行必要的干预和监督，是世界各国仲裁立法的通行做法，如我国《仲裁法》第16、20、28、58、70条关于对仲裁协议效力认定、仲裁裁决撤销、执行的规定。为完善和发展我国仲裁司法审查制度，最高人民法院自2017年以来相继出台了有关仲裁的四个文件或司法解释。①

九、仲裁规则

仲裁规则是指仲裁机构制定的，规定具体仲裁程序，调整仲裁程序中各主体之间权利义务关系的仲裁活动的行为准则，是仲裁机构和当事人在具体仲裁活动中必须遵循的程序规范。如《中国国际经济贸易仲裁委员会仲裁规则》《中国海事仲裁委员会仲裁规则》《北京仲裁委员会仲裁规则》《广州仲裁委员会仲裁规则》《重庆仲裁委员会仲裁规则》《成都仲裁委员会仲裁规则》《珠海国际仲裁院仲裁规则》《青岛仲裁委员会仲裁规则》《遵义仲裁委员会仲裁规则》等。仲裁规则用于调整仲裁活动的内部程序，是仲裁参与者的“内部法”。② 仲裁法与仲裁规则均是仲裁活动应遵循的行为规范，仲裁法是仲裁机构制定仲裁规则的依据，仲裁规则是仲裁机构适用仲裁法仲裁程序的细化和补充。

（一）仲裁法与仲裁规则的区别③

1. 制定主体不同

仲裁法是由国家立法机关制定的，而仲裁规则往往是由仲裁行业协会或者仲裁机构制定的。

2. 效力不同

仲裁法是国家制定或认可的调整仲裁机构、仲裁庭、当事人及其他仲裁活动参与人在纠纷解决过程中所发生的社会关系的法律规范的总称，具有普遍约束力和国家强制力，仲裁规则不得与之相抵触。仲裁法中的任意性条款，当事人、仲裁庭和仲裁机构可以适用，也可以不适用；仲裁法中的强制性条款，当事人、仲裁庭和仲裁机构都必须严格遵守，不得排除仲裁法中的强制性规定。仲裁规则是由仲裁机构

---

① 2017年5月22日最高人民法院发布《关于仲裁司法审查案件归口办理有关问题的通知》，2017年12月26日发布《关于仲裁司法审查案件报核问题的有关规定》（于2021年修正）、《关于审理仲裁司法审查案件若干问题的规定》，2018年2月22日发布《关于人民法院办理仲裁裁决执行案件若干问题的规定》。

② 谢石松. 商事仲裁法学. 北京：高等教育出版社，2003：79.

③ 常英. 仲裁法学. 4版. 北京：中国政法大学出版社，2019：67-68.

制定的当事人选择适用的程序规范，其约束力来源于合同应当信守的规则，具有明显的契约性。仲裁规则的效力只及于适用该规则的相关仲裁机构、仲裁员和当事人以及其他仲裁参与人，即仲裁规则的效力具有范围的局限性。在仲裁实践中，不少仲裁机构的仲裁规则均规定，允许当事人在选择该仲裁机构时选择适用该机构的仲裁规则，也允许当事人选择适用其他仲裁规则，这就使得仲裁规则实际上构成仲裁协议的一部分。当事人可以直接在仲裁协议中约定一套仲裁规则，也可以援引一套现成的仲裁规则，还可以通过选定仲裁机构而间接地确定相应的仲裁规则。即使面对那些不允许当事人选择本机构仲裁规则之外的其他仲裁规则的仲裁机构，当事人在行使选择仲裁机构权利的同时也意味着已经选择了相应的仲裁规则。

3. 内容不同

仲裁法的内容除规定仲裁程序的有关事项及仲裁法律关系外，还从宏观上规定有关仲裁制度的各方面，如仲裁行业组织等，内容具有概括性。如《仲裁法》第 32 条规定："当事人没有在仲裁规则规定的期限内约定仲裁庭的组成方式或者选定仲裁员的，由仲裁委员会主任指定。"此条就没有对指定仲裁员的期限作出具体规定。而仲裁规则紧紧围绕仲裁程序，其内容更为明确、具体。一般的仲裁规则大体包含如下内容：仲裁管辖、仲裁机构组织、仲裁申请和答辩、反请求程序、仲裁庭组成程序、普通审理程序和简易审理程序、裁决程序以及在各个程序中各法律关系主体的权利义务关系、期间和送达、仲裁费用等。

（二）仲裁规则的作用

1. 仲裁规则是仲裁解决争议的程序方法

仲裁规则为当事人、仲裁机构和仲裁庭提供了一套科学、系统而又完备的仲裁解决争议的程序方法。仲裁规则具有较强的规范性，但又不失其应有的灵活性。仲裁规则不仅为便于当事人有效地通过仲裁解决纠纷提供了一套可依循的程序规则，而且也使仲裁机构在行使仲裁管辖权、仲裁庭在行使仲裁权处理仲裁案件时有章可循。[①]

2. 仲裁规则是仲裁程序的权利义务规范

仲裁规则为当事人和仲裁机构、仲裁员提供了程序上的权利义务规范。仲裁规则规定了当事人和仲裁机构、仲裁员在仲裁活动中的权利义务，以及行使权利和履行义务的具体方式，为当事人及仲裁机构、仲裁员合理行使权利、履行义务提供了依据，从而保证当事人实体权利义务关系的确认。[②]

3. 仲裁规则是人民法院司法监督的依据

仲裁规则为仲裁的司法监督提供了依据。人民法院对仲裁的司法审查通常遵循有限监督原则，充分尊重仲裁的权威性与效率性，保护当事人选择仲裁解决纠纷的

---

① 杨秀清，史飚. 仲裁法学. 3 版. 厦门：厦门大学出版社，2019：50.

② 常英. 仲裁法学. 4 版. 北京：中国政法大学出版社，2019：69.

意思自治，避免审判权对仲裁的过度干预。为此，人民法院对仲裁的司法审查并非专注于案件实体审查，而主要是依照我国《仲裁法》《民事诉讼法》的规定进行形式审查，包括仲裁活动是否严格遵循仲裁法和仲裁机构仲裁规则规定的程序等。

十、仲裁制度的产生与发展

（一）外国及国际仲裁制度的产生和发展

仲裁作为源于古希腊、古罗马时代的民商事争议解决方法，有着悠久的历史。18 世纪末 19 世纪初，仲裁制度相继获得欧洲各国国内法认可，处理商事仲裁事务的专业组织也开始设立。如 1887 年瑞典颁布第一个仲裁法令，并于 1911 年设立瑞士苏黎世商会仲裁院、1917 年成立斯德哥尔摩商会仲裁院。1889 年英国制定并发布世界上第一部专门的《仲裁法》，1892 年设立伦敦仲裁院。1890 年日本颁布的《民事诉讼法》设专章规定了仲裁程序。1924 年，苏联颁布《仲裁庭条例》，作为民事诉讼法附件，民事诉讼法和条例规定了仲裁解决公民之间民事权利争议问题。美国 1925 年制定了《美国联邦仲裁法案》，1926 年成立仲裁协会，1955 年制定了新的《美利坚合众国统一仲裁法案》。

随着国际商事贸易的发展，仲裁制度成为解决国际商事矛盾的重要纠纷处理依据。为了满足国际商事仲裁实践的需要，协调各国仲裁立法差异，联合国及其他国际经济组织开始开展一系列相关国际公约的制定工作。1958 年 6 月，联合国国际商事仲裁会议审议通过《承认及执行外国仲裁裁决公约》（《纽约公约》），这是目前拥有最多缔约方的关于仲裁的国际公约之一。截至 2023 年 7 月，《纽约公约》缔约方已达 172 个。1987 年 1 月，中国正式向联合国提交《纽约公约》加入书，同时作出了互惠保留和商事保留两项声明，1987 年 4 月 22 日，《纽约公约》对中国生效。1965 年，世界银行制定《关于解决各国和其他国家国民之间投资争端的公约》，规定以仲裁方式解决各国和他国国民之间因投资所发生的争议，并于 1966 年成立解决投资争端国际中心。1976 年，第 31 届联合国大会制定《联合国国际贸易法委员会仲裁规则》，供双方当事人自愿选择适用。1985 年，联合国国际贸易法委员会主持制定《国际商事仲裁示范法》，此法虽不具有严格意义上的法律效力，但被多国国内立法广泛引用。

（二）我国仲裁制度的产生和发展

我国自古就有与“仲裁”相类似的方式即“公断”来调停或者裁断民间发生的争议，春秋战国、秦汉时期，我国已经形成“三老会”制度等具体处理乡间邻里的民事纠纷。[1] 我国近现代仲裁制度始于清末，确立于民国初年，与我国商会制度的产生、发展形影相随，为当时商事争议解决、商事秩序维护作出了积极的贡献。伴

① “三老会”裁决结果没有法律的“强制执行力”，主要依赖当事人对裁决者的信赖和道德观念的约束而自行履行。

随仲裁组织经历清末的“商事裁判所”—民国初年“商事公断处”—南京国民政府时期的“商事公断委员会”的演变，仲裁立法也得到相应发展。1912 年，国民政府颁布《商事公断处章程》。1913 年颁布《商事公断处办事细则》，这是我国第一个关于商事仲裁的专门规定。1930 年，国民党政府颁布《劳动争议处理法》，规定了劳动争议处理的调解和仲裁程序。

在中国共产党领导下的革命根据地以及解放区也制定了一些关于仲裁的规范。1933 年的《中华苏维埃共和国劳动法》规定，各级劳动部门得依双方当事人申请进行调解和仲裁。1943 年晋察冀边区颁布《晋察冀边区租佃债息条例》和《关于仲裁委员会工作指示》。1949 年华北人民政府颁布《关于调解与仲裁的决定》，天津市政府发布《天津市调解仲裁委员会暂行组织条例》。中国共产党关于仲裁的立法实践，为新中国成立后仲裁制度的建立和发展奠定了基础。新中国成立后，我国逐步确立涉外仲裁与国内仲裁并行的“双轨制”。在涉外仲裁制度方面，1954 年出台《关于在中国国际贸易促进委员会内设立对外贸易仲裁委员会的决定》，并于 1956 年设立中国国际贸易促进委员会对外贸易仲裁委员会，即中国国际经济贸易仲裁委员会的前身。1958 年出台《关于在中国国际贸易促进委员会内设立海事仲裁委员会的决定》，并于 1959 年设立中国国际贸易促进委员会海事仲裁委员会，即中国海事仲裁委员会的前身。上述两个涉外仲裁机构基本上是按国际仲裁规则和国际惯例设立的，所以，新中国涉外仲裁制度从一开始就具有了现代商事仲裁制度的特征。在国内仲裁制度方面，我国经历了六个阶段：

（1）“只裁不审”“多级裁决”阶段。根据 20 世纪 60 年代我国政府发布的一系列涉及仲裁的条例和文件，如 1961 年《国营工业企业工作条例（草案）》、1962 年《关于各级经委仲裁国营企业之间拖欠债款的意见（草案）》和 1962 年《关于严格执行基本建设程序、严格执行经济合同的通知》等，各级经济委员会为合同仲裁的主管机关，当事人可向仲裁主管机关提请仲裁，不得向法院起诉。一般案件，实行两裁终裁制度；涉及重大项目的案件，三裁终裁；不服裁决，可向上一级经济委员会申请仲裁，直至向国家经济委员会提请仲裁。该阶段的仲裁属于行政性质。

（2）仲裁停滞阶段。“文化大革命”期间，除了涉外仲裁部分有为数不多的案件，国内仲裁制度处于停滞瘫痪状态。

（3）“多头仲裁”“又裁又审”阶段。根据 1978 年《关于成立工商行政管理总局的通知》、1979 年《关于管理经济合同若干问题的联合通知》和 1980 年《关于工商行政管理部门合同仲裁程序的试行办法》，各级经济委员会、工商行政管理局、同一系统的各业务主管部门是相关合同纠纷的仲裁机关。相关纠纷须经仲裁，不服仲裁的可向上一级机关复议；不服复议的，可向法院起诉，法院实行两审终审制。

（4）“可裁可审”“一裁两审”阶段。1982 年《经济合同法》和 1983 年《经济合同仲裁条例》规定：由各级工商行政管理局设立经济合同仲裁委员会，统一管辖经济合同纠纷仲裁，实行一次裁决制度；不服裁决可向法院起诉，也可不经仲裁直接起诉，法院实行两审终审制。

（5）“或裁或审”“一裁终局”阶段。1991 年《民事诉讼法》确立协议仲裁、或裁或审、一裁终局制度。1993 年修改《经济合同法》时确认了前述制度。但是，合同纠纷仲裁仍由经济合同仲裁委员会受理，未改变其行政属性。20 世纪 80 年代中后期，对房地产纠纷、技术合同纠纷、知识产权纠纷、农村承包合同纠纷、劳动争议纠纷，相关主管部门纷纷于内部专设仲裁机构进行仲裁。此外，劳动争议仲裁采取仲裁前置、一裁两审制，并延续至今。

(6)“协议仲裁”“或裁或审”“一裁终局”阶段。1994 年 8 月 31 日第八届全国人民代表大会常务委员会第九次会议通过了《中华人民共和国仲裁法》，于 1995 年 9 月 1 日施行。《仲裁法》的颁布，是我国社会主义市场经济建设和发展的客观要求，在仲裁双轨制的格局上确立了我国民商事仲裁“仲裁委员会独立于行政机关且相互没有隶属关系”的现代民商事仲裁性质，真正从制度的顶层设计上实现了我国民商事仲裁的“协议仲裁”“或裁或审”“一裁终局”。

我国《仲裁法》颁布近 30 年来，除因其他法律修改而对个别相关条款进行过两次修正外，一直未曾修订。同时，作为我国《仲裁法》第 15 条所规定的仲裁行业自律性组织的中国仲裁协会迟迟未成立或功能未发挥，致使我国仲裁行业规范建设工作明显滞后。2019 年 5 月，司法部向全国征求《仲裁法》修订的研究课题，收到 280 多项课题建议。2019 年 12 月，司法部确定《仲裁法》修订涉及的 10 个重大理论课题，委托中国社会科学院、中国人民大学、北京大学、清华大学、中国政法大学、武汉大学、西南政法大学等高校科研机构进行研究。2021 年 7 月 30 日，司法部研究起草了《中华人民共和国仲裁法（修订）（征求意见稿）》（简称《仲裁法（修订）（征求意见稿）》）及其说明，并向社会公开征求意见。

【本章涉及的法律条文】

1.《中华人民共和国仲裁法》第 2～9 条，第 13～14 条，第 20、26、30、31、34、39、40、54 条，第 58～64 条，第 77 条。

2.《中华人民共和国民事诉讼法》第 127、248 条。

3.《中华人民共和国民法典》第三编第二分编、第三分编。

【案例评析】

案例一

1. 本案涉及本章知识点：仲裁法的适用范围

2. 案情介绍

被申请人陈某华系申请人 S 市望江食品有限公司销售部业务员，双方存在劳动合同关系。2018 年 4 月 18 日，因一笔 450 000 元、账龄 2 年的应收账款，申请人与被申请人签订《应收账款催收合同书》，约定由被申请人陈某华负责案涉450 000元应收账款的催收工作，合同履行期限为一年，即 2019 年 4 月 18 日截止；回款金额少于 200 000 元时，不支付被申请人奖金（报酬），由被申请人直接向申请人偿还未收回款项的 80%，被申请人偿还后可享有向相关客户的追偿权；超过200 000元以上部分按收回账款金额的 20%向被申请人支付奖金（报酬）。《应收账款催收合同书》还约定："若因履行合同发生纠纷，协商不成则任何一方均可向 S 仲裁委员会申请仲裁。"2019 年 4 月 1 日，申请人与被申请人就《应收账款催收合同书》的履行签订《补充协议》，将合同履行期限延长至 2019 年 10 月 18 日，其他合同条款未变。

截至 2019 年 10 月 20 日，被申请人收回案涉账款 150 000 元，尚有 300 000 元未能收回。为此，申请人要求被申请人按合同约定清偿未收回款项的 80%即 240 000元。被申请人拒不支付。2020 年 1 月 15 日，申请人 S 市望江食品有限公司在其公司网站上发出通知，解除和被申请人陈某华的劳动合同关系，并声明陈某华的各类事务纠纷属其个人行为，与 S 市望江食品有限公司无关。2020 年 3 月 1 日，申请人 S 市望江食品有限公司以被申请人陈某华在约定时限未按《应收账款催收合同书》及其《补充协议》完成回收货款任务为由，向 S 仲裁委员会提起仲裁。

仲裁庭于 2020 年 5 月 15 日依法不公开开庭审理了本案。本案申请人 S 市望江食品有限公司的委托代理人、被申请人陈某华及其代理人到庭陈述了自己的主张及答辩意见，双方对本案的事实和证据进行了核对和质证，并回答了仲裁庭的提问，双方进行了辩论，并作了最后陈述。2020 年 6 月 26 日，S 仲裁委员会作出了（2020）S 仲字第 596 号裁决书，裁决被申请人陈某华于本裁决书送达之日起 10 日内向申请人 S 市望江食品有限公司支付未收回货款 240 000 元。

3. 案例评析

本案的争议焦点主要是申请人与被申请人之间因履行《应收账款催收合同书》及其《补充协议》产生的纠纷是否属于我国《仲裁法》规定的平等主体的公民、法人和其他组织之间发生的合同纠纷和其他财产权益纠纷，是否可以由商事仲裁机构仲裁。从合同主体看，被申请人陈某华时为申请人销售部的业务员，案涉合同双方当事人分别为劳动者与用人单位。从合同内容来看，《应收账款催收合同书》及其《补充协议》约定的是作为用人单位的申请人与作为用人单位职工的被申请人关于申请人应收账款催收工作的权利义务，当属劳动者与用人单位签订的企业内部目标责任考核协议或企业内部业务承包合同。故案涉纠纷属于劳动合同争议，不属于仲裁法的适用范围，作为商事仲裁机构的 S 仲裁委员会无权仲裁本案。案涉纠纷应该适用我国《劳动争议调解仲裁法》，由有管辖权的劳动争议仲裁委员会受理或者直接向有管辖权的人民法院起诉。

案例二

1. 本案涉及本章知识点：公平合理仲裁原则

2. 案情介绍

2021 年 8 月 9 日，申请人 H 市文化娱乐有限公司与被申请人唐某倩签订《主播经纪协议》，由申请人担任被申请人全世界范围内独家经纪公司，独家享有被申请人全部主播事业的经纪权。经纪权范围包括但不限于互联网演艺、线下活动、商务经纪、主播周边、法律事务等，签约费为 150 000 元。案涉协议约定合作期限为 2021 年 8 月 9 日至 2024 年 8 月 9 日。合作期内，被申请人每月有效直播天数不得少于 25 天，每月有效直播总时长不低于 140 小时，单日有效直播达 5 小时记为一天，单次有效直播不满 2 小时的不计时长，符合申请人直播内容要求的直播时长方可确认为有效直播时长；主播须确保直播的真实性、有效性，注重与用户互动交流，若直播镜头空置或没有响应超过 15 分钟，则当次直播不计入有效直播时长且不计有效天数，被申请人有效时长/天数考核任意一项未达到以上要求，申请人有权扣罚被申请人应获得的报酬，情节严重者，视为被申请人违约。案涉合同约定，被申请人需在 2021 年 9 月 1 日至 2022 年 3 月 30 日期间内认真履行合同义务，满足本合同约定的直播要求，并且流水收益需达到 2 000 000 元，若被申请人未在规定时间内达到上述要求，或是有其他任何违反合同约定的情形，则被申请人需在 5 个工作日内以银行转账方式无条件全额退还所有签约费 150 000 元至申请人指定账户；若被申请人违反约定义务或擅自终止协议，构成根本性违约，被申请人应向申请人支付人民币 1 000 000 元整或被申请人已经获取的所有收益的 20 倍作为违约金，不足以弥补申请人经济损失的，应补足经济损失且申请人有权立即终止本协议。

案涉《主播经纪协议》签订后，申请人向被申请人指定账户转入 150 000 元签约费。2021 年 8 月被申请人直播时长 30.15 小时，礼物收益 8 159.65 元；2021 年 9 月，被申请人直播时长 169.85 小时，礼物收益 7 583.26 元；2021 年 10 月，被申请人直播时长 110.66 小时，礼物收益 8 078.96 元；2021 年 11 月，被申请人直播时长 2.67 小时，礼物收益 1.89 元；2021 年 12 月，被申请人直播时长 0 小时，礼物收益 0.65 元。2021 年 12 月 8 日起，申请人与被申请人就被申请人停播等事宜进行过交流，但被申请人仍然未能按约直播。为此，申请人依据《主播经纪协议》中的仲裁条款向 H 仲裁委员会申请仲裁，请求裁决被申请人立即返还申请人签约费 150 000 元并支付违约金 1 000 000 元等。申请人举示的证据中有申请人自制的“唐某倩账号推广资源投入价值清单”，但无其他证据证明其实际投入，也未提供有效证据证明因被申请人的违约所造成的实际损失。被申请人承认违反合同条款，但认为合同约定不合理且违约金规定过高。

仲裁庭于 2022 年 5 月 26 日依法不公开开庭审理了本案。本案申请人 H 市文化娱乐有限公司的委托代理人、被申请人唐某倩及其代理人到庭陈述了自己的主张及答辩意见，双方对本案的事实和证据进行了核对和质证，并回答了仲裁庭的提问，双方进行了辩论，并作了最后陈述。2022 年 6 月 15 日，H 仲裁委员会作出了（2022）H 仲字第 965 号裁决书，在综合考虑案涉《主播经纪协议》性质、前期履行行为及纠纷产生原因因素，基于公平合理、诚实信用原则，裁定被申请人唐某倩在全额返还签约费 150 000 元的基础上再向申请人 H 市文化娱乐有限公司支付违约金 20 000 元，对申请人要求被申请人支付违约金 1 000 000 元的仲裁请求予以部分支持。

3. 案例评析

本案的争议焦点是被申请人唐某倩应否按《主播经纪协议》的约定向申请人支

付违约金 1 000 000 元。围绕网络直播等签订的主播与经纪公司之间的合同系新型经济业态下产生的合同关系，作为该类合同当事人一方的网络主播大多年龄偏小且文化程度不高，合同中双方当事人权利义务的约定往往不对等，通常对网络主播规定了近乎严苛的合同义务和很高的违约金条款。公平合理仲裁原则是仲裁法的基本原则，公平合理确定当事人之间的权利义务关系，实质解决当事人争议并真正实现案结事了人和，是仲裁制度价值之所在。仲裁庭如何在尊重并兼顾合同当事人意思自治的前提下公平合理作出裁决，需秉持法律职业应有的公平正义理念，综合考虑合同签订背景、履行过程、行业特征、社会影响、当事人自身实际、公众感受等多种因素，在查清案件事实的基础上，作出契合公众朴素公平正义理念的令人信服的裁决。同时，违约金的性质主要是补偿性，仍属于违约的损害赔偿。本案中申请人未能提供有效证据证明因被申请人的违约所造成的实际损失，而被申请人全额返还申请人签约费 150 000 元既是对申请人损失的补偿，也是被申请人承担违约责任的形式。该案仲裁庭基于特殊合同、特殊行业、特殊背景、特殊当事人之间的合同纠纷，未完全以“当事人合意”之名而拘于合同条款的约定，裁决被申请人仅承担部分违约金的仲裁理念，体现了公平合理仲裁原则，符合我国《仲裁法》规定之精神。

案例三

1. 本案涉及本章知识点：仲裁回避制度

2. 案情介绍

2018 年 7 月，申请人 G 市建材有限公司与被申请人 G 市建设（集团）有限公司就空心砖采购事宜签订《买卖合同》，约定申请人于 2018 年 8 月至 2019 年 9 月向被申请人提供价值不超过 1 200 000 元的空心砖。合同签订后，申请人在履行期限内按照约定条件向被申请人提供价值 1 165 754 元的空心砖，并按约定分三次向被申请人开具共计金额为 1 165 754 元的增值税专用发票交付被申请人。2018 年 12 月，被申请人向申请人支付货款 400 000 元，仍有 765 754 元货款未支付。2020 年 6 月，申请人 G 市建材有限公司委托某某律师事务所兼职律师、HK 大学法学院教授夏某某作为代理人，依据案涉合同约定的仲裁条款向 G 仲裁委员会提起仲裁申请，请求被申请人 G 市建设（集团）有限公司支付货款 765 754 元及逾期利息等。

2020 年 7 月 29 日，根据 G 仲裁委员会主任的指定，由杨某峰担任本案独任仲裁员，组成本案仲裁庭。2020 年 8 月 25 日，G 仲裁委员会作出了（2020）G 仲裁字第 471 号裁决书，裁决被申请人 G 市建设（集团）有限公司向申请人支付货款 765 754 元及逾期利息等。2020 年 9 月 20 日，申请人向人民法院申请强制执行仲裁裁决。2020 年 9 月 25 日，被申请人以申请人代理人夏某某系 G 仲裁委员会仲裁员名册仲裁员，与本案仲裁员同属 G 仲裁委员会仲裁员，可能影响案件的公正裁决为由，向 G 市中级人民法院提出不予执行裁决的申请。2020 年 10 月 15 日，G 市中级人民法院驳回被申请人的申请，对 G 仲裁委员会作出的（2020）G 仲裁字第 471 号裁决书予以强制执行。

3. 案例评析

本案的争议焦点是具有仲裁员身份的律师代理所在委员会的仲裁案件是否需要

回避以及是否属于撤销仲裁裁决、不予执行仲裁裁决的法定事由。首先，具有仲裁员身份的律师代理仲裁案件是否需要回避。仲裁法确立的仲裁回避制度是针对组成仲裁庭的仲裁员，当仲裁员具有可能影响案件公正审理的法律规定情形时不得参加仲裁案件审理，而非针对当事人的代理人，而本案中申请人代理人夏某某并非本案仲裁员。根据仲裁法和当事人意思自治的原则，仲裁机构或仲裁庭无权要求当事人的代理人回避，也无权要求当事人更换代理人。其次，根据我国《仲裁法》第 34、35 条之规定，当事人对本案仲裁庭或仲裁员有异议需要申请回避的，应在首次开庭前或最后一次开庭终结前提出。① 本案从受理到仲裁裁决作出的全过程，被申请人均未就仲裁组庭或仲裁员申请回避。本案仲裁庭审笔录也显示，被申请人对庭审程序无异议。同时，我国《仲裁法》第 58 条关于撤销仲裁裁决法定情形、《民事诉讼法》第 244 条关于不予执行仲裁裁决法定情形以及相关司法解释均未将担任仲裁员的律师代理所在委员会所审理案件的行为作为撤销仲裁裁决或不予执行仲裁裁决的法定事由。为此，本案被申请人 G 市建设（集团）有限公司以申请人代理人夏某某系 G 仲裁委员会仲裁员为由申请不予执行仲裁裁决既不合理也于法无据。

【疑难问题】

1. 我国仲裁机构受理的争议事项范围如何？
2. 仲裁法律适用中如何运用公平合理仲裁原则？
3. 仲裁法律适用中如何运用诚信仲裁原则？
4. 仲裁法与仲裁规则的关系如何？

课后训练

1. 关于仲裁与民事诉讼的区别，下列表述中正确的有（　　）。

A. 仲裁案件当事人有权选定仲裁员，民事诉讼案件的审判员由法院指定

B. 仲裁案件管辖权来自当事人的合意选择，法院受理案件管辖权来自法律的明确规定

C. 仲裁实行一裁终局制，适用司法监督程序，民事诉讼实行两审终审制，适用审判监督程序

D. 仲裁案件以不公开审理为原则，民事诉讼案件以公开审理为原则

2. 下列关于仲裁自治性特征的表述中，正确的选项有（　　）。

A. 当事人自主选择仲裁庭组成形式及组成人员

---

① 《仲裁法》第 34 条规定：“仲裁员有下列情形之一的，必须回避，当事人也有权提出回避申请：（一）是本案当事人或者当事人、代理人的近亲属；（二）与本案有利害关系；（三）与本案当事人、代理人有其他关系，可能影响公正仲裁的；（四）私自会见当事人、代理人，或者接受当事人、代理人的请客送礼的。”《仲裁法》第 35 条规定：“当事人提出回避申请，应当说明理由，在首次开庭前提出。回避事由在首次开庭后知道的，可以在最后一次开庭终结前提出。”

B. 不服仲裁裁决的，当事人可以向人民法院起诉
C. 当事人可以协议公开审理，但涉及国家秘密的除外
D. 当事人可以选择仲裁审理方式及仲裁适用法律

3. 关于仲裁法与仲裁规则的关系，以下表述中错误的是（　　）。
A. 仲裁法是仲裁机构制定仲裁规则的依据
B. 仲裁法和仲裁规则都是仲裁行业协会制定的仲裁活动行为规范
C. 仲裁法具有普遍约束力，仲裁规则不得与仲裁法相抵触
D. 仲裁规则是仲裁机构适用仲裁法仲裁程序的细化和补充

4. 关于独立仲裁原则的理解，下列表述中正确的有（　　）。
A. 仲裁机构独立于行政机关，与行政机关没有隶属关系
B. 仲裁庭对仲裁案件依法独立审理并作出仲裁裁决
C. 行政机关、社会团体和个人不得干预仲裁活动
D. 仲裁庭作出的仲裁裁决直接签发给当事人

5. 我国国内仲裁制度在不同时期采取不同的制度安排。以下关于我国国内仲裁制度发展进程的表述中错误的是（　　）。
A. 根据 20 世纪 60 年代我国政府发布的一系列涉及仲裁的条例和文件，实行“只裁不审”“多级裁决”
B. 根据 1978 年《关于成立工商行政管理总局的通知》、1979 年《关于管理经济合同若干问题的联合通知》和 1980 年《关于工商行政管理部门合同仲裁程序的试行办法》，实行“多头仲裁”“又裁又审”
C. 根据 1982 年《经济合同法》和 1983 年《经济合同仲裁条例》的规定，实行“可裁可审”“一裁终局”
D. 根据 1995 年 9 月 1 日施行的《中华人民共和国仲裁法》，实行“协议仲裁”“或裁或审”“一裁终局”

6. 我国仲裁法规定了提交仲裁的争议事项范围及不能提交仲裁的争议事项范围。下列各项中属于我国仲裁机构可以受理的争议有（　　）。
A. 某股份有限公司与某有限责任公司之间的购销合同争议
B. 某物业公司与业主之间的物业服务合同争议
C. 某国家行政机构与个人之间发生的行政争议
D. 当事人因离婚涉及共同财产分割发生的争议

论文选题参考

1. 论公平合理仲裁原则
2. 中西民商事仲裁文化比较研究
3. 一裁终局仲裁制度完善研究
4. 友好仲裁制度构建研究

延伸阅读

1. 顾培东. 社会冲突与诉讼机制. 3版. 北京：法律出版社，2016.

2. 梁平，陈焘. 民事纠纷合意解决的制度选择. 北京：中国政法大学出版社，2015.

3. 巴蒂亚. 国际商事仲裁中的话语与实务：问题、挑战与展望. 林玫，潘苏悦，译. 北京：北京大学出版社，2016.

4. 田有赫. 国内仲裁法律适用. 北京：法律出版社，2018.

5. 李虎. 网上仲裁法律问题研究. 北京：中国民主法制出版社，2005.

第二章　仲裁机构、仲裁员与仲裁协会

【内容摘要】

作为根据仲裁协议依法受理仲裁案件，管理并推进仲裁程序，作出仲裁裁决的仲裁机构，其设立应该依据我国《仲裁法》规定的程序，并符合规定的条件。仲裁员作为具体审理、裁决案件的专业人员，是仲裁案件的审理者与裁决者，是仲裁纠纷解决程序运行的核心保障。仲裁员资格的取得必须符合法律规定的任职条件，具备规定的任职资格条件才有可能获得相关仲裁机构的聘任并成为其仲裁员名册中的仲裁员。中国仲裁协会是仲裁委员会的自律性组织，可以制定行业行为规范，有权对仲裁委员会及其组成人员、仲裁员的违纪行为进行监督。

【学习目标】

（1）在知识学习层面，应清楚理解仲裁机构、仲裁员与仲裁协会的概念，充分认识仲裁机构的性质、设立程序和设立条件，全面知悉仲裁员的任职条件、聘任程序、职业责任，深入理解中国仲裁协会的性质、中国仲裁协会与仲裁委员会的关系、中国仲裁协会的职能。（2）在能力训练层面，通过对仲裁机构与中国仲裁协会的职责、功能以及仲裁员职业品格条件、专业资格条件、职业责任等知识的明确知悉，培养参与仲裁活动的实践能力。（3）在价值引领层面，需要清楚认识我国仲裁机构的性质、定位，清醒认识西方“仲裁产业”思想对我国仲裁行业的消极影响，坚持我国仲裁应为“仲裁事业”而非“仲裁产业”的价值判断，坚持中国特色社会主义仲裁事业的制度自信。同时，应该深刻认识公道正派是仲裁员的职业品格，在仲裁活动中保持中立、公正立场独立审理案件是仲裁员最基本的伦理要求。

【知识要点】

一、仲裁机构

（一）仲裁机构的概念

仲裁机构是指依法成立的有权根据仲裁协议受理仲裁案件，管理并推进仲裁程序，作出仲裁裁决的组织。仲裁机构称谓有仲裁委员会、仲裁协会、仲裁院、仲裁中心等。如中国国际经济贸易仲裁委员会（CIETAC）、北京仲裁委员会（BAC）、伦敦国际仲裁院（LCIA）、瑞士苏黎世商会仲裁院（ZCC）、美国仲裁协会（AAA）、德国仲裁协会（DAS）、意大利仲裁协会（AIA）、斯德哥尔摩商会仲裁院（SCC）、国际商会（ICC）国际仲裁院、新加坡国际仲裁中心（SIAC）、中国香港国际仲裁中心（HKIAC）等等。

较早时期民间纠纷的仲裁没有专门的机构组织，多为临时性行为或措施。随着商品经济的发展，现代意义上的商事仲裁活动通常由常设仲裁机构来实现，仲裁机构成为仲裁制度的重要组成部分。在我国，仲裁机构被称为仲裁委员会。仲裁委员会是指根据法定条件和程序组成的，依当事人之间的仲裁协议受理并裁决法定范围内的民商或经济争议的常设性仲裁机构。

（二）我国仲裁机构的性质

我国现行《仲裁法》颁布之时，我国民商法领域规定法人类型的主要法律规范为《民法通则》，我国《民法通则》第 41 条、第 50 条将法人分为企业法人、非企业法人两种，对非企业法人又进一步分为机关法人、事业单位法人以及社会团体法人。但我国仲裁委员会究竟是事业单位法人还是社会团体法人，《仲裁法》对其进行了模糊处理，没有明确规定仲裁委员会的性质，只是强调了仲裁委员会的独立性，如我国《仲裁法》第 14 条规定："仲裁委员会独立于行政机关，与行政机关没有隶属关系。仲裁委员会之间也没有隶属关系。"为此，仲裁学界部分学者根据《民法通则》关于法人的分类以及《仲裁法》的规定，结合域外仲裁机构通常为民间机构的认识，逐步形成了仲裁委员会的性质应当属于民间性的社会团体法人的基本认知。①

2021 年 1 月 1 日实施的《中华人民共和国民法典》没有照搬国外民法典基于公法人与私法人、社团与财团的基本分类模式，将法人划分为营利法人、非营利法人和特别法人。我们认为，依据我国仲裁委员会的设立过程及成长历史，我国仲裁委员会显然属于非营利法人类型，具有独立性、公益性和非营利性。同时，根据我国《民法典》第 87～95 条关于非营利法人中事业单位法人资格、社会团体法人资格和捐助法人资格等规定，我国仲裁委员会更符合非营利法人中的事业单

① 对于仲裁机构的法律定性，理论界与实务界存在多种观点，未来立法会采取何种学说，尚未形成定论。

位法人的定性。[①] 因为我国仲裁机构均由政府主导并出资成立，政府是出资人、设立人，并非“基于会员共同意愿，为公益目的或者会员共同利益等非营利目的设立的社会团体”[②]。这也是我国商事仲裁区别于域外商事仲裁的主要特征。需要说明的是，我国仲裁委员会的事业单位法人性质，并不影响其依法独立进行仲裁活动，其作为现代商事仲裁制度实践平台的功能发挥不存在任何限制。[③]

（三）仲裁机构的设立

我国《仲裁法》对我国仲裁机构的设立程序、设立条件分别作出了规定。

1. 仲裁委员会设立程序

我国《仲裁法》第 10 条规定：“仲裁委员会可以在直辖市和省、自治区人民政府所在地的市设立，也可以根据需要在其他设区的市设立，不按行政区划层层设立。仲裁委员会由前款规定的市的人民政府组织有关部门和商会统一组建。设立仲裁委员会，应当经省、自治区、直辖市的司法行政部门登记。”该法第 66 条第 1 款规定：“涉外仲裁委员会可以由中国国际商会组织设立。”

2. 仲裁委员会的设立条件

根据国务院办公厅 1995 年 7 月 28 日发布的《重新组建仲裁机构方案》和《仲裁委员会章程示范文本》以及《仲裁法》第 11 条第 1 款的规定，设立仲裁委员会应当具备下列条件：

（1）有自己的名称、住所和章程。

仲裁机构名称是仲裁机构的称谓，作为独立法人的仲裁机构，必须要有自己的名称。我国仲裁机构的名称除中国国际经济贸易仲裁委员会、中国海事仲裁委员会外，一般由仲裁委员会所在市“地名”加“仲裁委员会”或“仲裁院”构成。住所是仲裁机构作为常设机构的地址，是办事机构的所在地。章程是规定仲裁机构名称、住所、案件受理范围及职能、管理制度等重大事项的基本文件。

---

① 《民法典》第 87 条规定：“为公益目的或者其他非营利目的成立，不向出资人、设立人或者会员分配所取得利润的法人，为非营利法人。非营利法人包括事业单位、社会团体、基金会、社会服务机构等。”第 88 条规定：“具备法人条件，为适应经济社会发展需要，提供公益服务设立的事业单位，经依法登记成立，取得事业单位法人资格；依法不需要办理法人登记的，从成立之日起，具有事业单位法人资格。”第 90 条规定：“具备法人条件，基于会员共同意愿，为公益目的或者会员共同利益等非营利目的设立的社会团体，经依法登记成立，取得社会团体法人资格；依法不需要办理法人登记的，从成立之日起，具有社会团体法人资格。”

② 《仲裁法（修订）（征求意见稿）》第 13 条规定：“仲裁机构是依照本法设立，为解决合同纠纷和其他财产权益纠纷提供公益性服务的非营利法人，包括仲裁委员会和其他开展仲裁业务的专门组织。仲裁机构经登记取得法人资格。”该规定并未明确我国仲裁机构是事业单位法人还是社会团体法人。

③ 2019 年 4 月，中共中央办公厅、国务院办公厅印发的《关于完善仲裁制度提高仲裁公信力的若干意见》明确，加强党委和政府对仲裁的支持和监督工作，完善人民法院对仲裁的支持和监督机制，健全仲裁委员会行业自律、社会监督制度，努力形成党委领导、政府组建、机构独立、行业自律、司法监督、社会监督的仲裁工作新格局，切实提高仲裁公信力。党的领导是确保仲裁事业健康发展的根本政治保证。各级党委要加强对仲裁工作的领导，牢牢把握仲裁工作的中国特色社会主义方向。加强党风廉政建设，排除影响仲裁公信力的制约因素。各仲裁委员会要建立党的基层组织。仲裁委员会党组织要充分发挥作用，支持仲裁委员会依法履行职责，为提高仲裁公信力提供政治保证。

（2）有必要的财产。

设立仲裁机构需要有办公场所、办公设备、办公经费等必要的财产，这是仲裁机构从事仲裁活动的物质基础，也是维持仲裁机构正常运行的必要物质条件。根据我国关于仲裁委员会设立的规定，仲裁委员会设立初期，其所在地的市人民政府应解决仲裁委员会的经费。

（3）有该委员会的组成人员。

《仲裁法》第 12 条规定："仲裁委员会由主任一人、副主任二至四人和委员七至十一人组成。仲裁委员会的主任、副主任和委员由法律、经济贸易专家和有实际工作经验的人员担任。仲裁委员会的组成人员中，法律、经济贸易专家不得少于三分之二。"这一规定既符合国际通行做法，保证新组建的仲裁委员会具有较高的专业水平，同时又考虑到了中国仲裁事业发展的实际情况，妥善处理了新建仲裁委员会与原仲裁机构之间的衔接问题。①

根据国务院办公厅 1995 年 7 月 28 日发布的《重新组建仲裁机构方案》和《仲裁委员会章程示范文本》的相关规定，仲裁委员会会议是仲裁委员会的管理机构，对仲裁委员会重大事项作出决定。② 仲裁委员会设秘书长 1 人，秘书长可以由驻会专职组成人员兼任。仲裁委员会可根据需要设立专家咨询机构、仲裁员职业道德监督委员会等。仲裁委员会下设办事机构，办事机构在仲裁委员会秘书长领导下负责处理仲裁委员会日常工作，负责办理仲裁案件受理、仲裁文书送达、档案管理、仲裁费用的收取与管理等事务。

（4）有聘任的仲裁员。

仲裁的自治性、专业性、独立性等特征要求仲裁纠纷解决机构必须配备可供当事人选择的一定数量的具有相应专业背景的专家作为仲裁员。这是仲裁委员会纠纷解决程序得以运行的核心保障。我国《仲裁法》第 13 条规定了仲裁员的选聘条件，并要求仲裁委员会须按照不同专业设仲裁员名册供当事人选择。

二、仲裁员

（一）仲裁员的任职条件

仲裁员是指有权接受当事人选定或者仲裁机构指定，具体审理、裁决案件的专业人员。仲裁员是仲裁案件的审理者与裁决者，在商事仲裁机构中居核心地位，没有离开仲裁员而独立存在的仲裁机构或仲裁纠纷解决方式，仲裁机构仲裁活动的开展必须有稳定、专业、敬业的仲裁员队伍。

---

① 杨秀清，史飚. 仲裁法学. 3 版. 厦门：厦门大学出版社，2019：76.

② 仲裁委员会会议的主要职责是："（一）审议仲裁委员会的工作方针、工作计划等重要事项，并作出相应的决议；（二）审议、通过仲裁委员会秘书长提出的年度工作报告和财务报告；（三）决定仲裁委员会秘书长、专家咨询机构负责人人选；（四）审议、通过仲裁委员会办事机构设置方案；（五）决定仲裁员的聘任、解聘和除名；（六）仲裁委员会主任担任仲裁员的，决定主任的回避；（七）修改仲裁委员会章程；（八）决议解散仲裁委员会；（九）仲裁法、仲裁规则和本章程规定的其他职责。"

仲裁员的任职条件是指法律规定的，成为仲裁案件受理、裁决专业人员应该具备的关于职业品格、专业资格等方面的基本资格条件。仲裁员资格的取得必须符合法律规定的任职条件，只有具备规定的任职资格条件才有可能获得仲裁机构的聘任并成为相应仲裁机构仲裁员名册中的仲裁员，也才有可能成为审理、裁决具体仲裁案件的仲裁员。

1. 职业品格条件

仲裁公信力和仲裁案件质量主要取决于仲裁员的职业操守和专业水平。仲裁员在解决争议案件的过程中秉持中立、公正理念，公平合理处理仲裁案件，平等对待双方当事人，既是仲裁公信力的基本要求，更是仲裁纠纷解决机制发展的基础和保证。公道正派的法律职业品格是仲裁员任职资格条件及其职业伦理的客观要求。为此，各国仲裁立法均规定了仲裁员从事仲裁活动所需职业品格的职业素养的基本要求，要求仲裁员必须具备公道正派的职业品格。如我国《仲裁法》第 13 条第 1 款规定："仲裁委员会应当从公道正派的人员中聘任仲裁员。"

2. 专业资格条件

仲裁是专业性较强的争议解决活动，仲裁员的专业资格条件是仲裁员从事仲裁活动所应当具备的专业知识、专业能力等专业素养的基本要求。仲裁员专业资格条件既是仲裁专业性对仲裁职业队伍的内在需要，更是仲裁案件处理的专业性之保障。

我国《仲裁法》第 13 条对仲裁员的任职所需要的基本专业条件作出了明确规定，即仲裁员应当符合下列条件之一：通过国家统一法律职业资格考试取得法律职业资格，从事仲裁工作满 8 年的；从事律师工作满 8 年的；曾任法官满 8 年的；[①] 从事法律研究、教学工作并具有高级职称的；具有法律知识、从事经济贸易等专业工作并具有高级职称或者具有同等专业水平的。[②] 这是我国法律规定的仲裁机构选聘仲裁员的最低门槛，有条件的仲裁机构往往会规定更高、更严的选聘条件。如要求从事法律教学、研究工作的副高级职称者需获得博士学位，且直接从事民商事法律教学、研究工作；要求从事律师工作者具有全日制法学专业硕士研究生及以上学历且从事执业律师 10 年以上，或者担任律师事务所主任、合伙人 8 年以上等。

（二）仲裁员的聘任程序

我国仲裁员的选定采用聘任制，仲裁员的聘任期为 3 年，期满后可以继续聘任。根据我国仲裁实践及《仲裁委员会章程示范文本》之规定，仲裁员的聘任程序一般为：(1) 仲裁机构发布仲裁员聘任（选聘）公告，并载明选聘范围、申请条件、申请方式等事项；(2) 申请人按公告要求申请；(3) 仲裁机构对拟申请人的材料进行审核或按聘任公告规定考核；(4) 仲裁委员会主任会议提出仲裁员名单；(5) 仲裁委员会会议对初审名单审议通过；(6) 由仲裁委员会聘任并颁发聘书。

---

① 现职法官不得担任仲裁员。

② 公务员及其他国家机关工作人员符合仲裁法任职条件的，可以受聘担任仲裁员。

（三）仲裁员的职业责任

仲裁员的职业责任是指仲裁员违反仲裁法律、职业道德规范应当承担的责任。关于仲裁员的法律责任，理论上应当包括行政责任、刑事责任与民事责任，但通常所谈到的仲裁员责任是指仲裁员的民事责任，即仲裁员是否应对其在仲裁过程中实施的故意或者过失行为而给当事人造成的损失承担民事责任。[①] 目前有仲裁员责任论、[②] 仲裁员责任豁免论[③]和有限仲裁员责任豁免论[④]三种理论或观点。

在商事仲裁实践中，往往会因仲裁员个人的原因影响仲裁案件个案正义的实现，对仲裁公信力乃至我国仲裁事业的发展产生消极影响，故需要对仲裁员职业行为进行约束。根据我国《仲裁法》有关规定，为了保证仲裁程序和结果的公平公正，确保仲裁公信力，仲裁员如果违反法律、职业道德规范，须承担相应的职业责任。我国仲裁员的职业责任包括违纪责任和刑事责任，但无仲裁员承担民事责任的规定。我国《仲裁法》第 38 条规定："仲裁员有本法第三十四条第四项规定的情形，情节严重的，或者有本法第五十八条第六项规定的情形的，应当依法承担法律责任，仲裁委员会应当将其除名。"这些情形包括：仲裁员私自会见当事人、代理人或者接受当事人、代理人的请客送礼且情节严重的；仲裁员在仲裁该案时有索贿受贿、徇私舞弊、枉法裁决行为的。上述行为完全有悖于仲裁员公道正派的职业品格和公正的职业立场，严重违背仲裁员的职业道德，甚至构成了犯罪，理当承担相应违纪责任甚至刑事责任。《中华人民共和国刑法》第 399 条之一规定："依法承担仲裁职责的人员，在仲裁活动中故意违背事实和法律作枉法裁决，情节严重的，处三年以下有期徒刑或者拘役；情节特别严重的，处三年以上七年以下有期徒刑。"

三、仲裁协会

仲裁协会是依法设立的仲裁行业自律性组织。[⑤] 我国《仲裁法》第 15 条规定："中国仲裁协会是社会团体法人。仲裁委员会是中国仲裁协会的会员。中国仲裁协会的章程由全国会员大会制定。中国仲裁协会是仲裁委员会的自律性组织，根据章程

---

① 常英. 仲裁法学. 4 版. 北京：中国政法大学出版社，2019：62.

② 大陆法系国家确立的仲裁员责任论认为，当事人直接或者间接地指定仲裁员，让仲裁员的仲裁权来源于当事人的协议授权，仲裁员与当事人之间系契约关系，当事人选择仲裁员为解决其争议服务，并为此支付服务费用。因此，仲裁员所实施的行为是一种专业行为，应当谨慎履职，如给当事人造成损失，则应当承担民事责任。

③ 英美法系国家流行的仲裁员责任豁免论源自法官的司法豁免论，认为仲裁员履行的是一种准司法职能，国家出于保证诉讼程序独立进行和司法活动权威性和严肃性的考虑，不要求法官对其职务行为承担民事责任，而作为实施准司法活动的仲裁员，其执法权也应当受到保护，免于承担民事责任。

④ 有限仲裁员责任豁免论认为，仲裁员仅在一定的范围内享有责任豁免，如果仲裁员因故意或者重大过失导致其未能履行其接受指定时当事人所赋予的职责，则必须为其不当行为给当事人造成的损失承担法律责任。

⑤ 在国际商事仲裁实践中，有的仲裁协会本身就是常设仲裁机构。如美国仲裁协会、德国仲裁协会、荷兰仲裁协会、意大利仲裁协会、印度仲裁协会等。

对仲裁委员会及其组成人员、仲裁员的违纪行为进行监督。中国仲裁协会依照本法和民事诉讼法的有关规定制定仲裁规则。”①

（一）中国仲裁协会的性质

根据我国《仲裁法》的规定，中国仲裁协会是社会团体法人。基于我国商事仲裁事业的成长、演进逻辑以及中国特色社会主义仲裁制度价值取向、顶层设计的客观要求，同时鉴于中国仲裁协会是形成“党委领导、政府组建、机构独立、行业自律、司法监督、社会监督的仲裁工作新格局”的关键环节，中国仲裁协会的性质可以明确为：公益性社会团体法人类型的仲裁行业自律组织。具体而言，中国仲裁协会是依法设立的全国性仲裁行业自律组织；作为公益性社会团体法人，协会拥有独立的财产并独立承担民事责任；依法对仲裁机构、仲裁员以及其他从事仲裁实务工作、理论研究和专业服务的组织、人员实行行业监管、提供行业服务；协会接受司法行政部门的监督和指导，接受中国共产党对全国仲裁行业的领导。②

（二）中国仲裁协会与仲裁委员会的关系

根据我国《仲裁法》规定，仲裁委员会是中国仲裁协会的会员。中国仲裁协会的章程由全国会员大会制定。中国仲裁协会可以制定行为规范，有权对仲裁委员会及其组成人员、仲裁员的违纪行为进行监督。

（三）中国仲裁协会的职能③

我国《仲裁法》未对中国仲裁协会职能作出明确、具体的规定。根据中共中央办公厅、国务院办公厅印发的《关于完善仲裁制度提高仲裁公信力的若干意见》，设立中国仲裁协会旨在加强仲裁行业自律，同时应充分发挥协会联系政府与行业、服务仲裁委员会的作用，积极协调仲裁与其他行业的关系，组织境内外仲裁业务交流合作及人员培训。加强对仲裁委员会及仲裁从业人员的监督，依照仲裁法、民事诉讼法和协会章程制定仲裁规则、行业规范、仲裁从业人员行为守则，强化仲裁从业

---

① 《仲裁法（修订）（征求意见稿）》第19条规定：“中国仲裁协会是仲裁行业的自律性组织，是社会团体法人。仲裁机构是中国仲裁协会的会员。与仲裁有关的教学科研机构、社会团体可以申请成为中国仲裁协会的会员。会员的权利、义务由协会章程规定。中国仲裁协会的权力机构是全国会员代表大会，协会章程由全国会员代表大会制定。”

② 根据《中华人民共和国民法典》的规定，社会团体法人可分为公益目的型和会员共同利益型，将中国仲裁协会性质界定为公益目的型而非会员共同利益型社会团体法人，能够回应我国《仲裁法》现行规定及部分学界、业界的观点，并有理由要求部分仲裁从业人员“强制入会”，真正使仲裁协会的行业规范功能得到落实，也在一定程度上呈现仲裁纠纷解决机制作为“公权力”授予的公共法律服务产品的应有特点，使政府对中国仲裁行业协会的监督、管理和指导有了充分的正当性，真正实现论证逻辑的宏大叙事与微观解构完全匹配。

③ 《仲裁法（修订）（征求意见稿）》第20条规定：“中国仲裁协会履行下列职责：（一）根据章程对仲裁机构、仲裁员和其他仲裁从业人员的违纪行为进行监督；（二）依照本法制定示范仲裁规则，供仲裁机构和当事人选择适用；（三）依法维护会员合法权益，为会员提供服务；（四）协调与有关部门和其他行业的关系，优化仲裁发展环境；（五）制定仲裁行业业务规范，组织从业人员业务培训；（六）组织仲裁业务研究，促进国内外业务交流与合作；（七）协会章程规定的其他职责。”

人员的准入和退出管理，及时处理违规违纪行为。加强仲裁行业信用体系建设，建立仲裁委员会和仲裁员信用记录及严重失信行为惩戒制度。中国仲裁协会职能主要包括：行业自律、行业服务、联络协调、宣传开拓等。具体应包括：（1）监督仲裁机构及仲裁从业人员的执业活动；（2）维护会员合法权益，保障会员依法开展仲裁工作；（3）协助政府主管部门管理、指导全国仲裁工作；（4）制定仲裁规则示范文本；（5）制定仲裁行业行为规范；（6）组织仲裁业务培训和职业道德、执业纪律教育，对仲裁机构及仲裁从业人员的执业活动进行考核；（7）协调仲裁机构与人民法院、域外法院、域外仲裁机构之间的关系，协调仲裁行业与其他行业及国内仲裁机构之间的关系；（8）受理对仲裁机构及其从业人员的投诉或者举报，调解仲裁执业活动中发生的纠纷，受理仲裁机构及其从业人员的申诉；（9）组织境内外仲裁业务交流合作和学术研讨活动；（10）宣传中国仲裁文化，推动中国仲裁行业对外交流，开拓国际仲裁市场；（11）推动中国商事仲裁教育与理论研究；（12）法律、行政法规、规章以及中国仲裁协会章程规定的其他职责。

【本章涉及的法律条文】

1.《中华人民共和国仲裁法》第 10 条，第 12～15 条，第 34、38、58 条。

2.《中华人民共和国刑法》第 399 条。

3.《中华人民共和国民法典》第 87～95 条。

【案例评析】

案例一

1. 本案涉及本章知识点：仲裁员的选聘

2. 案情介绍

2020 年 10 月，Z 仲裁委员会面向全社会公开选聘仲裁员。选聘公告就选聘范围、选聘条件、选聘程序、申请方式、申请资料提交、资格审查及联系方式等事项做了明确规定。在选聘条件方面，要求申请担任 Z 仲裁委员会的仲裁员须符合我国《仲裁法》及《Z 仲裁委员会仲裁员管理办法》规定的条件，即申请者除符合我国《仲裁法》第 13 条规定的仲裁员任职所需要的基本专业条件外，还需符合《Z 仲裁委员会仲裁员管理办法》关于执业律师、法律教学或研究工作者、曾任法官等不同行业申请者的其他任职条件要求。截至 2020 年 12 月 15 日（公告规定的申请截止时间），有执业律师 163 人、法律教学或研究工作者 78 人、曾任法官 23 人、经济贸易工作者和行业专家 45 人、其他法律实务工作者 50 人共计 359 名申请者报名参与选聘。经申报资料审查，332 人符合选聘条件，27 人未通过资格审查。2021 年 2 月，经 Z 仲裁委员会组织培训、考核，最终选聘 289 人组成 Z 仲裁委员会第四届仲裁员队伍。

2021年1月，Z仲裁委员会所在地司法行政管理部门接到来自BF师范大学法学院教授王某平、副教授曾某川及MD律师事务所尹某全等三份投诉。三份投诉均反映Z仲裁委员会的仲裁员选聘工作违反我国《仲裁法》的规定，任意调整仲裁员的任职资格条件，致使其符合我国《仲裁法》第13条规定条件但未通过资格审查。相关申报资料显示：王某平系BF师范大学法学院教授，从事刑法、刑事诉讼法领域的教学、研究工作；曾某川系BF师范大学法学院副教授，从事知识产权法、商法等领域的教学、研究工作，不具有博士学位；尹某全系MD律师事务所律师，2006年毕业于HT政法大学法学本科专业，执业10年。

3. 案例评析

我国《仲裁法》第13条规定的仲裁员任职资格条件，是我国《仲裁法》所要求的仲裁员的基本专业条件。作为独立于行政机关并独立开展仲裁事务管理工作的仲裁机构，有权自主聘任仲裁员或对仲裁员进行执业纪律约束，有权自主在《仲裁法》规定的仲裁员基本任职条件基础上确定仲裁员的选聘条件。根据《Z仲裁委员会仲裁员管理办法》，申请担任仲裁员的法律教学或研究工作者、执业律师，除需符合《仲裁法》第13条规定外，还需满足以下方面的条件：（1）法律教学或研究工作者：具有教授、研究员高级职称，或者具有副教授、副研究员高级职称并获得博士学位；直接从事民商事法律教学、研究工作。（2）执业律师：具有全日制法学专业硕士研究生及以上学历，从事执业律师8年以上。本案中，王某平教授虽具有教授正高级职称，但非直接从事民商事法律教学、研究工作；曾某川副教授虽从事民商事法律教学、研究工作，但不具有博士学位；尹某全律师虽然从事执业律师10年以上，但不符合“具有全日制法学专业硕士研究生及以上学历”条件。因此，Z仲裁委员会对王某平、曾某川、尹某全等3人不予通过资格审查符合相关规定。

案例二

1. 本案涉及本章知识点：仲裁员的职业责任

2. 案情介绍

蒋某清系HD大学法学院教授，硕士研究生导师，2017年被×仲裁委员会聘任为仲裁员。2019年10月，在DY房地产开发有限公司与YT建筑工程有限公司的合同争议仲裁案件中，蒋某清被该案申请人DY房地产开发有限公司选定为仲裁员，与被申请人YT建筑工程有限公司选定的仲裁员陈某天及×仲裁委员会主任指定的首席仲裁员庄某共同组成仲裁庭审理该案。2019年11月3日中午，蒋某清在其居住地附近某酒楼私自会见案件申请人DY房地产开发有限公司法定代表人周某并接受其宴请。2019年11月6日，×仲裁委员会收到被申请人YT建筑工程有限公司代理人提交的关于蒋某清私自会见申请人并在某酒楼一起吃喝的举报光盘，要求蒋某清回避该案审理。经查，举报内容属实。2019年12月10日，×仲裁委员会决定更换仲裁员，通知申请人DY房地产开发有限公司重新选定仲裁员或者由×仲裁委员会主任重新指定。2020年5月，×仲裁委员会根据《×仲裁委员会仲裁员管理办法》的规定，对蒋某清予以除名的处分。

3. 案例评析

公道正派是仲裁员的职业品格，在仲裁活动中保持中立、公正立场独立审理案件是仲裁员最基本的伦理要求。无论是选定的还是指定的仲裁员，均不代表任何一方当事人的利益。根据我国《仲裁法》第34、37条之规定，私自会见当事人、代理人，或者接受当事人、代理人的请客送礼的，当事人有权提出回避申请；仲裁员因回避或者其他原因不能履行职责的，应当重新选定或者指定仲裁员。同时，根据我国《仲裁法》第38条的规定，私自会见当事人、代理人，或者接受当事人、代理人的请客送礼的，应当依法承担法律责任，仲裁委员会应当将其除名。故本案中×仲裁委员会关于更换仲裁员、对蒋某清予以除名的处分等相关行为符合法律规定。

【疑难问题】

1. 我国仲裁机构、仲裁协会的性质如何？
2. 仲裁员的任职条件有哪些？
3. 仲裁员的职业伦理与职业责任有哪些？
4. 中国仲裁协会的职能有哪些？

课后训练

1. 根据我国《仲裁法》，仲裁委员会由主任、副主任和委员组成。仲裁委员会的主任、副主任和委员由法律、经济贸易专家和有实际工作经验的人员担任。仲裁委员会的组成人员中，法律、经济贸易专家不得少于（　　）。

A. 三分之一　　B. 四分之三　　C. 三分之二　　D. 二分之一

2. 关于仲裁机构的设立，下列表述中错误的是（　　）。

A. 仲裁委员会由县级及以上人民政府组织有关部门和商会统一组建

B. 设立仲裁机构应该有聘任的仲裁员

C. 仲裁委员会可以根据需要在设区的市设立

D. 设立仲裁机构应该有自己的名称、住所和章程

3. 根据我国《仲裁法》的规定，仲裁员应当具有基本的专业条件。下列关于选聘仲裁员的条件的表述中，正确的选项有（　　）。

A. 从事律师工作满八年的

B. 从事仲裁工作满八年的

C. 从事法律研究、教学工作并具有高级职称的

D. 从事法官工作满八年的

4. 2019年中共中央办公厅、国务院办公厅印发《关于完善仲裁制度提高仲裁公信力的若干意见》要求加大对仲裁工作的支持与监督力度，努力形成仲裁工作新格局。这里的“仲裁工作新格局”是指（　　）。

A. 党委领导、政府组建、机构独立、行业自律、司法监督、社会监督
B. 政府引导、民间组建、机构独立、行业自律、司法监督、社会监督
C. 政府主导、商会组建、机构独立、行业自律、司法支持、媒体监督
D. 党委领导、民间组建、机构独立、行业监管、司法监督、社会监督

5. 下列关于仲裁员行为的表述中，属于“应当依法承担法律责任，仲裁委员会应当将其除名”的情形有（　　）。

A. 私自会见当事人或代理人，情节严重的
B. 在仲裁案件时有索贿受贿、徇私舞弊、枉法裁决行为的
C. 接受当事人、代理人的请客送礼，情节严重的
D. 未主动披露与案件当事人或代理人有密切关系，影响公正仲裁的

论文选题参考

1. 仲裁员专业标准研究
2. 仲裁员职业道德规范研究
3. 中国仲裁协会功能研究
4. 我国商事仲裁示范规则研究

延伸阅读

1. 苏力. 制度是如何形成的. 增订版. 北京：北京大学出版社，2007.
2. 苏力. 法治及其本土资源. 4 版. 北京：北京大学出版社，2022.
3. 博恩. 国际仲裁：法律与实践. 白麟，等译. 北京：商务印书馆，2015.
4. 谭启平. 论我国仲裁机构的法律地位及其改革之路. 东方法学，2021 (5).
5. 程莹. 中国仲裁协会法律问题初探. 仲裁研究，2013 (2).

第三章 仲裁协议与仲裁管辖权

【内容摘要】

仲裁协议是民商事争议得以提交仲裁解决的前提，是仲裁庭取得仲裁管辖权并排斥司法管辖的基础，也是仲裁裁决得以有效作出进而获得强制执行力的依据。仲裁协议具有独立性，无论其具体形式如何，本质上都是单独合同，其效力取决于自身是否满足法定生效要件，与主合同的效力状态无关。仲裁管辖权是仲裁庭审理与裁决案件的合法性依据，也是仲裁裁决有效进而能被承认与执行的前提。在国际、国内日益重视仲裁积极效用并通过若干宽松政策支持仲裁发展的当下，对仲裁协议的效力认定普遍采用尽可能使其有效的解释标准，而主张将仲裁协议的效力审查交由仲裁庭自身管辖的自裁管辖学说，也得到国际、国内仲裁立法、仲裁规则以及司法、仲裁实践的采纳与支持。

【学习目标】

(1) 在知识学习层面，需要熟悉仲裁协议与仲裁管辖权的内涵及特征、仲裁协议的效力及其独立性、仲裁协议效力瑕疵的类型及其补救、仲裁管辖权与民事诉讼管辖权的区别，以及自裁管辖权在我国仲裁实践中的适用与发展。(2) 在能力训练层面，应当能够通过对仲裁协议生效要件和独立性的理解掌握，撰写合法有效的仲裁协议，能够准确判断各类仲裁协议在各种特定情境下的效力状况，并能对各类仲裁协议效力瑕疵提出切实有效的补救方案，通过对仲裁管辖权、自裁管辖权的理解，养成注重程序的系统性思维方式，严格贯彻落实民商事仲裁法律制度，在强调当事人意思自治的同时贯彻法治精神，在仲裁法律活动的思考与实践中提升运用法治思维和法治方式的能力。(3) 在价值引领层面，需要认识到仲裁是我国法律针对特定民商事争端规定的纠纷解决制度，也是国际通行的纠纷解决方式，应深入理解中共中央办公厅、国务院办公厅印发的《关于完善仲裁制度提高仲裁公信力的若干意见》的精神，在仲裁实践特别是仲裁协议订立中规范落实当事人意思自治原则，在坚持中国特色社会主义本色的前提下，借鉴国际仲裁中关于仲裁地、自裁管辖的通行规定，增强中国仲裁的吸引力和竞争力，以有效服务国家的全面开放和发展战略。

【知识要点】

一、仲裁协议的内涵、特征与性质

仲裁协议是民商事争议得以提交仲裁解决的前提，是仲裁庭取得仲裁管辖权并排斥司法管辖的基础，也是仲裁裁决得以有效作出进而获得强制执行力的依据。

(一) 仲裁协议的内涵

我国《仲裁法》第 16 条第 1 款规定："仲裁协议包括合同中订立的仲裁条款和以其他书面方式在纠纷发生前或者纠纷发生后达成的请求仲裁的协议。"据此，仲裁协议可界定为民商事活动当事人之间达成的，旨在将其已经发生或将来可能发生的特定民商事法律关系的争议提交仲裁解决的书面协议。

严格意义上，国际、国内立法以及仲裁规则并无关于仲裁协议内涵的统一表述。由于仲裁理论与理念存在差异，仲裁协议的内涵也会有不同的表达，例如强调相关争议须是民商事争议，仲裁协议须是书面形式，抑或明确仲裁申请应向仲裁机构还是仲裁庭提交。即便如此，关于仲裁协议的各种内涵都会涵盖下文所述的共通特征。

(二) 仲裁协议的特征

国际、国内立法以及仲裁规则所定义的仲裁协议，基本上具备以下特征：

1. 自治性和合意性

我国《仲裁法》第 4 条规定："当事人采用仲裁方式解决纠纷，应当双方自愿，达成仲裁协议"；第 16 条第 2 款第 1 项规定，仲裁协议应当具有"请求仲裁的意思表示"。仲裁协议是合同类型之一，与其他合同或契约一样，是当事人私权自治并达成合意的体现，具体表现为当事人之间自愿就特定民商事争议的纠纷解决途径达成一致的意思表示。[①]

2. 独立性

我国《仲裁法》第 19 条第 1 款规定："仲裁协议独立存在，合同的变更、解除、终止或者无效，不影响仲裁协议的效力。"《民法典》第 507 条也规定："合同不生效、无效、被撤销或者终止的，不影响合同中有关解决争议方法的条款的效力。"仲裁协议是当事人之间达成的，旨在对特定民商事争议适用仲裁方法予以解决的书面协议，无论其表现为民商事实体合同中的仲裁条款还是单独的仲裁协议，其效力都不受实体合同效力的影响，而须作为单独的契约予以评判。[②]

3. 主体须具有完全民事行为能力

我国《仲裁法》第 17 条第 2 项将"无民事行为能力人或者限制民事行为能力人订立的仲裁协议"列为仲裁协议无效的情形之一。据此可知，仲裁协议的订立主体必须具有完全民事行为能力。仲裁协议关涉特定民商事活动中当事人对其权利救济权的处分，也关乎当事人对相关争议解决机制选择权的行使。鉴于以上权利均属重大权利事项，国际、国内仲裁立法通常都明确要求仲裁协议主体具有完全民事行为能力，以确保其具有相应的辨识、判断能力，保证缔约有效。

4. 客体须符合法定范围要求

我国《仲裁法》第 17 条第 1 项将"约定的仲裁事项超出法律规定的仲裁范围的"列为仲裁协议无效的情形之一。因此，仲裁协议约定的事项须符合法定的可仲裁范围。[③] 仲裁是一种社会型权利救济途径，其覆盖的法律事务不可能大于公力救济的范围。同时，现代仲裁的高度自治性和民间性，也决定其作为纠纷解决机制不可能覆盖所有争议。各国仲裁法律、各仲裁机构仲裁规则乃至相关国际公约，对于提交仲裁解决的争议事项都有限制，且根据仲裁的源起与发展来看基本集中于商事领域。

5. 内容是对纠纷解决机制选择权的处分

仲裁协议旨在对已经产生或将来可能产生的争议合意选择具体的纠纷解决机制，本质上是当事人对纠纷解决机制选择权的处分。不同于与普通民商事合同处分的实体权益，纠纷解决机制选择权更倾向于程序性权利。因此，仲裁协议仅产生放弃司法救济权、适用仲裁救济的效力，不会直接对民事权益产生影响。

---

① 《仲裁法（修订）（征求意见稿）》第 3 条也规定："当事人采用仲裁方式解决纠纷，应当双方自愿，达成仲裁协议。"而且，其第 21 条和第 35 条的规定更进一步，不仅延续了仲裁协议的自治性与合意性特征，还确立起以仲裁意思表示为核心的仲裁协议效力制度，参考国际惯例，删除了仲裁条款或仲裁协议需要约定明确的仲裁机构的硬性要求。

② 《仲裁法（修订）（征求意见稿）》第 23 条也再次重申了仲裁协议的独立性，规定："仲裁协议独立存在，合同的变更、解除、不生效、无效、被撤销或者终止，不影响仲裁协议的效力。"

③ 当前，我国的仲裁范围遵循《仲裁法》第 2 条、第 3 条的规定，即"平等主体的公民、法人和其他组织之间发生的合同纠纷和其他财产权益纠纷，可以仲裁"，但"下列纠纷不能仲裁：（一）婚姻、收养、监护、扶养、继承纠纷；（二）依法应当由行政机关处理的行政争议"。随着仲裁制度的发展，《仲裁法（修订）（征求意见稿）》倡导放松对可仲裁事项的限制，其第 26 条规定："法律规定当事人可以向人民法院提起民事诉讼，但未明确不能仲裁的，当事人订立的符合本法规定的仲裁协议有效。"

6. 形式须是书面的

我国《仲裁法》第 16 条明确规定，仲裁协议必须是以书面形式达成的请求仲裁的协议。书面形式的要求旨在保证仲裁协议的确定性。不过，国际条约、各国仲裁立法、各仲裁机构仲裁规则对仲裁协议的“书面”形式可作丰富解释，且总体上对“书面”形式的要求日益宽松。例如，《国际商事仲裁示范法》第 7 条就明确，“书面”的仲裁协议可载于当事各方签字的文件中，也可载于往来的书信、电传、电报或提供协议记录的其他电讯手段中，甚至于在申诉书和答辩书的交换中当事一方声称有仲裁协议而对方当事人不否认的，也可视为书面协议的达成。《仲裁法解释》第 1 条亦规定：“仲裁法第十六条规定的‘其他书面形式’的仲裁协议，包括以合同书、信件和数据电文（包括电报、电传、传真、电子数据交换和电子邮件）等形式达成的请求仲裁的协议。”①

（三）仲裁协议的性质

仲裁协议属于契约的一种，在理论层面毫无分歧。但仲裁协议属于何种性质的契约，却充满争议，并形成以下数种学说。

1. 实体法契约说

该说依循“私法行为说”，认为当事人在仲裁协议中对自己权利的处分属于私法行为的范畴。同时，仲裁协议的效力也更多受到实体法规范的约束。因此，仲裁协议应当归属于实体法上的契约。

2. 程序法契约说

该说认为当事人在仲裁协议中处分的并非实体法权利，而是通过选择仲裁放弃了诉权，本质上类似于对诉讼权利的处分，应属程序法调整的范畴。从契约目的来看，实体法契约旨在明确当事人实体权利并确保其实现，仲裁协议则旨在选择仲裁以便高效妥善地解决纠纷，程序性色彩明显。

3. 独立类型契约说

该说依循仲裁自治理论，认为仲裁协议是从实践中发展起来的一种新型特殊契约，虽然其兼具部分实体法契约和程序法契约的特质，但本质上既非实体法契约，也不是程序法契约，而是一种独立的、新型的自治契约。

4. 混合型契约说

该说是对实体法契约说和程序法契约说的折中糅合，认为仲裁协议兼具实体法契约和程序法契约的性质，既在协议的成立、效力等方面接受实体法调整，也在争议管辖等事项上受到程序法约束。

本教材认为，仲裁协议的功能在于确定仲裁作为争议解决方式，以此赋予仲裁庭仲裁权并排斥诉权；仲裁协议的内容也是当事人对纠纷解决方式的选择，不涉及

---

① 《仲裁法（修订）（征求意见稿）》第 21 条第 2 款参照民事诉讼中的“默示协议管辖”规定了“默示协议仲裁”，明确：“一方当事人在仲裁中主张有仲裁协议，其他当事人不予否认的，视为当事人之间存在仲裁协议。”该条款若通过立法，意味着我国对仲裁协议“书面形式”的要求将进一步放松。

实体权益的处分；仲裁协议的履行也仅意味着相关争议进入仲裁程序，不会对当事人的实体权益造成直接影响。综上，仲裁协议应属程序法契约。

二、仲裁协议的独立性

仲裁协议具有独立性，无论其具体形式如何，本质上都是单独合同，其效力取决于自身是否满足法定生效要件，与相关民商事合同的效力状态无关。独立性是仲裁协议的特征之一，鉴于其对于仲裁协议效力认定及确认程序的设置具有重要意义，故需做独立且深入的讨论。

（一）仲裁协议独立性的内涵与依据

仲裁协议的独立性，是指基于民商事合同而订立的仲裁协议与合同之间是相互独立的。无论仲裁协议表现为合同中的仲裁条款、单独的仲裁协议书还是其他形式，它与相关民商事合同[①]之间都是独立存在、相互分离的，合同的效力状态对仲裁协议的效力没有影响。因此，无论合同效力如何，仲裁庭均可依照有效的仲裁协议取得并行使仲裁管辖权，对当事人约定仲裁的民商事争议进行仲裁裁决。对此，《仲裁法》第 19 条第 1 款、《民法典》第 507 条已作出明确规定。[②]

仲裁协议的独立性是仲裁实践持续调适发展的结果，是仲裁得以普遍适用的重要保障，为现代国际条约、各国法律以及各仲裁机构的仲裁规则所普遍承认。但在近现代商事仲裁发端的英美法系国家，其早期的仲裁立法和司法实践是否定仲裁协议独立性的：仲裁协议被认为是相关民商事合同的附属合同，其效力受到主合同效力的直接影响。但显然，这种否认仲裁协议独立性的观点背离了商业活动迅猛发展、相关争议亟须高效解决的实践需要，也违反了当事人合意将相关民商事合同争议付诸仲裁解决以排斥法院管辖的意思自治。仲裁协议的程序法契约性质还决定了其与作为实体法契约的相关民商事合同有区别，两者的目的、内容和履行方式完全不同。最后也最重要的是，唯有独立的仲裁协议才能确保仲裁管辖权的确定性，否则当相关民商事合同的效力陷入争议，仲裁机构或仲裁庭的管辖权就会处于不确定状态。若将仲裁协议的效力争议诉诸法院，则可能产生实体法合同有效进而仲裁协议有效并排斥司法管辖，但该结论却是通过司法管辖而得的矛盾情形。因此，无论基于实践还是逻辑，仲裁协议必须具有独立性。

（二）仲裁协议独立性的效力表现

仲裁协议的独立性使其与相关民商事合同相分离，效力状态不依赖于后者。但

---

① 学界常用“主合同”一词表述仲裁条款所在或者单独仲裁协议指向的民商事实体合同。但主合同是与从合同相对应的概念，一般认为主合同是从合同存在的前提，从合同自身不能独立存在。本教材认为，民商事合同与旨在解决其相关争议而订立的仲裁协议之间虽有关联，但并非主从合同关系。基于仲裁协议的独立性，我们主张以“相关民商事合同”或“实体法合同”而非“主合同”一词指称仲裁协议指向的民商事实体契约。

② 《仲裁法（修订）（征求意见稿）》第 23 条整合了现行《仲裁法》《民法典》相关条文的内容，规定：“仲裁协议独立存在，合同的变更、解除、不生效、无效、被撤销或者终止，不影响仲裁协议的效力。”

在实体合同的不同效力状态下或具体变动中，不同形式仲裁协议的具体效力仍有差别，需要结合《民法典》《仲裁法》相关规定作细化梳理。

1. 相关民商事合同转让、变更或解除、终止情况下的仲裁协议效力

（1）相关民商事合同转让后的仲裁协议效力。无论相关民商事合同是全部转让还是部分转让，受让人是否受到仲裁协议的约束，取决于其是否知悉并接受该仲裁协议。当然，合同当事人之间的约定对此也有影响。《仲裁法解释》第 9 条规定："债权债务全部或者部分转让的，仲裁协议对受让人有效，但当事人另有约定、在受让债权债务时受让人明确反对或者不知有单独仲裁协议的除外。"由此可见，除了当事人另有约定或受让人在受让合同时明确反对的，受让人应受到实体合同中仲裁条款的约束，因为其应当且可以知悉仲裁条款具体内容，但若仲裁协议是相关民商事合同之外单独的仲裁协议书或者其他受让人不能当然知悉的形式，则其仅在受让人知悉其存在且未明确反对时才能约束受让人。

（2）相关民商事合同变更后的仲裁协议效力。民商事合同变更后，新合同取代原合同对当事人发生法律效力。原有仲裁协议的效力取决于合同变更的内容。如果当事人只变更了民商事合同的实体条款而未涉及仲裁协议，则原仲裁协议继续有效，新的实体合同发生争议，依然要按照原有仲裁协议进行仲裁。如果仲裁协议被变更：订立新的仲裁协议的，新仲裁协议取代原有仲裁协议发生法律效力；变更合同争议解决方式的，原有仲裁协议解除，争议发生后应将其诉诸新约定的纠纷解决机制寻求解决。

（3）相关民商事合同解除或终止后的仲裁协议效力。《民法典》第 557 条第 1 款规定了合同权利义务终止的若干情形，第 2 款则规定"合同解除的，该合同的权利义务关系终止"。这意味着合同解除的法律效力与合同终止一样，都是指合同法律关系的根本终结。基于独立性，相关民商事合同解除或终止以至于合同法律关系"归于无"后，仲裁协议仍然有效。但因为仲裁协议旨在将"凡因本合同引起的或与本合同有关的任何争议"付诸仲裁解决，所以其效力的实际意义与存续取决于相关民商事合同解除或终止后是否还存在与原合同相关的争议，如单方或双方解除合同中都可能存在的违约责任与损害赔偿争议，再如合同终止后才发现的标的物瑕疵所滋生的与原合同相关的纠纷。简言之，实体合同法律关系消灭之后，独立有效的仲裁协议通常也失去实际意义，但若当事人因解除、终止事由发生争议，或者因原合同产生的纠纷请求权实现受阻继而寻求救济时，仲裁协议仍然具有约束力。

2. 相关民商事合同不生效、无效情况下的仲裁协议效力

仲裁协议的独立性确保仲裁协议不因相关民商事合同不生效、无效而影响其效力。根据我国《仲裁法》《民法典》《仲裁法解释》的相关规定，判断仲裁协议效力的标准是独立的，相关民商事合同不生效或无效的情况并不影响仲裁协议的效力。合同生效条件未成就或者应依法该登记而未登记，均会导致合同不生效，但这两类要件都与仲裁协议的成立生效无关，故不会对仲裁协议效力产生影响。当然，在实践中，"主体欠缺民事行为能力""合同内容违法"等事由也会导致仲裁协议无效。但需特别注意的是，导致实体合同无效与导致仲裁协议无效的同类事由，其具体内容并不相同，仍应区分识别并进行单独判断。例如，自然人欠缺民事行为能力可导

致实体合同与仲裁协议均无效。但是，在法人因违反国家限制经营、特许经营规定而导致民事行为能力不具备进而实体合同无效的情形中，其仲裁协议的效力不应受到影响。再如，合同违反法律、行政法规的强制性规定会导致合同无效，但显然实体合同相关的强制性规定与仲裁协议相关的强制性规定并不完全相同，因此导致实体合同无效的情形并不必然导致仲裁协议无效。

3. 相关民商事合同不成立情况下的仲裁协议效力

理论上，基于仲裁协议的独立性，仲裁协议的效力不会受到民商事合同不成立的影响。但仲裁协议旨在明确实体合同引起的或相关的争议的解决方式。因此，当民商事合同不成立时，相关仲裁协议即使有效，也丧失了实际意义。不过，仲裁协议在相关民商事合同是否成立存在争议时，将基于该争议属于“凡因本合同引起的或与本合同有关的任何争议”范畴而对其产生约束力。《仲裁法解释》第 10 条第 2 款亦规定：“当事人在订立合同时就争议达成仲裁协议的，合同未成立不影响仲裁协议的效力。”

4. 相关民商事合同意思表示不真实情况下的仲裁协议效力

根据一般经验，若相关民商事合同的订立存在重大误解、欺诈、胁迫等情形导致其处于可撤销的状态，则仲裁协议特别是附在实体合同中的仲裁条款的订立，也难免受到同样主观状态的影响。因此，在实践层面，相关民商事合同因重大误解、欺诈、胁迫等情形发生效力争议时，应率先明确仲裁协议签订时是否也存在同样情形，会否影响仲裁协议的效力，从而确定相关争议应适用何种解决方式。

根据《仲裁法解释》第 10 条第 1 款的规定：“合同成立后未生效或者被撤销的，仲裁协议效力的认定适用仲裁法第十九条第一款的规定。”也就是说应基于仲裁协议的独立性对其效力进行独立判断。针对仲裁协议签订中存在胁迫的情形，《仲裁法》第 17 条第 3 项规定“一方采取胁迫手段，迫使对方订立仲裁协议的”仲裁协议无效。但除此之外，《仲裁法》《仲裁法解释》没有提及存在重大误解、欺诈等情形时的仲裁协议效力。对此，本教材认为，仲裁协议的独立性与效力基础都是当事人的意思自治，而意思自治应当基于当事人真实、自愿的意思表示。因此，重大误解、欺诈等可能影响意思表示自愿性和真实性的情形，可能导致仲裁协议处于可撤销的情境，应根据《民法典》“民事法律行为的效力”一节的相关规定，赋予因重大误解、欺诈而签约的行为人、受欺诈方和受损害方撤销仲裁协议的权利。①

三、仲裁协议的效力

（一）仲裁协议的生效要件

仲裁协议属于特殊形式的合同，其生效既需要满足合同有效的一般要件，还应符合法律对此类合同的特殊规定。

---

① 根据《民法典》第 147～151 条的规定，民事法律行为存在重大误解、欺诈、胁迫情形的，相关主体依法享有请求人民法院或者仲裁机构予以撤销的权利。

1. 主体要件

仲裁协议是当事人之间就相关民商事权利救济达成的合意，也是当事人对相关争议解决机制的选择。国际公约、国内立法都要求当事人具备相当的缔约能力。例如，《承认及执行外国仲裁裁决公约》《国际商事仲裁示范法》均规定，仲裁协议当事人无行为能力时所签订的仲裁协议无效。我国《仲裁法》第 17 条亦将“无民事行为能力人或者限制民事行为能力人订立的仲裁协议”列为仲裁协议无效的情形之一。据此，缔结仲裁协议的当事人应具备完全民事行为能力，否则仲裁协议无效。

2. 形式要件

仲裁协议必须以书面形式订立，这是协议生效的形式要件。对此，即使对“书面”的界定或有不同，国际条约、各国仲裁立法均作出了一致的规定。例如，《承认及执行外国仲裁裁决公约》规定以书面协定承允的仲裁协议，各缔约国应予承认。而所谓“书面协定”者，应是当事人签订或在互换函电中所载明的契约仲裁条款或仲裁协定。《国际商事仲裁示范法》则直接明确仲裁协议应是书面的。但此书面的形式更加丰富，或载于当事各方签字的文件中，或载于往来的书信、电传、电报或提供协议记录的其他电讯手段中，甚至在申诉书和答辩书的交换中当事一方声称有协议而当事他方不否认的，也属书面协议的达成。英国仲裁法将书面协议宽泛地解释为“以任何方式所作的记录”。德国民事诉讼法进一步规定，即使仲裁协议的形式存在缺陷，只要当事人参与了仲裁法庭的实体辩论，则视为缺陷得以弥补。显然，尽管书面形式仍是仲裁协议生效的形式要件，但其界定日益宽松，个别国家立法甚至局部突破这一要件，允许默示的仲裁管辖。

对此，我国《仲裁法》明确要求仲裁协议应以书面形式订立。具体的书面形式包括合同中的仲裁条款、单独的仲裁协议书，以及《仲裁法解释》规定的“其他书面形式”，如合同书、信件和数据电文（包括电报、电传、传真、电子数据交换和电子邮件）等。此外，我国亦认可当事人以援引方式达成的仲裁协议，即当事人在合同中援引包含仲裁条款的合同、票据或其他书面文件，并将其作为仲裁的依据。①

3. 实质要件

仲裁协议生效的实质要件是指有效的仲裁协议应当具备的实质内容。我国《仲裁法》第 16 条第 2 款规定：“仲裁协议应当具有下列内容：（一）请求仲裁的意思表示；（二）仲裁事项；（三）选定的仲裁委员会。”② 此外，关于仲裁规则和仲裁地点的约定也可能影响仲裁协议的效力。

---

① 我国《仲裁法解释》第 11 条规定：“合同约定解决争议适用其他合同、文件中的有效仲裁条款的，发生合同争议时，当事人应当按照该仲裁条款提请仲裁。涉外合同应当适用的有关国际条约中有仲裁规定的，发生合同争议时，当事人应当按照国际条约中的仲裁规定提请仲裁。”此外，在对仲裁协议书面形式要求日益宽松的基础上，《仲裁法（修订）（征求意见稿）》第 21 条第 2 款规定：“一方当事人在仲裁中主张有仲裁协议，其他当事人不予否认的，视为当事人之间存在仲裁协议。”该项“默示协议仲裁”，明确条款若通过立法，意味着我国对仲裁协议“书面形式”的要求将进一步放松。

② 与该条款对应的《仲裁法（修订）（征求意见稿）》第 21 条并未规定仲裁协议的具体内容。当然，就可仲裁事项请求仲裁的意思表示仍是仲裁协议的应有之义。

（1）“请求仲裁的意思表示”。请求仲裁的意思表示要求仲裁协议明确表示当事人将合同相关争议提交仲裁解决的意思，且须保证该意思是双方当事人的真实合意。

（2）“仲裁事项”。仲裁事项是当事人在仲裁协议中约定的、拟通过仲裁解决的争议内容，其本身应具有可仲裁性与特定性，而仲裁机构依法只能在仲裁事项范围内行使管辖权。所谓约定事项的可仲裁性是指该事项属于仲裁立法允许（至少不禁止）以仲裁方式解决的争议范畴。该范畴的边界受到各国不同阶段政策的影响。就我国而言，现行《仲裁法》第2、3条分别规定：“平等主体的公民、法人和其他组织之间发生的合同纠纷和其他财产权益纠纷，可以仲裁。”“婚姻、收养、监护、扶养、继承纠纷以及依法应当由行政机关处理的行政争议不能进行仲裁。”所谓仲裁事项的特定性是指具体事项须与当事人之间特定的法律关系相关联。各仲裁机构的仲裁示范条款常用“因本合同引起的争议”或“凡因本合同引起的争议或与本合同有关的一切争议”表述仲裁事项，同时体现其与本合同之间的具体关联。但此类表述仍比较概括，为此，《仲裁法解释》第2条进一步明确：“当事人概括约定仲裁事项为合同争议的，基于合同成立、效力、变更、转让、履行、违约责任、解释、解除等产生的纠纷都可以认定为仲裁事项。”

（3）“选定的仲裁委员会”。选定的仲裁委员会要求当事人自行选定某一明确、具体的仲裁机构作为仲裁事项的管辖主体。该实质要件是我国《仲裁法》明确实行机构仲裁，否定临时仲裁使然。随着我国仲裁的开放发展，仲裁实践对此要件的要求正逐步减弱，只要能从仲裁协议内容中推断出当事人所选的仲裁机构，即视为满足该项要件。[①] 此外，我国部分自贸区已经开展临时仲裁探索，其仲裁协议的生效甚至无需仲裁机构的存在。

除了《仲裁法》规定的以上三项实质要件，仲裁规则特别是仲裁地点的约定也可能影响仲裁协议的效力。仲裁规则的影响是源于不同规则对仲裁协议生效要件的不同要求。仲裁地点的影响则在于涉外仲裁通常根据仲裁地决定解决争议适用的准据法，因此不同仲裁地进而不同准据法下的仲裁协议效力可能完全不同。我国《仲裁法》未将仲裁地列为仲裁协议的实质要件之一。实践中，如无其他约定，“选定仲裁委员会”即被默认为将仲裁机构所在地约定为仲裁地，部分机构如中国国际经济贸易仲裁委员会和北京仲裁委员会的仲裁规则还对此作出相应规定。但显然，仲裁地相关立法的缺失不利于仲裁实践特别是涉外仲裁的有序开展，为此，亟须在《仲裁法》修订中予以合理补充。[②]

---

① 《仲裁法（修订）（征求意见稿）》第35条第2、3、4款规定：“当事人应当向仲裁协议约定的仲裁机构申请仲裁。仲裁协议对仲裁机构约定不明确，但约定适用的仲裁规则能够确定仲裁机构的，由该仲裁机构受理；对仲裁规则也没有约定的，当事人可以补充协议；达不成补充协议的，由最先立案的仲裁机构受理。仲裁协议没有约定仲裁机构，当事人达不成补充协议的，可以向当事人共同住所地的仲裁机构提起仲裁；当事人没有共同住所地的，由当事人住所地以外最先立案的第三地仲裁机构受理。”这是对仲裁机构约定明确性的放松要求，也表明在未来的仲裁立法中可能不再将明确选定仲裁机构作为仲裁协议生效的硬性要求。

② 《仲裁法（修订）（征求意见稿）》已规定了“仲裁地”标准，以接轨国际仲裁惯例，增加我国仲裁的友好度和吸引力。其第27条规定：“当事人可以在仲裁协议中约定仲裁地。当事人对仲裁地没有约定或者约定不明确的，以管理案件的仲裁机构所在地为仲裁地。仲裁裁决视为在仲裁地作出。仲裁地的确定，不影响当事人或者仲裁庭根据案件情况约定或者选择在与仲裁地不同的合适地点进行合议、开庭等仲裁活动。”

（二）瑕疵仲裁协议的补救

瑕疵仲裁协议是指具备了生效要件，但具体的要件内容又不完全符合法律要求，导致执行困难的仲裁协议。此类协议并不当然无效。出于对当事人意思自治的尊重，我国仲裁立法及相关司法解释允许当事人通过补充协议对部分实质要件的瑕疵予以补救，以确保仲裁协议的效力并顺利执行。实践中，允许补救的协议瑕疵及其补救方法主要涉及以下情况：

1. “仲裁事项未约定或约定不明”瑕疵及其补救

仲裁事项是当事人约定付诸仲裁解决的争议内容，是仲裁机构以及仲裁庭享有管辖权的争议范围，是仲裁协议的实质要件之一。当事人应在仲裁协议中对仲裁事项作出约定。同时应注意，仲裁事项除了应具备法律规定的可仲裁性，还应具备可确定其具体范围的特定性，否则属于约定不明。我国《仲裁法》第 18 条规定：“仲裁协议对仲裁事项或者仲裁委员会没有约定或者约定不明确的，当事人可以补充协议；达不成补充协议的，仲裁协议无效。”也就是说允许当事人通过补充协议的方式对“仲裁事项未约定或约定不明”这一瑕疵进行补救，以确保仲裁协议的效力。但需注意，补充协议约定的事项须具有可仲裁性，即属于法定的仲裁范围，否则仲裁协议亦直接无效。

2. “选定仲裁机构”瑕疵及其补救

实践中，当事人在仲裁协议里仅约定仲裁规则、约定多个仲裁机构、仲裁机构名称错误等情形多见，导致“选定的仲裁委员会”并不明确，从而影响仲裁协议的效力，需要弥补相关瑕疵后方能保障仲裁协议生效。

（1）未约定仲裁机构或约定不明确及其补救。

仲裁协议对仲裁机构未约定或者约定不明确的，如约定的仲裁机构名称表述有误甚至不存在，属于实质要件“选定的仲裁委员会”存在瑕疵的情形。对此，我国仲裁立法以及相关司法解释的立场是“尊重当事人的意思自治”，即当事人订立仲裁协议，已表明其将合同相关争议诉诸仲裁解决的真实意思。因此，对于仲裁机构未约定或者约定不明确这一瑕疵，当事人通过补充协议约定了明确的仲裁机构的，仲裁协议继续有效；补充协议不能达成，仲裁机构不能确定的，才会导致仲裁协议无效。[①] 此外，对于“选定的仲裁委员会”名称表述有误的情形，《仲裁法解释》第 3 条规定：“仲裁协议约定的仲裁机构名称不准确，但能够确定具体的仲裁机构的，应当认定选定了仲裁机构。”因此，只要能够推定出确定具体的仲裁机构，均认定为选定了仲裁机构。

（2）仅约定仲裁规则及其补救。

我国《仲裁法》对当事人约定仲裁规则的效力没有规定。[②] 尽管涉外仲裁存在

---

① 与此不同，《仲裁法（修订）（征求意见稿）》第 35 条第 2、3、4 款规定：“当事人应当向仲裁协议约定的仲裁机构申请仲裁。仲裁协议对仲裁机构约定不明确，但约定适用的仲裁规则能够确定仲裁机构的，由该仲裁机构受理；对仲裁规则也没有约定的，当事人可以补充协议；达不成补充协议的，由最先立案的仲裁机构受理。仲裁协议没有约定仲裁机构，当事人达不成补充协议的，可以向当事人共同住所地的仲裁机构提起仲裁；当事人没有共同住所地的，由当事人住所地以外最先立案的第三地仲裁机构受理。”

② 《仲裁法（修订）（征求意见稿）》第 35 条第 3 款对当事人约定仲裁规则的情形作出了规定。

参照示范仲裁条款选择机构的规则来确定仲裁机构的情形，[1] 但在国内仲裁实践中，当事人选定仲裁机构且无其他约定的，可默认其当然选择该机构的仲裁规则，而当事人仅选择某机构的仲裁规则的，并不当然认为其就选择了该仲裁机构。换言之，这又形成了另一种“选择仲裁机构不明确”的情形。对此，同样基于对当事人意思自治的尊重，《仲裁法解释》第 4 条规定：“仲裁协议仅约定纠纷适用的仲裁规则的，视为未约定仲裁机构，但当事人达成补充协议或者按照约定的仲裁规则能够确定仲裁机构的除外。”也就是允许当事人通过补充协议弥补相关瑕疵，同时按照约定的仲裁规则能确定具体仲裁机构的，也视为满足了“选定的仲裁委员会”要件。

（3）仅约定了仲裁地点及其补救。

根据《仲裁法》规定，当事人仅约定了仲裁地点的，仲裁协议原则上不具有可执行性。但由于《仲裁法》只规定了机构仲裁，且通常仅在省级政府所在市和其他有需要的设区市单设一家仲裁机构，使得通过当事人约定的仲裁地点推定具体仲裁机构成为可能。因此，为最大限度实现当事人将争议诉诸仲裁解决的意愿，《仲裁法解释》第 6 条规定：“仲裁协议约定由某地的仲裁机构仲裁且该地仅有一个仲裁机构的，该仲裁机构视为约定的仲裁机构。该地有两个以上仲裁机构的，当事人可以协议选择其中的一个仲裁机构申请仲裁；当事人不能就仲裁机构选择达成一致的，仲裁协议无效。”能够通过仲裁地点推定出唯一仲裁机构的，直接视为选定了该机构。若仲裁地点有两个以上仲裁机构的，也允许当事人通过补充协议选择其一，进而弥补瑕疵确保仲裁协议的效力。

（4）选择两个或多个仲裁机构及其补救。

当事人在仲裁协议中选择两个甚至多个仲裁机构的，仲裁协议的效力存在争议。一方面，当事人通过仲裁而非通过诉讼来解决争议的合意显然是真实、自愿的，因此不可简单否定相关仲裁协议的效力。另一方面，直接认可协议效力，则两个甚至多个仲裁机构据此获得争议管辖权，进而可能导致同一案件的重复仲裁或不同机构对争议案件的争夺、推诿。为了避免这一情况，《仲裁法解释》第 5 条规定：“仲裁协议约定两个以上仲裁机构的，当事人可以协议选择其中的一个仲裁机构申请仲裁；当事人不能就仲裁机构选择达成一致的，仲裁协议无效。”当事人必须在申请仲裁之前，协议确定唯一的仲裁机构，从而确保“约定了明确的仲裁机构”，为仲裁活动的顺利开展奠定基础。

3. “既选择仲裁又选择诉讼”瑕疵及其具体处理

仲裁协议具有排斥诉讼管辖的效力。因此，当事人在仲裁协议中既约定仲裁又约定诉讼的，属于典型的自相矛盾的情形。对此，《仲裁法解释》第 7 条规定：“当事人约定争议可以向仲裁机构申请仲裁也可以向人民法院起诉的，仲裁协议无效。但一方向仲裁机构申请仲裁，另一方未在仲裁法第二十条第二款规定期间内提出异议的除外。”显然，司法解释的立场是禁止当事人在仲裁协议中既约定仲裁又约定诉

---

[1] 例如伦敦国际仲裁院的示范仲裁条款为：“凡因本合同引起的或与本合同相关的任何争议，包括有关合同成立、效力以及终止的问题，均应提交仲裁并根据伦敦国际仲裁院的仲裁规则终局解决。”

讼的。但规定存在此类情形的仲裁协议无效后，又允许当事人以默示仲裁协议的方式赋予仲裁机构仲裁权，显然颇为矛盾，且与仲裁协议要求书面签订的形式要件不符。对此，唯待《仲裁法》的修订予以调整：或进一步放宽仲裁协议的形式要件，允许其以默示方式达成；或允许当事人以补充协议的方式在仲裁与诉讼之间仅择其一，确保仲裁协议的效力；或仅规定此类情形直接导致仲裁协议无效。[①]

（三）仲裁协议的效力范围

仲裁协议的效力范围体现为对当事人的效力、对仲裁机构的效力以及对法院的效力。

1. 对当事人的效力

仲裁协议对当事人的约束力表现为两个方面：其一，仲裁协议对当事人的约束力仅限于签订仲裁协议的当事人，不及于第三人。其二，仲裁协议旨在约定争议的解决方式为仲裁，当事人就仲裁事项发生争议时，任何一方都只能向约定的仲裁机构申请仲裁。对此，《仲裁法》第 5 条规定："当事人达成仲裁协议，一方向人民法院起诉的，人民法院不予受理，但仲裁协议无效的除外。"若一方当事人将仲裁协议中约定的仲裁事项诉诸法院的，对方当事人可依仲裁协议向法院提出管辖权异议。

2. 对仲裁机构的效力

仲裁协议对仲裁机构的效力体现为三个方面：其一，仲裁协议是仲裁权的基础，仲裁机构与仲裁庭对仲裁事项的管辖均源于当事人在仲裁协议中的授权。我国《仲裁法》第 4 条规定："当事人采用仲裁方式解决纠纷，应当双方自愿，达成仲裁协议。没有仲裁协议，一方申请仲裁的，仲裁委员会不予受理。"其二，仲裁协议中的仲裁事项决定了当事人可申请仲裁的具体范围，仲裁庭只能对当事人在仲裁协议中约定进而在仲裁请求中涉及的事项进行仲裁。其三，仲裁协议对程序性事项的约定如对仲裁规则的约定可约束仲裁权的具体行使，仲裁程序的展开须遵循当事人的合意自治。

3. 对法院的效力

我国《仲裁法》第 5 条规定了"或裁或审"制度。第 26 条进一步规定："当事人达成仲裁协议，一方向人民法院起诉未声明有仲裁协议，人民法院受理后，另一方在首次开庭前提交仲裁协议的，人民法院应当驳回起诉，但仲裁协议无效的除外；另一方在首次开庭前未对人民法院受理该案提出异议的，视为放弃仲裁协议，人民法院应当继续审理。"《民事诉讼法》第 127 条第 2 项规定："依照法律规定，双方当事人达成书面仲裁协议申请仲裁、不得向人民法院起诉的，告知原告向仲裁机构申请仲裁。"综上，仲裁协议对法院的拘束力表现为排除法院对仲裁事项的诉讼管辖权，即当事人将仲裁协议中约定的争议事项诉诸法院时，法院无权受理。除非仲裁协议无效，或者当事人双方以实际行动构成"视为放弃仲裁协

---

① 显然，《仲裁法（修订）（征求意见稿）》选择了第一种方案。

议”的情形，案件方可由法院受理或继续审理。《仲裁法解释》第 13 条进一步规定：“当事人在仲裁庭首次开庭前没有对仲裁协议的效力提出异议，而后向人民法院申请确认仲裁协议无效的，人民法院不予受理。仲裁机构对仲裁协议的效力作出决定后，当事人向人民法院申请确认仲裁协议效力或者申请撤销仲裁机构的决定的，人民法院不予受理。”

（四）仲裁协议的无效和失效

1. 仲裁协议的无效

仲裁协议也是合同的一种，若其欠缺法定生效要件或者违反相关强制性规定，即不会发生法律效力。根据我国《仲裁法》相关规定，下列情形下的仲裁协议无效：(1) 无民事行为能力人或限制民事行为能力人订立的仲裁协议无效。(2) 以非书面方式订立的仲裁协议无效。(3) 约定事项不具有可仲裁性的仲裁协议无效。(4) 未约定仲裁事项或约定不明确，当事人不能达成补充协议明确仲裁事项的，仲裁协议无效。(5) 仲裁机构未约定或者约定不明确，当事人不能达成补充协议明确仲裁机构且无法根据仲裁协议的其他内容推定仲裁机构的，仲裁协议无效。①

2. 仲裁协议的失效

仲裁协议的无效是自始无效，仲裁协议的失效则是有效的仲裁协议因特定事由的发生而导致效力消灭。具体的特定事由包括以下方面：(1) 仲裁机构已对争议作出仲裁裁决。我国《仲裁法》第 9 条第 1 款规定：“仲裁实行一裁终局的制度。裁决作出后，当事人就同一纠纷再申请仲裁或者向人民法院起诉的，仲裁委员会或者人民法院不予受理。裁决被人民法院依法裁定撤销或者不予执行的，当事人就该纠纷可以根据双方重新达成的仲裁协议申请仲裁，也可以向人民法院起诉。”仲裁实行一裁终局制，仲裁裁决作出后，仲裁协议因功能实现而失效，当事人就同一纠纷再申请仲裁或者向法院起诉的，仲裁机构或者法院都会因“一事不再理”而不予受理。即使上述仲裁裁决被法院裁定撤销或者不予执行，由于仲裁协议已经失效，当事人也无权据其申请仲裁，只能向法院起诉或根据双方重新达成的仲裁协议申请仲裁。(2) 当事人合意放弃仲裁协议。当事人合意放弃仲裁协议的形式包括：双方达成明确终止仲裁协议的协议；双方达成了选择其他纠纷解决方式的新协议；因具体行为默示放弃仲裁协议/改变纠纷解决方式，例如当事人达成仲裁协议后，一方向法院起诉未声明有仲裁协议，法院受理后，另一方在首次开庭前未对法院受理该案提出异议的，视为放弃仲裁协议。(3) 附有效期限的仲裁协议因期限届满而失效。

四、仲裁管辖权

仲裁管辖权是仲裁庭审理与裁决案件的合法性依据，也是仲裁裁决有效进而能

---

① 对于“选定的仲裁机构”，《仲裁法（修订）（征求意见稿）》第 21 条、第 35 条表明已不做硬性要求。“默示协议仲裁”的提出，也在一定程度上突破了仲裁协议“非书面形式不可”的要求。

被承认与执行的前提。在国际、国内日益重视仲裁积极效用并通过若干宽松政策支持仲裁发展的当下，对仲裁协议的效力认定普遍采用尽可能使其有效的解释标准，而主张将仲裁协议的效力审查交由仲裁庭自身管辖的自裁管辖学说，也得到国际、国内仲裁立法、仲裁规则以及司法、仲裁实践的采纳与支持。

(一) 仲裁管辖权的概念

仲裁管辖权，即仲裁庭对当事人提交的民商事争议进行审理并作出有拘束力的裁决的权力。该权力源自当事人将相关民商事争议提交仲裁解决的合意，即仲裁管辖权须以生效的仲裁协议为基础，且受到约定事项的限制。该权力获得国家法律的认可，同时接受法律的限制，即管辖权针对的事项必须具备法定的“可仲裁性”。由于我国仲裁立法仅规定了机构仲裁，因此《仲裁法》第 6 条、第 21 条规定：“仲裁委员会应当由当事人协议选定。仲裁不实行级别管辖和地域管辖。”“当事人申请仲裁应当符合下列条件：（一）有仲裁协议；（二）有具体的仲裁请求和事实、理由；（三）属于仲裁委员会的受理范围。”但依循仲裁理论与实践，仲裁管辖权属于仲裁庭，尽管当前我国的仲裁协议被要求约定仲裁机构，但仲裁机构基本上只负责案件受理、协助组建仲裁庭或告知、送达等辅助性事宜，相关争议的审理与裁决仍且仅由仲裁庭负责。①

(二) 仲裁管辖权的特点

仲裁管辖权是仲裁庭审理与裁决案件的合法性依据，是相关民商事争议能够进入仲裁程序，且仲裁程序能够顺利开展的基础，也是仲裁裁决有效以及可获承认与执行的前提之一。相较于以公权力为底色的法院管辖权，以私权自治为核心的仲裁管辖权具有以下特点：

其一，就权力基础而言，仲裁管辖权的基础是当事人自愿达成的仲裁协议，属于协议管辖，信奉“无合意，无管辖”。仲裁庭对具体争议是否享有管辖权，以及在多大范围与程度上享有管辖权，均受当事人仲裁协议的严格限定。法院管辖权则直接源自法律规定，无需当事人授权，其行使、运作遵循严格的法律程序，法官不得任意处置，当事人也不能协商变更。即使存在少数允许当事人协议管辖的情形，但具体情形、协商方式和可协商的内容仍由法律明确规定。

其二，就可管辖的争议而言，仲裁管辖权只能覆盖当事人可以自行处分的民商事纠纷且相关纠纷应具备立法明确规定的可仲裁性。例如，我国仅允许仲裁处理合同纠纷和其他财产权益纠纷。相较而言，法院管辖权的覆盖范围更为广泛，所有平等主体之间就财产关系和人身关系产生的纠纷，法院均有管辖权。

其三，就管辖权的自治性而言，以仲裁协议为基础的仲裁管辖权本质上体现了

---

① 关于仲裁管辖，《仲裁法（修订）（征求意见稿）》的表述更符合仲裁规律与实际，其第 6 条规定：“仲裁的管辖由当事人协议约定，不实行级别管辖和地域管辖。”关于申请仲裁的条件，第 35 条第 1 款规定：“当事人申请仲裁应当符合下列条件：（一）有仲裁协议；（二）有具体的仲裁请求和事实、理由；（三）属于本法规定的仲裁范围。”

当事人关于争议解决的自治性而非规范性。所谓自治，意味着当事人可以在法律允许的诸多阶段合意收回或变更相关授权，从而取消或变更仲裁庭享有的仲裁管辖权。[①] 相较而言，法院管辖权具备规范性而非自治性，除非法律明文规定，该管辖权的内容不得由当事人协议变更，更不得由法官任意处置。

其四，就管辖权的行使而言，仲裁管辖权不仅就可管辖的争议范围受到仲裁协议制约，其具体行使也只能按照仲裁协议直接或间接约定的仲裁规则所确立的仲裁程序来进行[②]，违反相关程序，就会导致仲裁裁决效力受损甚至无效。同时，由于仲裁机构、仲裁庭的民间性特质，仲裁管辖权的行使在仲裁财产保全、证据保全、裁决的承认与执行等方面受到很大限制，仍需借助于法院管辖权的协助。相较而言，法院管辖权一经获得，其行使即完全依循法律规定，不受当事人意志的左右。同时，法院管辖权的行使以国家强制力为后盾，法院本身就直接享有采取相关强制措施的权力。

（三）仲裁管辖权的取得

仲裁管辖权的取得需要满足以下两项要素：

1. 存在有效的仲裁协议

仲裁管辖权以当事人的合意授权为基础，当事人的合意授权则以仲裁协议为载体。因此，仲裁庭要取得仲裁管辖权，必须确定存在有效的仲裁协议。而由于仲裁制度从最初纯粹的私人自治逐渐演变成一种私人契约和国家司法因素交织的纠纷解决机制，所以仲裁协议的有效不仅取决于当事人真实、自愿的仲裁合意，还应符合立法关于仲裁协议生效要件的强制性要求。对此，各国的法律规定或有不同。就我国而言，有效的仲裁协议要求平等的民事主体以书面形式达成，包含有明确的请求仲裁的意思表示、仲裁事项以及选定的仲裁机构。其中，请求仲裁的意思表示要自愿真实，仲裁事项也需具体特定且符合仲裁范围的要求，仲裁机构应明确唯一。

2. 争议具有可仲裁性

仲裁管辖权的取得意味着获得解决具体争议的资格。从仲裁制度的发展历程以及现代国家对仲裁的支持与监督来看，可以申请仲裁解决的争议应具有可仲裁性。具体事项不可仲裁的，相关仲裁协议无效，仲裁庭亦无管辖权。

可仲裁性亦称仲裁范围，是指法律规定可以通过仲裁解决的争议范围。可仲裁性涉及一国的社会公共利益，故由一国之国内法作出规定，具有明确的法定性。可仲裁性还应保证仲裁案件置于司法监督之下，因此，仲裁范围通常小于法院管辖的

---

① 例如，我国《仲裁法》第 26 条规定，当事人达成仲裁协议，一方向人民法院起诉未声明有仲裁协议，人民法院受理后，另一方在首次开庭前未对人民法院受理该案提出异议的，视为放弃仲裁协议，人民法院应当继续审理。再如，《瑞典仲裁法》（1999 年）规定，当事人不按规定指定仲裁员、缴纳仲裁费用的，视为以默示的方式放弃仲裁协议。

② 所谓间接的约定，是指当事人仅合意选定了仲裁机构，此时，仲裁实践默认适用该机构制定的仲裁规则。但若当事人直接约定了仲裁规则的，即便该规则并非其选定的仲裁机构设立，也应当尊重当事人的意思自治，按照其约定的仲裁规则推进仲裁进程。

案件范围。但对于法定可以仲裁的争议，当事人可自主合意决定申请仲裁或者提起诉讼，故可仲裁性又具有相对独立性。

争议事项要具备可仲裁性，须按照法律规定满足主体要求与客体要求。[①] 所谓主体要求，即对争议双方当事人的法律地位要求。可仲裁性要求争议的主体必须是平等主体，任何一方都不具有高于或优于另一方的法律地位。这一要求是仲裁协议有效性以及仲裁庭居中行使仲裁权的保障。我国《仲裁法》第 2 条就规定了平等主体的公民、法人和其他组织之间发生的争议才具有可仲裁性。《仲裁法》第 3 条还明确排除了行政争议的可仲裁性，原因即在于行政争议的当事人之间不具备平等性。所谓客体要求，是对争议事项应属于法定仲裁范围的要求。在理论层面，仲裁事项应具有可争讼性，且当事人对争议涉及的权益可自由处分。但在实务中，仲裁范围往往已由一国立法明确限定。例如，我国《仲裁法》第 2 条、第 3 条就规定，平等主体之间的合同纠纷和其他财产权益纠纷可以仲裁，而婚姻、收养、监护、扶养、继承纠纷以及行政争议不能仲裁。此外，劳动争议和农村土地承包经营纠纷的仲裁所针对的专门事项，也不属于商事仲裁的范围。[②]

当事人约定的争议具备可仲裁性，是仲裁协议有效、仲裁庭享有仲裁管辖权以及仲裁裁决得到承认和执行的必要前提。但需要注意，仲裁范围，即哪些争议具有可仲裁性通常由一国的国内法设立，不同国家范围有异，因此可能影响该国法院对仲裁协议效力的认定，进而影响对相关仲裁裁决的承认和执行。

五、自裁管辖

（一）自裁管辖的内涵

自裁管辖是指仲裁庭有权自行对仲裁协议效力相关异议及其自身有无仲裁管辖权作出决定。具体而言，自裁管辖意味着仲裁庭有权就该庭管辖权所提出的所有异议，包括对仲裁条款或单独仲裁协议的存在和效力所提出的任何异议作出管辖权决定。当然，自裁管辖权并非终局性的，仲裁庭经自裁管辖作出的决定还应接受司法机关的监督与制约。因此，参照《国际商事仲裁示范法》关于自裁管辖最具代表性、最经典的规定，自裁管辖制度还应规定当事人就仲裁庭管辖权提出异议抗辩的时限和条件[③]，仲裁庭对管辖权异议作出决定的时间以及司法机关介入监督

① 部分教材亦将此称为主体的可仲裁性与客体的可仲裁性。参见江伟，肖建国. 仲裁法. 3 版. 北京：中国人民大学出版社，2016.

② 《仲裁法（修订）（征求意见稿）》第 2 条合并了现行《仲裁法》的第 2、3 条，并增加一款“其他法律有特别规定的，从其规定”，表述上更加严谨周延。

③ 《国际商事仲裁示范法》第 16 条第 2 款规定：“有关仲裁庭有无管辖权的抗辩不得在提出答辩书之后提出。当事一方已指定或参与指定仲裁员的事实，不得阻止该当事人一方提出这种抗辩。有关仲裁庭超越其权力范围的抗辩，应在仲裁程序过程中提出越权的事情后立即提出。在这两种情况下，仲裁庭如认为推迟提出抗辩有正当理由，均可准许待后提出抗辩。”

的时间与条件。[①] 此外，为确保仲裁庭对自己的管辖权作出决定的权力，立法还应确立仲裁协议的独立性，特别是明确构成合同的一部分的仲裁条款应视为独立于其他合同条款的独立协议，以保证仲裁庭作出的关于合同无效的决定，不会在法律上当然导致仲裁条款的无效。

（二）自裁管辖的价值与发展

作为现代仲裁发展的一项重要成就，自裁管辖制度具有以下积极价值：其一，尊重当事人意思自治，保证由当事人与仲裁庭推进约定的事项争议包括仲裁协议的存在与效力争议的解决；其二，提高纠纷解决效率，减少不同程序之间的往返衔接损耗，保证仲裁程序的顺利进行；其三，实现仲裁的独立性、自治性，更合理地安排司法介入仲裁的条件与时间。

基于以上价值，自裁管辖已经成为现代仲裁法的一项基本原则[②]，尽管其历史并不久远。作为其基础的自裁管辖学说，直至 20 世纪 50 年代，才有机会萌芽于实践，肇始于联邦德国高等法院就“当事人可否通过协议赋予仲裁员对其管辖权作出有拘束力的决定的权力”相关争议作出的裁决。[③] 在此之前，仲裁协议效力及仲裁管辖权争议的决定权仅归法院享有。在此之后，仲裁庭有权自裁管辖逐步获得认可，为现行国际、各国国内仲裁立法和仲裁规则所广泛确立。1955 年《国际商会仲裁规则》率先确立自裁管辖制度[④]，1961 年《欧洲国际商事仲裁公约》、1965 年《华盛顿公约》、1966 年《欧洲统一仲裁法》、1975 年《美洲国家间关于国际商事仲裁的公约》、1976 年《联合国国际贸易法委员会仲裁规则》以及 1985 年联合国国际贸易法委员会《国际商事仲裁示范法》等国际条约或规则均接受了自裁管辖。德国、英国、美国、法国、瑞典、瑞士等多数国家通过国内立法承认了仲裁庭的自裁管辖权。伦敦国际仲裁院、斯德哥尔摩商会仲裁院、新加坡国际仲裁中心等著名仲裁机构的仲裁规则，也都有仲裁庭决定仲裁协议效力及自身管辖权争议的规定。

（三）自裁管辖的理论基础

按照自裁管辖学说出现之前的传统理论，仲裁作为一种以当事人私权自治为基础的纠纷解决方式，当然受到不可以协议排除的司法监督。因此，当有效仲裁的基石——仲裁协议的存在或效力存在争议时，也应由法院而非仲裁庭行使管辖权。该

---

① 《国际商事仲裁示范法》第 16 条第 3 款规定：“仲裁庭可以根据案情将本条第（2）款所指的抗辩作为一个初步问题裁定或在裁决中裁定。如果仲裁庭作为一个初步问题裁定它有管辖权，当事任何一方均可以在收到裁定通知后三十天内要求第六条规定的法院对这一问题作出决定。该决定不容上诉，在等待对这种要求作出决定的同时，仲裁庭可以继续进行仲裁程序和作出裁决。”

② 赵健. 国际商事仲裁的司法监督. 北京：法律出版社，2000：89.

③ See A. Samuel，*Jurisdictional Problems in International Commercial Arbitration*，Sweet &. Maxwell (1989)，at 179.

④ 赵秀文. 国际商事仲裁及其适用法律研究. 北京：北京大学出版社，2002：41.

理论有其逻辑基础：仲裁协议是仲裁庭获取管辖权的前提，当仲裁协议的存在或效力有争议时，仲裁庭有无管辖权也处于待定状态，此时若由仲裁庭来决定仲裁协议的存在和效力问题进而决定其自身有无仲裁管辖权，就会在其作出仲裁协议不存在或无效决定时导致悖论，即“无权管辖的仲裁庭通过实际管辖决定了自己无权管辖”。但上述传统理论也有其实践困境，若仲裁协议与仲裁管辖权相关争议只能诉诸司法裁决，则当法院决定仲裁协议存在且有效时，实体争议又将交还仲裁庭进行处理，徒然增加纠纷解决成本，降低纠纷解决效率，违背当事人诉诸仲裁寻求高效解纷的初衷。显然，允许仲裁庭自行决定管辖权相关争议，更有助于无缝衔接仲裁程序，推进纠纷解决的顺畅进行。在此实践逻辑之外，自裁管辖还具备以下理论基础：

其一，自裁管辖学说与实践是对当事人意思自治原则的尊重与落实。当事人通过仲裁协议约定将争议交由仲裁解决时，表明其更青睐仲裁这一纠纷解决方式，这意味着协议项下的一切争议，包括对协议本身的存在与效力争议，都应交由仲裁庭解决。[①] 各国立法对此均无禁止性规定，故尊重当事人意思自治就应允许仲裁庭自裁管辖。

其二，自裁管辖学说与实践是对仲裁制度优势的坚守与保障。仲裁庭自裁管辖制度的确立，可有效地避免一方当事人利用传统学说中仅由法院裁定仲裁协议和仲裁管辖权争议的先决权阻挠或拖延仲裁的进行[②]，从而保障仲裁自有的快速、高效、费用低廉、保密性强等优势的实现。

其三，自裁管辖当属仲裁庭裁决能力范围之内。现代仲裁权的基础既包括当事人之间达成的将争议交由仲裁解决的契约，也包括国家立法对仲裁制度及仲裁权力运行的认可与支持。既然国家通过立法认可仲裁庭的仲裁权，相信仲裁庭能够在符合本国法律的前提下，公正、合理地处理相关争议，则国家亦可信任并支持仲裁庭对仲裁协议存在和效力以及仲裁管辖权相关争议的判断。何况，立法还规定有撤销仲裁裁决等司法监督制度，可作为防止自裁管辖权滥用的后盾。

（四）我国关于自裁管辖的立法及其批判

通行的自裁管辖制度，是将仲裁协议的存在和效力以及仲裁庭管辖权相关争议的裁决权通过立法赋予仲裁庭。但是，根据我国仲裁立法，自裁管辖权的主体却是仲裁机构而非仲裁庭。我国《仲裁法》第 20 条第 1 款规定：“当事人对仲裁协议的效力有异议的，可以请求仲裁委员会作出决定或者请求人民法院作出裁定。一方请求仲裁委员会作出决定，另一方请求人民法院作出裁定的，由人民法院裁定。”[③]

---

① 赵秀文. 国际商事仲裁及其适用法律研究. 北京：北京大学出版社，2002：41.

② 韩健. 现代国际商事仲裁法的理论与实践. 北京：法律出版社，2000：206.

③ 《仲裁法》第 20 条第 2 款还规定：“当事人对仲裁协议的效力有异议，应当在仲裁庭首次开庭前提出。”可见，我国立法对当事人提出仲裁管辖权异议抗辩的时限亦相对宽松。参照联合国国际贸易法委员会《国际商事仲裁示范法》相关规定，当事人提出关于仲裁庭有无管辖权的抗辩的时限，通常是在提出答辩书之前。此处的“之前”，包括提出答辩书之时。

上述由仲裁机构而非仲裁庭享有并行使自裁管辖权的法律规定，存在诸多弊端，颇受学界与实务界诟病。其一，违背当事人的意愿。当事人通过仲裁协议约定将争议交由自己选定的仲裁员组建的仲裁庭处理，由此产生的仲裁权应归属于仲裁庭而非仲裁机构。立法将包含于仲裁权中的自裁管辖权交由仲裁机构行使，违背了当事人的意思自治。其二，导致仲裁权行使的分离。仲裁权既包括对仲裁案件实体性争议的审理裁判权，也包含对仲裁协议存在与效力以及仲裁管辖权争议等程序性争议的审查决定权。作为仲裁庭固有的权力，仲裁权具有一体性和不可分割性。① 因此，立法规定由仲裁机构行使自裁管辖权，显然会造成仲裁权行使的人为分离，不利于仲裁争议的整体性考量与公平处理。其三，背离仲裁的高效追求。由仲裁机构行使自裁管辖权，会导致同一案件的实体问题和程序问题被人为割裂，势必阻碍仲裁程序的顺畅进行，降低仲裁庭审理案件的效率。而且，当仲裁机构和仲裁庭对仲裁协议存在或效力争议的决定相冲突时，还会将仲裁庭置于两难境地，对是否继续仲裁程序莫衷一是。其四，与仲裁机构的性质职责不符。仲裁机构是仲裁事务的管理机构而非仲裁案件的裁决机构，其职责是为仲裁庭行使仲裁权提供程序性服务。理论上，仲裁机构只能在受理仲裁案件时，对当事人提交仲裁时有无仲裁协议，以及能否按照本机构的仲裁规则进行仲裁进行表面审查。对可能涉及可仲裁性问题、一事不再理、仲裁范围、主体适格等仅凭表面证据无法准确判断的仲裁协议效力问题，只适合交由可以组织当事人举证、质证的仲裁庭进行审查并作出决定。其五，存在违背程序正义的风险。仲裁机构对自裁管辖权的行使，最终会交由仲裁机构秘书处的工作人员负责，而且相关决定的过程并无法定程序和规则可循，难免存在违背正当程序要求的风险，从而导致仲裁机构对自裁管辖权的行使缺乏应有的正当性基础。

为减少割裂、提高效率，我国部分仲裁机构已对由仲裁机构认定仲裁协议效力的规定进行了变通处理。例如，中国国际经济贸易仲裁委员会、北京仲裁委员会就直接在其仲裁规则中规定，当事人对仲裁案件的管辖权提出异议的，可以由仲裁委员会或仲裁委员会授权的仲裁庭作出决定。这一做法既有利于发挥仲裁庭的审理功能，又解决了仲裁机构决定与仲裁庭决定冲突时的尴尬，还避免了与我国现行《仲裁法》的冲突。② 但以上变通只是权宜之计，长远而言，我国的自裁管辖制度还是应与国际接轨，并在仲裁法的修订中落实完善。③

（五）仲裁庭组成前的管辖权异议处理

仲裁实践中存在仲裁庭尚未组成，仲裁机构就需要受理、解决当事人提交的仲

---

① 乔欣. 仲裁权研究. 北京：法律出版社，2001：186.

② 具体可参见《中国国际经济贸易仲裁委员会仲裁规则（2024 版）》第 6 条对仲裁协议及/或管辖权的异议的相关规定。

③ 《仲裁法（修订）（征求意见稿）》与国际惯例接轨，大幅调整完善了我国的“自裁管辖”规定，其第 28 条第 1、2、3 款规定：“当事人对仲裁协议是否存在、有效等效力问题或者仲裁案件的管辖权有异议的，应当在仲裁规则规定的答辩期限内提出，由仲裁庭作出决定。仲裁庭组成前，仲裁机构可以根据表面证据决定仲裁程序是否继续进行。当事人未经前款规定程序直接向人民法院提出异议的，人民法院不予受理。”

裁协议的存在、效力或范围等异议的情况。对此，国际商会的做法可资借鉴。按照《国际商会仲裁规则》第6条的规定，当事人对仲裁协议的存在、效力或范围提出异议的，若仲裁院认为，从表面上看，一个按国际商会仲裁规则进行仲裁的仲裁协议可能存在，则仲裁院可以决定仲裁程序继续进行，在这种情况下，任何有关仲裁庭管辖权的异议均由仲裁庭自己决定。若仲裁院的认定相反，则会告知当事人不能进行仲裁程序。此时，当事人仍有权请求有管辖权的法院对仲裁协议的效力分歧作出裁定。换言之，针对仲裁庭组成前的管辖权异议处理，仲裁机构仅对仲裁协议的存在作初步决定，然后由随后组成的仲裁庭或者法院对仲裁协议效力争议或仲裁管辖权分歧作出裁决。

（六）法院对仲裁庭自裁管辖的监督

仲裁庭的自裁管辖权并非绝对的、毫无制约的权力，其受到仲裁地、仲裁裁决执行地和申请撤销地法院的司法监督。此种监督为法定监督，当事人不得以仲裁协议予以排除。同时，该项司法监督属于司法权的一部分，关乎一国的主权事宜，故属一国国内法规定的范畴，因而各国的具体规定或有不同。我们仅以《国际商事仲裁示范法》为例，该法第16条规定“仲裁庭可以对它自己的管辖权包括对仲裁协议的存在或效力的任何异议，作出裁定”，同时还规定当事任何一方均可以在收到裁定通知后三十天内要求法院对这一问题作出决定，“在等待对这种要求作出决定的同时，仲裁庭可以继续进行仲裁程序和作出裁决”，即法院可以审查、认可或改变仲裁庭作出的裁定，其对相关问题享有最终决定权，但该权力行使期间不妨碍仲裁程序的进行和裁决的作出。世界上大多数国家的仲裁立法都与《国际商事仲裁示范法》类似，规定了法院可在一定条件下对仲裁协议的有效性进行司法复审，且复审不影响仲裁进程。

我国立法与上述国际通行的做法有所不同。根据《仲裁法》第20条规定，仲裁机构和法院对当事人提出的仲裁协议效力异议均有管辖权，但法院的管辖权优先。但1998年《最高人民法院关于确认仲裁协议效力几个问题的批复》第3条又规定：“当事人对仲裁协议的效力有异议，一方当事人申请仲裁机构确认仲裁协议效力，另一方当事人请求人民法院确认仲裁协议无效，如果仲裁机构先于人民法院接受申请并已作出决定，人民法院不予受理；如果仲裁机构接受申请后尚未作出决定，人民法院应予受理，同时通知仲裁机构终止仲裁。”法院管辖并不当然优先。最高人民法院之后出台的《仲裁法解释》第13条也再次体现了我国法院在行使相关管辖权上的谦抑克制。但是，法院直接裁决相关争议还是与主流自裁管辖权理论中法院居于事后司法审查地位的国际惯例有别，仍可能妨碍仲裁的高效运作与有序发展。

随着我国仲裁制度的持续完善，自裁管辖制度必将与国际通行做法接轨，法院将作为司法审查者，发挥对仲裁庭自裁管辖权行使的监督功能。如此才能理顺仲裁与司法的关系，助力仲裁的健康发展。①

【本章涉及的法律条文】

1.《中华人民共和国仲裁法》第2～6条，第9条，第16～21条，第26条。
2.《中华人民共和国民事诉讼法》第127、244条。
3.《中华人民共和国民法典》第一编第六章第三节，第三编第二、三章。

【案例评析】

案例一

1. 本案涉及本章知识点：仲裁机构约定对仲裁协议效力的影响

2. 案情介绍

K建材有限公司与英国M（集团）股份有限公司签订了建材机械买卖合同，该合同中的仲裁条款约定："仲裁地点在中国北京或上海，由中国或上海国际经济贸易仲裁委员会按照其现行仲裁章程进行仲裁。"之后，双方发生合同纠纷。K建材有限公司遂向北京的中国国际经济贸易仲裁委员会提出了仲裁申请。但英国M（集团）股份有限公司以仲裁机构约定不明为由，主张仲裁协议无效，对中国国际经济贸易仲裁委员会的仲裁管辖权提出异议。

3. 案例评析

在该涉外仲裁案件中，当事人未约定认定相关仲裁条款效力的准据法，但约定了仲裁地点为中国北京或上海。因此，应当根据仲裁地即中国的仲裁法律及其司法解释来认定相关仲裁条款的效力。因为"上海国际经济贸易仲裁委员会"并不存在，且当事人约定"由中国国际经济贸易仲裁委员会或上海国际经济贸易仲裁委员会"仲裁，根据中国仲裁机构命名的实际情况，可以认为当事人选择的仲裁机构是"中国国际经济贸易仲裁委员会"，所以依据《仲裁法解释》第3条"仲裁协议约定的仲裁机构名称不准确，但能够确定具体的仲裁机构的，应当认定选定了仲裁机构"，应当认为该仲裁条款选定了中国国际经济贸易仲裁委员会作为仲裁机构。因此，案例合同中的仲裁条款符合我国《仲裁法》第16条规定的仲裁协议应当具有的内容，是有效的仲裁条款，中国国际经济贸易仲裁委员会据此对相关争议享有仲裁管辖权。

案例二

1. 本案涉及本章知识点：仲裁事项可仲裁性对仲裁协议效力的影响

---

① 《仲裁法（修订）（征求意见稿）》第28条第3～5款规定，当事人未经前款规定程序（即仲裁庭自裁管辖）直接向人民法院提出异议的，人民法院不予受理。当事人对仲裁协议效力或者管辖权决定有异议的，应当自收到决定之日起十日内，提请仲裁地的中级人民法院审查。当事人对仲裁协议无效或者仲裁案件无管辖权的裁定不服的，可以自裁定送达之日起十日内向上一级人民法院申请复议。人民法院应当在受理复议申请之日起一个月内作出裁定。人民法院的审查不影响仲裁程序的进行。

2. 案情介绍

T 传媒公司与田某签署《××劳动合同》，约定 T 传媒公司为田某办理留美签证，田某支付相应价款。该合同的仲裁条款还约定："本合同项下的所有争议均诉诸 Q 仲裁委员会依照其现行仲裁规则进行仲裁。" 2017 年，双方就上述合同的履行发生争议。Q 仲裁委员会受理了田某提出的仲裁申请，并根据其现行仲裁规则向 T 传媒公司登记的住所地邮寄了相关仲裁文书。但 T 传媒公司主张，其与田某签订的是劳动合同，所以合同纠纷属于公司与员工之间的劳动关系争议，应属于劳动仲裁而非民商事仲裁的范畴，故原约定的仲裁协议无效，Q 仲裁委员会无权进行仲裁。

3. 案例评析

约定的仲裁事项必须具有可仲裁性，这是仲裁协议生效的实质要件之一。此处的可仲裁性应作实质而非表面的判断。由于本案对约定事项可仲裁性的判断以合同性质为前提，故需要对合同实质而非合同名称进行审查。本案中，双方之间名为劳动合同的合同内容是田某支付价款，T 传媒公司为其办理留美签证，并非田某付出劳动，T 传媒公司支付劳动报酬，所以双方的合同本质上是民商事合同而非劳动合同，案涉纠纷也即民商事合同纠纷而非劳动争议。据此，根据《仲裁法》第 2、3 条关于仲裁范围的规定，当事人之间约定的仲裁事项具有可仲裁性，仲裁条款合法有效，Q 仲裁委员会对合同履行产生的纠纷享有仲裁管辖权。

案例三

1. 本案涉及本章知识点：仲裁协议对当事人的效力

2. 案情介绍

D 管委会与 G 数字技术公司签订《关于智能终端的合作协议》，合作协议约定了仲裁条款。D 管委会主张 G 数字技术公司与作为其全资子公司的 R 数字技术公司存在财产混同，因此 R 数字技术公司也应受上述仲裁条款的约束。

3. 案例评析

仲裁协议作为合同的一种，其对人的约束力仅及于签订仲裁协议的当事人，不及于第三人。本案中，D 管委会与 G 数字技术公司之间的合作协议中有关仲裁条款的约定是双方对纠纷发生时解决方式的合意。尽管 R 数字技术公司作为 G 数字技术公司的全资子公司，但双方之间是否存在财产混同等仅是关系到责任如何承担的问题。母子公司之间虽有关联，但仍为彼此独立的法人，对母公司有效的仲裁协议并不能当然约束子公司。此外，《仲裁法》第 16 条规定："仲裁协议包括合同中订立的仲裁条款和以其他书面方式在纠纷发生前或者纠纷发生后达成的请求仲裁的协议。"由于 D 管委会、G 数字技术公司与 R 数字技术公司之间在纠纷发生前或纠纷发生后都没有以书面方式达成请求仲裁的协议，涉案仲裁条款仅能约束 D 管委会与 G 数字技术公司，对 R 数字技术公司没有约束力。

案例四

1. 本案涉及本章知识点：格式条款中的仲裁协议效力认定

2. 案情介绍

H公司授权E电气设备公司作为J机车车辆股份有限公司生产制造连接器的商家。根据该授权，E电气设备公司需至H公司的网络平台eshop下载订单，双方每月大约都有几十笔的业务。E电气设备公司在H公司的网络平台eshop下载订单的过程中，必须勾选接受“销售和交付条款”的选项。“销售和交付条款”中载明“产生争议应经提交中国国际经济贸易仲裁委员会S分会仲裁”，并对仲裁员的选定、仲裁地点及仲裁语言均进行了约定。上述涉案仲裁条款与其他条款一致，未采用加黑、加粗，或用其他颜色字体等明显有别于其他条款的特别标志。上述仲裁条款所在“销售和交付条款”板块在交易进行时必须勾选，且项下条款均为H公司单方提供并不可更改。后双方发生纠纷，E电气设备公司诉至法院，申请确认仲裁协议无效。

3. 案例评析

本案的焦点问题系在网络平台交易中，以格式合同条款约定发生纠纷进行仲裁是否有效的问题。该问题是随着互联网交易的兴起产生的新问题，具有典型性。格式条款是当事人为了重复使用而预先拟定，并在订立合同时未与对方协商的条款。根据《民法典》第496、497条，提供格式条款的一方应当遵循公平原则确定当事人之间的权利和义务，并采取合理的方式提示对方注意免除或者减轻其责任等与对方有重大利害关系的条款；提供格式条款一方不合理地免除或者减轻其责任、加重对方责任、限制对方主要权利或排除对方主要权利的，格式条款无效。本案中E电气设备公司在H公司的网络平台下载订单的过程中，必须勾选接受“销售和交付条款”的选项，该仲裁条款由H公司提供，亦未与E电气设备公司协商，属于格式条款。但是，该条款是双方当事人之间的合同内容，E电气设备公司在数十次的勾选中对此并未提出异议，而且内容是对解决双方纠纷解决途径的约定，不存在免除提供格式条款一方责任、加重对方责任、排除对方主要权利的情形。H公司在提供仲裁条款时，即使未采取合理的方式提请E电气设备公司注意，也不导致该条款无效。因此，当事人在商议合同条款时，应当注意对纠纷解决条款的审查，避免出现纠纷后，无法抗辩“该条款”非其真实意思表示。

案例五

1. 本案涉及本章知识点：单方出具的担保函中的仲裁条款能否认定合意达成

2. 案情介绍

2019年F公司就其与L公司之间的纠纷向Q仲裁委员会提交仲裁申请，F公司据以提交仲裁的仲裁协议为2019年3月11日L公司作为担保人出具的担保函一份，该担保函上载明：乙方（L公司）为甲方（F公司）与丙方、丁方、戊方签订合同提供担保，协议履行过程中如发生争议，双方应当友好协商解决，协商不成时，应提交Q仲裁委员会处理。该担保函上仅有L公司公章，无F公司盖章签字。对于F公司提起的仲裁，L公司提出异议，申请确认相关仲裁协议无效。理由为：（1）担保函上的L公司盖章方式与其通常的公章签章方式不同，公司的公章记录中也无出具担保函中的记录；（2）担保函为L公司单方出具，即便其中包含仲裁条款，也不构成双方的仲裁合意。

3. 案例评析

本案涉及的公司签章方式与公章记录问题，系L公司内部管理问题，不能对抗其对外出具的盖有公章的材料的效力。同时，虽然担保函系L公司单方出具、仅盖有L公司的单方公章，但F公司对该担保函予以接受，且依据该担保函上的仲裁条款向Q仲裁委员会提出仲裁申请，本质是F公司对担保函上仲裁条款的接受，应视为双方对仲裁条款的合意已达成。同时，该仲裁条款具有明确的请求仲裁的意思表示，仲裁范围和选定的仲裁委员会明确，符合《仲裁法》规定，故仲裁条款有效。L公司申请确认仲裁协议无效的理由不成立。

现代贸易，不再以签订纸质合同作为双方合同成立的唯一形式，很多贸易的达成都是通过电子方式或者邮寄方式来完成的，相应权利义务的确认应以最终文本为准，一方接受对方发送的文本且未提出异议的，对方发出的文本应视为双方权利义务的最终文本。本案中，L公司单方出具的担保函中有仲裁条款，对方据此提起仲裁应视为双方对仲裁达成合意，仲裁条款有效。担保函虽然为一方出具，但对方对该担保函予以接受且未提出异议，并已依据担保函内容提起仲裁，视为相对方接受了担保函中的仲裁条款，双方对仲裁条款达成合意。出具担保函的一方不能以对方未在担保函上签字为由主张仲裁协议无效。

【疑难问题】

1. 我国仲裁协议的生效要件有哪些？
2. 仲裁协议效力瑕疵的具体类型有哪些？如何进行补救？
3. 仲裁协议独立性的内涵与具体表现如何？
4. 仲裁管辖权与诉讼管辖权的区别如何？
5. 自裁管辖在我国仲裁领域的发展与适用如何？

课后训练

1. 下列属于仲裁协议无效的情形有（　　）。

A. 约定的仲裁事项超出法律规定的仲裁范围

B. 无民事行为能力人或限制民事行为能力人订立的仲裁协议

C. 一方采取胁迫手段，迫使对方订立的仲裁协议

D. 仲裁协议对仲裁事项或仲裁委员会没有约定或约定不明确，且达不成补充协议的

2. 武当公司与洪湖公司签订了一份钢材购销合同，同时约定，因合同效力或合同的履行发生纠纷提交A仲裁委员会或B仲裁委员会仲裁解决。合同签订后，洪湖

公司以本公司具体承办人超越权限签订合同为由，主张合同无效。关于本案，下列说法正确的是（　　）。

A. 因当事人约定了两个仲裁委员会，仲裁协议当然无效

B. 因洪湖公司承办人员超越权限签订合同导致合同无效，仲裁协议当然无效

C. 洪湖公司如向法院起诉，法院应当受理

D. 洪湖公司如向法院起诉，法院应当裁定不予受理

3. 下列属于仲裁协议的约定内容的是（　　）。

A. 涉外仲裁中适用的实体法律

B. 仲裁裁决的效力

C. 仲裁费用的负担

D. 仲裁机构适用的仲裁规则

4. 下列所给选项中，关于仲裁管辖的表达正确的是（　　）

A. 实行级别管辖，但不实行地域管辖

B. 实行地域管辖，但不实行级别管辖

C. 既不实行级别管辖，也不实行地域管辖

D. 既实行级别管辖，也实行地域管辖

5. 某市食品厂和另一市某高级商场签订了一份长期供货合同。最初的一段时间内，食品厂都能够按照合同的约定交付货物。但是后来由于受到外部的冲击，食品厂的效益下滑，同时由于机器设备老化，生产出来的产品质量下降，因此供给商场的产品多为次品，导致消费者大量投诉，严重影响了该商场的经济效益，给该商场造成的直接经济损失约 15 万元。商场多次与食品厂交涉，但是均未能就损害赔偿的具体数额达成一致，后来双方商定，将该合同纠纷提交某市仲裁委员会仲裁，并且签署了仲裁协议。

根据以上案情，回答以下问题：

(1) 如果在签订了仲裁协议后，商场认为该仲裁协议不发生法律效力，双方当事人就此发生争议，此时有关的当事人应当向何机构寻求解决？

(2) 如果在仲裁的过程中，仲裁委员会认为双方当事人之间的买卖合同无效，此时仲裁委员会能否根据双方当事人就合同纠纷达成的仲裁协议继续进行仲裁？

论文选题参考

1. 仲裁协议效力争议实证研究
2. 默示仲裁协议研究
3. 仲裁协议向第三人效力扩张问题研究
4. 商事仲裁自裁管辖制度比较研究
5. 中国仲裁自裁管辖的司法审查研究

延伸阅读

1. 杨秀清. 协议仲裁制度研究. 北京：法律出版社，2006.

2. 林一飞. 商事仲裁实务精要. 北京：北京大学出版社，2016.

3. 雷德芬，亨特，等. 国际商事仲裁法律与实践. 林一飞，宋连斌，译. 北京：北京大学出版社，2005.

4. 中国国际经济贸易仲裁委员会. 涉“一带一路”国家仲裁案例选编. 北京：法律出版社，2019.

第四章　仲裁当事人和代理人

【内容摘要】

仲裁当事人和代理人是仲裁程序的重要参与者。仲裁当事人是指依据有效的仲裁协议，以自己的名义参加仲裁程序，并受仲裁裁决拘束的公民、法人和其他组织。仲裁当事人包括申请人与被申请人。仲裁当事人享有独特的程序权利与义务。仲裁实务中，应注意辨别仲裁协议签字者、仲裁协议当事人与仲裁程序当事人，了解仲裁第三人、第三方资助仲裁、集团仲裁等实务中新兴“当事人”。仲裁程序进行中，当事人可因死亡、合并与分立、合同转让等法定事由而变更，实践中可由仲裁庭追加当事人。仲裁代理人，是指依据法律规定或当事人授权，在仲裁程序中以仲裁当事人的名义进行仲裁活动的人，包括法定代理人和委托代理人。

【学习目标】

(1) 在知识学习层面，需要熟悉仲裁程序参与人与参加人的区分，掌握仲裁当事人的特点、权利与义务，仲裁当事人的法定变更等情形，了解仲裁代理人的种类。(2) 在能力训练层面，要通过对仲裁当事人特点的学习，能够判断集团仲裁、第三方资助仲裁中的当事人范围，辨析仲裁第三人、仲裁案外人的区分边界，熟悉委托仲裁代理人的流程及要求。(3) 在价值引领层面，应当充分认识作为仲裁当事人及其代理人不仅享有权利，更应积极履行义务，比如积极配合仲裁庭推进仲裁程序、认真履行裁决书等。由此不仅可以提升仲裁解决纠纷的效率，更可保障当事人合法权利义务的实现。

【知识要点】

一、仲裁当事人

（一）仲裁当事人的概念

仲裁当事人是指依据有效的仲裁协议，以自己的名义参加仲裁程序，并受仲裁裁决拘束的公民、法人和其他组织。仲裁当事人包括申请人与被申请人。我国《仲裁法》第 2 条规定，平等主体的公民、法人和其他组织之间发生的合同纠纷和其他财产权益纠纷，可以仲裁。[①] 我国《仲裁法》对“其他组织”并没有详细的规定，但依据《最高人民法院关于适用〈中华人民共和国民事诉讼法〉的解释》（简称《民事诉讼法解释》）第 52 条规定，其他组织是指合法成立、有一定的组织机构和财产，但又不具备法人资格的组织，具体包括：（1）依法登记领取营业执照的个人独资企业；（2）依法登记领取营业执照的合伙企业；（3）依法登记领取我国营业执照的中外合作经营企业、外资企业；（4）依法成立的社会团体的分支机构、代表机构；（5）依法设立并领取营业执照的法人的分支机构；（6）依法设立并领取营业执照的商业银行、政策性银行和非银行金融机构的分支机构；（7）经依法登记领取营业执照的乡镇企业、街道企业；（8）其他符合本条规定条件的组织。

仲裁当事人是仲裁程序的核心且必要参加者。除此之外，当事人的代理人、证人、鉴定人员、勘验人员、翻译人员等均可能参与仲裁程序。应借鉴民事诉讼中的相关概念，对仲裁参与人、仲裁参加人的概念予以明确。仲裁参与人，是指除了仲裁机构及其工作人员（包括仲裁员、仲裁秘书等）以外的其他所有参与仲裁活动，享有仲裁权利并承担仲裁义务的主体。仲裁参加人，是指依照法律或仲裁规则参加仲裁活动，维护自己或被代理人合法权益，享有仲裁权利和承担仲裁义务的主体，包括仲裁当事人及其代理人。因此，仲裁参与人的外延涵盖了仲裁参加人。近年来，实务界及理论界出现的仲裁案外人（也有称之为仲裁第三人）、资助仲裁的第三方等概念，能否以及如何归入上述概念，仍有争论。

（二）仲裁当事人的特征

仲裁当事人是仲裁程序的核心参与者，享有独特的法律权利，也承担独特的法律义务。近年来，随着仲裁程序参与主体的多元化，新兴主体能否具备当事人的地位时常引发争论，因此，以仲裁当事人的特征来界定概念边界变得愈加重要。仲裁当事人具备如下特征：

1. 当事人之间必须订立有效的仲裁协议

仲裁的开始和进行必须以存在有效的仲裁协议为条件，因而仲裁的当事人必须

---

① 《仲裁法（修订）（征求意见稿）》第 2 条第 1 款规定：“自然人、法人和其他组织之间发生的合同纠纷和其他财产权益纠纷，可以仲裁。”

是订立有效仲裁协议的当事人。也就是说，一般情况下仲裁协议的当事人和仲裁的当事人是一致的。但随着仲裁的快速发展和程序日益复杂，仲裁协议的签字者与仲裁协议的当事人、仲裁协议的当事人与仲裁程序的当事人出现了不完全同一的现象，此时就需要依据合同法的一般原理进行仲裁当事人的辨识。

2. 当事人之间地位平等

我国《仲裁法》第2条规定，平等主体的公民、法人和其他组织之间发生的合同纠纷和其他财产权益纠纷，可以仲裁。仲裁是为了解决当事人之间的民商事纠纷而进行的。而在民商事法律关系中，当事人的法律地位是平等的，这就必然要求各方当事人在仲裁中的法律地位也是平等的。近年来随着投资仲裁、体育仲裁等专业仲裁的兴起，为了扩大我国《仲裁法》的适用范围，有人建议删掉“平等主体”的限定，并已体现在《仲裁法（修订）（征求意见稿）》第2条。①

3. 当事人之间的争议必须具有可仲裁性

有效的仲裁协议除了需要遵循合同有效的一般要求，如当事人的行为能力、真实的意思表示、基本的形式要求等，最重要的是争议事项依据我国《仲裁法》是可仲裁的。不具有可仲裁性的争议事项是无法提交仲裁的，自然也就无仲裁当事人的说法。

4. 当事人是以自己的名义参加仲裁

当事人提起仲裁的目的是维护自己的权益，因此必须以自己的名义进行，并享有程序权利和履行程序义务。例外的是集团仲裁，其中的代表人不仅以自己的名义参加仲裁，还以被代表人的名义参加仲裁。② 但是，我国《仲裁法》目前并未有集团仲裁的规定，因此，我国仲裁实务中的当事人仍是以自己的名义参加仲裁。

5. 当事人方受仲裁裁决的约束

合意性是仲裁程序的本质特征，从以仲裁协议为基础的程序启动，到生效裁决作出后所能产生效力的范围，都体现了合同的相对性原则。因此，受仲裁裁决约束的主体只能是仲裁当事人，例如，近年来在国际仲裁领域较为常见的第三方资助仲裁中的第三方资助者就不是仲裁当事人；集团仲裁中其他集团成员即使未参加仲裁程序，因为具有当事人地位而受仲裁裁决约束。

（三）仲裁当事人的权利和义务

1. 仲裁当事人的权利

当事人参与仲裁活动主要可以享有以下权利：

（1）仲裁请求权。当事人可以请求仲裁保护，被申请人有答辩权和提出反请求的权利。

---

① 《仲裁法（修订）（征求意见稿）》第2条规定：“自然人、法人和其他组织之间发生的合同纠纷和其他财产权益纠纷，可以仲裁。”

② 集团仲裁，是指在多方当事人仲裁中，当事人推选出集团中的一人或数人代表其参加仲裁程序，仲裁裁决拘束集团全体成员的一种仲裁方式。

（2）约定仲裁庭的组成形式。当事人在仲裁规则规定的期间内，可以约定由 3 名仲裁员组成合议庭，也可以约定由 1 名仲裁员组成独任庭。如果没有约定，则根据仲裁机构规则组建仲裁庭。

（3）选定或委托指定仲裁员。当事人约定由 3 名仲裁员组成仲裁庭的，应当各自选定或者各自委托仲裁机构主任指定 1 名仲裁员，第 3 名仲裁员由当事人共同选定或者共同委托仲裁机构主任指定。当事人约定独任仲裁庭，应当共同选定或者共同委托仲裁机构主任指定。

（4）委托仲裁代理人。当事人可以委托律师和其他代理人进行仲裁活动，并向仲裁机构提交授权委托书。

（5）申请仲裁员回避。仲裁员认为自己具有法定的回避事由，应主动提出回避的请求；当事人认为仲裁员具有应当回避的事由，有权提出要求该仲裁员回避的申请。

（6）收集、提供证据。当事人有权收集相关证据材料，并向仲裁机构提供。在庭审中，当事人均可对另一方的举证材料进行质证，以维护自己的合法权益。

（7）申请财产保全和证据保全。一方当事人因另一方当事人的行为或者其他原因，可能使裁决不能执行或难以执行的，可以申请财产保全。在证据可能丢失或以后难以取得的情况下，可以申请证据保全。

（8）承认、反驳、放弃和变更仲裁请求及反请求。一方当事人有权对自己的请求或反请求作出放弃或者变更，另一方当事人可以作出承认或者反驳。

（9）自行和解或请求调解。当事人申请仲裁后，可以自行达成和解，并请求仲裁庭根据和解协议作出调解书或裁决书，也可以请求仲裁庭主持调解，仲裁庭调解不成的，应当及时作出裁决。

（10）申请执行。当事人应当履行仲裁裁决，一方当事人不履行的，另一方当事人可以依照民事诉讼法有关规定向人民法院申请强制执行。受理的人民法院应当执行。

（11）其他程序权利。当事人可以协议不开庭审理、在仲裁规则规定的期限内请求延期开庭、在仲裁过程中进行辩论、向法院申请撤销仲裁裁决、不予执行仲裁裁决等。

2. 仲裁当事人的义务

当事人参与仲裁活动主要应当承担以下义务：

（1）申请人有依法递交仲裁协议、仲裁申请书和副本的义务，被申请人有按规定提交答辩书的义务。

（2）有共同选定或者共同请求仲裁委员会主任指定独任仲裁员或者首席仲裁员的义务。

（3）有义务按时出庭、如实回答仲裁庭的提问和根据仲裁庭要求提供证据和资料。

（4）有义务遵守仲裁决定、自觉遵守仲裁协议的约定、按规定交纳仲裁费用。

（5）自觉履行仲裁裁决的义务。

(四) 仲裁当事人的变更

仲裁当事人的变更分为两种情况：一种是法定事由的出现导致仲裁协议主体的变更，另一种是仲裁程序进行过程中非因仲裁协议主体变更而引起的当事人变动。法定事由的出现导致仲裁协议主体的变更，其本质是仲裁协议效力的扩张。根据我国法律的规定，主要有以下几种情形：

1. 当事人死亡

仲裁程序开始前，当事人死亡的，仲裁协议对继承死者权利义务的继承人有效，进而对继承人具有约束力。具体而言，该继承人可以基于被继承人死亡之前订立的仲裁协议成为仲裁当事人。原因在于仲裁程序开始之前，仲裁协议的法律性质具有契约性，应适用实体法关于合同当事人变更的规定。如果当事人死亡发生在仲裁程序进行中也是如此。仲裁协议对参加仲裁程序的继承人具有约束力，已经进行过的仲裁程序有效。

我国《仲裁法》对当事人死亡后仲裁协议对其继承人的效力未予规定，但《仲裁法解释》第 8 条第 2 款明确规定，除非当事人订立仲裁协议时另有约定，当事人订立仲裁协议后死亡的，仲裁协议对继承其仲裁事项中的权利义务的继承人有效。因此，基于当事人死亡而导致的仲裁协议当事人的变更进而引起的仲裁程序中当事人的变更，除非继承人明示放弃对被继承人权利的继承，否则，应视为继承人对被继承人全部权利义务的继承，其中包括根据仲裁协议进行仲裁的权利与义务。

2. 当事人的合并、分立

当事人合并或分立后形成的单个或多个主体能否成为仲裁当事人，应适用民事实体法关于合同当事人变更的一般规定，即当事人订立合同后合并的，由合并后的主体行使合同权利，履行合同义务。当事人订立合同后分立的，除债权人和债务人另有约定外，由分立形成的多个主体对合同的权利和义务享有权利，承担义务。《仲裁法解释》第 8 条第 1 款明确规定，除非当事人订立仲裁协议时另有约定，当事人订立仲裁协议后合并、分立的，仲裁协议对其权利义务的继受人有效。也就是说，如果当事人在仲裁协议中约定，当事人合并、分立后纠纷的解决不受仲裁协议的约束，则不发生仲裁当事人的变更，当事人可以通过其他途径解决纠纷。

3. 合同转让

合同转让是指合同有效成立后，履行完毕之前，合同的一方或双方当事人将合同的全部或部分债权债务转让给第三人。合同转让既包括合同权利的转移即债权让与、合同义务的转移即债务的承担，也包括合同权利义务的一并转移，即合同的继承。合同转让的实质是合同主体的变更。当合同权利人将合同权利转让给第三人，即发生合同权利当事人的变更；当合同义务人将合同义务转让给第三人即发生合同义务当事人的变更；当事人将合同的权利义务一并转让时，则发生合同当事人的变更。

《仲裁法解释》第 9 条规定：“债权债务全部或者部分转让的，仲裁协议对受让人有效，但当事人另有约定、在受让债权债务时受让人明确反对或者不知有单独仲裁协议的除外。”合同转让后，新的合同主体取代了原来的合同主体（全部转让），或者新的合同主体与原合同主体成为共同的合同主体（部分转让）。然而，不论合同主体如何变更，合同的内容没有因此发生变化，新的合同主体应受原合同中合同条款的约束，这一约束当然包括仲裁条款的约束。因此，合同转让所产生的合同主体的变更，并不影响仲裁条款的独立性，仲裁条款对新的合同主体继续有效，除非当事人对此另有约定，或者在受让债权债务时，受让人明确反对或者不知有单独仲裁协议的存在。

上述三种情形下的仲裁当事人变更系仲裁协议主体的变更，属于实体法的范畴，可参照我国《民法典》第三编“合同”的相关规定。一般而言，无论在仲裁程序开始前还是在程序进行中，除了法定的例外情形，仲裁协议主体的变更都会导致仲裁程序当事人的变更，且变更的主体保持一致。

4. 追加当事人

追加当事人是指在仲裁程序进行过程中，仲裁机构或仲裁庭发现申请人、被申请人有不符合条件的情况，或者有应当参加仲裁的当事人没有参加仲裁的情况，非因仲裁协议主体变更而引起的当事人变动。上述情况的极端案例是由于申请人或被申请人不适格而造成仲裁程序无法进行下去，此时的仲裁庭是无权通知适格的当事人替换不适格的当事人的，仲裁程序只得终结。当然，在申请人或被申请人是多方当事人的情况下，剔除不适格当事人不至于导致仲裁程序终结时，可以出现仲裁当事人的变更。例如，《中国国际经济贸易仲裁委员会仲裁规则（2024）》第 18 条规定：“（一）在仲裁程序中，一方当事人依据表面上约束被追加当事人的案涉仲裁协议可以向仲裁委员会申请追加当事人。在仲裁庭组成后申请追加当事人的，如果仲裁庭认为确有必要，应在征求包括被追加当事人在内的各方当事人的意见后，由仲裁委员会作出决定。仲裁委员会仲裁院收到追加当事人申请之日视为针对该被追加当事人的仲裁开始之日。（二）追加当事人申请书应包含现有仲裁案件的案号，涉及被追加当事人在内的所有当事人的名称、住所及通讯方式，追加当事人所依据的仲裁协议、事实和理由，以及仲裁请求。当事人在提交追加当事人申请书时，应附具其申请所依据的证据材料以及其他证明文件。（三）任何一方当事人就追加当事人程序提出仲裁协议及/或仲裁案件管辖权异议的，适用本规则第六条相关规定作出管辖权决定。（四）追加当事人程序开始后，在仲裁庭组成之前，由仲裁委员会仲裁院就仲裁程序的进行作出决定；在仲裁庭组成之后，由仲裁庭就仲裁程序的进行作出决定。（五）在仲裁庭组成之前追加当事人的，本规则有关当事人选定或委托仲裁委员会主任指定仲裁员的规定适用于被追加当事人。仲裁庭的组成应按照本规则第二十九条的规定进行。在仲裁庭组成后决定追加当事人的，仲裁庭应就已经进行的包括仲裁庭组成在内的仲裁程序征求被追加当事人的意见。被追加当事人要求选定或委托仲裁委员会主任指定仲裁员的，双方当事人应重新选定或委托仲裁委员会主任指定仲裁员。仲裁庭的组成应按照本规则第二十九条的规定进行。（六）本规则有关当事人提交答辩及反请求的规定适用于被追加当事人。被追加当事人提交答辩及反请求的期限自收到追加当事人仲裁通知后起算。（七）案涉仲裁协议表面上不能约束被追加当事人或存在其他任何不宜追加当事人的情形的，仲裁委员会有权决定不予追加。”《北京仲裁委员会仲裁规则（2022）》第14条规定：“（一）仲裁庭组成前，经本会同意，当事人可以依据相同仲裁协议在案件中申请追加当事人。（二）申请追加当事人应当提交追加当事人申请书，申请书的内容及受理、答辩等事项，参照本规则第七条、第九条至第十一条的规定办理。（三）仲裁庭组成后，除非申请人、被申请人及被追加的当事人均同意，否则不再接受追加当事人的申请。”由于上述情形皆不属于法定的仲裁协议主体扩张的情况，为使以合意为本质特征的仲裁程序具备正当性，需要通过他方的明确同意和许可方能解除或追认以上主体的当事人地位。例如，追加当事人时需要相对方当事人以及仲裁机构或仲裁庭的同意。

（五）仲裁第三人、第三方资助仲裁、集团仲裁问题

1. 仲裁第三人

仲裁理论界曾提出过仲裁第三人制度，并仿照民事诉讼程序理论将其分为有独立请求权仲裁第三人和无独立请求权仲裁第三人，或者依据第三人出现的不同阶段分为仲裁协议的第三人、仲裁程序进行过程中的第三人、仲裁裁决执行中的第三人，或者依据第三人和当事人之间的牵连关系分为独立仲裁参加人、辅助仲裁参加人、被申请人型仲裁第三人等。然而，近年来仲裁实务中更多使用案外人的概念，仲裁第三人的提法一直未被仲裁立法和实践采用。导致这一情形的根本原因在于仲裁与诉讼在程序启动方式上的不同——没有当事人的合意，仲裁程序无法启动，任何非仲裁协议当事人的第三人都无法取得仲裁程序当事人的地位；而诉讼程序只需一方当事人启动即可。因此，如果第三人能加入仲裁程序，前提一定是获得了各方当事人的同意，这就等同于各方当事人与该第三人订立了一个新的仲裁协议。实践中，我国仲裁机构仲裁规则中常有“追加当事人”的规定。例如，《中国国际经济贸易仲裁委员会仲裁规则（2024）》规定：“在仲裁程序中，一方当事人依据表面上约束被追加当事人的案涉仲裁协议可以向仲裁委员会申请追加当事人。在仲裁庭组成后申请追加当事人的，如果仲裁庭认为确有必要，应在征求包括被追加当事人在内的各方当事人的意见后，由仲裁委员会作出决定。”《北京仲裁委员会仲裁规则（2022）》第14条规定：“仲裁庭组成前，经本会同意，当事人可以依据相同仲裁协议在案件中申请追加当事人……仲裁庭组成后，除非申请人、被申请人及被追加的当事人均同意，否则不再接受追加当事人的申请。”

2. 第三方资助仲裁

随着国际商事争议和投资争端的复杂化，第三方资助仲裁成为一个越来越普遍的商业现实。第三方资助仲裁，是指由第三方为仲裁程序的当事人提供仲裁相关费用的资金支持，并从胜诉裁决中获得约定比例的金额作为利润的投资模式。由于第三方资助的逐利本质，第三方资助者常较深地介入仲裁程序，左右当事人的决策，甚至操控仲裁程序。因此，国际律师协会于2024年修订的《国际仲裁利益冲突指引》一般原则（6）（b）及其解释中提到，与案件相关的第三方资助者可能从仲裁

裁决中获得直接经济利益，可被视为与当事人地位相同。“与当事人地位相同”和“当事人”之间有差别，并且考虑到该指引主要用于解决国际仲裁中的利益冲突问题，所以，无论第三方资助者对仲裁程序的影响有多深远，都不能取得完整的仲裁当事人地位。关于第三方资助仲裁，我国部分仲裁机构在其仲裁规则中作出了规定。[①]

3. 集团仲裁

集团仲裁是指在多方当事人仲裁中，当事人推选出集团中的一人或数人代表其参加仲裁程序，仲裁裁决拘束集团全体成员的一种仲裁方式。其中的代表人不仅以自己的名义参加仲裁，还以被代表人的名义参加仲裁。我国现行仲裁立法和实践都未采纳集团仲裁，采用这一仲裁方式的国家主要是美国。2003 年，美国仲裁协会制定了《集团仲裁补充规则》，规定适用集团仲裁必须同时满足以下两个条件：(1) 仲裁协议明确规定当事人因合同产生的所有争议依照协会的相关规则由仲裁解决；(2) 仲裁协议对集团请求、合并请求未做约定的，如果仲裁协议明确禁止集团请求或合并请求的，除非有法院的相关命令，否则将不会适用集团仲裁程序。据此可见，集团仲裁一直被审慎采用，其主要原因是集团代表不仅以自己的名义参加仲裁程序，还代表缺席仲裁程序的其他集团成员，集团代表的任何行为后果都需要全体成员承担，推选合适代表的程序可能比解决纠纷的程序更复杂。同时，集团仲裁还具有与集团诉讼相似的放大诉求、易被律师操控等特点，因此其程序启动的要求会更严格。

二、仲裁代理人

（一）仲裁代理人的概念

仲裁代理人是指依据法律规定或当事人授权，在仲裁程序中以仲裁当事人的名义进行仲裁活动的人。

仲裁发端于商人团体内部的自治需要——商人间的纠纷需要更快速、更专业、更经济的解决，并依照内部惩罚机制保障裁决的高效执行，比如不执行裁决会被商会除名等。仲裁代理在仲裁制度发展初期是罕见现象。而且，由于仲裁主要存在于诸如建设工程、纺织品贸易、船舶租赁、国际货物买卖等特定领域，这些领域的专业事实判断对纠纷的解决更为重要，律师作为仲裁代理人不仅稀少甚至是不受欢迎的，因为担心他们会将案件变得复杂。《德国民事诉讼法》第 1042 条“不应将律师排除在仲裁代理人的范围之外”的规定便是早期仲裁排斥律师等代理人的明证。随着近现代仲裁业的迅猛发展，仲裁法制化、程序化的趋势明显，省时、省钱、简便已经不再是仲裁的明显优势，反而耗时长、费用不菲、法律问题复杂的案件比比皆

---

① 如《中国国际经济贸易仲裁委员会仲裁规则（2024）》第 48 条规定：“（一）获得第三方资助的当事人应在签署资助协议后，毫不迟延地将第三方资助安排的事实、经济利益、第三方的名称与住址等情况提交仲裁委员会仲裁院。仲裁委员会仲裁院应转交相关当事人和仲裁庭。仲裁庭认为必要的，可要求获得第三方资助的当事人披露相关情况。（二）在就仲裁费用和其他相关费用作出裁决时，仲裁庭可以考虑是否存在第三方资助的情形，以及当事人是否遵守第（一）款的规定。”

是，以律师为代表的仲裁代理人介入的仲裁案件逐渐增多，尤其在大宗仲裁案件中，律师代理人几乎不可或缺。《美国统一仲裁法》甚至出现了只能由律师作为仲裁代理人的规定。不过，随着各方博弈，目前国际上通行的做法是不限制仲裁代理人的具体身份，一般规定“律师或其他被授权委托的人”都可成为仲裁代理人。例如，《联合国国际贸易法委员会仲裁规则（2010）》第5条只是对提供代理人的信息等做了要求，并未要求代理人的身份。《国际商会仲裁规则（2021）》第17条、《中国国际经济贸易仲裁委员会仲裁规则（2024）》第22条、《北京仲裁委员会仲裁规则（2022）》第18条等均有类似规定。我国《仲裁法》第29条也规定：“当事人、法定代理人可以委托律师和其他代理人进行仲裁活动。”

仲裁代理人的特征与诉讼代理人相似，包括必须以被代理的仲裁当事人名义进行活动、实施行为产生的法律后果由被代理的仲裁当事人承担、只能代理一方当事人等。

（二）仲裁代理人的种类

仲裁代理人除了有律师和非律师之分外，依据代理权限的来源不同，我国《仲裁法》第29条将仲裁代理人分为法定代理人和委托代理人，与我国《民事诉讼法》中诉讼代理人的分类相同。法定代理人的代理权限来自法律规定，委托代理人的权限来自仲裁当事人或其法定代理人的委托授权。

1. 法定代理人

法定代理人是指根据法律规定行使代理权的人。法定代理人出现在仲裁程序中的前提是仲裁当事人因年龄或精神状态等原因无法保护自身的合法权益，需要由基于亲权或监护权关系的他人代理参加仲裁程序，比如未成年人的父母、祖父母、外祖父母、兄、姐等，无民事行为能力或限制民事行为能力的成年人的配偶、父母、子女、其他近亲属等，以及其他愿意担任监护人的个人或组织，但是须经被监护人住所地的居民委员会、村民委员会或者民政部门同意。法定代理属于全权代理，因此代理人的权限与被代理的仲裁当事人的权限是等同的，不仅可以行使一般的程序性权利，还可行使如承认、变更和放弃仲裁请求，进行和解或调解等实质性的处分权利。但应注意：法定代理人不是当事人，不是仲裁主体。实体权利和义务的承担人是当事人，而不是法定代理人；而且无民事行为能力的公民之监护人若丧失了监护权，其法定代理人的资格也同时丧失。

当被代理人取得或者恢复了行为能力，或法定代理人死亡或者丧失行为能力，或法定代理人失去对被代理人的亲权或者监护权时，法定代理人的代理权即消灭。

2. 委托代理人

委托代理人是指基于仲裁当事人或其法定代理人的委托授权，代当事人进行仲裁活动的人。由于代理权限的来源不同，委托代理人在没有特别授权的情况下，仅能进行一般代理，包括申请仲裁、答辩、申请回避、调查取证、参加庭审并进行陈述和辩论等，而不能代为承认、放弃、变更仲裁请求，进行和解，提起反请求等，除非有仲裁当事人或其法定代理人的特别授权。

我国《仲裁法》第29条规定“当事人、法定代理人可以委托律师和其他代理人进行仲裁活动。委托律师和其他代理人进行仲裁活动的，应当向仲裁委员会提交授权委托书。”① 授权委托书一般要载明具体委托事项、权限、代理人的身份证明等，如果在仲裁程序中出现仲裁代理人的变更等情形，仲裁当事人都应书面告知仲裁机构或仲裁庭。关于委托仲裁代理人的人数，一般是授权仲裁当事人自主确定，例如《北京仲裁委员会仲裁规则（2022）》第 18 条②；但国内也有仲裁机构仲裁规则明确规定人数的，例如《广州仲裁委员会仲裁规则（2023）》第 30 条、《重庆仲裁委员会仲裁规则（2024）》第 29 条。③

仲裁代理人的仲裁技能要求比较突出。实践中，仲裁程序推进中涉及的大量文书材料大多由代理人起草、整理并提交。例如，仲裁申请阶段的工作主要包括仲裁申请书在内的大量文书证据材料的细致准备。首先，仲裁申请书的形式要件必须具备，除了满足仲裁法的明确要求，还需要满足仲裁机构仲裁规则的规定。其中尤其是仲裁请求的提出必须准确、适当、明确、具体。其次，在提交仲裁申请前需再一次确认仲裁协议的形式要件及实质要件是否齐备，尽量避免在未来仲裁程序中可能导致仲裁协议无效的情形。另外，代理人还需要将仲裁申请人提供的各类证据入册，制作证据目录并将证据原件或复印件按顺序附后，这也是非常考验代理人的专业素养及细致工作的。

【本章涉及的法律条文】

1.《中华人民共和国仲裁法》第 2～3 条，第 22、25 条，第 27～29 条，第 31、34、43 条，第 45～47 条，第 49、51、58 条，第 62～63 条，第 76 条。

2.《中华人民共和国民法典》第三编第一分编。

3.《中华人民共和国律师法》第 28～30 条，第 32、35 条，第 37～38 条。

【案例评析】

案例一

1. 本案涉及本章知识点：仲裁当事人的变更

---

① 《仲裁法（修订）（征求意见稿）》第 42 条规定：当事人、法定代理人可以委托律师和其他代理人进行仲裁活动。委托律师和其他代理人进行仲裁活动的，应当向仲裁机构提交授权委托书。与现行《仲裁法》规定表述一致。

② 《北京仲裁委员会仲裁规则（2022）》第 18 条规定：“当事人委托代理人进行仲裁活动的，应当向本会提交载明具体委托事项和权限的授权委托书。”

③ 《广州仲裁委员会仲裁规则（2023）》第 30 条规定：“（一）当事人或者其法定代理人可以委托一至三人作为仲裁代理人。经当事人申请且仲裁庭同意的，可以适当增加代理人的人数。（二）代理人人数超过两名的，应当向仲裁庭确定一名代理人作为主要发言人。（三）当事人委托代理人进行仲裁活动的，应当向本会提交载明代理事项和权限的授权委托书以及委托代理人的身份证明文件。”《重庆仲裁委员会仲裁规则（2024）》第 29 条规定：“当事人可以委托一至三名代理人进行仲裁活动。”

2. 案情介绍

C仲裁委员会于2013年4月15日受理了刘某林与中石化工某分公司之间的建设工程分包合同纠纷案，依据是双方于2010年10月29日签订的《丙烯酸酯一体化项目劳务内部承包责任制合同》中约定的仲裁条款及申请人刘某林的书面仲裁申请。中石化工某分公司因下落不明，经公告送达未到庭。而中石化工某分公司的上级单位中石化工建设有限公司向仲裁庭申请中止审理并变更被申请人，由中石化工建设有限公司替代中石化工某分公司参加仲裁。申请人刘某林认为，其与中石化工建设有限公司之间没有仲裁协议，中石化工建设有限公司非本案当事人，在中石化工某分公司尚未注销的情况下，该案不具备变更被申请人的法律要件。仲裁庭于2013年7月3日缺席开庭审理，C仲裁委员会于2013年8月2日作出（2013）C仲案字第132号裁决：中石化工某分公司于裁决书送达之日起十日内，向刘某林返还保证金50 000元及利息；驳回刘某林的其他仲裁请求；本案仲裁费23 000元、公告费840元（均已由刘某林预交），由中石化工某分公司承担仲裁费20 000元、公告费840元，刘某林承担仲裁费3 000元。2013年8月8日，S省C市中级人民法院立案受理刘某林申请执行中石化工某分公司一案，2013年9月15日，中石化工某分公司注销。刘某林遂向C市中级人民法院申请追加中石化工建设有限公司为被执行人。2013年12月15日，法院裁定驳回刘某林的申请。

C市中级人民法院认为：执行中追加被执行人必须有法律或者司法解释明确的授权性规定作为依据，否则不能追加。本案中，据以执行的生效执行依据为仲裁裁决，而依据我国《仲裁法》第4条“当事人采用仲裁方式解决纠纷，应当双方自愿，达成仲裁协议。没有仲裁协议，一方申请仲裁的，仲裁委员会不予受理”，以及我国2012年《民事诉讼法》第237条第2款第一项（现《民事诉讼法》第248条）“被申请人提出证据证明仲裁裁决有下列情形之一的，经人民法院组成合议庭审查核实，裁定不予执行：（一）当事人在合同中没有订有仲裁条款或者事后没有达成书面仲裁协议的；……”的规定，仲裁裁决以各方当事人自愿接受该种方式解决纠纷为原则，虽中石化工某分公司为中石化工建设有限公司的分支机构，但刘某林在与中石化工某分公司签约时已明知这一事实，双方自愿选择仲裁方式解决纠纷亦应承担相应的法律后果。中石化工建设有限公司与刘某林之间并无仲裁协议，不应受仲裁条款约束。刘某林在仲裁裁决过程中以与中石化工建设有限公司之间无仲裁条款为由，拒绝该公司参加仲裁裁决程序，裁决后执行过程中又诉请追加该公司为被执行人违背诚实信用原则。

刘某林收到裁定书后向S省高级人民法院申请复议，S省高级人民法院作出撤销C市中级人民法院的裁定，发回重审。C市中级人民法院于2015年6月22日作出追加第三人中石化工建设有限公司为仲裁裁决执行案件的被执行人的裁定。中石化工建设有限公司不服，又向S省高级人民法院申请复议，法院作出驳回复议申请，维持C市中级人民法院裁定的终审裁定。

3. 案例评析

本案的争议焦点是仲裁裁决作出后，仲裁协议当事人注销的，可否追加第三人履行仲裁裁决。2012 年《民事诉讼法》第 13 条规定:“民事诉讼应当遵循诚实信用原则。当事人有权在法律规定的范围内处分自己的民事权利和诉讼权利”。仲裁协议对当事人的约束限于仲裁协议效力范围,并不必然排除当事人在仲裁裁决执行过程中追加被执行人的请求。当事人有权在法律规定的范围内处分自己的实体权利和程序权利。刘某林在仲裁过程中拒绝中石化工建设有限公司参加仲裁程序并在执行过程中申请追加该公司为被执行人,均系在法律规定的范围内处分自己的程序权利,并未违背诚实信用原则。同时,《最高人民法院关于民事执行中变更、追加当事人若干问题的规定》第 15 条规定:“作为被执行人的法人分支机构,不能清偿生效法律文书确定的债务,申请执行人申请变更、追加该法人为被执行人的,人民法院应予支持。法人直接管理的责任财产仍不能清偿债务的,人民法院可以直接执行该法人其他分支机构的财产。”本案中,已被注销的被执行人中石化工某分公司系中石化工建设有限公司的分支机构,不能清偿生效法律文书确定的债务,申请执行人刘某林申请追加中石化工建设有限公司为本案被执行人符合法律规定。

案例二

1. 本案涉及本章知识点:仲裁当事人的变更

2. 案情介绍

2017 年 11 月,甲公司、乙方李某、丙方雷某签订《借款协议》,约定任何一方可将争议提交 Z 仲裁委员会裁决。后李某死亡,其法定继承人是其父母亲和儿子李小某三人。后产生纠纷,当事人向 Z 仲裁委员会申请仲裁。Z 仲裁委员会受理后,依据甲公司的申请,将被申请人李某变更为李某的法定继承人。Z 仲裁委员会作出裁决后,丙方雷某向法院申请撤销裁决,理由是其与李某的三位法定继承人之间没有仲裁协议。法院认为,对于案涉《借款协议》项下李某的权利义务,在李某死亡后,由李某的法定继承人继承,因此《借款协议》约定的仲裁条款对李某的继承人继续有效。雷某的撤裁理由不能成立。

3. 案例评析

本案争议的焦点在于李某的法定继承人不是仲裁协议的签字人,仲裁协议对法定继承人是否有效。一般情况下,非仲裁协议的签订主体不受仲裁条款约束。但在特定条件下,会出现突破仲裁协议相对性的情形,即非仲裁协议签订者也会受到仲裁条款约束。例如,当事人死亡、当事人合并或分立、合同转让等情形下,继承人、合并或分立后的当事人、债权债务受让人等承继仲裁事项中的权利义务,就属于非仲裁协议签订主体仍然受仲裁协议约束的情形。同时,根据《仲裁法解释》第 8 条第 2 款的规定,当事人订立仲裁协议后死亡的,仲裁协议对承继其仲裁事项中的权利义务的继承人有效,法院的判决是有道理的。

【疑难问题】

1. 仲裁协议签字人与仲裁协议当事人之间的关系如何?

2. 仲裁协议当事人与仲裁程序当事人之间的关系如何?

3. 仲裁程序中应否有第三人的存在?

4. 如何在仲裁员选任过程中最大限度地体现当事人意思自治?

课后训练

1. 刘某从海塘公司购买红木家具1套，价款为3万元，双方签订合同，约定如发生纠纷可向北京仲裁委员会申请仲裁。交付后，刘某发现该家具并非红木制成，便向仲裁委员会申请仲裁，请求退货。请回答如下问题:

(1) 双方当事人在仲裁过程中对仲裁程序所做的下列约定中，有效的约定是(　　)。

A. 双方不得委托代理人

B. 即使达不成调解协议，也以调解书的形式结案

C. 裁决书不写争议事实和裁决理由

D. 双方对裁决不得申请撤销

(2) 向海塘公司提供木材的红木公司可以以何种身份参加该案件的仲裁程序?(　　)。

A. 证人　　B. 第三人　　C. 鉴定人　　D. 被申请人

2. A市甲公司与B市乙公司在B市签订了一份钢材购销合同，约定合同履行地在A市。同时双方还商定因履行该合同所发生的纠纷，提交C仲裁委员会仲裁。后因乙公司无法履行该合同，经甲公司同意，乙公司的债权债务转让给D市的丙公司，但丙公司明确声明不接受仲裁条款。下列关于本案仲裁条款的效力，错误的选项有(　　)。

A. 因丙公司已明确声明不接受合同中的仲裁条款，所以仲裁条款对其无效

B. 因丙公司受让合同中的债权债务，所以仲裁条款对其有效

C. 丙公司声明只有取得甲公司同意，该仲裁条款对丙公司才无效

D. 丙公司声明只有取得乙公司同意，该仲裁条款对丙公司才无效

3. 根据案例回答问题。

案情：太阳公司经营房地产开发，在有偿取得某幅土地的使用权之后，由于资金困难，与月亮公司签订了合作开发合同，约定由双方共同投资并分享该开发项目的利润。但双方未实际履行。此后，环球公司就同一幅土地以更优惠的条件与太阳公司签订了一份合作开发合同并开始实际履行。三方之间由此发生纠纷。环球公司根据其与太阳公司签订的合同中的仲裁条款申请仲裁，请求裁决确认其与太阳公司签订的合同有效，并裁决太阳公司继续履行。双方在仲裁委员会受理后自行达成了继续履行合同的和解协议，请求仲裁委员会根据和解协议制作裁决书。仲裁庭三名仲裁员中一名认为应当否定和解协议，一名认为应当制作调解书，首席仲裁员认为应当制作裁决书，最后按仲裁庭首席仲裁员的意见，根据和解协议的内容作出了裁决书并送达给了双方当事人。此后月亮公司向法院起诉，请求确认本公司与太阳公

司签订的合同有效并履行该合同。

(1) 月亮公司在得知环球公司申请仲裁后，能否申请参加太阳公司与环球公司正在进行的仲裁程序？为什么？

(2) 环球公司在仲裁裁决书生效后，能否在太阳公司与月亮公司的诉讼中成为当事人？为什么？

论文选题参考

1. 仲裁当事人范围发展趋势研究
2. 律师代理仲裁案件技巧研究
3. 仲裁案外人利益保护机制研究
4. 仲裁代理人制度源发梳理及我国实践考察

延伸阅读

1. 常廷彬. 民事判决既判力主观范围研究. 北京：中国人民公安大学出版社，2010.

2. 石育斌. 国际商事仲裁第三人制度比较研究. 上海：上海世纪出版集团，2008.

3. 德拉奥萨，奈马克. 国际仲裁科学探索：实证研究精选集. 陈福勇，等译. 北京：中国政法大学出版社，2010.

第五章　仲裁申请、受理、答辩与仲裁反请求

【内容摘要】

仲裁申请与受理是仲裁程序的开始，也是开启仲裁程序重要的环节。仲裁申请是指针对公民、法人和其他组织之间发生的合同纠纷和其他财产权益纠纷，当事人一方根据双方自愿达成的仲裁协议向约定的仲裁机构申请仲裁解决纠纷的行为。申请仲裁的形式可以是当面提交、邮寄提交和其他方式提交。申请仲裁的条件包括实质条件和形式条件，仲裁机构一般设有立案部门或者立案人员负责接收仲裁申请及其他文书材料。受理是指仲裁机构对当事人提出的仲裁申请经过初步审查，根据《仲裁法》及仲裁机构的仲裁规则认为符合受理条件，决定立案的行为。当事人提出仲裁申请后，在仲裁庭作出仲裁裁决之前，可以撤回自己的仲裁申请。仲裁答辩是仲裁被申请人享有的重要的仲裁权利，有利于仲裁庭查明案件事实，公正、合理解决争议，被申请人未提交答辩书的，不影响仲裁程序的进行。仲裁反请求是被申请人以原仲裁申请人为被申请人，向仲裁机构提出的抵消原仲裁申请人仲裁请求的独立的请求。被申请人仲裁反请求的提起，须符合相应条件。

【学习目标】

(1) 在知识学习层面，需要熟悉仲裁申请、仲裁申请接收、仲裁申请受理、仲裁答辩及仲裁反请求的概念，掌握仲裁申请和仲裁受理审查的法律要求，理解仲裁答辩方式、内容、后果，熟悉仲裁反请求的提起条件。(2) 在能力训练层面，要通过对仲裁申请、受理、答辩

与仲裁反请求相关知识点在我国民商事仲裁实践应用的理解，提升仲裁案件审理的实践能力。(3) 在价值引领层面，应当充分认识仲裁申请、受理、答辩与仲裁反请求在仲裁程序开启中的重要作用，其不仅是仲裁程序公正价值的彰显，也是当事人实体权利得以实现的基本保证。

【知识要点】

一、仲裁申请的条件

(一) 仲裁申请的概念和方式

1. 仲裁申请的概念

仲裁申请是指针对公民、法人和其他组织之间发生的合同纠纷和其他财产权益纠纷，当事人一方根据双方自愿达成的仲裁协议向约定的仲裁机构申请仲裁解决纠纷的行为。根据我国《仲裁法》的规定，争议发生后，争议的任何一方都可以按照双方在争议发生前或发生后订立的仲裁协议，向约定的仲裁机构提出仲裁申请。

当事人申请仲裁，需要向仲裁机构提交仲裁申请及相关材料，仲裁机构负责接收这些材料。在仲裁机构内通常设置有立案部门及立案人员，负责接收仲裁申请及相关材料。当事人向仲裁机构提交的仲裁申请及相关材料，包括但不限于仲裁申请书、仲裁协议、证据材料清单、证据材料、当事人授权委托书、当事人送达信息确认书等。其中，仲裁申请书、证据材料清单等一般要求为原件，证据材料一般为复印件，证据原件在庭审质证时举示。当事人提交的仲裁申请及相关材料，应当注意与诉讼的所需材料不同，不可简单套用诉讼模式，出现与诉讼相关的文字表述，比如：当事人应当为申请人、被申请人而不是原告、被告，请求是仲裁请求而不是诉讼请求，授权范围是参与仲裁而不是诉讼，代理人是委托代理人而不是委托诉讼代理人，等等。

2. 仲裁申请的方式

(1) 当面提交。绝大多数当事人选择这一形式。当事人或其委托代理人根据各仲裁机构受理案件的具体要求，携带仲裁申请书及相关材料前往仲裁机构申请立案。

(2) 邮寄提交。当事人以邮寄的方式将仲裁申请及相关材料提交给仲裁机构。仲裁机构立案人员收到邮寄材料后决定是否立案，若缺少材料需要补充，应当与当事人联系并详细告知。

(3) 其他方式提交。其他方式主要包括传真、电子邮件和网上立案等。实践中，传真和电子邮件通常可视为邮寄方式，网上立案则要求仲裁机构制定有网上立案规则，具备较强的网络仲裁服务能力。

（二）仲裁申请的条件

1. 仲裁申请的实质条件

我国《仲裁法》借鉴与参考了《民事诉讼法》有关规定，除了要求“有仲裁协议”外，在第21条规定了当事人申请仲裁时，应当符合下列条件：

（1）有仲裁协议。当事人采用仲裁方式解决纠纷，应当双方自愿达成仲裁协议。仲裁协议即双方当事人在纠纷发生前或纠纷发生后，经协商一致将可能发生的纠纷或已经发生的纠纷，提交某一具体仲裁机构仲裁的书面意思表示。仲裁协议是当事人意思自治的充分体现，表明当事人愿意通过仲裁方式而不是诉讼方式解决纠纷。实践中，如果当事人申请仲裁时，没有仲裁协议，而又坚决要求申请仲裁，仲裁机构在向其说明法律规定之后，可以通知被申请人，如果被申请人明确表示不反对通过仲裁方式解决其争议，且双方当事人补签仲裁协议，仲裁程序得以进行。

（2）有具体的仲裁请求和事实、理由。当事人申请仲裁是为了通过仲裁方式主张自己的权利，维护自己的合法权益，故当事人想解决什么问题，保护自己的什么权益，应当有明确、具体的仲裁请求。当事人的仲裁请求如果要获得支持，必须要有事实、理由作为依据，故申请应当写明提出仲裁请求的主要事实和理由。

（3）属于仲裁机构的受理范围。当事人提请仲裁的争议事项是我国《仲裁法》所确定的具有可仲裁性的争议事项。当事人提请仲裁解决的事项，必须符合《仲裁法》第2条所规定范围内的事项，并且不属于《仲裁法》第3条规定的不能仲裁的事项。仲裁机构可受理公民、法人和其他组织之间的合同纠纷和其他财产权益纠纷，但婚姻、收养、监护、扶养、继承等亲属法上的争议以及法律规定应当由行政机关处理的行政争议，则不属于仲裁机构的受案范围。

2. 仲裁申请的形式条件

《仲裁法》第22条规定：“当事人申请仲裁，应当向仲裁委员会递交仲裁协议、仲裁申请书及副本”①；第23条规定：“仲裁申请书应当载明下列事项：（一）当事人的姓名、性别、年龄、职业、工作单位和住所，法人或者其他组织的名称、住所和法定代表人或者主要负责人的姓名、职务；（二）仲裁请求和所根据的事实、理由；（三）证据和证据来源、证人姓名和住所。”上述规定明确要求当事人应当提交仲裁协议、仲裁申请书及副本，并对仲裁申请书应载明的内容有明确规定。具体而言，当事人向仲裁机构申请仲裁应满足以下形式条件：

（1）提交仲裁协议。

我国法律只承认以书面形式订立的仲裁协议。根据我国《仲裁法》第16条的规定，仲裁协议可以采用仲裁条款或者其他书面形式订立。

（2）提交仲裁申请书。

仲裁申请书应载明以下内容：

---

① 《仲裁法（修订）（征求意见稿）》第33条规定：“当事人申请仲裁，应当向仲裁机构递交仲裁协议、仲裁申请书及附件。”

其一，当事人的姓名、性别、年龄、职业、工作单位和住所，法人或者其他组织的名称、住所和法定代表人或者主要负责人的姓名、职务。

其二，仲裁请求和所依据的事实、理由。仲裁请求和所依据的事实、理由是仲裁申请书最核心的内容。其中，仲裁请求应当具体、明确，写明申请人请求仲裁庭保护的具体实体权利，使仲裁庭能够充分了解申请人请求仲裁庭所保护、确认的实体权利和请求仲裁庭裁决被申请人应当履行的实体义务；事实、理由是申请人支持仲裁请求的依据，应当明确、清晰地加以叙述。

其三，证据和证据来源，证人姓名和住所。证据是仲裁庭审理案件确定双方当事人权利义务关系的根据。《仲裁法》第 43 条第 2 款规定，当事人应当对自己的主张提供证据。[①] 因此，当事人在申请仲裁时必须提供证据，并注明证据来源，以便仲裁庭查证属实；如果有证人，还应当提供证人的姓名和住所。

其四，仲裁机构的名称。按照我国《仲裁法》和各仲裁机构仲裁规则的规定，申请人提请仲裁的仲裁机构应当与仲裁协议约定的仲裁机构一致，否则仲裁机构不予受理。

其五，申请仲裁的时间，包括年、月、日。

其六，申请人的签名、盖章。

当事人提交仲裁申请书，应当按照对方当事人的人数和组成仲裁庭的仲裁员人数，备具副本。

(3) 提交有关证据材料。

依照《仲裁法》的规定，当事人应当对自己的主张提供证据。为此，申请人在提出仲裁申请时，应当提供证据和证据来源、证人姓名和住所。一方面，能促使申请人提供案件的真实情况，防止申请人滥用权利；另一方面，有利于仲裁庭对有关事实予以核实，从而及时处理案件。

(4) 预交仲裁费用。

当事人申请仲裁，一般在得到仲裁机构的受理通知之前，需要按照仲裁机构的交费指示和仲裁规则或其附录的规定预交仲裁费用。对于仲裁费用的负担问题，由仲裁庭作出裁决，原则上由有过错的当事人承担。

二、仲裁申请的审查

(一) 立案部门及立案人员

仲裁机构一般设有立案部门或者立案人员负责接收仲裁申请及相关材料。如我国部分仲裁机构的仲裁案件服务中心的部分职责即负责接待当事人、提供仲裁咨询、接待来访等服务以及负责仲裁案件的受理，包括立案、送达、组庭、案件分流工作等。

---

① 《仲裁法》第 43 条第 2 款规定："仲裁庭认为有必要收集的证据，可以自行收集。"《仲裁法（修订）（征求意见稿）》第 61 条第 2 款增加规定："仲裁庭认为有必要收集的证据，可以自行收集，必要时可以请求人民法院协助。"

(二) 对仲裁申请形式条件的审查

1. 审查仲裁申请书的内容是否完备

我国《仲裁法》第 21 条规定：“当事人申请仲裁应当符合下列条件：(1) 有仲裁协议；(2) 有具体的仲裁请求和事实、理由；(3) 属于仲裁委员会的受理范围。”[①] 如果不符合法定条件，仲裁机构应当向当事人说明理由并要求补充完善，否则应退回申请材料。《仲裁法》第 22 条规定当事人应提交仲裁申请书及副本，实践中一般要求当事人提交足够数量的仲裁申请书即可，不一定区分“正本”或“副本”。当事人提交复印件的，需要当事人或委托代理人签名、盖章。《仲裁法》第 23 条规定的仲裁申请书应当载明的事项，以及仲裁机构的仲裁规则要求当事人递交的其他材料，也应当要求当事人按要求提供。

2. 审查是否交纳仲裁费用

申请人提请仲裁要求立案，应当按照仲裁机构仲裁收费办法的规定交纳仲裁费用。仲裁机构接收或接受了申请人提交的仲裁申请材料，并不等于仲裁机构就受理了案件，只有在申请人依照交费通知交纳了仲裁费用之后，案件才被正式受理。当事人预交仲裁费用有困难的，可以申请缓交，由仲裁机构决定是否批准。当事人不预交仲裁费用，又不提出缓交申请或在仲裁机构批准的缓交期限内未预交全部仲裁费用的，往往被视为未提出或者撤回仲裁申请。

(三) 对仲裁申请实质条件的审查

1. 是否存在有效的仲裁协议

仲裁协议在仲裁理论与实务中处于重要地位，在立案审查时也不例外。若仲裁协议存在问题，对仲裁程序整个过程的推进都可能产生影响。但在立案审查时，立案人员对仲裁协议只需进行初步审查，而仲裁协议是否有效等问题可以在立案受理后由仲裁机构或仲裁庭审查决定。因此，立案审查时立案人员需主要判断：双方当事人是否有明确的将纠纷提交仲裁的意思表示、约定提交仲裁的事项是否为法律所禁止、协议双方选定的是立案人员所在的仲裁机构等。仲裁协议的相关具体规定内容见本书第三章。

2. 是否具有合格的主体资格

在仲裁立案审查时，立案人员应当核实双方当事人的主体资格，包括是否是仲裁协议的当事人、有无法人资格、当事人名称是否前后一致或存在不一致的情况下

---

① 《仲裁法（修订）（征求意见稿）》第 35 条第 3 款修改为：“属于本法规定的仲裁范围”。另增加规定：“当事人应当向仲裁协议约定的仲裁机构申请仲裁。仲裁协议对仲裁机构约定不明确，但约定适用的仲裁规则能够确定仲裁机构的，由该仲裁机构受理；对仲裁规则也没有约定的，当事人可以补充协议；达不成补充协议的，由最先立案的仲裁机构受理。仲裁协议没有约定仲裁机构，当事人达不成补充协议的，可以向当事人共同住所地的仲裁机构提起仲裁；当事人没有共同住所地的，由当事人住所地以外最先立案的第三地仲裁机构受理。仲裁程序自仲裁申请提交至仲裁机构之日开始。”

是否有合法的原因等。

3. 是否有具体的仲裁请求和事实、理由

在仲裁立案审查时，还应审查申请人提出的仲裁申请之中有无具体的仲裁请求以及事实、理由。具体的仲裁请求是指仲裁申请人请求仲裁机构通过行使仲裁权予以确定和保护的民事实体权利的具体内容。仲裁请求不同于仲裁事项，后者是指当事人愿意通过仲裁解决的纠纷范围，针对仲裁事项，申请人可以提出一项仲裁请求，也可以提出多项仲裁请求。而事实、理由是申请人提出仲裁请求的具体事实和理由，用以支持申请人的仲裁请求。

4. 是否属于仲裁机构的受理范围

仲裁机构的受理范围并不等同于仲裁范围。属于仲裁机构的受理范围，首先意味着当事人之间的纠纷属于法律允许仲裁解决的纠纷，是具有可仲裁性的争议。具体而言，须属于我国《仲裁法》第 2 条规定的合同纠纷和其他财产权益纠纷，同时不属于我国《仲裁法》第 3 条规定的“婚姻、收养、监护、扶养、继承纠纷”和“依法应当由行政机关处理的行政争议”。其次，当事人之间的纠纷符合仲裁机构章程或者仲裁规则中规定的自身受理案件的范围。

三、仲裁申请的受理

（一）仲裁申请的接收与受理

受理是指仲裁机构对当事人提出的仲裁申请经过初步审查，根据《仲裁法》及仲裁机构的仲裁规则认为符合受理条件，决定立案的行为。仲裁机构对于不符合受理条件的，应当在收到仲裁申请书之日一定时间内书面通知提交申请的仲裁当事人并说明理由。

仲裁机构接收当事人提起的仲裁申请书等文书材料并不意味着一定会启动仲裁程序，因此仲裁申请受理前还有仲裁申请接收这一程序。接收与受理并不是同一概念。实践中，大多数仲裁机构为了提高立案效率将接收和受理合并进行，但根据《仲裁法》第 24 条的规定，收到仲裁申请书之日起五日内应告知申请人是否受理，所以虽然接收了当事人的仲裁申请材料，但若不符合仲裁申请要求的，仲裁机构应在收到仲裁申请书之日起五日内书面通知当事人不予受理，并说明理由。采用书面方式并说明不予受理的理由是仲裁机构对当事人提出仲裁申请的正面回应，同时也有助于仲裁当事人及时寻求其他救济途径解决纠纷。

（二）仲裁受理的法律后果

仲裁机构受理仲裁申请后，将产生一系列法律后果：

（1）产生仲裁法律关系。当事人成为仲裁申请人和被申请人，在仲裁法律关系中享有相应的权利并承担相应义务。同时，仲裁机构与申请人、被申请人及其他仲裁参与人之间也建立起仲裁法律关系。

（2）根据《仲裁法》第 25 条等规定，仲裁机构受理仲裁申请后，应当在仲裁规则规定的期限内向申请人送达受理通知书、本仲裁机构仲裁规则、仲裁院名册以及其他文书材料；向被申请人送达仲裁申请书副本、答辩通知书、仲裁规则、仲裁员名册及其他文书材料。

（3）被申请人收到仲裁申请书副本后，应当在仲裁规则规定的期限内向仲裁机构提交答辩书。仲裁机构收到答辩书后，应当在仲裁规则规定的期限内将答辩书副本送达申请人。被申请人未提交答辩书的，不影响仲裁程序的进行。

（4）申请人可以放弃或者变更仲裁请求，被申请人可以承认或者反驳仲裁请求，并有权提出反请求。仲裁反请求是指仲裁的被申请人为保护其合法权益所提出的与申请人仲裁请求有牵连的，为了抵销申请人仲裁请求的独立请求。

（三）受理申请后的工作

仲裁机构在受理申请后，主要开展以下工作：

（1）在规定的期限内将仲裁规则及仲裁员名单送达申请人。我国《仲裁法》规定，仲裁机构受理案件后，应当在仲裁规则规定的期限内将仲裁规则和仲裁员名册送达申请人。

（2）将申请书副本和仲裁规则及仲裁员名单送达被申请人。我国《仲裁法》规定，仲裁机构受理案件后，应当在仲裁规则规定的期限内，将仲裁申请书副本和仲裁规则、仲裁员名册送达被申请人。

（3）被申请人提交答辩书。国内的被申请人收到申请书副本之后，应当在仲裁规则规定的时间内提交答辩书，涉外仲裁的被申请人一般是在收到申请书副本之日起 30 日内提交答辩书。

（4）仲裁机构向申请人送达答辩书副本。仲裁机构收到被申请人的答辩书之后，应当将答辩书副本送达给申请人。

（5）通知当事人提交身份证明书。仲裁机构对争议案件决定立案后，应及时通知双方当事人提交身份证件证明。

（6）组成仲裁庭。对于仲裁庭的组成，无论是独任制的还是合议制的仲裁庭，均应当按照《仲裁法》及选定的仲裁规则的具体规定进行。

（7）接受并提请法院办理有关财产保全的申请。如果申请人需要保全财产的，仲裁机构将财产保全的申请转交给有关法院办理。

（8）接受并提请法院办理有关证据保全的申请。如果申请人需要保全证据的，仲裁机构将证据保全的申请转交给有关法院办理。

（9）仲裁机构告知当事人是否对仲裁员申请回避。为了保证对争议案件的公正处理，根据《仲裁法》的有关规定，当事人有权要求与案件有一定利害关系的仲裁员回避审理。

四、仲裁申请的撤回

撤回仲裁申请是指仲裁机构受理当事人提出的仲裁申请后，在仲裁庭作出仲裁裁决之前，当事人撤回自己的仲裁申请，不再请求仲裁庭对该争议案件进行审理并作出仲裁裁决的行为。撤回仲裁申请的相关内容也可参考本书第八章“仲裁审理中特殊情况的处理”部分。

（一）申请撤回仲裁申请

申请撤回仲裁申请应当具备以下条件：

（1）撤回仲裁申请必须由仲裁申请人及其法定代理人或者经过特别授权的委托代理人提出。

（2）撤回仲裁申请必须采取书面形式。

（3）撤回仲裁申请的时间，必须是在仲裁机构受理争议案件后，仲裁庭尚未作出仲裁裁决或者调解书未送达双方当事人之前。

（4）提出撤回仲裁申请需要当事人自愿。

（二）视为撤回仲裁申请

视为撤回仲裁申请，是指当事人虽然未主动提出撤回仲裁的申请，但是当事人出现《仲裁法》规定的法定情形时，仲裁庭可以视为当事人申请撤回仲裁，从而终结对争议案件审理的行为。《仲裁法》第 42 条第 1 款规定，“申请人经书面通知，无正当理由不到庭或者未经仲裁庭许可中途退庭的，可以视为撤回仲裁申请。”申请人经书面通知，无正当理由不到庭或者未经仲裁庭许可中途退庭的，可以视为撤回仲裁申请。视为撤回仲裁申请与当事人撤回仲裁申请具有同等的法律效力。

（三）撤回仲裁申请后的法律效果

撤回仲裁申请后的法律效果分为两种。第一种是达成和解协议或调解协议后当事人撤回仲裁申请，根据《仲裁法》第 50 条规定：“当事人达成和解协议，撤回仲裁申请后反悔的，可以根据仲裁协议申请仲裁。”但撤回仲裁申请后再次申请仲裁的，需要注意时效问题。第二种是申请人经仲裁庭书面通知，无正当理由拒不到庭的，视为撤回仲裁申请，这种情况一般认为仲裁程序终结，仲裁法律关系归于消灭。

五、仲裁答辩

（一）仲裁答辩的概念

仲裁答辩是指在仲裁程序中，被申请人为了维护自己的合法权益，针对仲裁申请人在仲裁申请书中所提出的仲裁请求和所依据的事实、理由进行答复和抗辩的行为。[①] 仲裁答辩是仲裁纠纷解决中维护被申请人合法权益的有效途径，是被申请人享有的重要的仲裁权利，有利于仲裁庭查明案件事实，公正、合理解决争议。为此，我国《仲裁法》第 25 条第 2 款规定：“被申请人收到仲裁申请书副本后，应当在仲裁规则规定的期限内向仲裁委员会提交答辩书。仲裁委员会收到答辩书后，应当在

---

① 常英. 仲裁法学. 4 版. 北京：中国政法大学出版社，2019：156.

仲裁规则规定的期限内将答辩书副本送达申请人。被申请人未提交答辩书的，不影响仲裁程序的进行。”[①]

（二）仲裁答辩的方式

根据我国《仲裁法》的规定，被申请人答辩应当采用书面形式，即向仲裁机构提交答辩书。被申请人以书面的“答辩书”“答辩意见”对申请人在申请书中提出的仲裁请求、事实依据和理由进行辩解和回应，提出有利于自己的事实、理由。当然，仲裁答辩可以在开庭前进行，也可以在开庭审理过程中以书面或口头形式提出；仲裁答辩书可以在开庭前于仲裁规则规定的期限内提交，也可以在仲裁庭作出仲裁裁决前提交。

（三）仲裁答辩的内容

被申请人针对申请人仲裁申请书中的仲裁请求、事实、理由进行答辩的内容，既包括实体方面的，如仲裁案件事实的客观真实情况、法律适用等，也包括程序方面的，如仲裁庭的组成是否符合仲裁法或仲裁机构仲裁规则的规定、仲裁机构对申请仲裁的争议事项是否有管辖权以及仲裁时效问题等。

（四）仲裁答辩的后果

仲裁答辩是仲裁法赋予被申请人维护自身合法权益的方式，但被申请人是否进行答辩甚至无正当理由未参加仲裁庭审，均不影响仲裁程序的进行。

六、仲裁反请求

（一）仲裁反请求的概念

仲裁反请求是指在已经开始的仲裁程序中，被申请人以原仲裁申请人为被申请人，向仲裁机构提出的与原仲裁请求在事实上和法律上有牵连的，目的在于抵消或者吞并原仲裁申请人仲裁请求的独立的请求。[②] 仲裁反请求是被申请人享有的又一项重要的仲裁权利，申请人可以按照仲裁协议向约定的仲裁机构提出仲裁请求，被申请人也可以在仲裁程序中提出仲裁反请求。我国《仲裁法》第 27 条规定：“申请人可以放弃或者变更仲裁请求。被申请人可以承认或者反驳仲裁请求，有权提出反请求。”

---

① 如《重庆仲裁委员会仲裁规则（2024）》第 19 条规定：“被申请人应当自收到参加仲裁通知书之日起 15 日内提交答辩书、被申请人的主体资格材料以及答辩意见所依据的证据。答辩书应当由被申请人或者代理人签名或者盖章，并载明下列事项：（一）被申请人的基本情况。自然人应当写明姓名、性别、公民身份号码、出生年月、住址、邮政编码、电话号码、传真、电子邮件地址以及其他可能的联系方式；法人或者非法人组织应当写明全称、统一社会信用代码或者注册号、法定代表人或者主要负责人的姓名及职务、住所地或者营业地、邮政编码、电话号码、传真、电子邮件地址以及其他可能的联系方式。（二）答辩意见和事实、理由。本会收到答辩书后应当及时送达申请人。被申请人未提交答辩书的，不影响仲裁程序的进行。”

② 常英. 仲裁法学. 4 版. 北京：中国政法大学出版社，2019：157.

（二）仲裁反请求的提起

仲裁反请求的提起，须符合当事人申请仲裁的条件，即有仲裁协议，有具体的仲裁请求、事实和理由，有明确的被申请人，属于仲裁机构受理范围。同时，需要注意：

（1）由被申请人以原仲裁申请人为被申请人提出，否则不能形成反请求。被申请人提出反请求后，当事人在仲裁中的法律地位或身份具有双重性，原仲裁请求的申请人同时也是反请求中的被申请人，原仲裁请求中的被申请人同时也是反请求中的申请人。

（2）仲裁反请求只能由被申请人向受理原仲裁申请的仲裁机构提出，而不得向其他仲裁机构提出。只有这样，才能通过仲裁请求与反请求的合并审理，达到抵消原仲裁申请人仲裁请求的目的。

（3）仲裁反请求是被申请人针对申请人的仲裁请求、案件事实理由提出，但仲裁反请求应当与原申请人的仲裁请求的案件事实理由具有关联性。

（4）被申请人为了实现以反请求抵消申请人仲裁请求的目的，其仲裁反请求应当在仲裁机构受理原仲裁申请后，作出仲裁裁决之前提出，从而实现仲裁请求与反请求的合并审理，否则无法达到仲裁反请求抵消仲裁请求的目的。实践中，仲裁反请求通常应该在开庭前提出，逾期提交的，则由仲裁庭决定是否受理。①

（三）仲裁反请求提起的后果

仲裁机构收到被申请人仲裁反请求后，应当对该反请求进行审查，对于符合条件的反请求，应当予以受理，并将反请求副本送达申请人；对于不符合条件的反请求，仲裁机构不予受理。对于反请求与原仲裁请求，仲裁庭一般应当合并审理。②仲裁机构受理被申请人的仲裁反请求后，如申请人撤回仲裁申请，仲裁庭应当对被申请人的反请求继续进行审理并作出仲裁裁决。

【本章涉及的法律条文】

1.《中华人民共和国仲裁法》第 2、3、16 条，第 21～27 条，第 43、50、74 条。

2.《最高人民法院关于适用〈中华人民共和国仲裁法〉若干问题的解释》第2～3 条。

---

① 《广州仲裁委员会仲裁规则（2023）》第 23 条第 2 项规定：“被申请人提出反请求的，应当在收到仲裁通知之日起十五日内向本会提交反请求申请书。逾期提交的，是否受理，仲裁庭组成前由本会决定，仲裁庭组成后由仲裁庭决定。本会或者仲裁庭不同意受理的，可以就反请求所涉事项向本会另案提出申请。当事人另案提出申请的，不影响本案的审理。”

② 《重庆仲裁委员会仲裁规则（2024）》第 20 条第 3 款规定：“本会受理反请求申请后，仲裁庭应当将反请求与本请求合并审理。”

【案例评析】

案例

1. 本案涉及本章知识点：仲裁的立案审查

2. 案情介绍

2018年7月5日，张某与徐某签订《借款合同》，约定徐某向张某借款500 000元，借款年利率为15%，借款期限为60个月，还款方式为等额本息，还款日为借款发放日的每月对应日。徐某若不按时偿还借款本息，应按照月利率2%的标准支付逾期利息并承担律师费、财产保全费及其他合理费用等。《借款合同》同时约定，张某有权转让本合同债权，转让债权时可自行或委托第三方向合同首载的电子邮件发送电邮（或者电话、短信）通知，徐某不得以未收到债权转让通知为由拒绝履行还款义务。《借款合同》第11条纠纷解决11.3项约定："如果公证机构不能依据本合同出具执行证书，或公证机构出具执行证书后人民法院依法裁定不予执行，双方约定由担保物所在地人民法院管辖。"2018年7月5日，张某向徐某指定账户转账支付借款500 000元。自2019年8月起，借款人徐某未按约定"等额本息"方式还款。2020年5月11日，张某将《借款合同》债权转让给G公司。G公司在《借款合同》约定管辖条款所在页的右下方空白处加盖有长方形印章，印章的内容为"本合同履行过程中发生的任何纠纷均提交N仲裁委员会，并适用该会仲裁规则的简易程序审理。本合同其他约定与本约定不一致的以该约定为准"。2020年6月15日，G公司向N仲裁委员会申请仲裁，请求解除出借人张某与徐某于2018年7月5日签订的《借款合同》，请求徐某向G公司偿还所欠借款本金、逾期利息及律师费等。

3. 案例评析

本案的争议焦点是申请人G公司与被申请人徐某之间是否存在仲裁协议的问题。本案中，申请人G公司所提供的印有其印章内容"本合同履行过程中发生的任何纠纷均提交N仲裁委员会，并适用该会仲裁规则的简易程序审理。本合同其他约定与本约定不一致的以该约定为准"的"条款"并未获得被申请人徐某的认可，非双方当事人合意的意思表示。被申请人徐某与案外人张某所签订的《借款合同》并未约定仲裁协议，申请人G公司提交给N仲裁委员会的《借款合同》中长方形印章的仲裁协议系申请人G公司事后擅自添加，申请人G公司未能提供证明受让的债权合同约定管辖内容变更为仲裁管辖已经被申请人徐某认可的证据。我国《仲裁法》第21条规定："当事人申请仲裁应当符合下列条件：(1) 有仲裁协议；(2) 有具体的仲裁请求和事实、理由；(3) 属于仲裁委员会的受理范围。"当事人之间存在仲裁协议是仲裁受理的实质条件之一，若双方不存在仲裁协议，或仲裁协议无效，仲裁机构则不能受理。G公司与徐某之间并不存在有效的仲裁协议，故N仲裁委员会不能受理。

【疑难问题】

1. 仲裁申请的条件是什么?
2. 仲裁受理审查的程序和要点是什么?
3. 撤回仲裁申请的法律效果是什么?
4. 提起仲裁反请求的条件有哪些?

课后训练

1. 下列各项中，当事人申请仲裁应当符合的条件包括（　　）。

A. 有仲裁争议事项相关的商事基础合同

B. 有仲裁协议

C. 属于仲裁机构的受理范围

D. 有具体的仲裁请求和事实、理由

2. 仲裁机构应当在收到仲裁申请书之日起的法定期限内决定是否受理，该法定期限是（　　）。

A. 五日内　B. 七日内　C. 十日内　D. 十五日内

3. 仲裁机构受理仲裁申请后，应当送达给被申请人的材料包括（　　）。

A. 仲裁规则　B. 仲裁员名册

C. 仲裁申请书原件　D. 仲裁申请书副本

4. 下列各项中，属于申请人撤回仲裁申请条件的有（　　）。

A. 可以由仲裁申请人及其法定代理人提出

B. 可以由经过申请人特别授权的委托代理人提出

C. 必须在仲裁机构受理争议案件后仲裁庭未作出仲裁裁决或者调解书未送达双方当事人之前提出

D. 撤回仲裁申请必须采取书面形式

5. 以下关于仲裁答辩的说法中，错误的是（　　）。

A. 仲裁答辩是仲裁纠纷解决中维护被申请人合法权益的有效途径

B. 仲裁答辩书只能在开庭前于仲裁规则规定的期限内提交

C. 仲裁答辩书可以在开庭前提交，也可以在仲裁庭作出仲裁裁决前提交

D. 被申请人未提交答辩书的，不影响仲裁程序的进行

6. 下列关于仲裁反请求的表述中，正确的有（　　）。

A. 仲裁反请求只能向受理原仲裁申请的仲裁机构提出

B. 仲裁反请求可以向受理原仲裁外的其他仲裁机构提出

C. 仲裁反请求通常在开庭前提出，逾期提交的，由仲裁庭决定是否受理

D. 仲裁反请求应当与原申请人的仲裁请求的案件事实理由具有关联性

论文选题参考

1. 仲裁申请的国内外制度比较研究
2. 仲裁申请的审查标准研究

延伸阅读

1. 林一飞. 商事仲裁实务精要. 北京：北京大学出版社，2016.
2. 徐伟功. 国际商事仲裁理论与实务. 武汉：华中科技大学出版社，2017.

第六章　仲裁保全

【内容摘要】

仲裁保全是指在仲裁处理商事纠纷过程中，为确保裁决执行，根据一方当事人申请，由人民法院裁定，对被申请人财产、证据、行为等采取的临时强制措施。仲裁保全应遵循目的性原则与范围有限原则。仲裁保全主要分为仲裁财产保全、仲裁行为保全、仲裁证据保全三大类。同时，根据仲裁保全时间的不同，可将每类仲裁保全划分为仲裁前保全与仲裁中保全。每类仲裁保全皆有各自的适用条件与实施程序。仲裁保全的强制性要求对其范围和措施加以限定，当仲裁保全失去其存在的前提或者必要时，仲裁保全措施应当及时解除。如果仲裁保全错误给被申请人造成损失，应当予以赔偿。

【学习目标】

(1) 在知识学习层面，需要熟悉仲裁保全的概念和原则、三大类仲裁保全各自的概念与类型、仲裁保全的适用条件与实施程序、仲裁保全的范围与措施等基本知识内容。(2) 在能力训练层面，要通过对仲裁财产保全和仲裁证据保全适用条件与实施程序的理解，锻炼实际启动与应用仲裁保全的实践能力。(3) 在价值引领层面，需要深刻领悟并充分认识到仲裁保全措施是仲裁程序顺利进行和仲裁裁决有效执行的必要保障。与诉讼保全措施相同，仲裁保全措施以确保仲裁裁决得以执行为目的，是仲裁程序顺利进行和仲裁裁决有效执行的必要保障。仲裁保全措施的有效运用可以确保仲裁裁决的顺利执行，保障当事人实体权利义务关系并彰显仲裁的程序价值。

【知识要点】

一、仲裁保全的概念和原则

(一) 仲裁保全的概念

仲裁保全是指在仲裁处理商事纠纷过程中，为确保裁决执行，根据一方当事人申请，由人民法院裁定，对被申请人财产、证据、行为等采取的临时性强制措施。广义上的保全，是指人民法院采取法定措施对财产、行为、证据等特定事物的法律特性和法律价值予以保存和保护，包括财产保全、行为保全和证据保全等。狭义上的保全，是指人民法院为确保生效裁决获得有效执行，或避免给一方当事人的权益造成损害，或避免损害进一步扩大，对当事人争议的财产或与案件有关的财产采取的强制性保护措施，或责令另一方当事人为或不为特定行为，包括财产保全和行为保全。①

在国际仲裁中，仲裁保全又称临时仲裁措施、临时保全措施、临时禁令、临时救济。作为在国际仲裁中广泛适用的概念和制度，临时仲裁措施以保障仲裁裁决执行为目的，防止当事人单方改变现有的法律状态或转移、隐匿、损毁财产。临时仲裁措施依附于仲裁程序，在功能上具有预防性和临时性。在国际仲裁立法中，关于临时措施的决定权配置模式主要有以下两种：

1. 法院专属决定权

法院专属决定权即只有法院才有决定临时措施的权力，仲裁庭作为非公权力组织不具有作出实施强制执行措施决定的资格。早期有很多国家采用法院专属决定权的立法模式，例如，1969年瑞士《州际协议》将作出临时救济的权力保留给法院；如奥地利、泰国、日本、新西兰、意大利等国禁止仲裁庭采取临时措施。随着仲裁制度的发展，法院对仲裁的定位发生变化，并加强对仲裁的支持和帮助，特别是临时措施的决定权。目前，大多数国家已经放弃了仲裁保全决定权专属于法院的规定。部分国家采用推定方式，在没有相反表示的情况下，视为当事人同意允许仲裁员采取临时措施。只有意大利、阿根廷、希腊等少数国家仍然采用法院专属决定权模式。②

2. 仲裁庭和法院共享决定权

仲裁庭和法院共享决定权即并存权力（concurrent power）模式，法院和仲裁庭在一定条件下都有决定临时措施的权力。③ 根据法院和仲裁庭之间具体权限的分配方式，可将其细分为以下四种类型：

（1）自由选择模式。自由选择模式是指法院和仲裁庭在发布临时措施上享有平

---

① 杨秀清，史飚. 仲裁法学. 2版. 厦门：厦门大学出版社，2016：262.

② 博恩. 国际仲裁：法律与实践. 白麟，等译. 北京：商务印书馆，2015：271－272.

③ 江伟，肖建国. 仲裁法. 3版. 北京：中国人民大学出版社，2016：244－245.

行权力，当事人可以自由选择向其中一个权力主体提出保全的申请，所作出的仲裁临时措施具有同等的效力。采用此模式的国家主要有德国、印度、韩国、瑞士、保加利亚等。此外，《国际商事仲裁示范法》也采用该模式。

（2）法院附属模式。法院附属模式是指当事人在申请仲裁保全时，应当先向仲裁庭申请，法院只有在仲裁庭无权或无法有效发布临时措施时才行使保全决定权。采用此模式的国家和地区主要有英国和中国香港特别行政区。

（3）权力清单模式。权力清单模式是指根据仲裁临时措施的种类和性质分配法院与仲裁庭的权限，由法院和仲裁庭分别行使不同类型的保全决定权，强制性的临时措施由法院行使保全权，反之，由仲裁庭行使。采用此模式的国家主要有荷兰、印度、比利时、印度尼西亚等。

（4）权力接续模式。权力接续模式是指根据仲裁临时措施的发布时间分配法院与仲裁庭的权限，即法院有权在仲裁庭组成之前行使仲裁保全决定权；仲裁庭组庭成功后则由仲裁庭行使保全决定权。《国际商会仲裁规则》和 2000 年《美国统一商法典》采用此模式。①

共享决定权模式是目前国际上通行的做法。国际仲裁将保全决定权和执行权进行了区分，作出临时措施的主体不只限于法院，部分国家立法允许仲裁庭作出临时措施决定。从国际仲裁实践看，仲裁临时措施决定权的主要分配模式已经由法院专属型转向仲裁庭与法院共享型。我国仲裁临时措施决定权专属于法院，仲裁庭没有作出保全决定的权力。《仲裁法（修订）（征求意见稿）》赋予了仲裁庭临时措施决定权。② 在涉外司法实践中，2019 年 9 月 26 日，最高人民法院发布《关于内地与香港特别行政区法院就仲裁程序相互协助保全的安排》（法释〔2019〕14 号），内地法院给予香港仲裁程序当事人与内地仲裁程序当事人相同的权利，包括财产保全、证据保全和行为保全。从我国仲裁立法和涉外司法实践看，我国仲裁保全决定权的分配模式具有从法院专属型模式转向仲裁庭和法院共享型模式的倾向。

（二）仲裁保全的原则

在证据可能灭失或者以后难以取得，以及可能使裁决不能执行、难以执行或者给当事人造成其他损害的情况下，及时对证据、财产和行为进行保全，有利于查明案件事实和仲裁程序的推进，保证仲裁裁决顺利执行。由于仲裁保全属于强制性措施，采取保全措施在一定程度上限制了被申请人对特定行为和特定财产的处分权。为保护被申请人的合法权益，人民法院在采取保全措施时需遵循两个原则：

1. 目的性原则

决定采用保全方法的目的仅限于避免发生重大损害和避免紧急危险或相类似的情形，不能对被申请人施加超出行为保全目的的限制。

---

① 任明艳. 国际商事仲裁中临时性保全措施研究. 上海：上海交通大学出版社，2010：48.

② 《仲裁法（修订）（征求意见稿）》第 45、46 条。

2. 范围有限原则

保全范围限于与争议密切相关的财产和行为，或者保全的方法原则上不能超出仲裁请求范围。

二、仲裁财产保全

（一）仲裁财产保全的概念和类型

仲裁财产保全是指人民法院作出裁定，对一方当事人的财产采取查封、扣押、冻结等保全措施，防止其转移、处分被保全的财产，以保证将来生效仲裁裁决的执行。根据仲裁财产保全时间的不同，可将其划分为仲裁前财产保全和仲裁中财产保全。

仲裁前财产保全，是指在仲裁程序开始前，因情况紧急，人民法院基于利害关系人的申请，对被申请人的财产所采取的强制性保护措施。

仲裁中财产保全，是指在仲裁机构受理案件后、仲裁裁决作出前，为保证将来仲裁裁决得以执行，由人民法院对当事人的财产或争议标的物所采取的强制性保护措施。

（二）仲裁财产保全的适用条件

1. 仲裁前财产保全的适用条件

我国《民事诉讼法》第 104 条第 1 款规定："利害关系人因情况紧急，不立即申请保全将会使其合法权益受到难以弥补的损害的，可以在提起诉讼或者申请仲裁前向被保全财产所在地、被申请人住所地或者对案件有管辖权的人民法院申请采取保全措施。申请人应当提供担保，不提供担保的，裁定驳回申请。"① 根据上述法律规定，申请仲裁前财产保全应满足以下条件：

（1）将来提起仲裁的案件必须具有给付内容。保全的目的在于确保将来仲裁裁决的执行，只有申请人提出给付请求，即争议案件所作出的仲裁裁决具有给付内容和可执行性，才有采取财产保全措施的必要。其中，给付内容包括金钱给付和物之给付。

（2）情况紧急，具有采取财产保全的紧迫性。"情况紧急"是指债务人有转移、损毁、处分或隐匿财产的行为，或者由于客观原因，相关财产可能发生损毁或灭失。如果不立即采取保全措施，即使利害关系人将来的仲裁请求被支持，也无法保证其合法权益得到实现。

（3）必须由利害关系人提出申请。"利害关系人"是指认为自己的权利受到侵害或者与他人发生纠纷，纠纷的处理结果与其有法律上权利义务关系的人。

（4）应在仲裁前提出申请。仲裁前财产保全发生在仲裁机构受理案件之前，利

---

① 《仲裁法（修订）（征求意见稿）》第 44 条规定："一方当事人因其他当事人的行为或者其他原因，可能使裁决不能执行、难以执行或者给当事人造成其他损害的，可以申请财产保全和行为保全。"

害关系人应在仲裁前提出财产保全申请。

（5）应向有管辖权的人民法院提出申请。有管辖权的人民法院包括被保全财产所在地、被申请人住所地和其他对案件有管辖权的法院。[①]

（6）申请人必须提供担保。仲裁机构受理案件之前，利害关系人之间的权利义务关系尚不明确。为防止因保全错误或一方当事人恶意利用财产保全措施损害被申请人合法权益，仲裁前财产保全的申请人必须提供担保。申请人不提供担保的，人民法院应裁定驳回申请。申请人提供担保的数额应与请求保全的数额相当。

2. 仲裁中财产保全的适用条件

我国《仲裁法》第 28 条第 1 款规定，"一方当事人因另一方当事人的行为或者其他原因，可能使裁决不能执行或者难以执行的，可以申请财产保全。"根据上述规定和我国仲裁实践，当事人申请仲裁中财产保全应具备以下条件：

（1）仲裁案件必须具有给付内容。在仲裁中，当事人可以提出给付请求、确认请求和形成请求。给付请求是请求仲裁庭责令被申请人履行给付一定的金钱或财物的义务，从而实现其实体权利请求。确认请求是请求仲裁庭确认某种法律关系存在或者不存在的请求。形成请求是请求仲裁庭改变、消灭或变更某种法律关系的请求。在上述三类仲裁请求中，给付请求因涉及财产给付内容和可执行性而具有采取财产保全之必要。

（2）确有保全的必要。财产保全以必要性为前提，只有因一方当事人的行为或者其他原因可能使仲裁裁决不能执行或者难以执行时，仲裁当事人才可以申请财产保全。"一方当事人的行为"主要是指一方当事人主观上的故意行为，如当事人隐匿、转移、损毁、变卖财物以逃避所应承担的实体义务。"其他原因"主要是指客观原因，如争议标的物或者其他财物系季节性商品，鲜活、易腐烂以及其他不宜长期保存的物品；或者易受风雨侵蚀等自然因素影响导致腐烂、变质等。基于上述原因，如不及时采取保全措施有可能引起财物灭失或价值贬损，进而导致仲裁裁决无法或难以获得执行。

（3）必须由仲裁当事人提出申请。仲裁中财产保全由仲裁当事人提出申请，案外人不得在仲裁程序进行中提出财产保全申请。由于仲裁争议案件由仲裁机构管辖，人民法院不能依职权采取财产保全措施，而仲裁机构又无权主动采取财产保全措施，因此，仲裁中财产保全程序只能依当事人申请而启动。

（4）在仲裁案件受理后仲裁裁决作出前提出申请。我国《仲裁法》没有对财产保全申请的时间作出明确规定，但从设置财产保全制度的目的和我国仲裁实践的具体情况看，仲裁中财产保全的申请应在仲裁机构受理案件后，仲裁庭作出仲裁裁决前提出。

（5）向有管辖权的人民法院提出申请，但应由仲裁机构转交。从表面上看，仲裁当事人是向仲裁机构提交财产保全申请，但我国仲裁机构没有作出财产保全的权力，不是作出财产保全的主体。仲裁机构负责接收当事人申请，并将其转交至有管

① 《仲裁法（修订）（征求意见稿）》第 46 条第 1 款规定："当事人在提起仲裁前申请保全措施的，依照相关法律规定直接向人民法院提出。"

辖权的人民法院，当事人的保全申请实际上是向法院提出。[①] 在我国仲裁实践中，仲裁机构在接收当事人财产保全申请后，通常会以仲裁机构的名义向人民法院出具采取财产保全的提请函，对当事人的财产保全请求和本案受理情况进行说明，以便人民法院对当事人的仲裁保全请求作出快速处理。《最高人民法院关于人民法院执行工作若干问题的规定（试行）》第 9 条规定，国内仲裁财产保全由被申请人住所地、财产所在地的基层人民法院管辖；《民事诉讼法》第 289 条和《最高人民法院关于人民法院执行工作若干问题的规定（试行）》第 10 条规定，涉外仲裁财产保全由被申请人住所地或者财产所在地的中级人民法院管辖。[②]

（6）可以责令申请人提供担保。我国仲裁机构没有采取财产保全措施的权力，所有保全申请都要交由人民法院处理。根据我国《仲裁法》第 28 条第 2 款规定，参照适用《民事诉讼法》第 103 条规定，人民法院采取财产保全措施，可以责令申请人提供担保。申请人不提供担保的，人民法院应裁定驳回其申请。如果保全错误给被申请人造成了损失，被申请人可以直接从申请人提供担保的财产中获得赔偿。

（三）仲裁财产保全程序

1. 仲裁前财产保全程序

（1）利害关系人提出申请。仲裁前财产保全程序须由利害关系人在仲裁前向人民法院申请。

（2）利害关系人向有管辖权的人民法院提交保全申请。利害关系人应向有管辖权的人民法院提交财产保全申请书及相关材料。申请书应当载明下列事项：申请人与被申请人的身份、地址、联系方式，请求事项和所根据的事实与理由，请求保全数额或者争议标的，明确的被保全财产信息或者具体的被保全财产线索，为财产保全所提供担保的财产信息或资信证明，其他需要载明的事项。有管辖权的人民法院包括被保全财产所在地、被申请人住所地或者其他对案件有管辖权的人民法院。

（3）利害关系人必须提供担保。仲裁前财产保全必须提供担保，担保数额应与请求保全数额相当。利害关系人不提供担保的，人民法院应当裁定驳回利害关系人的保全申请。

（4）人民法院审查并作出裁定。人民法院接受申请后，必须在 48 小时内作出裁定。申请人应在人民法院采取保全措施后 30 日内申请仲裁，申请人未提起仲裁的，人民法院应当解除保全。

（5）执行。人民法院裁定采取保全措施的，应当立即开始执行。保全措施的执

---

① 值得关注的是，《仲裁法（修订）（征求意见稿）》赋予仲裁庭仲裁保全的决定权。其第 43 条第 1 款规定："当事人在仲裁程序进行前或者进行期间，为了保障仲裁程序的进行、查明争议事实或者裁决执行，可以请求人民法院或者仲裁庭采取与争议标的相关的临时性、紧急性措施。"如果采用此规定，申请人也可以向仲裁庭提出仲裁保全申请。仲裁中的行为保全和证据保全与此相同。

② 《仲裁法（修订）（征求意见稿）》第 46 条第 2 款规定："当事人提起仲裁后申请保全措施的，可以直接向被保全财产所在地、证据所在地、行为履行地、被申请人所在地或者仲裁地的人民法院提出；也可以向仲裁庭提出。"

行由执行员进行，有关单位有义务协助人民法院执行。

2. 仲裁中财产保全程序

（1）仲裁当事人提出申请。仲裁当事人应在仲裁程序进行中提出申请，一般是在仲裁机构受理案件后，仲裁裁决作出前。

（2）向有管辖权的人民法院提交保全申请，但必须由仲裁机构转交。在仲裁程序中，当事人申请财产保全的，应当通过仲裁机构向人民法院提交申请书及仲裁案件受理通知书等相关材料，仲裁机构负责接收并转交当事人的财产保全申请，最终由人民法院管辖。人民法院裁定采取保全措施或者裁定驳回申请的，应当将裁定书送达当事人，并通知仲裁机构。有管辖权的人民法院包括被保全财产所在地、被申请人住所地的人民法院。国内仲裁保全由基层人民法院管辖，涉外仲裁保全由中级人民法院管辖。

（3）人民法院审查并作出裁定。人民法院依照《民事诉讼法》的规定对财产保全申请进行审查，并决定是否采取财产保全措施以及采取何种保全措施。

（4）可以责令当事人提供担保。人民法院在必要时可以责令当事人提供担保。责令当事人提供担保的，应当书面通知。当事人不提供担保的，人民法院应当裁定驳回财产保全申请。

（5）执行。采取财产保全措施的裁定一经作出即生效，应当立即开始执行。

三、仲裁行为保全

（一）仲裁行为保全的概念和类型

仲裁行为保全针对的是被申请人的行为。除保全对象不同外，行为保全和财产保全的适用条件和程序基本相同。仲裁行为保全具有双重目的：一是确保裁决执行，二是防止给当事人造成其他损害。我国《仲裁法》没有规定行为保全，仲裁中行为保全应参考民事诉讼法相关规定。

仲裁前行为保全，是指在仲裁程序开始前，因情况紧急，人民法院基于利害关系人的申请，责令被申请人作出一定行为或禁止其作出一定行为的临时性救济措施。

仲裁中行为保全，是指仲裁机构在受理当事人仲裁申请后，责令被申请人作出一定行为或禁止其作出一定行为的临时性救济措施。

（二）仲裁行为保全的适用条件

1. 仲裁前行为保全的适用条件

根据《民事诉讼法》第 104 条第 1 款规定，申请仲裁前行为保全应满足以下条件：

（1）有初步证据表明申请人的合法权益正在或者将要受到侵害。

（2）情况紧急，具有行为保全的紧迫性。如果不立即采取保全措施将会给申请人的合法权益造成损害或使其损害扩大。

（3）必须由利害关系人提出申请。与财产保全相同，仲裁前行为保全的启动以利害关系人申请为前提。

（4）应在仲裁前提出申请。仲裁前行为保全发生在仲裁前，应在仲裁前提出。

（5）应向有管辖权的人民法院提出申请。根据《民事诉讼法》第104条第1款规定，仲裁前保全由被保全财产所在地、被申请人住所地或者对案件有管辖权的人民法院管辖。由于行为保全针对的是行为而非财产，财产保全地不能等同于行为地。从立法解释和立法稳定角度出发，可将行为地法院作为“对案件有管辖权的人民法院”。国内仲裁行为保全由基层人民法院管辖，涉外仲裁行为保全由中级人民法院管辖。

（6）申请人必须提供担保。与财产保全相同，为防止仲裁前行为保全给被申请人造成损害，法律规定申请人应当提供担保。申请仲裁行为保全的，担保的数额由人民法院根据案件的具体情况决定。

2. 仲裁中行为保全的适用条件

我国《仲裁法》《民事诉讼法》都没有对仲裁中的行为保全作出明确规定，实践中可以参照《民事诉讼法》第104条第1款规定的适用条件，并参照适用《民事诉讼法》第103条第2款规定决定是否责令申请人提供担保。① 参照上述规定，仲裁中行为保全的适用条件如下：

（1）申请人的合法权益正在或者将要受到被申请人的侵害。

（2）情况紧急，如果不立即采取保全措施将会给申请人的合法权益造成损害或使其损害扩大。

（3）必须由当事人提出申请。仲裁中行为保全程序依当事人申请而启动，人民法院和仲裁机构均不能依职权采取仲裁保全措施。

（4）在仲裁案件受理后仲裁裁决作出前提出申请。仲裁中行为保全发生在仲裁程序进行中，即仲裁机构受理案件后，仲裁庭作出仲裁裁决前。

（5）向有管辖权的人民法院提出申请，但由仲裁机构转交申请。我国没有专门规定仲裁中的行为保全，参照适用《民事诉讼法》第104条规定，由被保全财产所在地、被申请人住所地或者对案件有管辖权的人民法院管辖。国内仲裁行为保全由基层人民法院管辖，涉外仲裁行为保全由中级人民法院管辖。当事人不得直接向人民法院提出仲裁中行为保全申请，而应向仲裁机构提交申请书及相关材料，由仲裁机构向人民法院转交其申请。

（6）可以责令申请人提供担保。当事人申请仲裁中行为保全的，人民法院认为必要时可以责令申请人提供担保，申请人不提供的，人民法院应裁定驳回申请。

（三）仲裁行为保全程序

1. 仲裁前行为保全程序

（1）利害关系人提出申请。仲裁前行为保全程序须由利害关系人在仲裁前向人

---

① 《仲裁法（修订）（征求意见稿）》第44条规定，“一方当事人因其他当事人的行为或者其他原因，可能使裁决不能执行、难以执行或者给当事人造成其他损害的，可以申请财产保全和行为保全。”

民法院申请。

（2）利害关系人向有管辖权的人民法院提交保全申请。利害关系人应向有管辖权的人民法院提交行为保全申请书及相关材料。申请书应当载明下列事项：申请人与被申请人的身份、地址、联系方式；请求事项和所根据的事实与理由；请求保全的行为；请求保全的措施；提供担保的信息；其他需要载明的事项。

（3）利害关系人必须担保。仲裁前行为保全必须提供担保，担保的数额由人民法院根据案件的具体情况决定。

（4）法院审查并作出裁定。人民法院接受申请后，对情况紧急的，必须在48小时内作出裁定。申请人应在人民法院采取保全措施后30日内申请仲裁，未申请仲裁的，人民法院应当解除保全。

（5）执行。采取行为保全措施的裁定一经作出即生效，应当立即开始执行。

2. 仲裁中行为保全程序

我国《仲裁法》《民事诉讼法》没有对仲裁中的行为保全作出明确规定，实践中可以参考适用《民事诉讼法》关于仲裁前行为保全的程序。

四、仲裁证据保全

（一）仲裁证据保全的概念和类型

仲裁证据保全是指在证据有可能毁损、灭失或以后无法或难以取得的情况下，人民法院根据利害关系人的申请，或者根据仲裁机构提交的当事人的申请，提前对证据进行调查收集或固定、保存的行为。[①]

在仲裁活动中，无论是当事人为了证明自己所提出的主张，还是仲裁庭为了查明案件事实，都必须借助证据加以证明。然而，在某些情况下，由于某种原因的存在可能导致证据灭失或者今后难以取得，这势必给当事人的举证和仲裁庭的查证造成无法弥补的损失，严重影响仲裁庭对案件的公正裁决。为了防止这一情况的发生，避免因某种因素的出现而导致能够证明仲裁案件事实的证据遭受破坏，法律上便设立了仲裁证据保全制度，由有管辖权的人民法院事先对仲裁证据进行固定和保全。

根据申请证据保全时间的不同，可将仲裁证据保全划分为仲裁前证据保全和仲裁中证据保全。仲裁前证据保全，是指在仲裁程序开始之前，因情况紧急，人民法院基于利害关系人的申请，对可能灭失或以后难以取得的证据所采取的强制性保护措施。仲裁中证据保全，是指在仲裁程序进行过程中，人民法院根据经仲裁机构转交的当事人的申请，对某些可能灭失或者以后难以取得的证据予以调查取证和固定的强制性行为。

---

① 常英. 仲裁法学. 4版. 北京：中国政法大学出版社，2019：168.

(二) 仲裁证据保全的适用条件

1. 仲裁前证据保全的适用条件

我国《民事诉讼法》第 84 条第 2 款规定，“因情况紧急，在证据可能灭失或者以后难以取得的情况下，利害关系人可以在提起诉讼或者申请仲裁前向证据所在地、被申请人住所地或者对案件有管辖权的人民法院申请保全证据。”[①]

根据上述规定，申请仲裁前的证据保全应具备以下条件：

(1) 情况紧急，证据存在灭失或者以后难以取得的危险。“情况紧急”是指证据正面临现实紧急危险，如果不立即采取保全措施，证据有可能灭失或以后难以取得。情况紧急是仲裁前证据保全的最重要条件，也是其区别于仲裁中证据保全的重要标志。

(2) 被保全的证据须具有证明力。仲裁证据保全的目的在于及时对证据采取保护性措施以保存证据证明力，被保全的证据须与本案有关，能证明仲裁案件中的事实和请求。通常而言，申请保全的证据是决定仲裁案件事实的主要证据，如果不及时保全将影响仲裁案件的处理。

(3) 在申请仲裁前提出。仲裁前证据保全一般是指利害关系人在申请仲裁前提出的证据保全，此处“申请仲裁前”应理解为仲裁机构受理案件之前。如果仲裁机构已受理该案，则应先向仲裁机构或仲裁庭提交证据保全申请，再由仲裁机构或仲裁庭转交至人民法院。

(4) 必须由利害关系人提出申请。仲裁证据保全以利害关系人申请为前提，仲裁机构和法院都无权直接采取证据保全措施。

(5) 向有管辖权的人民法院提出申请。根据《民事诉讼法》第 84 条第 2 款规定，仲裁前证据保全申请应向证据所在地、被申请人住所地或者对案件有管辖权的人民法院申请。申请涉外仲裁证据保全的，涉外仲裁机构应当将申请转交至证据所在地的中级人民法院。

2. 仲裁中证据保全的适用条件

我国《仲裁法》第 46 条规定：“在证据可能灭失或者以后难以取得的情况下，当事人可以申请证据保全。当事人申请证据保全的，仲裁委员会应当将当事人的申请提交证据所在地的基层人民法院。”《仲裁法》第 68 条规定：“涉外仲裁的当事人申请证据保全的，涉外仲裁委员会应当将当事人的申请提交证据所在地的中级人民法院。”根据上述规定，当事人申请仲裁中证据保全必须符合以下条件：

(1) 证据有灭失或者以后难以取得的风险。“证据灭失”是指如不及时收集证据，不对证据采取保全措施，将导致证据永远丧失。例如，物证因天气或者季节原因可能腐烂变质，如果不及时采取保全措施可能丧失作为证据的价值。“以后难以取得”是指证据将来虽然不至于完全灭失，但如不采取相应的证据保全措施，待仲裁

---

① 《仲裁法（修订）（征求意见稿）》第 45 条规定：“在证据可能灭失或者以后难以取得的情况下，当事人可以申请证据保全。”

庭收集该证据时将付出更多时间、精力或遇到极大困难。例如，物证将被携带出境。

（2）被保全的证据须具有证明力。证据保全的目的在于保存证据的证明力。如果不及时对相关证据采取保全措施，有可能因该证据灭失或以后难以取得而影响争议案件事实的认定。当事人申请保全的证据不仅对仲裁请求具有证明作用，而且将对仲裁案件事实的认定和审理产生重要影响。这种证据如果因没有及时收集而丧失，有可能造成负有举证责任的当事人举证不能或举证不足，进而产生对其不利的裁决结果，严重影响仲裁庭对仲裁案件的审理结果。

（3）应在仲裁程序进行过程中提出。仲裁中证据保全发生在仲裁程序进行中，即仲裁机构受理案件后，仲裁庭作出裁决之前。

（4）必须由仲裁当事人提出申请。仲裁程序开始后，当事人对证据是否存在灭失或者以后难以取得的危险最为了解，应由当事人决定是否申请证据保全措施以保存证据的证明力。

（5）向有管辖权的人民法院提出申请，但应由仲裁机构转交。仲裁中证据保全应由当事人向仲裁机构提出申请，再由仲裁机构将其申请转交至人民法院，当事人不得直接向人民法院申请。通常而言，在仲裁庭组成前，当事人可以向仲裁机构提交证据保全申请；在仲裁庭组成后，当事人可以直接向仲裁庭提交证据保全申请。国内仲裁证据保全的，仲裁机构应将当事人的申请转交至证据所在地的基层人民法院；涉外仲裁证据保全的，仲裁机构应将当事人的申请转交至证据所在地的中级人民法院。

（三）仲裁证据保全程序

1. 仲裁前证据保全程序

（1）利害关系人提出证据保全申请。仲裁前证据保全因利害关系人的申请而启动。

（2）利害关系人向证据所在地、被申请人住所地或者对案件有管辖权的人民法院递交证据保全申请。

（3）法院审查并作出裁定。人民法院受理仲裁前证据保全申请后必须进行审查并作出裁定。根据《民事诉讼法解释》第 98 条第 2 款规定，对因证据保全可能给他人造成损失的，可以责令申请人提供相应担保。

（4）对裁定保全的证据采取强制措施。人民法院作出证据保全裁定后，应当及时采取强制措施。

2. 仲裁中证据保全程序

（1）当事人提出证据保全申请。仲裁中证据保全程序的启动，从当事人提出书面证据保全申请开始。根据我国《仲裁法》规定，当事人申请证据保全的，应当向受理仲裁案件的仲裁机构提出证据保全申请。

（2）由仲裁机构向人民法院转交当事人的申请。仲裁机构接到当事人提出的证据保全申请后，应当将当事人的申请提交证据所在地的人民法院。国内仲裁中当事人申请证据保全的，仲裁机构应当将当事人的申请提交至证据所在地的基层人民法院，涉外仲裁证据保全提交到证据所在地的中级人民法院。

（3）人民法院审查并作出裁定。人民法院收到仲裁机构提交的证据保全申请后，应当进行审查。经审查认为，当事人的证据保全申请有充分理由，确有保全必要，应及时作出证据保全裁定。裁定中应明确在何时、何地、以何种方式保全何种证据，存卷保管，以便仲裁庭调查使用。如果法院经审查认为不符合证据保全条件，即可驳回证据保全申请，并作出裁定，说明理由，同时通知仲裁机构和当事人。

（4）对裁定保全的证据采取保全措施。人民法院在作出证据保全的裁定后，应当及时采取保全措施。人民法院进行证据保全时，可以要求当事人或者代理人到场。

五、仲裁保全的范围和措施

（一）仲裁财产保全和行为保全的范围和措施

1. 仲裁财产保全和行为保全的范围

我国《仲裁法》没有对仲裁保全的范围作出明确规定。《民事诉讼法》第105条规定，“保全限于请求的范围，或者与本案有关的财物”。

其一，“限于请求的范围”是指所保全的财产或行为，应当在价值或者对象上与当事人所提仲裁请求的内容相符或相等，包括与申请人所请求的债务人应履行的债务数额以及给申请人造成其他损害的行为相符或相等。法院应当根据利害关系人的权利请求或者当事人的仲裁请求，合理地确定保全范围。当可供保全的财产价值较大且不能分割，或者分割会损害其功能和价值时，允许进行超额保全。①

其二，“与本案有关的财物”是指本案的争议标的，或者当事人在仲裁请求中没有直接涉及，但是与将来生效裁决的强制执行相牵连的财物。对于债务人的财产不能满足保全请求，但债务人对案外人有到期债权的，人民法院可以依债权人的申请裁定该案外人不得对债务人清偿，该案外人对其到期债务没有异议并要求偿付的，由人民法院提存财物或价款，但不应对其财产采取保全措施。②

2. 仲裁财产保全和行为保全的措施

仲裁中的保全措施是人民法院依据民事诉讼法有关规定所采取的一种强制性措施。根据《民事诉讼法》第106条规定，“财产保全采取查封、扣押、冻结或者法律规定的其他方法”。

（1）查封。查封是指人民法院将需要进行保全的财物造册登记后，粘贴封条就地封存，限制被申请人或者有关单位与个人擅自处分的措施。由于查封措施实施的是就地封存，一般应针对不动产或者体积较大、移动不便的动产。

（2）扣押。扣押是指人民法院将需要进行保全的财物移至其他地方予以扣押，在一定期间内限制被申请人或者有关单位和个人对该财物擅自处分的措施。由于采取扣押措施可以使被扣押的财物脱离被申请人或者有关单位和个人的实际控制，有

---

① 田平安. 民事诉讼法学. 5版. 厦门：厦门大学出版社，2009：180.

② 常英. 仲裁法学. 4版. 北京：中国政法大学出版社，2019：164-165.

利于维护该被保护财产的价值，因此，对于体积较小或者移动方便的财物适合采取扣押措施予以保全。此外，对于有产权证书的不动产或者汽车等，也可以采取扣押其产权证书并通知有关产权登记部门的措施。

（3）冻结。冻结是指人民法院依法通知有关银行、信用社或者其他金融机构，协助人民法院限制被申请人支取或者划拨其账户内款项的措施。有特殊情况需要延长期限的，应当在冻结到期前向冻结单位办理继续冻结的手续。此外，冻结措施也可以适用于股票等有价证券。

（4）法律规定的其他方法。法律规定的其他方法是指除查封、扣押、冻结以外，法律规定可以作为保全措施的其他方法。《民事诉讼法解释》第153至第159条规定了以下内容：1）对季节性商品、鲜活、易腐烂变质以及其他不宜长期保存的物品采取保全措施时，可以责令当事人及时处理，由人民法院保存价款；必要时，人民法院可予以变卖，保存价款。2）人民法院在财产保全中采取查封、扣押、冻结财产措施时，应当妥善保管被查封、扣押、冻结的财产。不宜由被保全人保管的，可以委托他人或者申请保全人保管。查封、扣押、冻结担保物权人占有的担保财产，一般由担保物权人保管；由人民法院保管的，质权、抵押权、留置权不因采取保全措施而消灭。3）由人民法院指定被保全人保管的财产，如果继续使用对该财产的价值无重大影响的，可以允许被保全人继续使用；由人民法院保管或者委托他人、申请保全人保管的财产，人民法院和其他保管人不得使用。4）对抵押物、质押物、留置物可以采取财产保全措施，但不影响抵押权人、质权人、留置权人的优先受偿权。5）人民法院对债务人到期应得的收益，可以采取财产保全措施，限制其支取，通知有关单位协助执行。6）债务人的财产不能满足保全请求，但对他人有到期债权的，人民法院可以依债权人的申请裁定该他人不得对本案债务人清偿。该他人要求偿付的，由人民法院提存财物或者价款。

人民法院保全财产后应当立即通知被保全财产的人。财产已被查封、冻结的，不得重复查封、冻结。

3. 仲裁财产保全和行为保全措施的解除

人民法院采取保全的目的在于保护生效法律文书的执行，当出现某种情形，使保全失去存在的前提或者必要时，应当及时采取解除保全措施。根据民事诉讼法相关规定和我国司法实践，在下列情况下应解除保全措施：

（1）采取仲裁前保全措施后，30日内未申请仲裁的。根据《民事诉讼法》第104条第3款规定："申请人在人民法院采取保全措施后三十日内不依法提起诉讼或者申请仲裁的，人民法院应当解除保全。"人民法院采取仲裁前保全措施后30日内，当事人应向仲裁机构申请仲裁。没有向约定的仲裁机构申请仲裁的应解除保全措施。

（2）财产纠纷案件，被申请人提供担保的，人民法院应当解除财产保全。根据《民事诉讼法》第107条规定："财产纠纷案件，被申请人提供担保的，人民法院应当裁定解除保全。"财产保全的目的在于防止被申请人转移财产，从而导致损失难以弥补或生效的法律文书不能执行或者难以执行。如果采取财产保全措施后被申请人提供担保，意味着损失可以弥补或将来生效法律文书的执行有了财产担保或者担保人的保证，则财产保全措施已经失去继续存在的必要，人民法院应当裁定解除财产保全。

（3）申请人撤回保全申请。申请保全是申请人为维护自己的合法权益而行使的一项权利。采取保全措施后，如果情况发生变化，申请人有权撤回保全申请。申请人提出撤回保全申请的，人民法院应裁定解除保全。

（4）被申请人的复议申请成立。采取保全措施将限制被申请人对被保全财产的处分权或作出一定行为的自由权。被申请人对该保全裁定不服，可以依法申请复议，如果该复议申请成立，人民法院应立即解除保全措施。

（5）申请人的仲裁申请不予受理、被驳回或者仲裁请求被驳回。如果申请人的仲裁申请不予受理、被驳回或者仲裁请求被驳回，没有生效法律文书执行的可能性，保全措施亦无必要。

（6）保全错误的。保全错误的，应当解除保全措施。

（7）人民法院认为应当解除保全的其他情形。

4. 仲裁财产保全和行为保全错误的赔偿

如果保全发生错误则将损害被申请人利益。为保护被申请人利益，《仲裁法》第28条第3款和《民事诉讼法》第108条等规定，如果申请有错误并因财产保全给被申请人造成损失，应当予以赔偿。“申请有错误”是指申请人不是争议案件所涉及的法律关系中的权利人，其仲裁请求未获仲裁庭的支持。确立申请保全错误的赔偿制度既有利于维护被申请人的合法权益不受侵犯，也可以限制申请人滥用该权利。[①]

（二）仲裁证据保全的范围和措施

1. 仲裁证据保全的范围

证据是证明案件事实的根据，证据的灭失或者难以取得将使负有举证责任的当事人因无法举证而承担不利的法律后果。但是，在仲裁实践中，通常会允许利害关系人或仲裁当事人在证据面临灭失或者以后难以取得的情形时，对证明案件事实起主要作用或者决定性作用的证据申请证据保全。如果证据不是主要证据或者对案件事实起决定性作用的证据，或者即使收集不到这些证据也不会影响案件的审理，就没有必要申请证据保全。我国《仲裁法》没有规定证据保全的范围，但在理论上仲裁证据保全的范围应限于对证明仲裁案件事实起主要作用或决定性作用的证据。

2. 仲裁证据保全的措施

证据保全措施是指人民法院对于可能灭失或者以后难以取得的证据予以保护而采取的具体方法。根据《民事诉讼法》第84条规定，证据保全措施参照财产和行为保全的相关规定。人民法院进行证据保全时，可以要求当事人或者委托代理人到场。根据当事人的申请和具体情况，人民法院可以采取查封、扣押、录音、录像、复制、鉴定、勘验等方法进行证据保全，并制作笔录。在符合证据保全目的的情况下，人民法院应当选择对证据持有人利益影响最小的保全措施。

---

① 常英. 仲裁法学. 4版. 北京：中国政法大学出版社，2019：167.

证据保全的具体措施因需要保全证据的种类不同而有所不同：(1) 对于证人证言的保全，可以采取制作证人证言笔录或者录音制作成视听资料的方法。(2) 对于物证的保全，可以采取勘验并制作勘验笔录的方法，也可以采取对物证进行录制制作成视听资料的方法。(3) 对于书证的保全，可以采取及时调取到人民法院予以封存的方法等。(4) 对于视听资料、电子数据的保全，应当要求被调查人提供原始载体，提供原始载体确有困难的，可以提供复制件。提供复制件的，人民法院应当在调查笔录中说明其来源和制作经过。

经过保全的证据种类及保全方法，人民法院应当记录在案，并及时转交给仲裁机构，由仲裁庭对证据进行审查后确定是否作为认定争议案件事实的证据。经过人民法院依法定程序保全的证据，对争议案件事实的证明力与当事人之后向仲裁庭提交的证据的证明力相同。①

3. 仲裁证据保全的担保和赔偿

当事人或者利害关系人申请采取证据保全可能对证据持有人造成损失的，人民法院应当责令申请人提供相应的担保。担保方式或者数额由人民法院根据保全措施对证据持有人的影响等因素综合确定。申请证据保全错误造成财产损失的，申请人应承担赔偿责任。

4. 仲裁证据保全的其他程序

根据我国《民事诉讼法》第 84 条第 3 款的规定，证据保全的其他程序参照适用《民事诉讼法》第九章保全的有关规定。

【本章涉及的法律条文】

1.《中华人民共和国仲裁法》第 28、46、68 条。

2.《中华人民共和国民事诉讼法》第 84 条，第 103～108 条，第 289 条。

【案例评析】

案例

1. 本案涉及本章知识点：仲裁保全的期限

2. 案情介绍

花果山公司与水帘洞公司因买卖合同发生纠纷，水帘洞公司依据合同中的仲裁条款向 D 仲裁委员会申请仲裁，请求裁决花果山公司支付拖欠的货款 1 800 000 元。在仲裁过程中，申请人水帘洞公司向 D 仲裁委员会提出财产保全申请。2021 年 5 月 29 日，D 仲裁委员会将财产保全申请提交至 D 中级人民法院，D 中级人民法院依法组成合议庭进行审查后作出（2021）D 民特字第 99 号裁定，在水帘洞公司依法提供

---

① 杨秀清，史飚. 仲裁法学. 2 版. 厦门：厦门大学出版社，2016：272.

了必要担保的前提下，冻结了被申请人花果山公司对第三人中国某集团有限公司的到期债权 1 800 000 元。2022 年 2 月 20 日，D 仲裁委员会就双方纠纷作出（2021）D 仲字第 098 号裁决，支持申请人水帘洞公司的仲裁请求，裁决被申请人花果山公司于裁决生效之日起 15 日内支付拖欠的货款 1 800 000 元。仲裁裁决作出后，2022 年 2 月 25 日，被申请人花果山公司以“裁决所根据的证据是伪造的”为由，向 D 中级人民法院申请撤销仲裁裁决，同时申请解除财产保全。2022 年 3 月 1 日，D 中级人民法院作出不解除财产保全的裁定。

3. 案例评析

仲裁财产保全措施的实施旨在保障仲裁裁决的顺利执行，其效力一般应维持到生效的仲裁裁决执行时止。本案中，仲裁被申请人申请撤销仲裁裁决与解除财产保全时，裁决书要求其履行义务的期限尚未届满，仲裁申请人还未申请强制执行，故本案不涉及执行中止问题，财产保全措施仍有效力。但是，我国《仲裁法》并未规定当事人同时申请撤销仲裁裁决和申请解除财产保全的处理方法。根据现行立法与实践，一方当事人提出撤销仲裁裁决的申请，仅意味着仲裁裁决的公正性以及有效性还需司法审查确定。若相关裁决经司法审查后未被撤销的，裁决仍须执行。因此，财产保全措施仍有存续以保障执行的必要。当然，参考诉讼财产保全制度，保全申请人自愿申请解除保全措施，或者保全被申请人提供了相应数额的可供执行的财产担保的，保全应当解除。但本案中，作为保全申请人的水帘洞公司并未申请解除，而被申请人花果山公司虽然申请解除却未提供相应的财产担保，故 D 中级人民法院作出不解除财产保全的裁定合法且妥当。

【疑难问题】

1. 仲裁财产保全与仲裁行为保全的区别是什么？
2. 仲裁保全错误的具体赔偿项目有哪些？
3. 仲裁保全权力分配的不同模式有哪些？其各自优势如何？

课后训练

1. 下列选项中，属于仲裁保全基本原则的有（　　）。

A. 目的性原则　　B. 范围有限原则

C. 本身违法原则　　D. 比例原则

2. 下列选项中，属于仲裁前财产保全适用条件的有（　　）。

A. 将来提起仲裁的案件必须具有给付内容

B. 具有采取财产保全的紧迫性

C. 利害关系人提出申请

D. 在仲裁前提出申请

3. 仲裁中财产保全程序可能包含哪些？（　　）。

A. 仲裁当事人提出申请　　B. 法院审查并作出裁定

C. 当事人提供担保　　D. 保全措施的执行

4. 下列选项中，属于仲裁财产保全措施的有（　　）。

A. 查封　　B. 扣押　　C. 冻结　　D. 公开谴责

5. 下列情况中，仲裁保全措施应予解除的有（　　）。

A. 采取仲裁前保全措施后30日内未申请仲裁的

B. 财产纠纷案件被申请人提供担保的

C. 申请人撤回保全申请的

D. 被申请人认为保全错误的

论文选题参考

1. 我国仲裁保全制度完善研究
2. 仲裁保全程序中的司法定位研究
3. 仲裁保全决定权分配模式研究
4. 我国仲裁保全审查机制研究
5. 我国仲裁保全救济机制研究
6. 区际仲裁相互协助保全机制研究
7. 国际商事仲裁临时措施跨境执行研究

延伸阅读

1. 江伟，肖建国. 仲裁法学. 3版. 北京：中国人民大学出版社，2016.

2. 常英. 仲裁法学. 4版. 北京：中国政法大学出版社，2019.

3. 杨秀清，史飚. 仲裁法学. 2版. 厦门：厦门大学出版社，2016.

4. 万鄂湘. 涉外商事海事审判指导（总第10辑）. 北京：人民法院出版社，2006.

5. 雷德芬，亨特，等. 国际商事仲裁法律与实践. 林一飞，宋连斌，译. 北京：北京大学出版社，2005.

第七章 仲裁庭的组成

【内容摘要】

仲裁庭的组成既是仲裁当事人意思自治原则的实践表达，又是仲裁程序得以启动的关键步骤。仲裁庭的组成形式依照仲裁庭的组成人数分为独任仲裁庭与合议仲裁庭，依照仲裁庭的组成方式分为明示选择的仲裁庭与默示选择的仲裁庭。我国《仲裁法》与国内仲裁机构的仲裁规则都规定了在当事人不能就仲裁员人选达成一致意见时仲裁员的确定方式与程序。当仲裁员与案件有重大利益冲突时，仲裁员应披露冲突并自行回避，当事人也可以申请仲裁员回避。我国《仲裁法》没有规定仲裁员利益冲突披露制度，仅规定了仲裁员回避制度，国内仲裁机构的仲裁规则基本都有仲裁员披露制度的相关内容。此外，当仲裁员因辞职、生病、死亡或有失独立公正等情形而不能正常履职时，还会产生仲裁员更换以及伴随而来的仲裁程序问题。

【学习目标】

(1) 在知识学习层面，需要熟悉仲裁庭的概念及特征、仲裁庭的组成形式和程序、仲裁员替换制度，掌握仲裁员回避的情形、程序和后果，了解仲裁员利益冲突披露制度。(2) 在能力训练层面，要通过对仲裁庭组成流程的熟悉，提高在仲裁实践中熟练运用仲裁规则组庭及提出仲裁员回避的实战能力。(3) 在价值引领层面，应当充分认识到高效地组建仲裁庭，既依赖当事人的诚信道德，也依赖仲裁员独立公正仲裁的职业操守，是提升仲裁公信力的关键。

【知识要点】

一、仲裁庭的概念和特征

仲裁庭是指仲裁委员会受理当事人仲裁申请后，根据当事人的合意选定或仲裁委员会主任指定的仲裁员所组成的，依据仲裁程序处理仲裁案件并作出裁决的临时组织形式。它是仲裁纠纷解决机制中行使仲裁裁决权的唯一主体。仲裁庭具有如下特征：

（一）当事人决定仲裁庭的组成

在诉讼程序中，当事人不能选择审理案件的法官，而仲裁庭的成员则可以完全由当事人决定，除非当事人没能达成一致意见。我国《仲裁法》第 31 条规定："当事人约定由三名仲裁员组成仲裁庭的，应当各自选定或者各自委托仲裁委员会主任指定一名仲裁员，第三名仲裁员由当事人共同选定或者共同委托仲裁委员会主任指定。第三名仲裁员是首席仲裁员。"当事人约定由一名仲裁员成立仲裁庭的，应当由当事人共同选定或者共同委托仲裁委员会主任指定仲裁员。第 32 条规定："当事人没有在仲裁规则规定的期限内约定仲裁庭的组成方式或者选定仲裁员的，由仲裁委员会主任指定。"

（二）仲裁庭具有临时性

在国际仲裁中，当事人协议以临时仲裁的方式组建仲裁庭解决纠纷，仲裁庭的临时性显而易见。[①] 在机构仲裁中，即使仲裁机构与国家法院一样是常设的，负责裁决具体争议的仲裁庭也是因案而生，并因裁决书的签发而解散。因此，无论仲裁庭的存在期限有多大差异，从短则数月到长则几十年[②]，仲裁庭都具有临时性。

（三）仲裁庭是行使仲裁裁决权的唯一组织

仲裁庭组建后，不仅全面负责案件的程序推进，也要决定案件实体问题，直至作出最终裁决书。仲裁庭独立行使上述裁决权力，不受任何组织的干涉，由此区分于仲裁机构的管理权。当然，有的仲裁机构会要求仲裁庭在签发正式裁决书之前必须将裁决书草稿提交机构审查，仲裁机构不仅可以直接修改裁决书的格式，甚至可以提醒仲裁庭注意实体问题，但该提示并不影响仲裁庭的自由裁量权。[③] 我国仲裁实践中常见的专家咨询委员会制度是保证仲裁公信力的制度创新，我国仲裁机构的专家咨询委员会通常只提供案件咨询的工作机制，仍然坚守着不干涉仲裁庭裁决权

---

① 《仲裁法（修订）（征求意见稿）》中涉外仲裁部分增设了"专设仲裁庭仲裁"，首开我国临时仲裁制度的先河。

② 如伊朗-美国求偿仲裁庭（Iran-US Claims Tribunal），于 1981 年根据《阿尔及尔共识》组建，至今仍在裁决案件。

③ 参见《国际商会仲裁规则（2021）》第 34 条。

的底线。[①]

二、仲裁庭的组成形式

仲裁庭的成功组建是仲裁程序顺利进行的前提，依照仲裁庭的组成人数划分，仲裁庭有独任仲裁庭与合议仲裁庭；依照仲裁庭的组成方式划分，仲裁庭有明示选择的仲裁庭与默示选择的仲裁庭。

（一）独任仲裁庭与合议仲裁庭

仲裁庭的人数是仲裁庭组成之初就需要考虑的问题，当事人通常会根据案情的复杂程度、经费预算、时间需求等决定。现代仲裁多采用独任仲裁庭和 3 人仲裁庭的形式。例如，我国《仲裁法》第 30 条规定："仲裁庭可以由三名仲裁员或者一名仲裁员组成。由三名仲裁员组成的，设首席仲裁员。"由 1 名仲裁员组成的仲裁庭被称为独任仲裁庭，由 3 名仲裁员组成的仲裁庭被称为合议仲裁庭或普通庭。当然，当事人也可自由约定 2 人、4 人甚至更多人组成仲裁庭。例如，在海事和某些行业协会仲裁中，由 2 人仲裁庭审理案件是传统做法，如果 2 人仲裁庭不能形成一致意见，再将争议提交公断人裁决。独任仲裁庭与合议仲裁庭除了组成人数的区别外，最重要的是裁决形成方式的不同。独任仲裁庭由独任仲裁员决定自不必说，由合议仲裁庭审理的案件，裁决应当按照多数仲裁员的意见作出，当仲裁庭不能形成多数意见时，裁决应当按照首席仲裁员的意见作出，例如我国《仲裁法》第 53 条的规定。[②]

（二）明示选择的仲裁庭与默示选择的仲裁庭

仲裁庭的组成本质上都是当事人合意的结果，在具体组成方式上，有的仲裁庭是双方当事人直接选任产生，即明示选择的仲裁庭；有的仲裁庭是在当事人无法协商一致或放弃选任权的情况下，依据有关仲裁规则和法律规定产生，即默示选择的仲裁庭。默示选择仲裁庭的做法多样，机构仲裁规则各显神通，但目的相同，即尽可能为当事人提供更多自己选择仲裁员的机会。在临时仲裁中，如果当事人事先未约定适用的仲裁规则，即无可适用的默示选择仲裁庭规则时，相关仲裁法就成为组建仲裁庭的依据。例如，我国《仲裁法》第 30、31 条规定了明示选择仲裁庭的方式，第 32 条规定了默示选择仲裁庭的方式。

三、仲裁庭的组成程序

仲裁庭的组建具有重要意义，它是仲裁程序启动的前提，而且，仲裁庭的组成

---

① 《广州仲裁委员会仲裁规则（2023）》第 81 条规定："（一）本会或者仲裁庭认为有必要，可以就重大疑难案件的处理提请专家咨询委员会或者有关专业委员会提供咨询意见。（二）仲裁庭应当在审慎、充分地考虑有关咨询意见后，独立、公正、负责地作出决定、裁决。"

② 我国《仲裁法》第 53 条规定："裁决应当按照多数仲裁员的意见作出，少数仲裁员的不同意见可以记入笔录。仲裁庭不能形成多数意见时，裁决应当按照首席仲裁员的意见作出。"

日期是仲裁审理期限及仲裁费用计算的起算点。仲裁庭的组成程序通常由仲裁规则具体规制，因此，程序因机构而异。但现代仲裁常用的 3 人仲裁庭组成程序趋同，一般由双方当事人先各自选定一名仲裁员，即边裁，再由双方当事人或边裁或仲裁机构等指定第三名仲裁员，即首席仲裁员。临时仲裁的情况特殊，尤其在当事人未能就组庭程序达成一致的情况下，要么请求相关法院依法组庭，要么只能宣告仲裁协议不能执行。

总体来看，仲裁庭的组成方式有明示选择和默示选择两种。纠纷发生后，如果当事人能够相互配合、协商一致，尽早以明示选择的方式组建仲裁庭，则组庭程序不会成为一个有讨论价值的议题。现实中，当事人会出于拖延、博弈等考虑，要么不在规定期限之内选任仲裁员，要么无法就仲裁员人选达成一致意见，此时，既能体现当事人意愿又能确保组庭成功的程序规则就显得尤为重要。除当事人外，实践中能协助当事人完成组庭任务的主体常有仲裁机构、边裁、专业机构、行业协会、国内法院、指定委任机关等①，其中仲裁机构与边裁是两种常见主体，以下简要介绍这两种主体在协助组建仲裁庭时的常用程序。

在我国，《仲裁法》第 31、32 条将协助组庭的权力明确赋予了仲裁委员会主任，当事人不仅可以共同委托仲裁委员会主任指定仲裁员，在当事人未有上述委托或逾期未选定仲裁员时，均以仲裁委员会主任指定的方式完成仲裁庭的组建。无论我国法规还是国内仲裁机构的仲裁规则，都未采用边裁协助组庭的方式。实践中，仲裁机构常用列表法来具体操作独任仲裁员与首席仲裁员的选定。例如，《中国国际经济贸易仲裁委员会仲裁规则（2024）》第 27 条规定，当事人可以各自推荐一至五名候选人作为首席仲裁员人选，双方当事人的推荐名单中有一名人选相同的，该人选为双方当事人共同选定的首席仲裁员；有一名以上人选相同的，由仲裁委员会主任根据案件的具体情况在相同人选中确定一名首席仲裁员，该名首席仲裁员仍为双方共同选定的首席仲裁员；推荐名单中没有相同人选时，由仲裁委员会主任在推荐名单外指定首席仲裁员。又如，《美国仲裁协会商事仲裁规则》规定，仲裁机构同时向当事人寄送一份相同的建议名单（10 人或当事人同意的其他人数），如果当事人返回的名单中没有一名仲裁员是相同的，则当事人在剔除反对人员后将剩下的仲裁员依据偏好排序，仲裁机构将兼顾各方喜好选出当事人均不反对的仲裁员。如果上述方法仍不能组成仲裁庭，则仲裁机构有权指定仲裁员，且此种方法适用于整个仲裁庭的组建。

除此之外，首裁的确定还可由边裁决定。例如，《联合国国际贸易法委员会仲裁规则（2010）》规定，第三名仲裁员应由已被选定的两名仲裁员选定。

四、仲裁员回避制度

仲裁员的好坏常常决定裁决质量的好坏，所以仲裁员的选任条件也是因案而异，

---

① 雷德芬，亨特，等. 国际商事仲裁法律与实践. 林一飞，宋连斌，译，北京：北京大学出版社，2005：201－207.

通常会考虑仲裁员的专业背景、专长、经验、声誉等，国际仲裁中还需考虑仲裁员的国籍、语言能力等。除却这些可选择性因素，绝大多数仲裁机构的仲裁规则都要求仲裁员必须保持独立公正，否则，仲裁员将面临被挑战或失去资格的境地。在我国，确保仲裁员独立公正的一项重要制度被称为回避制度，在功能上与国外法律制度中的挑战仲裁员或仲裁员失去资格制度相对应。

（一）仲裁员回避的情形

在裁处纠纷的功能上，仲裁员常被比作法官，因此，仲裁员与法官应否适用相同的标准来确定回避的情形也成为一个有争议的问题。目前大致有三种观点：仲裁员的回避标准应更严格、仲裁员的回避标准应更宽松、仲裁员的回避标准与法官的应一致。我国《仲裁法》第 34 条中规定的仲裁员回避情形与《民事诉讼法》中法官应回避的情形基本一致，可见采用了仲裁员的回避标准与法官应一致的观点。①

概括地讲，仲裁员失去独立、公正性是仲裁员应予回避的情形，但在“不能做自己案件的法官”这一基本原则下，各国仲裁立法一般都会参照法官应予回避的情形，采用列举等形式细化仲裁员回避的法定情形，包括当事人及其代理人等与仲裁员之间存在不可接受的各种关系，如财产关系、经济利益关系、重大个人利益关系等。例如，我国《仲裁法》第 34 条列举的仲裁员回避情形包括：仲裁员是本案当事人或当事人、代理人的近亲属；仲裁员与本案有利害关系；仲裁员与本案当事人、代理人有可能影响公正仲裁的其他关系；仲裁员私自会见当事人、代理人或者接受当事人、代理人请客送礼的。再如，国际律师协会《国际仲裁利益冲突指引》“不可弃权的红箱”中规定的仲裁员是本案当事人，仲裁员与裁决结果有直接经济利益，仲裁员与一方当事人有重大经济或个人利益，仲裁员或其律所长期为当事人提供咨询并从其处获取主要经济收益，等等。

（二）仲裁员回避的程序

仲裁员回避的程序既见于机构仲裁规则中，也常见于各国仲裁立法中，主要是指对仲裁员独立性、公正性有合理怀疑时，当事人可申请仲裁员回避，仲裁员也可主动回避。例如，《中国国际经济贸易仲裁委员会仲裁规则（2024）》第 32 条从申请期限、申请形式及内容要求、申请流程、回避形式、决定主体等方面作了详细规定。我国《仲裁法》第 34 条规定了仲裁员自行回避和当事人申请回避两种方式，第

---

① 《仲裁法》第 34 条规定：“仲裁员有下列情形之一的，必须回避，当事人也有权提出回避申请：（一）是本案当事人或者当事人、代理人的近亲属；（二）与本案有利害关系；（三）与本案当事人、代理人有其他关系，可能影响公正仲裁的；（四）私自会见当事人、代理人，或者接受当事人、代理人的请客送礼的。”《民事诉讼法》第 47 条规定：“审判人员有下列情形之一的，应当自行回避，当事人有权用口头或者书面方式申请他们回避：（一）是本案当事人或者当事人、诉讼代理人近亲属的；（二）与本案有利害关系的；（三）与本案当事人、诉讼代理人有其他关系，可能影响对案件公正审理的。审判人员接受当事人、诉讼代理人请客送礼，或者违反规定会见当事人、诉讼代理人的，当事人有权要求他们回避。”

35、36 条规定了仲裁员回避的程序等。[①]

1. 仲裁员回避的决定主体

在仲裁员的具体回避程序及决定主体上，各国立法呈现出明显的地域差异，大致可归纳为三类。第一类，允许法院在仲裁程序进行中介入仲裁员的回避问题，法院享有赶走仲裁员的权力，如 1996 年《英国仲裁法》第 24 条。第二类，仅允许法院介入临时仲裁程序中的仲裁员回避问题，且需同时满足当事人没有明确约定应适用的机构仲裁规则的条件，如《法国民事诉讼法》第 1457 条、《瑞士国际私法》第 179 和 180 条等。因为大多数机构仲裁规则都会规定由仲裁机构决定仲裁员的回避，所以只有在上述特殊情势下，法院才有介入的必要。第三类，不允许法院在仲裁程序进行中介入仲裁员的回避问题，只能在裁决作出后，以仲裁员有偏见为由撤销仲裁裁决，如《美国联邦仲裁法》第 10 条。总之，由仲裁机构决定仲裁员回避是基本原则，不论立法是否授予法院介入权或何种情势下的介入权，当事人都只有在穷尽了其他（如仲裁机构等）救济途径后，才能寻求法院救济，即使在授予法院全面介入权的英国也是如此。

我国《仲裁法》第 36 条明确将仲裁员回避的决定权赋予仲裁机构，同时第 58 条又明确规定当事人可在裁决作出后，以仲裁庭的组成违反法定程序为由申请撤销仲裁裁决。可见，我国仲裁员回避制度的程序模式可归入第三类。

2. 申请回避的期限

申请仲裁员回避需要在一定期限内作出，通常要求当事人应当在收到组庭通知后一段时间或得知回避事由之日起一段时间内提出，各个仲裁机构规定的期限不完全一致，也有未明确规定申请期限的。例如，《中国国际经济贸易仲裁委员会仲裁规则（2024）》第 32 条规定，当事人收到仲裁员的声明书及/或书面披露后，如果以披露的事实或情况为由要求该仲裁员回避，则应于收到仲裁员的书面披露后 10 天内书面提出。但从仲裁实践来看，在最后一次庭审结束前提出是有意义且符合效率要求的，如果在审理终结后提出则面临是否需要重新开庭审理一遍的费时费力的风险。

（三）仲裁员利益冲突披露制度

披露制度与回避制度的关系密切，如国际律师协会《国际仲裁利益冲突指引》“不可弃权的红箱”中罗列的情形既属于需要披露的利益冲突，又属于仲裁员需要回避的情形。由此导致对二者关系理解上的差异，大体有两种观点：一种认为未披露的行为即可构成回避事由；另一种认为应衡量未披露的信息对判断仲裁员独立、公正性的影响大小来决定是否构成回避事由，但基本能达成共识的观点是披露并不一定导致回避。

---

① 《仲裁法》第 35 条规定：“当事人提出回避申请，应当说明理由，在首次开庭前提出。回避事由在首次开庭后知道的，可以在最后一次开庭终结前提出。”第 36 条规定：“仲裁员是否回避，由仲裁委员会主任决定；仲裁委员会主任担任仲裁员时，由仲裁委员会集体决定。”

为确保仲裁员独立公正，始于仲裁员选任阶段并贯穿整个仲裁程序始终的仲裁员利益冲突披露制度是一项重要保障。仲裁员应披露可能引起对其公正性和独立性产生合理怀疑的任何事实或情况，这些情况包括但不限于仲裁员与当事人、当事人的代理人、证人或其他仲裁员之间存在的经济利益或私人关系等。《国际仲裁利益冲突指引》详细罗列了红、橙、绿三箱共计59条披露事项清单，红箱清单包含着严重的利益冲突，是对仲裁员独立、公正性引起正当怀疑情形的列举，又分为不可弃权和可弃权两类；橙色清单列举了可能引起利益冲突的情形，可被视为“披露清单”；绿色清单列举了不能挑战仲裁员独立、公正性的情形。当出现不可弃权的红色清单项下的情形时，仲裁员必须拒绝委任，所以披露不是必须的；可弃权的红色清单和橙色清单项下的情形均须披露，区别是前者本来可导致仲裁员资格的丧失，需要当事人明确放弃对仲裁员资格的异议，后者不必然导致仲裁员资格的丧失，需要当事人在披露后30日内明确提出对仲裁员资格的异议；绿色清单项下的情形无须披露。国际律师协会尽管一再强调清单的有限性及不确定性，但这一有益尝试为披露实践提供了有效指引。实践中，仲裁员通常会被要求签署类似独立公正声明书并同时附具披露事项清单，也有仲裁机构会要求意向仲裁员回答一些客观问题，综合判断仲裁员的独立、公正性。

目前，我国《仲裁法》未规定披露制度，但《仲裁法（修订）（征求意见稿）》新增了披露制度，国内机构仲裁规则中亦多见披露制度的规定。例如，《中国国际经济贸易仲裁委员会仲裁规则（2024）》第31条规定，被选定或被指定的仲裁员应签署声明书，披露可能引起对其公正性和独立性产生合理怀疑的任何事实或情况。由于缺乏全国范围内统一的利益冲突指引规范，我国的仲裁员披露制度具有因机构而异的特点，在披露的期限、披露的范围、利益冲突的认定等方面都缺乏一致性，因此，未来我国仲裁员利益冲突披露制度将沿着统一、规范化的方向发展，这也将更有利于完善仲裁员回避制度。

（四）仲裁员回避的法律后果

仲裁员回避会导致重新选定或指定仲裁员的后果，已经进行的仲裁程序也可能重新进行，例如我国《仲裁法》第37条的相关规定。[①] 虽然仲裁员回避会导致仲裁程序的迟延等后果，但相比仲裁员应回避而未回避的后果而言已经经济和高效多了，因为仲裁员缺失独立、公正性可导致其作出的裁决最终被法院判定为无效、被撤销或不予执行。多国国内立法与国际公约中都有明确规定，通常用语为“仲裁庭的组成违反法律规定或当事人约定”，例如我国《仲裁法》第58条规定，仲裁庭的组成或者仲裁的程序违反法定程序的，当事人可以向法院

---

① 《仲裁法》第37条规定：“仲裁员因回避或者其他原因不能履行职责的，应当依照本法规定重新选定或者指定仲裁员。因回避而重新选定或者指定仲裁员后，当事人可以请求已进行的仲裁程序重新进行，是否准许，由仲裁庭决定；仲裁庭也可以自行决定已进行的仲裁程序是否重新进行。”

申请撤销裁决。仲裁庭的组成违反约定或违法，其中包含了仲裁员有应回避的情形而未回避。

五、仲裁员的更换

仲裁员因辞职、生病、死亡或有失独立公正等情形而不能正常履职时，就会产生仲裁员更换的问题。例如我国《仲裁法》第37条规定，仲裁员因回避或者其他原因不能履行职责的，应当依照本法规定重新选定或者指定仲裁员。《中国国际经济贸易仲裁委员会仲裁规则（2024）》第33条规定，在仲裁员因回避或更换不能履行职责时，应按照原选定或指定仲裁员的方式在仲裁委员会仲裁院规定的合理期限内选定或指定替代的仲裁员。我国国内仲裁机构仲裁规则均对仲裁员的更换规则进行了较为系统的规定。①

然而，更换仲裁员也不总是意味着需要重新指定或选定仲裁员，并且随着仲裁程序进行阶段的不同以及当事人的不同意愿，接下来的仲裁程序也会不同。如果在仲裁庭组庭后第一次庭审前仲裁员出现应当回避的情况，则更换仲裁员几乎不会给仲裁程序带来任何影响，此时重新选定仲裁员是较合理的做法。但如果庭审已经开始甚至已经完全结束，此时更换仲裁员则无论如何都不够经济，因为不仅面临着重新指定仲裁员带来的额外时间成本，还面临着已完成的庭审程序是否因为新仲裁员的加入而需再重复一次的两难境地。由此，更换仲裁员的程序应当尊重当事人的意愿和已选择的仲裁规则。②

【本章涉及的法律条文】

1.《中华人民共和国仲裁法》第30～38条。
2.《中华人民共和国民事诉讼法》第47条。
3.《中华人民共和国律师法》第39、40条，第47～50条。

---

① 《重庆仲裁委员会仲裁规则（2024）》第40条规定："仲裁员有下列情形之一的，应当更换：（一）双方当事人共同申请；（二）仲裁员回避；（三）仲裁员有正当理由申请退出案件审理；（四）仲裁员在法律上或者事实上不能继续仲裁；（五）仲裁员没有按照本会的规定，或者没有在本会规定的期限内履行职责；（六）其他不能履行职责的情形。仲裁员的回避或者更换，由本会主任决定。"第41条规定："本会决定更换仲裁员的，应当通知当事人重新选定或者由本会主任重新指定。被更换的仲裁员是当事人选定的，当事人应当自收到通知之日起5日内重新选定，逾期未选定的，由本会主任指定。被更换的仲裁员是本会主任指定的，由本会主任重新指定。重新组成仲裁庭后，当事人可以请求已进行的仲裁程序重新进行。是否准许，由仲裁庭决定；仲裁庭也可以自行决定已进行的仲裁程序是否重新进行。"

② 例如《联合国国际贸易法委员会仲裁规则（2010）》规定，经一方当事人请求，如果案情特殊，仲裁机构有理由取消一方当事人指定替代仲裁员的权利，在审理终结后，授权其他仲裁员继续进行仲裁并作出裁决。《美国仲裁协会商事仲裁规则》也规定，除非当事人另有约定，庭审开始后如果中立仲裁员出现空缺，则其余仲裁员可以继续审理并作出裁决。

【案例评析】

案例一

1. 本案涉及本章知识点：仲裁员的披露义务与回避

2. 案情介绍

B 仲裁委员会于 2019 年 7 月 24 日受理了申请人 A 煤矿就其与被申请人 W 公司和 C 公司合同项下的争议案，依据《B 仲裁委员会仲裁规则》适用普通程序审理。因 W 公司和 C 公司未能按期共同选定仲裁员，各方亦未按期共同选定首席仲裁员，B 仲裁委员会主任依据仲裁规则指定该案首席仲裁员和一名边裁，与 A 煤矿选定的仲裁员赵某组成仲裁庭审理该案，并于 2020 年 9 月 27 日作出裁决。后 A 煤矿向 B 市中级人民法院申请撤销仲裁裁决，原因之一是仲裁庭的组成或仲裁的程序违反法定程序，因其选定的仲裁员赵某在仲裁期间单方会见当事人并就案件进行讨论，且该仲裁员未履行披露义务，违反仲裁规则规定。

经法院审理查明，2019 年 3 月中旬，A 煤矿仲裁案的代理人、仲裁员赵某、A 煤矿工作人员、A 煤矿法律顾问及另一律所律师（此二人后成为证人）等人一同吃饭并讨论仲裁案涉合同的相关问题。法院最终裁定驳回 A 煤矿撤销裁决的申请。

3. 案例评析

本案争议焦点是当事人在仲裁期间未因私自会见己方选定的仲裁员而提出回避申请，裁决作出后以此原因向法院申请撤销裁决应否得到支持。根据《仲裁法》第 34、35 条的规定，首先，如 A 煤矿所述属实，那么其对此仲裁员的行为及应予回避事由在仲裁程序中既已知晓，如对仲裁员提出回避，应该在《仲裁法》规定期限内提出，A 煤矿未在仲裁庭首次开庭前甚至整个仲裁程序中依法提出回避申请，系基于其自身原因怠于行使权利。仲裁裁决作出后，A 煤矿不认可裁决结果，再以己方选定的仲裁员私自会见己方代理人等理由，主张仲裁员未尽披露义务，申请撤销仲裁裁决，该主张不应得到支持。其次，依据《仲裁法解释》第 20 条的规定，《仲裁法》第 58 条规定的“违反法定程序”，是指违反仲裁法规定的仲裁程序和当事人选择的仲裁规则可能影响案件正确裁决的情形。A 煤矿主张的“违反法定程序”所涉情形并不属于上述法律规定的违反仲裁法规定的仲裁程序和当事人选择的仲裁规则可能影响案件正确裁决的情形，即现有证据不足以证明仲裁员与一方代理人之间存在利害关系而导致影响公正仲裁。但本案同样未能解决两个问题，即“私自会见当事人”是我国《仲裁法》第 34 条明确规定的仲裁员需要回避的事由，出现此种情况时，仲裁庭的组成属于违法还是需要当事人及时申请仲裁员回避？如果仲裁员不披露上述情况，是否影响回避情形的成立？

案例二

1. 本案涉及本章知识点：仲裁员的披露义务与回避

2. 案情介绍

2017 年 3 月 24 日，T 公司因与 Z 公司建设工程施工合同纠纷一案，向 W 仲裁委员会提出仲裁申请，案件由双方当事人各自指定的一名仲裁员、仲裁委指定的首席仲裁员组成的三人仲裁庭审理，并于 2018 年 7 月 2 日作出裁决。后 Z 公司不服 W 仲裁委作出的裁决，于 2018 年 7 月 25 日向 W 市中级人民法院提出撤销裁决申请，其中理由之一为仲裁庭的组成违反程序，影响了公正裁决。因为 T 公司仲裁案件代理人杨某系 W 仲裁委的资深仲裁员及专家咨询委员会主任，且与本案仲裁员之一陈某为多年同事关系，曾在一家律师事务所工作，二人均属于应回避而未回避的情形。同时，陈某与涉案仲裁案件的首裁冯某均为该委专家咨询委员会专家，2018 年 4 月 13 日，专家咨询委员会对涉案仲裁案件进行了讨论。

根据 W 仲裁委《专家咨询委员会工作规则》第 8 条规定，专家咨询委员会主任或副主任根据所要咨询问题的具体情况，决定咨询方式、参加人员和咨询时间。法院审查过程中，曾向 W 仲裁委发函要求调阅涉案专家咨询委员会会议记录，以了解 T 公司代理人杨某是否参加了专家咨询委员会关于本案的讨论。W 仲裁委复函称，参加 2018 年 4 月 13 日召开的专家咨询委员会的专家由该委摇号确定，专家咨询委员会会议记录系内部讨论记录，性质相当于评议笔录，不宜调取。法院最终裁定撤销 W 仲裁委的裁决。

3. 案例评析

本案争议焦点是一方当事人的代理人为仲裁委专家咨询委员会主任且与其中一边裁曾在一家律所共事多年、案件经专家咨询委员会讨论的事实能否构成仲裁员回避的理由。首先，仲裁员陈某等人并未按照仲裁规则披露其与 T 公司代理人杨某的关系，一定程度上影响了当事人回避权利的行使，属于可能影响公正裁决的情形。近年来，司法文书中多见以存在同学关系、师生关系、同事关系等为由而主张仲裁员应回避的，具体到本案的曾在同一律所工作、现又同为仲裁委专家咨询委员会成员的情况，是否足够构成严重的利益冲突而需回避，不仅应证明存在上述关系，还应证明上述关系事实上影响了公正裁决。其次，《仲裁法解释》第 30 条第 1 款规定："根据审理撤销、执行仲裁裁决案件的实际需要，人民法院可以要求仲裁机构作出说明或者向相关仲裁机构调阅仲裁案卷。"法律、司法解释对该规定中人民法院依法可以调阅的案卷并未有特别限制，仲裁机构不得以其内部案卷管理规程作为限制人民法院审阅仲裁司法审查所需案卷材料范围的理由。尤其在本案中，涉案首席仲裁员、其中一边裁与一方当事人的代理人为专家咨询委员会成员，拒绝提供案卷材料将无法证明上述人员之间无利益冲突，因此，法院最终撤销裁决的决定也是可以预见的。

【疑难问题】

1. 如何在仲裁庭组成过程中既能尊重当事人意思自治又能确保组庭效率？
2. 仲裁员回避与利益冲突披露之间的关系如何？
3. 仲裁员利益冲突披露的范围如何？

课后训练

1. 甲、乙两公司因担保合同发生争议，争议数额为 100 万元人民币。现依据担保合同中的仲裁条款申请仲裁。以下关于本案仲裁庭的组成的表述中，正确的选项是（　　）。

A. 只能由三名仲裁员组成仲裁庭

B. 只能由一名仲裁员组成仲裁庭

C. 由仲裁委员会决定由三名仲裁员或由一名仲裁员组成仲裁庭

D. 由双方当事人约定由三名仲裁员或一名仲裁员组成仲裁庭

2. B 市的京发公司与 T 市的蓟门公司签订了一份海鲜买卖合同，约定交货地在 T 市，并同时约定“涉及本合同的争议，提交 S 仲裁委员会仲裁”。京发公司收货后，认为海鲜等级未达到合同约定，遂向 S 仲裁委员会提起解除合同的仲裁申请，仲裁委员会受理了该案。在仲裁规则确定的期限内，京发公司选定仲裁员李某作为本案仲裁庭的仲裁员，蓟门公司未选定仲裁员，双方当事人也未共同选定第三名仲裁员，S 仲裁委主任指定张某为本案仲裁庭仲裁员、刘某为本案首席仲裁员，李某、张某、刘某共同组成本案的仲裁庭，仲裁委向双方当事人送达了开庭通知。关于本案中仲裁庭的组成，下列说法正确的是（　　）。

A. 京发公司有权选定李某为本案仲裁员

B. 仲裁委主任有权指定张某为本案仲裁员

C. 仲裁委主任有权指定刘某为首席仲裁员

D. 本案仲裁庭的组成合法

3. 根据《仲裁法》的规定，A、B 两公司作为当事人提出仲裁员回避申请的情形中，应当得到准许的有（　　）。

A. 发现某仲裁员私自会见对方当事人的代理人

B. 发现某仲裁员虽是会计师，但法律知识欠缺

C. 发现某仲裁员曾经做过律师，但现任公务员

D. 发现某仲裁员的配偶是对方公司职员

4. 根据我国《仲裁法》规定，以下关于仲裁员回避程序的表述中，正确的是（　　）。

A. 当事人提出回避申请，应当说明理由，在首次开庭前提出

B. 回避事由在首次开庭后知道的，可以在最后一次开庭终结前提出

C. 当事人提出回避申请只能在仲裁庭首次开庭前提出

D. 仲裁委员会主任决定仲裁员是否回避，仲裁委员会主任担任仲裁员时，由仲裁委员会集体决定

5. 我国 B 仲裁委员会在开庭审理兰屯公司与九龙公司合同纠纷一案时，九龙公司对仲裁庭中的一名仲裁员提出了回避申请，经审查后该仲裁员被要求予以回避，仲裁委员会依法重新确定了仲裁员。关于仲裁程序如何进行，下列选项正确的是（　　）。

A. 已进行的仲裁程序应当重新进行
B. 已进行的仲裁程序有效，仲裁程序应当继续进行
C. 当事人请求已进行的仲裁程序重新进行的，仲裁程序应当重新进行
D. 已进行的仲裁程序是否重新进行，仲裁庭有权决定

论文选题参考

1. 仲裁员利益冲突披露制度比较研究
2. 仲裁员回避制度比较研究
3. 我国仲裁机构内设专家咨询委员会制度考察
4. 我国机构仲裁中仲裁庭组建过程的实证研究
5. 第三方资助下仲裁员利益冲突披露制度研究

延伸阅读

1. 孙巍. 中国商事仲裁法律与实务. 2版. 北京：法律出版社，2020.
2. 博恩. 国际仲裁：法律与实务. 白麟，等译. 北京：商务印书馆，2015.

第八章　仲裁审理

【内容摘要】

仲裁审理属于仲裁程序的核心环节，它是仲裁庭行使仲裁权力和当事人行使仲裁权利的重要阶段。仲裁审理具有程序性、灵活性、综合性等特征，遵循开庭审理、不公开审理等基本原则。仲裁审理有开庭审理与书面审理两种方式，其中开庭审理主要包含开庭准备、庭审启动、庭审调查、庭审辩论、核对仲裁庭审笔录并签字、评议与裁决等诸多环节。仲裁机构对争议金额相对较小的案件、当事人约定或者同意适用简易程序的案件等“简易案件”可采用仲裁简易程序。仲裁简易程序具有独任仲裁庭审理、程序期限短且灵活、审理方式灵活、裁决更迅速高效、准用普通程序规定等特征，在满足一定条件时，仲裁简易程序也可转为仲裁普通程序。仲裁审理中可能出现延期开庭、撤回仲裁申请、缺席裁决等特殊情况，对此亦需依法作出相应处理。

【学习目标】

(1) 在知识学习层面，需要熟悉仲裁审理的概念和特征、仲裁审理的基本原则、仲裁审理的具体方式，开庭审理的一般程序、简易程序以及仲裁审理中特殊情况的处理等关于仲裁审理的基本知识内容。(2) 在能力训练层面，要通过对开庭审理的一般程序、简易程序中的各阶段具体内容的清楚理解，锻炼准确把握仲裁审理程序的实践能力。通过将仲裁审理特征、基本原则等基本理论应用于仲裁审理实践中进行分析思考，培养客观审视仲裁审理既有问题并提出可行建议的学术能力。(3)在价值引领层面，需要深刻领悟并充分认识仲裁纠纷解决机制的核心价值是公平合理解决争议，而仲裁审理则是事关裁决公平的核心环节。应严格遵守仲裁审理的各项程序，公正处理仲裁审理中出现的特殊情况，以规范的仲裁审理活动最终形成公平合理的仲裁裁决。

【知识要点】

一、仲裁审理的概念和特征

(一) 仲裁审理的概念

仲裁审理，是指仲裁庭对当事人申请仲裁的争议事项，按照仲裁法和仲裁规则所规定的程序进行审查、判断，依法作出裁决的争端解决活动。一般认为，仲裁审理的主要内容是审查、核实证据，查明案件事实，判断是非责任，正确适用法律，确认当事人之间的权利义务关系，以解决当事人之间的民商事纠纷。①

作为仲裁程序的核心环节，仲裁审理既是仲裁庭行使仲裁权力的重要阶段，也是当事人行使仲裁权利的重要阶段。

(二) 仲裁审理的特征

1. 程序性

仲裁审理的程序性是指仲裁审理由依序进行的各阶段所组成，即仲裁审理由依序开展的开庭准备、庭审启动、庭审调查、庭审辩论、评议与裁决等阶段组成。仲裁审理的阶段应当顺次进行——前一阶段的任务完成后，方可进入下一阶段；前一阶段的任务完成后，即可顺次进入下一阶段。仲裁的程序性是仲裁最基本的特征。根据我国《仲裁法》第 58 条的规定，仲裁庭的组成或者仲裁的程序违反法定程序的，当事人可以向仲裁委员会所在地的中级人民法院申请撤销裁决。

2. 灵活性

仲裁审理的方式可分为开庭审理和书面审理。相较《民事诉讼法》对普通诉讼程序的开庭审理设有严格程序规定而言，《仲裁法》对于仲裁审理的程序规定则要灵活得多。一方面，意思自治是仲裁的基本原则，故当事人可以合意决定开庭审理或者书面审理；另一方面，仲裁规则可以对开庭审理和书面审理进行规定。就仲裁审理的方式而言，仲裁协议优先，仲裁规则次之，二者都没有规定时适用我国《仲裁法》的规定。

此外，仲裁庭审甚至没有严格区分庭审调查和庭审辩论。仲裁庭可以根据《仲裁法》和机构规则的一般性规定，对仲裁审理的程序灵活掌握。比如，庭审调查环

---

① 江伟，肖建国. 仲裁法. 3 版. 北京：中国人民大学出版社，2016：159.

节可以就某一专门问题穿插进行辩论；再如，在庭审辩论环节，如果发现某一事实存在疑问，则可恢复庭审调查，就该事实向当事人进行询问。

3. 综合性

这是仲裁审理参与人方面的特征。虽然仲裁审理权是仲裁庭的重要权力，但在仲裁审理阶段，除仲裁庭参与并进行相应的审理活动以外，仲裁当事人及其代理人也应当参与仲裁审理活动，并行使举证、质证、辩论等权利。此外，证人、鉴定人、翻译人员等也应当按照法律和仲裁规则的规定，根据仲裁庭审理争议案件的需要，参与仲裁审理活动。

二、仲裁审理的基本原则

根据我国《仲裁法》的相关规定，仲裁庭在对当事人之间争议的案件进行仲裁审理时，应当遵循以下基本原则：

（一）开庭审理原则

我国《仲裁法》第39条规定："仲裁应当开庭进行。当事人协议不开庭的，仲裁庭可以根据仲裁申请书、答辩书以及其他材料作出裁决。"《仲裁法》将开庭审理作为仲裁审理的基本方式，将当事人协议选择的书面审理作为开庭审理方式的重要补充。这样既可以保证在双方当事人未对审理形式做出选择的情况下，仲裁审理能够正常进行，又可以充分尊重双方当事人对仲裁审理形式的选择权。总之，仲裁庭审以开庭审理为主，以书面审理为辅。关于开庭审理和书面审理的具体方式，后面将会具体阐释。

（二）不公开审理原则

我国《仲裁法》第40条规定："仲裁不公开进行。当事人协议公开的，可以公开进行，但涉及国家秘密的除外。"也就是说，仲裁庭采取开庭审理形式时，以不公开审理为主。但是，若双方当事人协议选择公开审理，根据意思自治原则，自然也可以采取公开审理的形式。总之，仲裁审理以不公开审理为主，以公开审理为辅。

不公开审理，是指仲裁庭审理争议案件时，除双方当事人及其代理人、证人、鉴定人等参与外，不允许案件以外的其他人员参与，也不允许新闻记者采访与报道。相反，公开审理，则是指仲裁庭在当事人及其代理人、证人、鉴定人等的参与下进行案件审理时，允许社会公众旁听，同时也允许新闻记者采访与报道的审理形式。

一般而言，当事人在仲裁协议中约定的或者提请仲裁机构解决的争议往往是基于商事法律关系而产生的争议。这类案件的审理，在某种程度上会涉及当事人的一些不适宜为公众所知的商业秘密。因此，为了保守当事人的商业秘密，维护当事人的商业利益，仲裁庭应当采取不公开审理的形式。这也是国际商事仲裁的惯例性做法。

仲裁争议处理机制的最大特点就在于尊重当事人的意思自治。因此，为了尊重双方当事人的意愿，我国《仲裁法》在确立以不公开审理为主的原则的同时，也作出了灵活性规定，即仲裁庭可以根据双方当事人的协议选择，采取公开审理的形式。但是，仲裁案件若涉及国家秘密，则不再允许双方当事人协议选择。

三、仲裁审理的具体方式

（一）开庭审理

如前所述，仲裁庭审理案件的方式分为开庭审理和书面审理。根据案件具体情况的不同，有时也可能结合运用两种方式。譬如，在开庭审理之后，一方当事人需在庭后补充提交证据资料，则仲裁庭通常会在征求双方意见的情况下，就一方当事人庭后补充的证据材料，指示另一方当事人收到证据材料后提出书面质证意见，并凭借该补充证据材料和书面质证意见获取对某方面事实的心证。这就是将书面审理作为开庭审理的补充形式。反之，书面审理时也可能根据案件的情况采用开庭审理的方式解决一些特殊问题。例如，《重庆仲裁委员会仲裁规则（2024）》第 61 条规定："仲裁庭应当开庭审理案件。当事人约定书面审理并经仲裁庭同意，或者仲裁庭认为不必开庭审理并征得双方当事人同意的，可以书面审理。书面审理的案件，仲裁庭可以采取合理方式听取当事人的意见。"仲裁机构仲裁规则的类似规定其实是以开庭审理的变通形式作为不开庭审理的补充和加强。

开庭审理，是指在当事人和其他仲裁参与人的参与下，仲裁庭于开庭审理期日，在特定的场所，依照相关程序，对当事人交付仲裁的争议事项进行全面审理直至作出裁决的审理方式。开庭审理是落实各种审理程序实施的直接审理原则、言词审理原则、集中审理原则的基本方式，便于当事人当庭主张、举证、质证和辩论，有利于仲裁庭充分听取意见，辨别事实真伪。开庭审理有其优点，也有其缺点。由于各方仲裁关系主体需悉数会合于特定的日期，难免要花费时间、精力和钱财，这是开庭审理的主要缺点。

我国《仲裁法》在规定仲裁开庭审理的同时，也在第 40 条规定了不公开审理："仲裁不公开进行。当事人协议公开的，可以公开进行，但涉及国家秘密的除外。"不公开审理，是指仲裁庭审理案件时或对公开审理案件中的证据材料进行调查时不允许他人旁听参加，不允许媒体采访报道，不向社会公布结果，参与仲裁的仲裁员、办案秘书、翻译人员、鉴定人、勘验人等都负有保密的责任。

不公开审理与三大诉讼法的规定不同。诉讼程序实行公开审理原则，除非涉及当事人隐私或国家机密。由于司法审判行使的是国家权力，所以规定实行公开审理确有必要，这也是一种接受社会监督的形式，体现了审判机关行使国家审判权的公正性。比如，我国《民事诉讼法》第 137 条规定："人民法院审理民事案件，除涉及国家秘密、个人隐私或者法律另有规定的以外，应当公开进行。离婚案件，涉及商业秘密的案件，当事人申请不公开审理的，可以不公开审理。"

仲裁权一般由当事人授予。从本质上讲，仲裁是一种私人裁判行为，这种私人行为并不需要向社会公开。同时，仲裁所处理的民商事争议往往会涉及一些不对外公开的文件或其他商业秘密，当事人可能并不愿意因一时的争议而影响日后的商业活动。因此，开庭审理的仲裁方式又以不公开审理为原则，以公开审理为例外。仲裁最大的特点在于尊重当事人的意愿，以意思自治为基本遵循，所以我国《仲裁法》规定当事人协议公开审理的，均可以公开进行，涉及国家秘密的除外。当然，在实践中当事人自愿约定公开审理的情形是很少见的。

（二）书面审理

我国《仲裁法》第 39 条对书面审理作了规定，"当事人协议不开庭的，仲裁庭可以根据仲裁申请书、答辩书以及其他材料作出裁决"。

书面审理，是指在各方当事人及其他仲裁参与人不到庭参加审理（不设开庭审理期日）的情况下，仲裁庭根据当事人提供的仲裁申请书、答辩书以及其他书面材料作出裁决的审理方式。作为开庭审理的必要补充，书面审理为仲裁关系主体免去了舟车劳顿和财时耗损。

书面审理仅适用于以下两种情况：一是双方当事人根据意思自治原则共同约定书面审理；二是在简易仲裁程序中，仲裁庭根据案件的具体情况，认为不需要开庭审理而决定书面审理。仲裁庭的此类决定，是基于仲裁规则的授权，也是基于双方当事人仲裁协议中的授权。因为，在上述情况下，应当视为双方当事人对开庭审理的事先弃权，进而交由仲裁庭斟酌决定适当的审理方式。事实上，即便是简易程序，如果双方当事人要求开庭审理的，则原则上应当开庭审理。

在书面审理时，仲裁庭可以通过书面的方式向双方当事人提出问题，当事人也可以用书面的方式陈述事实和意见，也可以以书面的方式进行辩论。仲裁庭当然应当给予双方当事人充分陈述意见的机会，并在此基础上裁决结案。

四、开庭审理的一般程序

仲裁庭采取开庭形式审理有关争议案件时，应当按照法定程序进行。根据《仲裁法》对仲裁程序的有关规定，仲裁审理一般应当包含下述环节。当然，仲裁规则对开庭审理的程序另有特别规定的应遵循其规定。

（一）开庭准备

开庭准备是为了保证开庭审理的顺利进行而设置的一个阶段。在这一阶段，一般应当做好以下工作：

1. 通知与公告

告知当事人开庭审理的时间和地点。根据《仲裁法》第 41 条的规定，仲裁委员会应当在仲裁规则规定的期限内将开庭日期通知双方当事人。按照规定通知有利于双方当事人为准时参加仲裁庭审做好充足的准备工作。若当事人有正当理由的，可以在仲裁规则规定的期限内请求延期开庭，是否延期由仲裁庭决定。

对于开庭审理的地点，如果当事人在仲裁协议中有约定的，应当在双方当事人约定的地点开庭；如果双方当事人在仲裁协议中未作出明确约定的，可以确定在仲裁委员会所在地开庭。

在实践中，开庭审理的地点可能遇到两方面的问题：一是仲裁委员会如有分支机构，当事人是否可以协议选择开庭的具体地点；二是当事人能否约定在仲裁机构所在地以外的其他地方开庭。对此，多数人的观点在《中国国际经济贸易仲裁委员会仲裁规则（2024）》第36条得到了体现。该仲裁规则第36条规定："（一）当事人约定开庭地点的，仲裁案件的开庭审理应当在约定的地点进行，但出现本规则第八十五条第（三）款规定的情形的除外。（二）除非当事人另有约定，由仲裁委员会仲裁院或其分会/仲裁中心仲裁院管理的案件应分别在北京或分会/仲裁中心所在地开庭审理；如仲裁庭认为必要，经仲裁委员会仲裁院院长同意，也可以在其他地点开庭审理。"

至于公告，即发出开庭审理的公告，仅适用于公开审理的案件。公告的内容包括开庭审理案件的双方当事人之姓名、案由以及开庭审理的时间和地点，以保证广大社会群众旁听和新闻记者采访与报道。仲裁案件一般不会公开开庭审理，因此，这种情况比较少见，在一般的仲裁案件中无须完成这一事项。

2. 庭前会议

为确保仲裁审理顺利、高效地进行，不少仲裁机构均设置了庭前会议的程序，即由仲裁庭组成人员就仲裁审理工作的重点难点及注意事项进行讨论并统一思想。一般而言，由首席仲裁员提出仲裁审理的基本构想，并听取其他仲裁员的意见。实践证明，这样的程序设置有利于进一步调动仲裁员的积极性，督促其在开庭前阅卷并熟悉案件材料。对于简易程序，则无须召开庭前会议或采取其他替代方式。比如，重庆仲裁委员会要求审理简易程序的独任仲裁员自行在开庭前上传庭审提纲。

（二）庭审启动

在庭审启动阶段，一般应当做好以下四项工作：第一，仲裁庭秘书宣布庭审纪律，报告仲裁庭开庭；第二，首席仲裁员或者独任仲裁员宣布开庭，说明案件基本信息、仲裁庭的组成情况、仲裁庭秘书名单，如存在当事人一方缺席需作出处理说明；第三，首席仲裁员或者独任仲裁员核对案件当事人及其代理人的基本情况；第四，首席仲裁员或者独任仲裁员告知双方当事人有关的权利与义务，并询问双方当事人是否对仲裁庭的组成人员申请回避。

（三）庭审调查

庭审调查，即仲裁庭在双方当事人陈述、举证质证的情况下，对争议案件进行全面调查与实体审理的程序。庭审调查是仲裁审理的核心阶段，其主要任务是：通过仲裁庭的询问、当事人的陈述，结合当事人对书证、证人证言、电子数据等证据的质证，审查核实证据并予以认证，为查明争议案件事实和正确适用法律进而为作出仲裁裁决奠定基础。庭审调查通常应当按照下列顺序进行：

1. 陈述仲裁请求与答辩意见

仲裁庭审首先是由当事人陈述其仲裁请求与答辩意见，俗称“当事人陈述”，即当事人对争议案件事实以及自己的请求与事实、理由向仲裁庭所作的叙述。当事人陈述按照申请人陈述在先、被申请人陈述在后的顺序进行。申请人主要是陈述仲裁请求及事实理由，被申请人主要针对申请人的请求和理由进行答辩。当然，在仲裁庭询问环节，申请人和被申请人也可以就事实问题进行陈述。当事人陈述是仲裁法赋予当事人的基本权利，仲裁庭应当保证当事人充分行使其陈述权，任何人都不得剥夺当事人陈述的权利。当然，仲裁庭对于当事人的陈述可以进行必要的引导，以使当事人围绕案件争议焦点清楚而简明地表达其主张，尤其是明确其仲裁请求和答辩观点。

2. 举证与质证

我国《仲裁法》第45条规定：“证据应当在开庭时出示，当事人可以质证。”这就是举证与质证。在该环节，首先是出示书证、物证、视听资料、电子数据等证据资料。根据前述规定，仲裁庭审理争议案件时，书证应当当庭宣读，物证应当当庭出示，视听资料应当当庭播放，电子数据也要当庭展示和说明。在证据出示后，对方当事人有权当庭质证，仲裁庭也要审查证据的真实性、合法性、关联性及证明内容等。

其次是证人出庭作证或宣读未到庭证人的证言。证人，即了解争议案件情况而向仲裁庭作证的人。证人作证之前，仲裁庭应当先告知证人作证的权利与义务，以及作伪证应当承担的法律后果。证人作证后，经仲裁庭许可，当事人及其代理人可以向证人发问。对于未到庭证人向仲裁庭提供的书面证言，应当当庭宣读。如果存在两个或者两个以上证人时，应当分别作证。在实践中，需要特别注意的问题是，证人出庭作证之前不能旁听案件审理，证人在出庭作证之后能否旁听审理则要根据是否公开开庭以及双方当事人是否同意等因素来确定。

如果仲裁案件中发生了司法鉴定，那么接下来应当就鉴定意见进行质证。鉴定意见是鉴定人对争议案件中的某些专门性问题经过鉴定后作出的结论性意见。鉴定意见往往是仲裁庭认定争议案件事实的重要依据。鉴定意见应当当庭宣读，并由双方当事人发表质证意见。仲裁庭和当事人可以要求鉴定人出庭，经过仲裁庭许可后，当事人及其代理人可以向鉴定人发问。如当事人对鉴定意见有异议的，有权依法申请重新鉴定或补充鉴定，但是否准许，由仲裁庭根据法律和仲裁规则予以确定。

在个别案件中，还可能需要就勘验笔录进行质证。勘验笔录是仲裁庭或者委托的有关机构对与案件有关的现场或者物证经过勘验后所作的记录。作为证据之一，勘验笔录也应当庭宣读，有照片或者绘图的，也应当庭出示。当事人对勘验笔录有异议的，可以依法申请重新勘验，但是否允许由仲裁庭依法作出决定。

3. 就事实问题进行提问

在仲裁调查环节，当事人及其代理人经仲裁庭允许可以就事实问题相互提问。提问或回答，均应简明而直接，不得进行人身攻击，不得使用偏激或侮辱性的语言，甚至不宜发表辩论意见。同时，仲裁员可以就事实问题向当事人及其代理人提问。在当事人或者当事人的法定代表人亲自出庭的情况下，仲裁员可以要求当事人或者其法定代表人先回答问题，其代理人在后补充。

（四）庭审辩论

庭审辩论，即在仲裁庭的主持下，双方当事人（含代理人）依据在庭审调查阶段举示的证据和查明的案件事实，结合法律规定及仲裁规则的规定，陈述各自对于证据、事实及法律的主张，并相互辩驳和论证阐释的活动。一般而言，辩论包含事实辩（证据辩）、程序辩、法律辩（含仲裁规则之辩）。基于商事仲裁要考虑商业合理性，有些案件可能还存在情理辩。

庭审辩论的目的在于，通过双方当事人之间的主张与反驳，为仲裁庭提供证据认证、事实确定、法律适用等方面的参考意见，进而为案件的最终裁决奠定基础。《仲裁法》第 47 条规定："当事人在仲裁过程中有权进行辩论。辩论终结时，首席仲裁员或者独任仲裁员应当征询当事人的最后意见。"可见，庭审辩论也是双方当事人在仲裁程序中为维护自己的合法权益而行使的一项重要的权利。庭审辩论可以安排一轮或多轮，庭审辩论终结的标志是最后意见的陈述。

庭审辩论是法律意见的有序展示和"竞赛"，通常按照下列顺序进行：

第一，申请人及其代理人发言，即申请人及其代理人向仲裁庭提出自己的仲裁请求及陈述其所依据的事实、理由。第二，被申请人及其代理人发言，即被申请人及其代理人针对申请人的仲裁请求和所依据的事实、理由以及申请人的代理人的代理意见作出答复和辩驳。第三，双方相互辩论，即双方当事人为充分陈述各自观点，维护自身合法权益，针对对方及其代理人在辩论阶段提出的新的、未经过辩论的主张和所依据的新的事实、证据进行的答复与辩驳。

在上述辩论过程中，双方当事人必须遵守仲裁庭的纪律，听从仲裁庭的指挥，不得哄闹、扰乱仲裁秩序。此外，在辩论时，双方当事人还必须相互尊重，注意语言文明，有理不在声高，更不得使用人身攻击的言辞。对于辩论过程中出现的不良言行，仲裁庭有权予以制止并对相关人员进行批评教育；情节严重者，还应当承担相应的法律责任。

辩论终结时，首席仲裁员或者独任仲裁员应当按照先申请人、后被申请人的顺序分别询问当事人对该争议案件的最后意见，以便保障双方当事人辩论权的充分行使。最后意见的陈述（或称最后陈述）是仲裁庭审辩论终结的标志。

（五）仲裁调解

一般而言，经过庭审调查与庭审辩论的程序后，争议案件事实已经清楚，当事人之间发生争议的实体权利义务关系已经明确，仲裁裁决的前提即已具备。当然，有些案件也可能面临争议事实不明但仲裁庭须根据法律推定、情理推论或证明责任对案件进行裁判的问题。

仲裁是解决争议的法律手段，而不是区分胜负的法律竞技，故而，仲裁倡导

“和而同”以及“和而不同”的“和文化”。据此，我国《仲裁法》第 51 条规定，仲裁庭在作出仲裁裁决前，可以根据需要先行调解；当事人愿意调解的，仲裁庭应当调解。但是，基于仲裁效率的要求，调解须有度，不能久调不决，故，调解不成的，仲裁庭应当及时作出仲裁裁决。

（六）核对仲裁庭审笔录并签字

仲裁庭审笔录，是在仲裁开庭审理的过程中，记录人员对整个开庭审理情况所作的记载。仲裁庭审笔录作为仲裁过程的重要文件，应当将仲裁庭开庭审理的全部过程、双方当事人争议的案件事实、依据的相应证据等用书面的形式固定下来。仲裁庭审笔录，也可以证明和反映仲裁庭审理案件的程序是否符合法律以及仲裁规则的程序要求。

仲裁庭审笔录要求客观、准确、全面、清楚地反映仲裁庭开庭审理的全部过程。根据工作规范，在每次仲裁开庭审理之后，记录人员应当将庭审笔录交由各仲裁参与人核对并签名或者盖章。根据《仲裁法》第 48 条的规定，当事人和其他仲裁参与人认为对自己陈述的记录有遗漏或者差错的，有权申请补正；如果不予补正，应当记录该补正申请。笔录由仲裁员、记录人员、当事人和其他仲裁参与人签名或者盖章。证人、鉴定人等仅能就其参与庭审的环节核校对应的笔录，并在该部分签字。当事人、其他仲裁参与人拒绝签名、盖章的，记录人员应当记明情况附卷。

（七）评议与裁决

庭审辩论终结后，经调解未达成调解协议，或者因当事人不同意调解或当事人缺席仲裁庭审而无法调解的，应当进入评议与裁决阶段。

1. 评议

评议即仲裁庭根据庭审调查以及庭审辩论查明的案件事实和认定的证据，适用相关法律或与交易相关的国际惯例，确定双方当事人之间的实体权利义务关系的活动。评议，是三名或多名仲裁员组成的仲裁庭特有的必经仲裁审理程序。仲裁庭评议案件的过程应当不公开进行，评议应制作评议笔录。评议，由首席仲裁员主持，但对于案件处理意见的发表原则上应当是边裁先于首席仲裁员发表，并实行民主集中制的原则。

2. 裁决

裁决即仲裁庭通过评议后，对双方当事人提请仲裁解决的争议案件所作出的终局性判定——裁决书自作出之日起发生法律效力。对裁决书中的文字、计算错误或者仲裁庭已经裁决但在裁决书中遗漏的事项，仲裁庭应当补正；当事人自收到裁决书之日起 30 日内，可以请求仲裁庭补正。申请执行的裁决事项内容不明确导致无法执行的，人民法院应当书面告知仲裁庭，仲裁庭可以补正或者说明。仲裁庭的解释说明不构成裁决书的一部分。

根据我国《仲裁法》的规定，裁决书应当写明仲裁请求、争议事实、裁决理由、裁决结果、仲裁地、仲裁费用的负担和裁决日期。当然，如果当事人协议不愿写明争议事实和裁决理由的，则裁决书可以不写。裁决书由仲裁员签名，加盖仲裁机构印章。裁决应当按照多数仲裁员的意见作出，少数仲裁员不同意的，可以将不同意见写入笔录；同时，对裁决持不同意见的仲裁员，可以签名，也可以不签名。

在评议某些特殊案件时，仲裁庭可能发生严重分歧，以至于出现无法形成多数意见的情形。为此，《仲裁法》第53条规定："仲裁庭不能形成多数意见时，裁决应当按照首席仲裁员的意见作出。"

在特殊情况下，还可能会使用部分裁决和中间裁决。具体而言，第一，仲裁庭仲裁纠纷时，其中一部分事实已经清楚，可以就该部分先行裁决。第二，仲裁庭仲裁纠纷时，其中有争议事项影响仲裁程序进展或者需要在最终裁决作出前予以明确的，可以就该问题先行作出中间裁决。部分裁决和中间裁决有履行内容的，当事人应当履行。当事人不履行部分裁决的，对方当事人可以依法申请人民法院强制执行。部分裁决或者中间裁决是否履行不影响仲裁程序的进行和最终裁决的作出。

五、仲裁简易程序

（一）仲裁简易程序的概念

仲裁简易程序是指仲裁机构审理"简易案件"所适用的一种简便易行的仲裁程序。此处所谓"简易案件"是一种简便的说法，一般包括事实比较清楚且法律关系明确的案件、争议金额相对较小的仲裁案件以及当事人约定或同意适用简易程序的案件等几种类型。

我国《仲裁法》中并没有明确规定简易程序，但仲裁具有的灵活性、快捷性的特点，仲裁所体现出的充分尊重当事人意愿的原则，以及《仲裁法》对独任仲裁员仲裁和书面审理的肯定，实质上包含了简化仲裁程序的精神。仲裁简易程序就是该种精神的具体体现。

仲裁简易程序是各机构规则中规定的与仲裁普通程序并列的一个独立的程序。它与普通程序既有区别，又有联系。二者的联系主要表现在：第一，普通程序是简易程序的基础，简易程序则是普通程序的简化，因此，仲裁机构适用简易程序审理案件时，对简易程序中未规定的事项，应当适用普通程序的规定；第二，适用简易程序审理案件与适用普通程序审理案件，仲裁裁决具有同等的法律效力；第三，在简易程序进行中，应当事人的共同意愿，或者因仲裁请求变更足以影响简易程序适用的，可以变更为普通程序。但反过来，普通程序不能变更为简易程序。

简易程序与普通程序相比，二者的区别主要表现在：第一，简易程序一般适用于审理一定争议金额以下的或者经当事人同意适用的仲裁案件，而普通程序则适用于除此之外的一般仲裁案件。第二，简易程序缩短或简化了普通程序审理上的某些期限、方式或步骤，但在程序进行中有关仲裁庭和当事人的权利义务不受减损，对查明事实、分清是非、依据规范作出公正裁决的要求也没有改变；而普通程序则相对完整、系统且对程序的要求比较严格。

我国的仲裁机构为适应解决较小争议金额仲裁案件的客观需要，在总结多年实践经验的基础上，借鉴民事诉讼立法中关于简易程序的规定，吸收世界上一些国际商事仲裁机构如伦敦国际仲裁院、斯德哥尔摩商会仲裁院、世界知识产权组织仲裁与调解中心等有关“简单仲裁”“加速仲裁”“速办程序”的做法，在制定或修订的仲裁规则中规定了仲裁简易程序。

一般认为，我国仲裁领域关于简易程序规定起始于《中国国际经济贸易仲裁委员会仲裁规则（1994）》专门设置的“简易程序”一章，此后其他仲裁机构也纷纷在其制定或修订的仲裁规则中规定了仲裁简易程序规则。① 这无疑有利于加快仲裁程序进程，适应多层次的法律需求，便利当事人进行仲裁，实现程序正当化与简易化之间的平衡。目前，《北京仲裁委员会仲裁规则（2022）》《上海仲裁委员会仲裁规则（2022）》《广州仲裁委员会仲裁规则（2023）》《重庆仲裁委员会仲裁规则（2024）》等均设置专章规定“简易程序”。本书根据这些机构规则的有关内容和实践中的做法，逐一讨论仲裁简易程序的特征、适用范围、程序的变更等问题。

（二）仲裁简易程序的特征

通俗地讲，仲裁简易程序是普通程序的“简化版”。因此，简易程序的最大特点就是简便化。上述机构规则中对简易程序在仲裁庭的组成、进行程序的期限、审理方式、裁决期限等程序阶段的内容均作出了特别规定，这些规定从不同方面直接体现了简易程序的以下特点：

1. 由独任仲裁庭审理

适用简易程序的案件，由一名仲裁员成立独任仲裁庭审理案件，当事人另有约定的除外。各方当事人应当自收到仲裁通知之日起一定期限内（如《北京仲裁委员会仲裁规则（2022）》规定收到仲裁通知之日起 10 日内）在仲裁员名册中共同选定或者共同委托仲裁机构主任指定独任仲裁员。各方当事人逾期未能共同选定或者共同委托主任指定独任仲裁员的，由仲裁委员会主任指定。仲裁庭组成后，仲裁机构应将仲裁庭组成通知书发送给独任仲裁员和双方当事人。

2. 程序期限短且灵活

相较于普通程序，简易程序中的答辩和反请求的期限、提前通知开庭的期限及各方当事人提交材料和补交材料的期限等，都作了适当缩短。如《北京仲裁委员会仲裁规则（2022）》规定，被申请人应当自收到答辩通知之日起 10 日（普通程序则为 15 日）内，提交答辩书及有关证明文件；如有反请求，也应当在此期限（普通程序则为 15 日）内提交申请书及有关证明文件。开庭审理的案件，仲裁庭应当于开庭 3 日（普通程序则为 10 日）前将开庭日期通知当事人；再次开庭日期的通知，不受 3 日（普通程序则为 5 日）期限限制。

3. 审理方式灵活

适用简易程序的案件，仲裁庭可以按照其认为适当的方式审理。如前所述，仲

① 江伟，肖建国. 仲裁法. 3 版. 北京：中国人民大学出版社，2016：166.

裁普通程序多以开庭审理为原则，而仲裁简易程序的审理方式，仲裁庭可以在征求当事人意见后决定只依据当事人提交的书面材料和证据进行书面审理，也可以决定开庭审理，还可以把开庭审理和书面审理结合起来运用。

4. 裁决更迅速高效

适用简易程序的目的是迅速结案，所以仲裁庭应及时审理、及时裁决。极端情况是，如果双方当事人同时到仲裁机构请求仲裁，经选定仲裁员后，可以当日审理。如果开庭审理的话，应当一次开庭审结，但仲裁庭认为确有必要再次开庭的除外。在裁决期限上，自仲裁庭组成之日起算，《上海仲裁委员会仲裁规则（2022）》规定的是 3 个月内作出裁决，《北京仲裁委员会仲裁规则（2022）》规定的是 75 日内作出裁决，《中国国际经济贸易仲裁委员会仲裁规则（2024）》规定的是 3 个月内作出裁决。当然，程序中止的期间不计入上述裁决期限；如有特殊情况需要延长期限，经仲裁庭请求，仲裁机构的主任或秘书长认为确有正当理由和必要的，可以批准适当延长。

5. 准用普通程序规定

上述机构规则中虽专章列明“简易程序”，但仅对简易程序的特别之处作出规定，对于“简易程序”一章之下未作规定而进行程序所需的其他事项，则适用或参照适用仲裁规则其他有关规定。

（三）仲裁简易程序的适用范围

仲裁简易程序适用于“简易案件”，大致范围如下：

1. 争议金额相对较小的案件

一般而言，对于争议金额相对较小的案件，仲裁机构可以直接决定适用简易程序。目前各仲裁机构对于适用简易程序的案件金额之规定不完全一致。例如《上海国际经济贸易仲裁委员会（上海国际仲裁中心）仲裁规则（2024）》《北京仲裁委员会仲裁规则（2022）》《中国国际经济贸易仲裁委员会仲裁规则（2024）》划定的数额标准是人民币 500 万元以下，《广州仲裁委员会仲裁规则（2023）》《深圳国际仲裁院仲裁规则（2022）》划定的数额标准是人民币 300 万元以下，《重庆仲裁委员会仲裁规则（2024）》划定的数额标准是人民币 200 万元以下，《昆明仲裁委员会仲裁规则（2022）》划定的数额标准是人民币 50 万元以下等。

大多数仲裁机构都会以争议金额来衡量案件难易，这通常具有合理性。因为根据概率和经验，争议金额较小的案件一般是事实清楚、权利义务关系明确、争议不大的简单案件。所谓“事实清楚”，是指双方当事人对争议的民商事法律关系发生、变更或者消灭的事实陈述基本一致，并能提供可靠的证据，无需仲裁机构调查收集证据即可判明事实、分清是非。所谓“权利义务关系明确”，是指谁是责任的承担者，谁是权利的享有者，明确清晰。所谓“争议不大”，是指当事人对案件的是非、责任以及仲裁事项争执无原则性分歧。此外，仲裁规则之所以规定争议金额不超过数额标准的案件适用简易程序，还跟经济合理原则有关，即考虑了节省当事人费用、组庭和期日确定更方便、裁决期限更短等因素。

对于争议金额不超过数额标准的案件，虽然应适用的仲裁规则中规定可以适用简易程序审理，但若当事人之间另有约定适用普通程序，则仲裁机构应当按照普通程序审理该案。此时，当事人应当按照普通程序的标准预交和承担仲裁费用。

2. 当事人约定或者同意适用简易程序的案件

对于争议金额超过数额标准的案件，如果双方当事人在纠纷发生之前或者纠纷发生之后约定适用简易程序，又或者仲裁程序启动后仲裁庭组成前，经一方当事人书面申请适用简易程序并征得另一方当事人书面同意的，也可适用简易程序进行审理，并予以减免部分仲裁费用。

3. 其他简单案件

除了上述情形之外，对于事实清楚、权利义务关系明确、争议不大的案件，也可以划归简单案件的范围，进而适用简易程序。如《中国国际经济贸易仲裁委员会仲裁规则（2024）》《上海国际经济贸易仲裁委员会（上海国际仲裁中心）仲裁规则（2024）》规定，对于没有争议金额或争议金额不明确的案件，是否适用简易程序，由仲裁机构根据案件的复杂程度、涉及利益的大小以及其他有关因素综合考虑决定。

上述适用简易程序的简单案件，一般是国内争议案件，但也可以是国际或涉外争议案件。

（四）仲裁简易程序的变更

1. 变更（转普）的事由

仲裁简易程序进行过程中，若各方当事人共同申请，或者一方当事人申请而其他当事人同意的，可以将简易程序变更为普通程序。

仲裁请求的变更或者反请求的提出、变更导致案件争议金额超过数额标准的，不影响简易程序的进行。任何一方当事人认为影响的，可以向仲裁机构主任申请变更为普通程序。是否同意，由主任决定。

2. 对仲裁费用的影响

因简易程序变更为普通程序而增加的仲裁费用，由当事人协商确定预交比例。无法协商达成一致意见的，由仲裁机构确定。未能按照要求预交仲裁费用的，程序不予变更。

3. 仲裁程序的衔接适用

仲裁庭组成后简易程序变更为普通程序的，当事人应当自收到程序变更通知之日起一定期限内（如《北京仲裁委员会仲裁规则（2022）》《重庆仲裁委员会仲裁规则（2024）》规定的是 5 日），按照仲裁规则的规定各自选定或者各自委托主任指定一名仲裁员。除非当事人另有约定，原独任仲裁员作为首席仲裁员。新仲裁庭组成前已进行的审理程序是否重新进行以及重新进行的范围，由新仲裁庭决定。新仲裁庭决定审理程序全部重新进行的，仲裁规则规定的裁决期限自新仲裁庭组成之日起计算。程序变更之日起仲裁程序的进行不再适用简易程序。

六、仲裁审理中特殊情况的处理

在仲裁程序进行过程中，可能遇到各种特殊情况，例如延期开庭、撤回仲裁申请、缺席裁决等。正确处理这些特殊情况是仲裁程序顺利推进的关键。

(一) 延期开庭

延期开庭是指在仲裁程序中出现正当事由，或根据当事人的申请，经仲裁庭同意，将已确定的开庭期日顺延至另一期日进行开庭审理的制度。

延期开庭不同于仲裁休庭。前者是因为出现了某些特殊情形，致使开庭审理不能如期进行或者无法继续进行，仲裁庭不得不推延开庭审理的时间，并另行确定一个期日继续审理。后者是指在仲裁案件开始庭审后，为满足特定仲裁活动的需要（如合议仲裁庭评议案件）和参与者在工作中的生理需要（如进餐、休息等）而正常留出的必要仲裁间歇时间。

我国《仲裁法》第 41 条规定："仲裁委员会应当在仲裁规则规定的期限内将开庭日期通知双方当事人。当事人有正当理由的，可以在仲裁规则规定的期限内请求延期开庭。是否延期，由仲裁庭决定。"各机构规则一般也会对延期开庭的问题作出明确规定。如《北京仲裁委员会仲裁规则（2022）》第 31 条第 1 款规定："开庭审理的案件，仲裁庭应当于开庭 10 日前将开庭日期通知当事人；经商当事人同意，仲裁庭可以提前开庭。当事人有正当理由请求延期开庭的，应当在开庭 5 日前提出；是否延期，由仲裁庭决定。"

实践中，不仅当事人有正当理由的可以申请延期开庭，若仲裁庭组成人员有正当理由而不能履行职责的，也可以决定延期开庭。

总之，仲裁延期开庭适用于下述情形：第一，当事人有正当理由不能到庭；第二，当事人临时提出回避申请；第三，仲裁员不能履行职责；第四，需要通知新的证人参加庭审，调取新证据，重新鉴定或勘验，或者需要补充调查；第五，其他应当延期的情形。

需要注意的是，当事人在规定期限内提出延期开庭的请求后，并不必然会导致仲裁开庭延期进行。仲裁庭应当依据仲裁规则和参照有关法律法规的规定，结合实际情况，判断当事人的申请是否有正当理由，并据此作出是否同意延期开庭的决定。

当事人申请提前开庭的情况比较少见，但如果当事人双方提出申请，或一方申请而另一方同意，那么，仲裁庭宜尽可能同意提前开庭的申请。《重庆仲裁委员会仲裁规则（2024）》第 59 条第 3 款规定："双方当事人协商一致可以共同申请仲裁庭提前或者延期开庭。"由此可见，该仲裁机构给当事人提供了提前开庭进而高效解决争议的规则"通道"。

(二) 撤回仲裁申请

撤回仲裁申请，或称撤回仲裁请求，是指仲裁机构受理当事人提出的仲裁申请之后，在仲裁庭作出仲裁裁决之前，仲裁申请人或被申请人撤回自己的仲裁申请（本请求或反请求），不再要求仲裁庭对该争议案件进行审理和裁决的行为。

双方当事人之间发生纠纷，依照双方所签订的仲裁协议授权仲裁庭给予解决，是双方当事人的权利。同样，在仲裁过程中撤回对仲裁庭的授权即撤回仲裁申请也是当事人的权利。

就性质而言，当事人撤回仲裁申请属于仲裁权利处分行为，因而有别于放弃仲裁请求。放弃仲裁请求是处分实体权利的主张，属于民法上的处分行为。其处理和后果也不同，撤回仲裁申请属于程序问题，应以仲裁决定书的形式予以处理，并且当事人此后还可以再次提出仲裁申请。放弃仲裁请求属于实体问题，应以仲裁裁决或调解的形式处理，且当事人此后不可再提出仲裁申请。在实践中，如果当事人以放弃仲裁请求为由而要求撤回仲裁申请的，仲裁庭应告知其两者的界限，让其重新选择其中的一项为之。当事人坚持原行为方式的，仲裁庭按放弃仲裁请求处理为宜。

撤回仲裁申请可能发生在开庭审理之前，也可能发生在开庭审理过程之中。撤回仲裁申请根据撤回权人的称谓的不同，可分为申请人撤回仲裁申请和被申请人撤回仲裁反请求。根据撤回仲裁请求的范围的不同，可分为撤回全部仲裁申请和撤回部分仲裁申请。根据撤回仲裁申请是否由当事人主动提出，可分为当事人撤回仲裁申请和仲裁庭按撤回仲裁申请处理。我国《仲裁法》第 49 条规定的是撤回仲裁申请的问题，第 42 条第 1 款规定的是按撤回仲裁申请处理的问题。

当事人撤回仲裁申请应当具备以下条件：第一，撤回仲裁申请须由当事人及其法定代理人或者经过特别授权的委托代理人提出；第二，撤回仲裁申请须采用书面形式；第三，撤回仲裁申请的时间，须在仲裁机构受理争议案件后、仲裁庭作出仲裁裁决书或调解书之前；第四，撤回仲裁申请须出于当事人自愿。

仲裁庭按撤回仲裁申请处理，是指在当事人未主动提出撤回仲裁申请的情况下，由于法定事由的发生，仲裁庭视为当事人撤回了仲裁申请。按撤回仲裁申请处理一般基于下述两种情形而发生：一是申请人经仲裁庭书面通知，无正当理由拒不到庭；二是申请人未经仲裁庭许可中途退庭。

根据《仲裁法》的规定和仲裁实务界的主流意见，撤回仲裁申请后，将会产生如下法律效果：

第一，仲裁程序终结，仲裁法律关系归于消灭。准予撤回仲裁申请或者按撤回仲裁申请处理的决定生效之后的直接后果，就是本案仲裁程序的完结和仲裁法律关系的消灭，而对仲裁申请人所主张的实体权利并无任何影响。不过需要注意的是，被申请人此前已经提出反请求的，申请人撤回全部仲裁申请的后果只是本请求程序的完结，并不影响仲裁庭对反请求进行审理和裁决。

第二，撤回仲裁申请视同未提出仲裁申请，当事人可以再次申请仲裁。一方面，参照《民事诉讼法》关于撤诉法律效果的规定，可以得出这一结论。另一方面，源于仲裁协议的效力。当事人撤回仲裁申请或仲裁庭按撤回仲裁申请处理，并不意味着仲裁协议履行完毕或者失效，只要双方当事人争议事项属于仲裁协议范围，就可以申请仲裁。只要双方当事人之间的争议事项未经仲裁庭最终裁决，也没有新的仲裁协议出现，当事人就仍然可以依据有效的仲裁协议申请仲裁。

关于撤回仲裁申请的法律后果，值得探讨的问题是：如果当事人以同一仲裁请求再次申请仲裁的，是否应由原仲裁庭进行仲裁？对于这个问题，我国法律并无明文规定，理论与实务中也有不同的见解。本书持肯定意见，理由如下：

其一，当事人以同一仲裁请求再次申请仲裁，即意味着请求原已成立的仲裁庭恢复行使仲裁权，这是对当事人的意思进行客观解释的结果。仲裁权直接源于生效的仲裁协议，在仲裁协议不发生变化的情况下，仲裁庭所享有的仲裁权是存在的，当事人有权请求原仲裁庭恢复行使仲裁权。

其二，从客观上考虑，原仲裁庭了解案件情况，掌握更多的案件信息，由原仲裁庭进行仲裁，有利于节约人力、物力、财力，以便及时迅速地解决纠纷。

其三，多家仲裁机构的仲裁规则都规定了"重新仲裁"条款，即如果证据存在问题被法院通知重新仲裁的，应当由原仲裁庭审理。[①] 一个仲裁案件，在仲裁庭存在失误的情况下，都可以由原仲裁庭重新审理，那基于申请人单方意愿撤回后再次启动的仲裁案件，当然可以由原仲裁庭进行审理。

其四，由原仲裁庭进行仲裁，也可以有效避免当事人利用撤回仲裁申请来规避法律以及更换仲裁员行为的发生。在过去的仲裁实践中，有当事人通过撤回仲裁后再次提起仲裁的方式更换仲裁员的情况。"申请人根据庭审情况，认为由于某个或某几个仲裁员，特别是在仲裁员之间有不同意见时，起决定性作用的首席仲裁员的法律观点会明显对己不利，当事人出于仲裁策略的考虑而撤回仲裁申请，在仲裁庭作出撤案决定后，重新启动仲裁程序，以达到更换仲裁员的目的。"[②] 对此，有学者指出，申请人或其代理人通常可以在庭审结束后对裁决结果进行较为准确的评估，并且也不排除有些边裁通过明示或暗示的方式向申请人或其代理人透露仲裁庭合议结果，在潜在的仲裁裁决不支持其所有或部分仲裁请求的情形下，申请人可以通过撤回仲裁请求的方式进行"紧急抢救"，以撤回仲裁请求的方式暂缓行使积极仲裁实施权，从而悄无声息地实现规避仲裁员的不正当目的。[③]

例外的情形有三：一是如果双方重新达成仲裁协议，则应尊重当事人的新选择，并基于新的仲裁协议组成仲裁庭进行案件的审理；二是因新的事实出现，导致原仲裁庭组成人员须回避的，则应更换相关仲裁员；三是如果仲裁员基于特定的客观障碍（如死亡、疾病、移民等）无法履行仲裁职责的，应当更换仲裁员，自不待言。

（三）缺席裁决

缺席裁决，是相对于对席裁决而言的，是指部分当事人到庭参与仲裁审理时，仲裁庭仅就到庭的当事人进行调查、审查核实证据，听取意见，并对未到庭的当事人提供的书面材料进行审查，进而作出仲裁裁决的仲裁活动。

---

① 比如《深圳国际仲裁院仲裁规则》第55条、《厦门仲裁委员会仲裁规则》第59条、《重庆仲裁委员会仲裁规则（2024年版）》第82条等。

② 岳力. 当事人撤回仲裁申请的程序设计. 内蒙古民族大学学报，2009（1）：34.

③ 黄忠顺. 仲裁实施权配置论视阈下的撤回仲裁请求制度研究. 政治与法律，2022（1）：176.

仲裁庭审理并裁决争议案件的活动，一般应当在双方当事人都到庭参加陈述、辩论的情况下进行并作出仲裁裁决。但是，在仲裁庭审理争议案件的过程中，有时可能会发生被申请人全部或部分无正当理由不到庭或者未经仲裁庭许可而中途退庭的情况。为了保证仲裁审理的顺利进行，仲裁庭可以缺席审理并作出缺席裁决。《仲裁法》第 42 条第 2 款规定："被申请人经书面通知，无正当理由不到庭或者未经仲裁庭许可中途退庭的，可以缺席裁决。"法律规定缺席审理与缺席裁决制度，充分体现了法律对双方当事人利益的平等维护。

在实践中，还存在仲裁庭可以作出缺席裁决的一些特殊情形：

第一，申请人经书面通知，无正当理由不到庭或者未经仲裁庭许可中途退庭，而被申请人提出仲裁反请求的。根据《仲裁法》第 42 条第 1 款的规定，在申请人无正当理由不到庭或者未经仲裁庭许可中途退庭的情况下，仲裁庭可以依照《仲裁法》的规定视为撤回申请。如果被申请人提出反请求，此时的申请人实际成为反请求的被申请人。在这种情况下，仲裁庭缺席裁决的实际上是被申请人提出的仲裁反请求部分。

第二，被申请人的法定代理人经书面通知，无正当理由不到庭或者未经仲裁庭许可中途退庭的，仲裁庭也可以缺席裁决争议案件。

【本章涉及的法律条文】

1.《中华人民共和国仲裁法》第 39～57 条。

2.《最高人民法院关于适用〈中华人民共和国仲裁法〉若干问题的解释》第 20 条。

【案例评析】

案例一

1. 本案涉及本章知识点：不公开审理

2. 案情介绍

申请人甲建设集团股份有限公司（以下简称甲公司）申请撤销仲裁裁决的理由之一为：仲裁庭违反《仲裁法》第 40 条和《中国国际经济贸易仲裁委员会仲裁规则（2000 版）》（以下简称《仲裁规则》）第 36 条的规定一度公开审理当事人的争议。本案中，当事人并没有协议公开进行仲裁。然而在庭审过程中，未经当事人同意，乙建筑有限公司（以下简称乙公司）指定的仲裁员曾于 2002 年 1 月 14 日、2002 年 8 月 30 日、2003 年 4 月 3 日三次携带私人助理参加庭审，造成仲裁审理未能保密。后来该仲裁员不再担任该案仲裁员，但案外无关人员参加案件仲裁程序已是既成事实。

被申请人乙公司就此答辩称：仲裁员携带助理参加庭审，已于庭审前由仲裁庭正式告知双方当事人，并征得双方同意后开庭。双方当事人对仲裁员携带助理参加庭审均明确表示没有反对意见。同时，在庭后至裁决书作出长达一年多的时间里，双方当事人对此从未提出异议。所以，仲裁程序并未违反《仲裁法》第 40 条和《仲裁规则》第 36 条的规定。

法院审查认定：乙公司选定的仲裁员带其助理参加了四次庭审，首次开庭时该仲裁员即向到庭的当事人询问，对其带私人助理出庭，只负责记录材料，是否有异议，双方当事人均表示无异议。此后甲公司未就此问题向仲裁庭提出过异议。法院认为，在仲裁庭首次开庭之前，双方当事人均对仲裁员带其只负责记录的私人助理参加庭审表示无异议，此后甲公司也未对该仲裁员的这一行为向仲裁庭提出异议。仲裁员的上述行为并未造成案件的公开审理。仲裁的程序没有违反《仲裁规则》第 36 条的规定。

3. 案例评析

不公开审理是仲裁制度的一项特色。一般认为，未经双方当事人同意，非仲裁参与人不得参与仲裁程序或者旁听仲裁庭审。但即使如此，法律从未禁止当事人协议公开审理。就本案的情况而言，仲裁庭首次开庭之前，双方当事人均对仲裁员带其只负责记录的助理参加庭审表示无异议，此后甲公司也未对该仲裁员的这一行为向仲裁庭提出异议。因此，应当认为仲裁员的行为不构成公开审理。当然，需要注意实践中存在的另外一种情况，即一方当事人的代理人在被解除代理权后，没有及时退出庭审，仍然参与旁听。这种情况有可能被认定为违反了不公开审理的原则，进而构成仲裁程序违法。

案例二

1. 本案涉及本章知识点：仲裁简易程序

2. 案情介绍

北京甲岩土工程有限公司（以下简称甲公司）申请撤销仲裁裁决的理由之一是仲裁程序违反法定程序。2003 年 12 月 30 日，青海省乙基础工程施工总公司（以下简称乙公司）向北京仲裁委员会提起仲裁，要求甲公司支付材料费、工程款及其他费用共计 373 532.38 元。2004 年 2 月 6 日，仲裁委员会开庭审理。2004 年 2 月 13 日，双方达成将本案争议的工程结算问题提交鉴定单位鉴定的一致意见。2004 年 2 月 18 日，乙公司提出变更仲裁申请，要求确认双方合同无效，甲公司给付工程款 2 633 241.71元、利息 136 080 元。根据仲裁规则的规定，争议金额不超过 500 000 元的，适用简易程序。但仲裁请求的变更导致案件争议金额超过 500 000 元的，仲裁庭认为影响简易程序进行的，可以向仲裁委员会主任申请由三名仲裁员组成仲裁庭适用普通程序审理。本案中，对工程量、工程款的认定是一项复杂的审理工作。第一次开庭审理后，双方达成了由鉴定机构进行鉴定的意见，后乙公司对仲裁请求提出变更，对合同性质进行了完全否定，争议金额也从 30 余万元增加到 200 多万元。案件审理的复杂程度是显而易见的。在这种情况下，仲裁庭应适时告知仲裁委员会主任改用普通程序进行审理。现仲裁庭采取简易程序审理不当。在随后的审理过程中，仲裁庭在两次开庭未能审理完毕的情况下，继续采用书面审理的方式，因案情复杂，对本案延期裁决。从以上事实可以看出，仲裁庭的组成方式存在错误。

乙公司就此答辩称：我公司变更仲裁请求导致争议金额超过 500 000 元，但仲裁庭认为不影响简易程序进行的，还可采用简易程序进行，这是仲裁庭的权利。《仲裁法》和仲裁规则中没有规定变更仲裁请求导致案件争议金额超过 500 000 元的，必须把简易程序改为普通程序。另，裁决中写着："因本案案情复杂，经独任仲裁员李某提请本会秘书长同意，本案延期进行裁决。"以上事实说明仲裁庭的组成方式不存在任何错误。

法院认为，根据《北京仲裁委员会仲裁规则（2001）》第 78 条规定，仲裁请求的变更或者反请求的提出导致案件争议金额超过 50 万元的，不影响简易程序的进行。但仲裁庭认为影响的，可以向仲裁委员会主任申请由三名仲裁员组成仲裁庭适用普通程序审理。本案中，乙公司变更仲裁请求后，争议金额已超过 50 万元。此时，是否向仲裁委员会主任申请由三名仲裁员组成仲裁庭适用普通程序审理，应由已经组庭的仲裁庭决定。仲裁庭在争议金额超过 50 万元后仍决定适用简易程序对本案进行审理未违反法定程序。另，本案因案情复杂经仲裁委员会秘书长同意延期作出裁决，亦符合仲裁规则的规定，不构成仲裁庭组成方式错误。据此，甲公司申请撤销裁决的理由不成立。

3. 案例评析

本案争议焦点之一是，在仲裁过程中，当事人变更仲裁请求使争议标的额发生变化时，简易程序是否必须转化为普通程序的问题。根据《北京仲裁委员会仲裁规则（2001）》第 78 条规定，仲裁请求变更致使争议金额已超过 50 万元的，是否适用普通程序审理，应由已经组庭的仲裁庭决定。仲裁庭在争议金额超过 50 万元后仍决定适用简易程序对本案进行审理未违反法定程序。

需要注意的是，《北京仲裁委员会仲裁规则（2001）》已修改，对于上述规定有所改变，如《北京仲裁委员会仲裁规则（2008）》规定："仲裁请求的变更或者反请求的提出导致案件争议金额超过 100 万元的，不影响简易程序的进行。仲裁庭认为影响的，可以向主任申请由三名仲裁员组成仲裁庭审理，当事人另有约定的除外。"《北京仲裁委员会仲裁规则（2015）》规定："仲裁请求的变更或者反请求的提出、变更导致案件争议金额超过 100 万元的，不影响简易程序的进行。任何一方当事人认为影响的，可以向主任申请变更为普通程序。是否同意，由主任决定。"而《北京仲裁委员会仲裁规则（2019）》和《北京仲裁委员会仲裁规则（2022）》则规定："案件争议金额超过 500 万元，当事人约定或者同意的，也可适用简易程序，仲裁费用予以减收。"可见，仲裁规则有越来越尊重当事人自主权利的趋势，但是具体决定权的归属及程序如何还应根据现行有效的仲裁规则的规定予以判断。

【疑难问题】

1. 仲裁审理程序与民商事诉讼审理程序的区别是什么？

2. 仲裁不公开审理所包含的具体要求是什么?
3. 仲裁简易程序中仲裁庭决定书面审理的具体条件有哪些?

课后训练

1. 下列选项中，属于仲裁审理基本原则的有（　　）。
A. 以开庭审理为原则　　B. 以不开庭审理为原则
C. 以不公开审理为原则　　D. 以公开审理为原则
2. 仲裁审理的具体方式包含（　　）。
A. 开庭审理　　B. 书面审理　　C. 专家审理　　D. 网络审理
3. 仲裁庭采取开庭形式审理有关争议案件时，应当按照法定程序进行。仲裁审理一般应当包含如下哪些环节（　　）。
A. 开庭准备　　B. 庭审调查　　C. 庭审辩论　　D. 评议与裁决
4. 下列选项中，属于仲裁简易程序特征的是（　　）。
A. 由独任仲裁庭审理
B. 审理方式灵活
C. 准用普通程序规定
D. 不适用普通程序规定
5. 出现下列哪些情形，仲裁庭可以缺席裁决（　　）。
A. 被申请人经书面通知，无正当理由不到庭的
B. 被申请人未经仲裁庭许可中途退庭的
C. 申请人经书面通知，无正当理由不到庭的
D. 申请人未经仲裁庭许可中途退庭的

论文选题参考

1. 论仲裁审理的基本原则
2. 论仲裁简易程序
3. 撤回仲裁申请的法律后果研究
4. 论我国仲裁审理程序的完善

延伸阅读

1. 常英. 仲裁法学. 4 版. 北京：中国政法大学出版社，2019.
2. 朱宣烨. 仲裁法实务精要与案例指引. 北京：中国法制出版社，2015.
3. 江伟，肖建国. 仲裁法. 3 版. 北京：中国人民大学出版社，2016.

第九章　仲裁和解、调解与裁决

【内容摘要】

仲裁和解、调解与裁决[①]是当事人申请仲裁案件的纠纷解决方式。仲裁和解由双方当事人自行达成和解协议，可以请求仲裁庭根据和解协议作出裁决书或调解书。仲裁调解由仲裁庭主持双方当事人进行，遵循自愿和合法原则，调解达成协议的，仲裁庭应当制作调解书或者根据协议的结果制作裁决书。调解书经双方当事人签收后即发生法律效力，与裁决书具有同等法律效力。仲裁裁决由仲裁庭根据事实并符合法律规定、参照交易习惯，公平合理地对双方当事人之间的纠纷进行处理，可以根据不同标准分别划分为对席裁决和缺席裁决，合意裁决和非合意裁决，中间裁决、部分裁决和最终裁决，等等。仲裁裁决应当按照多数仲裁员的意见作出，不能形成多数意见时，按照首席仲裁员的意见作出。仲裁实行一裁终局制度，裁决书自作出之日起发生法律效力。

---

① 根据《现代汉语词典》（第 7 版）释义，“和解”是指不再争执或仇视，归于和好；“调解”是指劝说双方消除纠纷；“仲裁”是指争执双方同意的第三者对争执事项作出决定。另据中国大百科全书数据库释义，“和解”是指民事纠纷的当事人通过协商，互相作出让步，达成解决纠纷协议的活动；“调解”是指双方或多方当事人就争议的实体权利、义务，在人民法院、人民调解委员会及有关组织主持下，自愿进行协商，通过教育疏导，促成各方达成协议、解决纠纷的办法；“仲裁”是指双方当事人在争议发生前或者发生后，约定将争议提交由双方选定的仲裁机构处理，由仲裁员审理后作出对双方当事人具有法律约束力的裁决。此外，据《中国大百科全书》（第一版）（法学卷）释义，在中国，和解与调解不同，和解是当事人之间自愿协商，达成协议，没有第三者参加；调解是在第三者（可能是群众或者群众组织，也可能是人民法院）主持下成立的。本章取上述释义中关于“和解”系由当事人协商、没有第三者参与，“调解”系由第三者主持当事人自愿协商，“仲裁”系由当事人同意的第三者对争议作出处理决定之核心要义，并从仲裁解决纠纷的角度，对仲裁和解、调解与裁决进行区别界定。

【学习目标】

（1）在知识学习层面，应当了解和掌握仲裁和解、调解与裁决的概念、特征和效力等，弄清仲裁和解、调解与裁决的异同，掌握和运用仲裁调解的原则、仲裁裁决的依据和作出方式等。（2）在能力训练层面，应当注意充分发挥仲裁和解、调解与裁决等多元化纠纷解决机制的优势，培养解决当事人申请仲裁案件纠纷的能力，提高写作仲裁调解书、仲裁裁决书等法律文书的水平。（3）在价值引领层面，应当充分认识具有中国特色的仲裁与调解相结合的制度，深刻领会仲裁调解应当遵循的原则以及仲裁裁决的依据，树立自由、平等、公正的价值观，保证公正、及时地仲裁经济纠纷，提高民商事仲裁的公信力。

【知识要点】

一、仲裁和解

（一）仲裁和解的概念和特征

1. 仲裁和解的概念

仲裁和解是指当事人申请仲裁后，双方自行和解达成和解协议的纠纷解决方式。我国《仲裁法》第 49 条规定："当事人申请仲裁后，可以自行和解。"仲裁和解在仲裁程序中充分体现了当事人对自己实体权利和程序权利的自由处分。当事人自行和解达成和解协议的，可以请求仲裁庭根据和解协议作出裁决书或调解书，也可以撤回仲裁申请或反请求，从而解决纠纷，仲裁程序随之终结。如果当事人经自行和解未能达成和解协议，则不影响仲裁程序的继续进行。

2. 仲裁和解的特征

（1）根据当事人自愿。仲裁和解应当在双方当事人自愿的基础上，通过互谅互让、友好协商的方式达成解决纠纷的协议。和解程序的进行，应当根据双方当事人自愿，一方不得违背对方的真实意思而强迫或变相强迫对方和解。和解所达成协议的内容，也应当是双方当事人自愿达成的合意，体现双方当事人对自己实体权利的自由处分，一方不得违背对方的真实意思而强迫对方接受和解协议内容。

（2）无需仲裁庭参与。仲裁和解系由双方当事人自行和解，无需仲裁庭参与。当事人之间的纠纷虽然已经申请仲裁解决，但并非必须由仲裁庭主持调解或作出裁决，当事人也可以在仲裁庭未参与的情形下自行和解，包括当事人自行决定是否进行和解以及和解的时间、地点、方式、次数等，也包括当事人自行决定是否达成和解协议以及和解协议的内容等。达成和解协议的，当事人可以请求仲裁庭根据和解协议作出裁决书或调解书，仲裁庭应当对和解协议进行审查并根据和解协议作出裁决书或调解书。

（3）在申请仲裁之后进行。仲裁和解虽然是在仲裁庭未参与的情形下由双方当事人自行和解，但应当在当事人申请仲裁之后进行。如果当事人对纠纷尚未申请仲裁，即使双方当事人自行和解达成和解协议，因纠纷尚未进入仲裁程序，故不属于仲裁和解。实践中，如果当事人产生纠纷之后，在尚未申请仲裁之前，经双方当事人自行和解达成和解协议的，为了确定当事人之间的实体权利义务关系，并确保协议具有强制执行效力，仍可依据仲裁协议向仲裁机构申请仲裁并请求仲裁庭依据和解协议作出裁决书或调解书，此种情形下实质上已经进入仲裁程序，故属于仲裁和解。例如《中国国际经济贸易仲裁委员会仲裁规则（2024）》第47条第10项规定："当事人在仲裁程序开始之前自行达成或经调解达成和解协议的，可以依据由仲裁委员会仲裁的仲裁协议及其和解协议，请求仲裁委员会组成仲裁庭，按照和解协议的内容作出仲裁裁决。"再如《深圳国际仲裁院仲裁规则（2022）》第49条第2项规定，"当事人尚未申请仲裁或仲裁庭尚未组成的，如当事人请求依照和解协议作出裁决书或调解书，除非当事人另有约定，仲裁院院长应指定一名独任仲裁员组成仲裁庭，由仲裁庭按照其认为适当的程序进行审理并作出裁决书或调解书"。

当然，仲裁和解也应当在仲裁裁决之前进行。如果仲裁庭已经作出裁决，即使双方当事人自行和解达成和解协议，但因仲裁程序终结，也不属于仲裁和解。实践中，如果仲裁庭已经形成裁决意见，甚至已经拟定裁决书但尚未正式作出，此时如果双方当事人自行和解达成和解协议的，仍可以请求仲裁庭根据和解协议作出裁决书或调解书，此种情形下实质上的仲裁程序尚未结束，故属于仲裁和解。

（二）仲裁和解的处理

在仲裁程序进行中，双方当事人经自行和解达成和解协议的，可以有以下两种处理方式：

1. 请求仲裁庭根据和解协议作出裁决书或调解书

根据我国《仲裁法》第49条规定，当事人达成和解协议的，可以请求仲裁庭根据和解协议作出裁决书。另据《深圳国际仲裁院仲裁规则（2022）》第49条第2项规定，在仲裁案件审理过程中，当事人对其争议自行达成和解协议的，可以请求仲裁庭依照和解协议的内容作出裁决书或调解书。《国际商事仲裁示范法》第30条规定："（1）如果在仲裁程序中当事各方和解解决争议，仲裁庭应终止仲裁程序，而且如果当事各方提出请求而仲裁庭并无异议，则应按和解的条件以仲裁裁决书的形式记录此和解。（2）根据和解的条件作出的裁决应按照第31条的规定作出，并应说明它是一项裁决。这种裁决应与根据案情作出的任何其他裁决具有同等的地位和效力。"《国际商会仲裁规则（2021）》第33条规定，若当事人在案卷按第16条规定移交仲裁庭之后达成和解，经当事人要求并经仲裁庭同意，应将其和解内容以和解裁决的形式录入裁决书。由此，当事人申请仲裁之后，仲裁庭作出裁决之前，如果双方当事人经庭外自行和解达成和解协议的，可以请求仲裁庭根据和解协议作出裁决书或调解书。

仲裁庭应当对和解协议进行审查。和解协议体现了当事人对自己实体权利的自由处分，仲裁庭通常仅作一般性审查，即审查和解程序是否存在禁止的因素、和解协议内容是否存在明显违法，而对当事人自由处分自己实体权利的约定并不作具体审查[①]，如果认为和解程序及和解协议内容不违反法律、行政法规的强制性规定，不违背公序良俗，不损害国家利益、社会公共利益或者他人合法权益，则应当根据和解协议作出裁决书或调解书；否则，仲裁庭应当驳回其请求。例如《深圳国际仲裁院仲裁规则（2022）》第 49 条第 3 项规定："仲裁院或仲裁庭有权要求当事人作出声明，保证和解协议及相关交易的合法性和真实性，承诺不损害案外人利益或公共利益。仲裁庭对和解协议的合法性、真实性有合理怀疑，或者认为依据和解协议的内容作出裁决书或调解书有可能损害案外人利益或公共利益的，应当驳回当事人关于按照和解协议内容作出裁决书或调解书的请求。"

2. 撤回仲裁申请或反请求

根据我国《仲裁法》第 49 条规定，当事人达成和解协议的，也可以撤回仲裁申请。另据《中国国际经济贸易仲裁委员会仲裁规则（2024）》第 47 条第 5 项规定，当事人自行达成和解协议的，可以撤回仲裁请求或反请求。《重庆仲裁委员会仲裁规则（2024）》第 67 条第 1 款规定："当事人申请仲裁后，可以自行和解。达成和解协议的，当事人可以撤回仲裁申请，也可以请求仲裁庭根据和解协议制作调解书或者裁决书。"由此，在仲裁庭作出裁决之前，如果双方当事人经庭外自行和解达成和解协议的，也可以撤回仲裁申请或反请求。仲裁庭准许当事人撤回仲裁申请或反请求，就无须再对案件进行审理，仲裁程序终结。

（三）仲裁和解的效力

双方当事人经庭外自行和解达成和解协议的，既可以请求仲裁庭根据和解协议作出裁决书或调解书，也可以撤回仲裁申请或反请求，两种处理方式均可终结仲裁程序，但效力却有所不同。

1. 请求仲裁庭作出裁决书或调解书的效力

仲裁庭依当事人请求，根据和解协议作出裁决书或调解书，对双方当事人均有终局性效力和强制执行效力。

（1）终局性效力。仲裁庭根据和解协议作出的裁决书或调解书，具有解决双方当事人实体性争议的终局性效力，当事人不得就同一纠纷再申请仲裁或者向人民法院起诉。

（2）强制执行效力。仲裁庭根据和解协议作出的裁决书或调解书，如果一方当事人不履行裁决书或调解书所确定的义务，对方当事人有权向有管辖权的人民法院申请强制执行。

并且，根据《仲裁法解释》第 28 条规定："当事人请求不予执行仲裁调解书或者根据当事人之间的和解协议作出的仲裁裁决书的，人民法院不予支持。"[②] 由此，

---

① 谢石松. 商事仲裁法学. 2 版. 北京：高等教育出版社，2022：280.

② 实践中，如果当事人以仲裁调解书或根据当事人的和解协议作出的仲裁裁决书违背"社会公共利益"为由申请人民法院不予执行，人民法院查证属实的，应当予以支持。参见万鄂湘，等. 最高人民法院仲裁法司法解释的理解与适用. 北京：人民法院出版社，2015：235.

仲裁庭根据当事人的和解协议作出的裁决书或调解书，相比于其他没有依据当事人合意而作出的裁决书具有更加“不容推翻”的强制执行效力。

实践中，如果当事人达成的和解协议约定履行义务期限较长，通常会选择请求仲裁庭作出裁决书或调解书，以确保具有终局性效力和强制执行效力。

2. 撤回仲裁申请或反请求的效力

当事人自行和解达成和解协议，并撤回仲裁申请或反请求的，实质上是通过合同形式重新确定了双方当事人之间的实体权利义务，和解协议对双方当事人均具有法律约束力。但因当事人没有请求仲裁庭根据和解协议作出裁决书或调解书，故不具有终局性效力和强制执行效力。

当事人自行达成的和解协议具有一般意义上的合同效力。我国《民法典》第119条规定：“依法成立的合同，对当事人具有法律约束力。”第465条第1款规定：“依法成立的合同，受法律保护。”如果当事人撤回仲裁申请或反请求后，一方当事人不履行和解协议约定义务，那么对方当事人可以根据仲裁协议重新申请仲裁。为此，我国《仲裁法》第50条规定：“当事人达成和解协议，撤回仲裁申请后反悔的，可以根据仲裁协议申请仲裁。”

实践中，如果当事人达成的和解协议约定即时履行义务，当事人通常会选择撤回仲裁申请或反请求的方式终结仲裁程序。此外，如果当事人撤回仲裁申请或反请求，仲裁机构还可能退回部分仲裁费用，降低当事人的费用开支。

二、仲裁调解

（一）仲裁调解的概念和特征

1. 仲裁调解的概念

仲裁调解是指仲裁庭就当事人申请仲裁的案件，在作出裁决之前，征得双方当事人同意或根据双方当事人申请，主持双方当事人调解以达成协议的纠纷解决方式。[①] 我国《仲裁法》第51条规定：“仲裁庭在作出裁决前，可以先行调解。当事人自愿调解的，仲裁庭应当调解。”仲裁调解是仲裁程序中常用的纠纷解决方式。仲裁庭主持双方当事人调解达成协议的，应当制作调解书或者根据协议的结果制作裁决书，当事人也可以撤回仲裁申请或反请求，从而解决纠纷，仲裁程序终结。如果仲裁庭主持双方当事人调解不成未能达成协议，应当及时作出裁决，不影响仲裁程

---

① 《仲裁法（修订）（征求意见稿）》第32条新增规定：“当事人在仲裁程序中可以通过调解方式解决纠纷。”该征求意见稿还对具有中国特色的仲裁与调解相结合的制度进行了创新发展，例如第69条规定了允许当事人选择仲裁庭之外的调解员进行单独调解，并规定了与原有仲裁程序的衔接，即“当事人在仲裁庭组成前达成调解协议的，可以请求组成仲裁庭，由仲裁庭根据调解协议的内容制作调解书或者裁决书；也可以撤回仲裁申请。当事人在仲裁庭组成后自愿选择仲裁庭之外的调解员调解的，仲裁程序中止。当事人达成调解协议的，可以请求恢复仲裁程序，由原仲裁庭根据调解协议的内容制作调解书或者裁决书；也可以撤回仲裁申请。达不成调解协议的，经当事人请求，仲裁程序继续进行。”再如第70条规定了“仲裁确认”条款，内容为：“当事人根据仲裁协议申请仲裁机构对调解协议进行仲裁确认的，仲裁机构应当组成仲裁庭，仲裁庭经依法审核，可以根据调解协议的内容作出调解书或者裁决书。”

序的继续进行。

2. 仲裁调解的特征

（1）根据当事人自愿。仲裁调解应当在双方当事人自愿的基础上，通过互谅互让、友好协商的方式达成解决纠纷的协议。调解程序应当根据双方当事人自愿，要么由仲裁庭征得双方当事人同意后径行调解，要么由双方当事人申请或一方当事人申请并征得另一方当事人同意后由仲裁庭进行调解。当事人一方不得违背对方的真实意思而强迫或变相强迫对方调解，仲裁庭也不得强迫或变相强迫任何一方当事人进行调解。调解内容也应当是双方当事人自愿达成的合意，体现双方当事人对自己实体权利的自由处分，一方不得违背对方的真实意思而强迫对方接受协议内容，仲裁庭也不得将自己的意思强加给任何一方当事人。

（2）由仲裁庭主持。仲裁调解系由仲裁庭主持双方当事人进行的调解，仲裁庭不仅应当参与，而且还应当起主导作用。由仲裁庭主持的调解，应当在事实清楚的基础上，分清是非，不得随意“和稀泥”；调解达成协议的内容，不得违反法律、行政法规的强制性规定，不违背公序良俗，不损害国家利益、社会公共利益或者他人合法权益；调解达成协议后，还应当制作调解书或者根据协议的结果制作裁决书。如果不是由仲裁庭主持双方当事人调解，而是由双方当事人自行和解，或者是由其他第三方主持双方当事人调解，则不属于仲裁调解。例如《上海仲裁委员会仲裁规则（2022）》第 48 条规定了“仲裁庭主持的调解”；第 49 条则规定了“其他调解与和解”，该条第 1 项内容为：“仲裁委或者仲裁庭可以根据当事人的申请或在征得当事人同意后，交由上海仲裁委员会多元化争端解决中心主持调解。当事人达成和解协议的，可以参照本规则第四十八条的规定由仲裁庭作出调解书或裁决书。”再如《深圳国际仲裁院仲裁规则（2022）》第 48 条规定了“仲裁庭主持的调解”；第 49 条则规定了“和解、调解及谈判促进”，该条第 1 款规定当事人“可以向仲裁院调解中心或仲裁院认可的其他调解机构申请调解，也可以向仲裁院谈判促进中心申请谈判促进”，第 2 款规定“在仲裁案件审理过程中，当事人根据本条第（一）款规定的方式达成和解协议的，当事人可以请求仲裁庭依照和解协议的内容作出裁决书、调解书或申请撤销仲裁案件”。

（3）在仲裁裁决之前进行。仲裁调解虽然是由仲裁庭主持，但也应当在仲裁庭作出裁决之前进行。如果仲裁庭已经作出裁决，表明对双方当事人之间的纠纷已作出处理决定，仲裁程序终结，无须再主持双方当事人调解。实践中，如果仲裁庭已经形成了裁决意见，甚至已经拟定裁决书但尚未正式作出，此时如果经主持双方当事人调解达成协议的，仍可以由仲裁庭制作调解书或者根据协议的结果制作裁决书，此种情形下实质上的仲裁程序尚未结束，故属于仲裁调解。

当然，仲裁调解也应当在当事人申请仲裁之后进行。如果当事人对纠纷尚未申请仲裁，因仲裁庭尚未组成，也就无从主持双方当事人调解；即使由其他第三方主持双方当事人调解达成协议，但因尚未进入仲裁程序，也不属于仲裁调解。

(二)仲裁调解的作用和意义

仲裁调解实质上是将调解程序嵌入仲裁程序之中，有效地融合了调解和仲裁两种解决纠纷模式的优势，我国《仲裁法》规定了仲裁与调解相结合的制度。仲裁调解具有复合性，调解以仲裁为依托，二者在程序上可以相互交叉衔接，当事人既可以通过调解的方式解决纠纷，也可以通过仲裁的方式解决纠纷。仲裁调解也具有独立性，调解和仲裁的程序相对独立，例如国内仲裁机构的仲裁规则大多有关于“禁止援引调解内容”[①] 之规定，可以从制度上防止在调解程序中获得的相关信息对仲裁裁决的影响。此外，仲裁还对调解起到保障和支撑作用，调解是当事人争取友好协商解决纠纷的有利机会，如果不愿调解或调解不成，仲裁庭应依法及时作出仲裁裁决。[②]

仲裁调解作为仲裁程序中常见的纠纷解决方式，虽然并非必经程序，但对于及时高效解决案件纠纷、促进当事人自觉履行义务，以及预防和减少纠纷等，都具有十分重要的作用和意义。[③]

1. 有利于及时高效解决案件纠纷

仲裁庭对当事人申请仲裁的案件，主持双方当事人居中进行调解，有利于缓和气氛，调和矛盾，促成双方当事人调解达成协议。并且，仲裁调解的程序简便灵活，充分尊重当事人的意思自治，可以不受调解时间、地点、方式、次数以及参与调解人员、调解范围等的限制，也有利于及时高效地解决当事人之间的纠纷。例如《上海仲裁委员会仲裁规则（2022）》第 48 条第 2 款对案外人参加调解进行了规定，即“一方当事人申请案外人参加调解，各方当事人以及该案外人书面同意的，仲裁庭可以通知案外人参加调解”。再如《杭州仲裁委员会仲裁规则（2020）》第 65 条对调解范围超出仲裁请求进行了规定，即“调解协议的内容超出仲裁请求范围的，应当允许”。此外，由仲裁庭主持双方当事人调解达成协议，是双方当事人对纠纷处理达成的合意，仲裁庭制作调解书或者根据协议的结果制作裁决书，通常无须写明争议事实和裁决理由[④]，便于及时结案，节约仲裁资源。

2. 有利于当事人自觉履行义务

仲裁庭主持双方当事人进行调解，以调解的方式解决纠纷，双方当事人并无胜

---

① 例如《中国国际经济贸易仲裁委员会仲裁规则（2024）》第 47 条第 9 款规定：“如果调解不成功，任何一方当事人均不得在其后的仲裁程序、司法程序和其他任何程序中援引对方当事人或仲裁庭在调解过程中曾发表的意见、提出的观点、作出的陈述、表示认同或否定的建议或主张作为其请求、答辩或反请求的依据。”《深圳国际仲裁院仲裁规则（2022）》第 48 条第 6 款以及《上海仲裁委员会仲裁规则（2022）》第 48 条第 5 款也有类似规定。此外，在民事诉讼程序中也有类似规定，例如《民事诉讼法解释》第 107 条规定：“在诉讼中，当事人为达成调解协议或者和解协议作出妥协而认可的事实，不得在后续的诉讼中作为对其不利的根据，但法律另有规定或者当事人均同意的除外。”

② 江伟，肖建国. 仲裁法. 3 版. 北京：中国人民大学出版社，2016：217；谢石松. 商事仲裁法学. 2 版. 北京：高等教育出版社，2022：285.

③ 常英. 仲裁法学. 4 版. 北京：中国政法大学出版社，2019：195.

④ 根据我国《仲裁法》第 54 条规定，裁决书应当写明仲裁请求、争议事实、裁决理由、裁决结果等；而第 52 条第 1 款规定“调解书应当写明仲裁请求和当事人协议的结果”。此外，我国《民事诉讼法》第 100 条第 1 款规定，“调解书应当写明诉讼请求、案件的事实和调解结果”。

败之分，有利于维系友好合作关系，当事人通常会愿意自觉履行义务，以便纠纷得以彻底解决。并且，调解达成协议的结果，往往是权利一方作出一定的妥协和让步，义务一方自觉履行义务通常对其更加有利。此外，调解达成协议的内容，是在当事人发生纠纷之后根据实际履约能力而重新达成的合意，通常具有履行的可行性。

3. 有利于预防和减少纠纷

仲裁庭主持双方当事人进行调解，在事实清楚的基础上，分清是非，明确责任，通常会说法释理、进行法制宣传，既解决当事人之间已经发生的纠纷，又增强当事人的合规意识，有利于预防和减少纠纷发生。

（三）仲裁调解的原则

我国《仲裁法》没有对仲裁调解的原则作出明确规定，根据立法精神并结合仲裁实践，参照我国《民事诉讼法》第 9 条关于“人民法院审理民事案件，应当根据自愿和合法的原则进行调解；调解不成的，应当及时判决”之规定，仲裁调解一般应当遵循自愿原则和合法原则。

1. 自愿原则

自愿原则是指仲裁庭主持双方当事人对纠纷进行调解，应当在当事人自己愿意的基础上，按照当事人的意思决定是否进行调解以及调解达成协议的内容，不得违背当事人的真实意思而强迫或变相强迫其调解及接受调解达成协议的内容。自愿原则是仲裁调解应当遵循的首要原则，贯穿于仲裁调解的全过程，主要体现在以下两个方面：

（1）调解程序自愿。仲裁庭主持双方当事人调解，应当在双方当事人自愿的基础上，按照当事人的意思决定是否启动或终止调解程序。就调解程序的启动而言，仲裁庭对当事人申请仲裁的案件，经审查，认为法律关系明确、事实清楚的，可以径行调解，但应当征得双方当事人同意；仲裁庭也可依当事人申请进行调解，但必须经双方当事人申请或由一方当事人申请并征得另一方当事人同意，否则就不能进行调解。就调解程序的终止而言，当事人可以随时申请终止调解或不再参加调解，如果当事人双方或一方申请终止调解或不再参加调解，仲裁庭应当终止调解程序，及时恢复审理并作出仲裁裁决。例如《中国国际经济贸易仲裁委员会仲裁规则（2024）》第 47 条第 3 款、《深圳国际仲裁院仲裁规则（2022）》第 48 条第 4 款以及《上海仲裁委员会仲裁规则（2022）》第 48 条第 3 款均规定，在调解过程中，任何一方当事人提出终止调解时，应当停止调解。

（2）调解实体自愿。仲裁庭主持双方当事人进行调解，应当在当事人自愿的基础上，按照当事人的意思决定调解达成协议的内容，即双方当事人在互谅互让、友好协商的基础上就实体性争议调解达成协议的，须是双方当事人对纠纷处理达成的合意，且须反映双方当事人的真实意思。仲裁庭在主持双方当事人调解的过程中，可以提供调解意见供双方当事人参考，以促成双方当事人调解达成协议，但不得违背当事人的真实意思而强令当事人双方或一方接受调解意见。

2. 合法原则

合法原则是指仲裁庭主持双方当事人对纠纷进行调解，调解的程序和调解达成协议的内容都应当符合法律规定。合法原则是仲裁调解应当遵循的基本原则，主要体现在以下两个方面：

（1）调解程序合法。仲裁庭主持双方当事人进行调解，必须符合法定程序，在事实清楚的基础上，分清是非，明确责任，而不能一味地“和稀泥”，置事实与法律于不顾。在调解过程中，应当平等对待双方当事人，保障双方当事人的合法权益，而不能偏袒任何一方当事人，更不能充当任何一方当事人的代理人。

（2）调解达成协议内容合法。仲裁庭主持双方当事人进行调解，调解达成协议内容虽然是双方当事人对纠纷处理达成的合意，体现当事人对自己实体权利的自由处分，但不得违反法律、行政法规的强制性规定，不得违背公序良俗，不得损害国家利益、社会公共利益或者他人合法权益。①

（四）仲裁调解的程序

仲裁调解的程序较为灵活，根据相关立法精神并结合仲裁实践，一般包括启动、实施和结束三个环节。

1. 仲裁调解的启动

仲裁调解程序的启动，包括以下两种方式：

（1）由仲裁庭进行启动。仲裁庭对当事人申请仲裁的案件，经审查，认为法律关系明确、案件事实清楚，适宜调解的，在征得双方当事人同意后，可以进行调解。如果双方当事人不同意调解，或一方当事人同意但另一方当事人不同意，仲裁庭不得强行或变相强行进行调解，而应当及时审理并作出裁决。例如《中国国际经济贸易仲裁委员会仲裁规则（2024）》第 47 条第 2 款规定，仲裁庭在征得双方当事人同意后可以按照其认为适当的方式进行调解。再如《上海仲裁委员会仲裁规则（2022）》第 48 条第 1 款规定，仲裁庭可以在征得当事人同意的情况下主持调解。

（2）由仲裁庭依当事人申请启动。仲裁调解应当遵循自愿原则，当事人在仲裁程序中申请调解的，仲裁庭应当启动调解程序。当事人申请调解，可以是双方当事人共同向仲裁庭提出申请，也可以是一方当事人向仲裁庭提出申请并由仲裁庭征得另一方当事人同意。例如《中国国际经济贸易仲裁委员会仲裁规则（2024）》第 47 条第 1 款规定：双方当事人有调解愿望的，或一方当事人有调解愿望并经仲裁庭征得另一方当事人同意的，仲裁庭可以在仲裁程序中对案件进行调解。

2. 仲裁调解的实施

仲裁调解的实施应当由仲裁庭主持，双方当事人或其委托代理人积极参与，不得缺席。如果仲裁庭的组成是独任仲裁庭，则由独任仲裁员主持调解；如果是合议仲裁庭，则由合议仲裁庭全体仲裁员或由合议仲裁庭委托其中一名仲裁员主持调解。

---

① 谢石松. 商事仲裁法学. 2 版. 北京：高等教育出版社，2022：286－287.

实践中，仲裁调解的方式灵活多样，仲裁庭可以采取“面对面”的方式，当面听取在场双方当事人的主张和意见，对双方当事人做调解工作；也可以采取“背靠背”的方式，单独分别听取各方当事人的主张和意见，分别对各方当事人做调解工作。其中，“背靠背”的调解方式，可以有效地消减双方当事人的对立情绪，避免矛盾激化，更加有助于促成双方达成协议。

3. 仲裁调解的结束

仲裁调解程序的结束，包括以下两种情形：

（1）因调解达成协议而结束。经仲裁庭主持双方当事人调解达成协议的，可以结束仲裁程序，具体包括两种方式：一是由仲裁庭制作调解书或裁决书。对此，我国《仲裁法》第 51 条第 2 款规定：“调解达成协议的，仲裁庭应当制作调解书或者根据协议的结果制作裁决书。”仲裁庭制作调解书或裁决书，具有解决当事人实体性争议的终局性效力和强制执行效力。二是由当事人撤回仲裁申请或反请求。例如《上海仲裁委员会仲裁规则（2022）》第 48 条第 4 款规定，经仲裁庭主持调解达成协议的，当事人可以撤回仲裁申请或反请求。《北京仲裁委员会仲裁规则（2022）》第 43 条第 2 款规定：“调解达成协议的，当事人可以撤回仲裁申请，也可以请求仲裁庭根据调解协议的内容制作调解书或者裁决书。”但是，当事人撤回仲裁申请或反请求的，因仲裁庭没有制作调解书或裁决书，故不具有解决当事人实体性争议的终局性效力和强制执行效力。

（2）因调解不能达成协议而结束。经仲裁庭主持双方当事人调解不能达成协议的，仲裁庭应当结束调解程序并及时作出裁决。对此，我国《仲裁法》第 51 条第 1 款规定：“调解不成的，应当及时作出裁决。”第 52 条第 3 款规定：“在调解书签收前当事人反悔的，仲裁庭应当及时作出裁决。”实践中，仲裁庭应当注意调解的适当性、及时性，不能过度调解、久调不决，避免影响当事人纠纷的及时解决。例如《深圳国际仲裁院仲裁规则（2022）》第 48 条第 4 款以及《上海仲裁委员会仲裁规则（2022）》第 48 条第 3 款均规定，在调解过程中，任何一方当事人提出终止调解或者仲裁庭认为已无调解成功的可能时，应当停止调解。

（五）仲裁调解书

1. 仲裁调解书的概念和特征

仲裁调解书是仲裁庭就当事人申请仲裁的案件，经主持双方当事人调解，对双方当事人实体性争议调解达成协议而依法制作的法律文书。[①] 仲裁调解书是仲裁调解的表现形式，将仲裁调解的程序和实体方面的内容按照规定格式制成的法律文书就是仲裁调解书，其具有以下特征：

（1）仲裁调解书依据当事人调解达成协议而制作。仲裁调解书是仲裁庭根据双

---

① 广义而言，仲裁调解书还包括仲裁庭对当事人申请仲裁的案件，根据当事人自行和解达成的和解协议或由仲裁庭以外的其他第三方主持双方当事人调解达成的和解协议而依法作出的仲裁调解书。例如《上海仲裁委员会仲裁规则（2022）》第 49 条、《深圳国际仲裁院仲裁规则（2022）》第 49 条等规定。

方当事人对实体性争议自愿调解达成协议而制作的法律文书，调解达成协议内容是双方当事人对实体性争议处理达成的合意，体现了当事人对自己实体权利的自由处分，而不是仲裁庭对纠纷的处理意见。

（2）仲裁调解书是仲裁庭依法制作的法律文书。仲裁调解书虽然是根据当事人调解达成的协议内容而制作的，但同时又是仲裁庭依法制作的法律文书，对解决双方当事人实体性争议具有终局性效力和强制执行效力。仲裁调解书不同于调解协议，调解协议是双方当事人自愿对实体性争议达成的合意，具有一般意义上的合同效力，但不具有解决双方当事人实体性争议的终局性效力和强制执行效力。

2. 仲裁调解书的内容

仲裁调解书的内容是指仲裁调解书应当载明的相关事项，包括程序和实体两方面内容。我国《仲裁法》第 52 条第 1 款规定："调解书应当写明仲裁请求和当事人协议的结果。调解书由仲裁员签名，加盖仲裁委员会印章，送达双方当事人。"仲裁实践中，仲裁调解书一般包括以下内容：

（1）首部。首部是仲裁调解书的开头部分，应当写明：仲裁调解书的标题、年号及案件编号，双方当事人及代理人的基本信息。

（2）正文。正文是仲裁调解书的核心部分，应当写明：案件审理程序，包括从立案、送达、答辩、开庭、调解、庭审结束等整个过程；仲裁请求，即当事人申请仲裁解决的实体性争议事项；双方当事人调解达成协议的内容；仲裁庭的意见；等等。

（3）尾部。尾部是仲裁调解书的结尾部分，应当写明：仲裁调解书发生法律效力的时间；仲裁员签名；仲裁调解书制作的日期。仲裁调解书应当加盖仲裁机构印章。

此外，在仲裁实践中，仲裁调解书的内容可以进行补正。例如《杭州仲裁委员会仲裁规则（2020）》第 65 条规定："对生效的调解书中的文字、计算错误或者类似错误，仲裁庭应当补正。当事人自调解书生效之日起三十日内可以请求仲裁庭补正。调解书的补正为调解书的组成部分，经送达当事人后生效。"《北京仲裁委员会仲裁规则（2022）》第 43 条第 4 款也有类似规定。

3. 仲裁调解书的法律效力

我国《仲裁法》第 52 条第 2 款规定："调解书经双方当事人签收后，即发生法律效力。"第 51 条第 2 款规定："调解书与裁决书具有同等法律效力。"因此，仲裁庭制作的调解书，经双方当事人签收后，即发生法律效力，对双方当事人均具有法律约束力，其效力主要体现在以下两个方面：

（1）终局性效力。仲裁调解书确认的双方当事人之间的实体权利义务，具有解决双方当事人实体性争议的终局性效力，当事人不得就同一纠纷再申请仲裁或者向人民法院起诉。

（2）强制执行效力。仲裁调解书确认的双方当事人之间的实体权利义务，既是当事人履行义务的依据，也是人民法院强制执行的依据。当事人应当履行仲裁调解书确定的义务，如果一方当事人不履行义务，对方当事人有权向有管辖权的人民法院申请强制执行。

并且，根据《仲裁法解释》第 28 条规定："当事人请求不予执行仲裁调解书或者根据当事人之间的和解协议作出的仲裁裁决书的，人民法院不予支持。"[①] 可见，仲裁庭根据当事人合意而制作的仲裁调解书，因为承载了当事人对自己实体权利的自由处分，相比于其他没有依据当事人合意而作出的仲裁裁决书具有更加"不容推翻"的强制执行效力。司法解释之所以作出该规定，是因为在仲裁调解中，从程序和实体上都充分体现和保障了当事人意思自治原则：当事人自愿签订仲裁协议选择仲裁方式解决纠纷，体现了当事人的意思自治；当事人在仲裁程序中自愿对实体性争议处理达成合意，是当事人对自己实体性权利的自由处分，也体现了当事人的意思自治。此外，我国《仲裁法》还规定了当事人的反悔权，例如第 50 条规定："当事人达成和解协议，撤回仲裁申请后反悔的，可以根据仲裁协议申请仲裁。"第 52 条第 3 款规定："在调解书签收前当事人反悔的，仲裁庭应当及时作出裁决。"故此，仲裁调解书所确定的义务，当事人应当履行，而不能在事后请求人民法院不予执行，否则将有悖于诚信原则。[②]

三、仲裁裁决

（一）仲裁裁决的概念和特征

1. 仲裁裁决的概念

仲裁裁决是指仲裁庭就当事人申请仲裁的案件，根据事实并符合法律规定、参照交易习惯，公平合理地作出处理决定的纠纷解决方式。[③] 我国《仲裁法》第 7 条规定："仲裁应当根据事实，符合法律规定，公平合理地解决纠纷。"[④] 仲裁裁决是仲裁程序中最后的纠纷解决方式。如果当事人不愿和解、调解，或者和解、调解不成未能达成协议，那么仲裁庭应当根据事实并符合法律规定、参照交易习惯，及时对纠纷作出处理决定，从而解决纠纷，终结仲裁程序。

2. 仲裁裁决的特征

（1）仲裁裁决根据事实并符合法律规定、参照交易习惯作出。仲裁裁决不同于仲裁和解及仲裁调解，它不是根据双方当事人自愿对纠纷处理达成的合意而作出，而是仲裁庭在查明事实、分清是非的基础上，根据事实并符合法律规定、参照交易习惯，公平合理地对双方当事人之间的纠纷作出处理决定。

---

① 《仲裁法解释》第 28 条规定的"仲裁调解书"，理应包括仲裁实践中由仲裁庭根据当事人自行和解达成的和解协议而作出的调解书。

② 万鄂湘，等. 最高人民法院仲裁法司法解释的理解与适用. 北京：人民法院出版社，2015：233 - 234.

③ 此处关于仲裁裁决的定义，是从区别于仲裁和解及仲裁调解的角度，从实质意义上作出的界定。广义而言，仲裁裁决还包括仲裁庭根据双方当事人对纠纷处理达成的合意而作出"合意裁决"。详见本节关于合意裁决和非合意裁决的阐述。

④ 《仲裁法（修订）（征求意见稿）》第 7 条修改为："仲裁应当根据事实，符合法律规定，参照交易习惯，公平合理地解决纠纷。"

（2）仲裁裁决由仲裁庭依法独立作出。仲裁裁决不是根据双方当事人对纠纷处理达成的合意而作出，也不代表任何一方当事人的意见，而是仲裁庭独立地对当事人之间的纠纷作出公平合理的处理决定，代表了仲裁庭对当事人纠纷的处理意见，是仲裁庭依法独立行使仲裁权的体现。为此，我国《仲裁法》第 7 条规定，仲裁应当公平合理地解决纠纷。第 8 条还规定："仲裁依法独立进行，不受行政机关、社会团体和个人的干涉。"

（3）仲裁裁决是纠纷解决的最后方式。当事人申请仲裁的案件，可以通过和解、调解和裁决的方式解决，而裁决是最后的纠纷解决方式。在仲裁程序中，双方当事人可以通过自行和解达成和解协议或由仲裁庭主持调解达成协议的方式解决纠纷；如果双方当事人没有自行和解达成和解协议或没有在仲裁庭主持下调解达成协议，那么仲裁庭应当及时作出裁决，以使纠纷得以最终解决。但仲裁庭作出的中间裁决和部分裁决，并不代表仲裁程序终结。

（二）仲裁裁决的种类

仲裁裁决可以根据不同的标准进行划分，主要分为以下种类：

1. 对席裁决和缺席裁决

仲裁裁决以双方当事人是否参与仲裁庭审程序及行使辩论权为标准，可以分为对席裁决和缺席裁决。

（1）对席裁决。对席裁决是指在开庭审理时双方当事人（或其委托代理人）都到庭参与全部庭审程序、行使辩论权，或在书面审理时被申请人（或其委托代理人）提交答辩书及其他材料的情形之下，仲裁庭对双方当事人之间的纠纷所作出的裁决。我国《仲裁法》第 39 条规定："仲裁应当开庭进行。当事人协议不开庭的，仲裁庭可以根据仲裁申请书、答辩书以及其他材料作出裁决。"对席裁决是仲裁庭解决案件纠纷的常态化方式，有利于查明事实、分清是非、明确责任，公平合理地处理当事人之间的争议。

（2）缺席裁决。缺席裁决是指在开庭审理时被申请人（或其委托代理人）未到庭参与全部庭审程序、行使辩论权，或在书面审理时被申请人（或其委托代理人）未提交答辩书及其他材料的情形之下，仲裁庭对双方当事人之间的纠纷所作出的裁决。我国《仲裁法》第 42 条第 2 款规定："被申请人经书面通知，无正当理由不到庭或者未经仲裁庭许可中途退庭的，可以缺席裁决。"但如果是申请人经书面通知，无正当理由不到庭或者未经仲裁庭许可中途退庭的，应视为撤回仲裁申请，而不应缺席裁决。缺席裁决是仲裁庭解决案件争议的非常态化方式，应当注意保护被申请人的合法权益，而不能因为其未参与仲裁庭审程序、未行使辩论权而作出对其不利的裁决。

2. 合意裁决和非合意裁决

仲裁裁决以裁决的作出是否根据双方当事人合意为标准，可以分为合意裁决和非合意裁决。

（1）合意裁决。合意裁决是指仲裁庭根据双方当事人对纠纷处理达成的合意，对双方当事人之间的纠纷作出的裁决。双方当事人对纠纷处理达成的合意，可以是双方当事人自行和解达成的和解协议或由仲裁庭以外的其他第三方主持双方当事人调解达成的和解协议，也可以是由仲裁庭主持双方当事人调解达成协议的结果。实践中，当事人之间的纠纷可以通过达成和解协议或调解协议的方式予以解决，但和解协议或调解协议本身不具有解决当事人实体性争议的终局性效力和强制执行效力，如果当事人不履行约定义务，那么纠纷仍未得到解决。故此，当事人可以请求仲裁庭根据和解协议作出裁决书或根据调解达成协议的结果制作裁决书，亦即形成合意裁决，从而具有解决当事人实体性争议的终局性效力和强制执行效力。合意裁决并非典型的仲裁裁决，体现的不是仲裁庭对当事人实体性争议的处理意见，而是双方当事人对纠纷处理达成的合意，只不过借用了仲裁裁决的形式。①

（2）非合意裁决。非合意裁决是指仲裁庭根据案件事实并符合法律规定、参照交易习惯，对双方当事人之间的纠纷公平合理地作出的裁决。非合意裁决是典型的仲裁裁决，体现的是仲裁庭对当事人实体性争议的处理意见，而不是双方当事人对纠纷处理达成的合意，也不受行政机关、社会团体和个人的干涉。

3. 中间裁决、部分裁决和最终裁决

仲裁裁决以裁决作出的时间和内容为标准，可以分为中间裁决、部分裁决和最终裁决。②

（1）中间裁决。中间裁决是指在仲裁审理过程中，仲裁庭对于影响仲裁程序进展的争议事项或者需要在最终裁决作出前予以明确的事项，先行作出的临时性裁决。在国外，中间裁决通常只是针对仲裁审理中的程序性问题作出处理决定，如仲裁管辖权、仲裁中的财产保全和证据保全等。③ 但是，根据我国《仲裁法》的规定，针对程序性问题作出处理决定，通常采用“决定”而不用“裁决”的形式，例如第 20 条第 1 款规定：“当事人对仲裁协议的效力有异议的，可以请求仲裁委员会作出决定或者请求人民法院作出裁定。一方请求仲裁委员会作出决定，另一方请求人民法院作出裁定的，由人民法院裁定。”在仲裁实践中，中间裁决可能既涉及程序性问题也涉及实体性问题，例如《北京仲裁委员会仲裁规则（2022）》第 50 条第 2 款规定：“仲裁庭认为必要或者当事人申请经仲裁庭同意时，仲裁庭可以就案件争议的程序问题或者实体问题作出中间裁决。”另据《上海仲裁委员会仲裁规则（2022）》第 52 条第 1 款规定：“对于影响仲裁程序进展的争议事项，或者需要在最终裁决作出前予以明确的事项，仲裁庭可以作出中间裁决。中间裁决有履行内容的，当事人应当履

---

① 谭兵. 中国仲裁制度研究. 北京：法律出版社，1995：243.

② 《仲裁法（修订）（征求意见稿）》增加了中间裁决的规定，并与部分裁决相结合，以利于发挥仲裁特色，促进纠纷快速解决。参见第 74 条规定：“仲裁庭仲裁纠纷时，其中一部分事实已经清楚，可以就该部分先行作出部分裁决。仲裁庭仲裁纠纷时，其中有争议事项影响仲裁程序进展或者需要在最终裁决作出前予以明确的，可以就该问题先行作出中间裁决。部分裁决和中间裁决有履行内容的，当事人应当履行。当事人不履行部分裁决的，对方当事人可以依法申请人民法院强制执行。部分裁决或者中间裁决是否履行不影响仲裁程序的进行和最终裁决的作出。”

③ 谢石松. 商事仲裁法学. 2 版. 北京：高等教育出版社，2022：306.

行；中间裁决是否履行不影响仲裁程序的进行和最终裁决的作出。”该条关于“中间裁决有履行内容的，当事人应当履行”之规定，也应涉及实体性问题。

（2）部分裁决。部分裁决是指在仲裁审理过程中，其中一部分事实已经清楚，仲裁庭认为必要或者当事人申请并经仲裁庭同意，可以在作出最终裁决之前，对当事人的部分请求事项先行作出的裁决。部分裁决是对实体性问题所作出的裁决，具有终局性效力和强制执行效力，当事人不得就同一纠纷再申请仲裁或者向人民法院起诉，一方当事人不履行的，另一方当事人可以向有管辖权的人民法院申请强制执行。例如我国《仲裁法》第55条规定：“仲裁庭仲裁纠纷时，其中一部分事实已经清楚，可以就该部分先行裁决。”[①]《中国国际经济贸易仲裁委员会仲裁规则（2024）》第53条第1款规定：“仲裁庭认为必要或当事人提出请求并经仲裁庭同意的，仲裁庭可以在作出最终裁决之前，就当事人的某些请求事项先行作出部分裁决。部分裁决是终局的，对双方当事人均有约束力。”《杭州仲裁委员会仲裁规则（2020）》第68条第2款规定：“当事人应当履行部分裁决，不履行部分裁决的，不影响仲裁程序的进行和最终裁决的作出。”在仲裁实践中，通常是在案件事实比较复杂，短期内难以全部查清，而部分事实已查清且相对独立时，应当事人迫切要求，仲裁庭认为必要，从而对当事人的部分请求事项先行作出裁决。

（3）最终裁决。最终裁决是指在仲裁审理结束时，仲裁庭对当事人的全部请求事项最后作出的裁决。最终裁决是对实体性问题所作出的裁决，具有终局性效力和强制执行效力。最终裁决相比部分裁决而言，还具有终结性，一旦作出整个仲裁程序即告终结，从而产生终结全部仲裁程序的法律效果；而部分裁决只是仲裁庭在仲裁程序中对部分争议事项先行作出的阶段性处理决定，不具有终结性。最终裁决和部分裁决是整体和部分的关系，部分裁决是最终裁决的组成部分，部分裁决已经作出处理决定的事项，最终裁决一般不会再作处理决定，二者的内容不得相互矛盾和抵触。例如《杭州仲裁委员会仲裁规则（2020）》第68条第1款规定：“仲裁庭审理的案件，如果其中一部分事实已经查明，仲裁庭可以就该部分作出部分裁决。已经裁决的部分在最终裁决中不再重复裁决，部分裁决自作出之日起发生法律效力。”

此外，根据仲裁裁决书的内容是否写明争议事实和裁决理由为标准，可以将仲裁裁决分为载明事实和理由的裁决和不载明事实和理由的裁决。通常情形下，仲裁裁决书应当写明争议事实和裁决理由，该仲裁裁决即为载明事实和理由的裁决；但基于仲裁的自治性和保密性，如果当事人不愿意在仲裁裁决书中写明争议事实和裁决理由的，仲裁庭应予以尊重，该仲裁裁决即为不载明事实和理由的裁决。例如我国《仲裁法》第54条规定，裁决书应当写明仲裁请求、争议事实、裁决理由、裁决结果等，当事人协议不愿写明争议事实和裁决理由的，可以不写。另外，根据仲裁裁决书的内容是否需要更正错误、补充遗漏为标准，可以将仲裁裁决分为补正裁决

---

① 《仲裁法（修订）（征求意见稿）》第74条规定：“当事人不履行部分裁决的，对方当事人可以依法申请人民法院强制执行。”

和被补正裁决。仲裁裁决书的内容被其他仲裁裁决书更正错误、补充遗漏的，该仲裁裁决即为被补正裁决；仲裁裁决书用于对其他仲裁裁决书的内容更正错误、补充遗漏的，该仲裁裁决即为补正裁决，补正裁决构成被补正裁决的有机组成部分，而不是撤销被补正裁决。例如我国《仲裁法》第 56 条规定，对裁决书中的文字、计算错误或者仲裁庭已经裁决但在裁决书中遗漏的事项，仲裁庭应当补正。

（三）仲裁裁决的作出

因仲裁庭的组成方式不同，仲裁裁决的作出也有所不同，具体有以下两种情形：

1. 由独任制仲裁庭作出

如果仲裁庭由 1 名仲裁员成立，因系独任仲裁员单独审理案件，故不会出现多名仲裁员对当事人纠纷处理的不同意见。独任仲裁员对案件依法审理，在查明争议事实、分清是非的基础上，符合法律规定、参照交易习惯，公平合理地处理纠纷，直接作出仲裁裁决。

2. 由合议制仲裁庭作出

如果仲裁庭由 3 名仲裁员组成，因系多名仲裁员共同审理案件，故可能出现多名仲裁员对当事人纠纷处理的不同意见。我国《仲裁法》第 53 条规定："裁决应当按照多数仲裁员的意见作出，少数仲裁员的不同意见可以记入笔录。仲裁庭不能形成多数意见时，裁决应当按照首席仲裁员的意见作出。"① 由此，合议制仲裁庭作出仲裁裁决包括：一是仲裁庭能够形成多数意见的，按照多数仲裁员的意见作出；二是仲裁庭不能形成多数意见的，按照首席仲裁员的意见作出。之所以按照首席仲裁员的意见作出仲裁裁决，是因为我国《仲裁法》第 31 条第 1 款规定了首席仲裁员由"当事人共同选定或者共同委托仲裁委员会主任指定"②，其立场更加独立、公正，且由首席仲裁员负责主持合议庭和案件审理全过程，也可使当事人之间的纠纷能够得到及时、高效处理。类似规定如《中国国际经济贸易仲裁委员会仲裁规则（2024）》第 52 条第 6 款规定："仲裁庭不能形成多数意见的，裁决依首席仲裁员的意见作出。其他仲裁员的书面意见应附卷，并可以附在裁决书后，该书面意见不构成裁决书的组成部分。"

---

① 我国《仲裁法》第 53 条关于"仲裁庭不能形成多数意见时，裁决应当按照首席仲裁员的意见作出"之规定，有别于民事诉讼中人民法院合议庭评议案件实行严格的少数服从多数原则。参见我国《民事诉讼法》第 45 条规定："合议庭评议案件，实行少数服从多数的原则。评议应当制作笔录，由合议庭成员签名。评议中的不同意见，必须如实记入笔录。"

② 我国《仲裁法》第 31 条规定："当事人约定由三名仲裁员组成仲裁庭的，应当各自选定或者各自委托仲裁委员会主任指定一名仲裁员，第三名仲裁员由当事人共同选定或者共同委托仲裁委员会主任指定。第三名仲裁员是首席仲裁员。"《仲裁法（修订）（征求意见稿）》还增加规定由已选定或者指定的两名仲裁员共同选定首席仲裁员，即第 51 条第 1 款规定："当事人约定由三名仲裁员组成仲裁庭的，应当各自选定一名仲裁员，未能选定的由仲裁机构指定；第三名仲裁员由当事人共同选定；当事人未能共同选定的，由已选定或者指定的两名仲裁员共同选定；两名仲裁员未能共同选定的，由仲裁机构指定。第三名仲裁员是首席仲裁员。"另《深圳国际仲裁院仲裁规则》第 30 条也有类似规定。

（四）仲裁裁决书

1. 仲裁裁决书的概念和特征

仲裁裁决书是仲裁庭就当事人申请仲裁的案件，根据事实并符合法律规定、参照交易习惯，对双方当事人实体性争议公平合理地作出处理而依法作出的法律文书。① 仲裁裁决书是仲裁裁决的表现形式，是将仲裁裁决的程序和实体方面的内容按照规定格式制成的法律文书。其具有以下特征：

（1）仲裁裁决书依据事实并符合法律规定、参照交易习惯而作出。仲裁裁决书不同于仲裁调解书，它不是根据双方当事人对实体性争议自愿调解达成协议而作出的，而是仲裁庭根据案件事实并符合法律规定、参照交易习惯，对双方当事人实体性争议进行公平合理的处理而作出的法律文书，体现了仲裁庭对纠纷的处理意见。

（2）仲裁裁决书是仲裁庭依法独立作出的法律文书。仲裁裁决书不是根据当事人对纠纷处理达成的合意作出的，也不代表任何一方当事人的意见，而是仲裁庭独立地对当事人实体性争议进行公平合理的处理而作出的法律文书。仲裁裁决书对解决双方当事人实体性争议具有终局性效力和强制执行效力，是仲裁庭依法独立行使仲裁权的体现，不受行政机关、社会团体和个人的干涉。

2. 仲裁裁决书的内容

仲裁裁决书的内容是指仲裁裁决书应当载明的相关事项，包括程序和实体两方面内容。我国《仲裁法》第 54 条规定："裁决书应当写明仲裁请求、争议事实、裁决理由、裁决结果、仲裁费用的负担和裁决日期。当事人协议不愿写明争议事实和裁决理由的，可以不写。裁决书由仲裁员签名，加盖仲裁委员会印章。对裁决持不同意见的仲裁员，可以签名，也可以不签名。"在仲裁实践中，仲裁裁决书一般包括以下内容：

（1）首部。首部是仲裁裁决书的开头部分，应当写明：仲裁裁决书的标题、年号及案件编号；双方当事人及代理人的基本信息。

（2）正文。正文是仲裁裁决书的核心部分，应当写明：案件审理程序，包括从立案、送达、答辩、开庭、调解、庭审结束等整个过程；仲裁请求，即当事人申请仲裁解决的实体性争议事项；争议事实，即双方当事人主张的事实和理由、提供的证据和证明目的，以及争议焦点；裁决理由，即仲裁庭认定的事实和理由，对证据是否采信和理由，适用的法律、交易习惯和理由，以及对争议焦点的评判意见；裁决结果，即仲裁庭对当事人实体性争议事项作出的处理决定；仲裁费用的负担，即仲裁庭对申请人预交的仲裁费用确定由谁负担以及负担的比例等。其中，如果当事人协议不愿写明争议事实和裁决理由的，仲裁裁决书可以略去不写。

---

① 广义而言，仲裁裁决书还包括仲裁庭对当事人申请仲裁的案件，根据双方当事人对实体性争议达成的合意而作出或制作的仲裁裁决书。参见我国《仲裁法》第 49 条、第 51 条，以及《上海仲裁委员会仲裁规则（2022）》第 49 条、《深圳国际仲裁院仲裁规则（2022）》第 49 条。需要注意的是，在民事诉讼程序中，人民法院不得根据当事人之间对纠纷处理达成的合意而制作判决书。对此，《民事诉讼法解释》第 148 条第 1 款规定："当事人自行和解或者调解达成协议后，请求人民法院按照和解协议或者调解协议的内容制作判决书的，人民法院不予准许。"

（3）尾部。尾部是仲裁裁决书的结尾部分，应当写明：仲裁裁决书发生法律效力的时间；仲裁员签名；仲裁裁决书作出的日期。仲裁员如果对裁决持不同意见，可以签名也可以不签名，仲裁裁决书应当加盖仲裁机构印章。

3. 仲裁裁决书的补正

仲裁实行一裁终局的制度，仲裁裁决书自作出之日起发生法律效力，当事人不得请求变更仲裁裁决，仲裁庭也不得变更已经作出的仲裁裁决。但是，如果仲裁裁决书的内容出现文字、计算错误或者已裁决事项的遗漏，影响到双方当事人的实体权利义务，仲裁庭应当予以补正，亦即对文字、计算错误应当予以更正，对已裁决事项的遗漏应当予以补充。我国《仲裁法》第 56 条规定："对裁决书中的文字、计算错误或者仲裁庭已经裁决但在裁决书中遗漏的事项，仲裁庭应当补正；当事人自收到裁决书之日起三十日内，可以请求仲裁庭补正。"另《中国国际经济贸易仲裁委员会仲裁规则（2024）》第 56 条"裁决书的更正"规定："（一）仲裁庭可以在发出裁决书后的合理时间内自行以书面形式对裁决书中的书写、打印、计算上的错误或其他类似性质的错误或遗漏事项作出更正。（二）任何一方当事人均可以在收到裁决书后 30 天内就裁决书中的书写、打印、计算上的错误或其他类似性质的错误或遗漏事项，书面申请仲裁庭作出更正；如确有错误，仲裁庭应在收到书面申请后 30 天内作出书面更正。（三）上述书面更正构成裁决书的组成部分，应适用本规则第五十二条第（四）至（十）款的规定。"

4. 仲裁裁决书的法律效力

我国《仲裁法》第 57 条规定："裁决书自作出之日起发生法律效力。"因此，仲裁裁决书发生法律效力的时间不同于仲裁调解书，仲裁调解书经双方当事人签收后才发生法律效力，而仲裁裁决书自作出之日起即发生法律效力，对双方当事人均具有法律约束力，其效力主要体现在以下两个方面：

（1）终局性效力。仲裁裁决书载明的裁决结果，具有解决双方当事人实体性争议的终局性效力，当事人不得就同一纠纷再申请仲裁或者向人民法院起诉。我国《仲裁法》第 9 条第 1 款规定："仲裁实行一裁终局的制度。裁决作出后，当事人就同一纠纷再申请仲裁或者向人民法院起诉的，仲裁委员会或者人民法院不予受理。"在仲裁实践中，也存在"选择性复裁程序"的特殊情形，例如《深圳国际仲裁院仲裁规则（2022）》第 51 条第 8 款规定："裁决是终局的，对各方当事人均有约束力。但当事人约定适用选择性复裁程序的，裁决效力依本规则第六十八条及《深圳国际仲裁院选择性复裁程序指引》确定。"该仲裁规则第 68 条关于"选择性复裁程序"规定："（一）在仲裁地法律不禁止的前提下，当事人约定任何一方就仲裁庭依照本规则第八章作出的裁决可以向仲裁院提请复裁的，从其约定。适用本规则快速程序的案件，不适用本条规定的选择性复裁程序。（二）选择性复裁程序按照《深圳国际仲裁院选择性复裁程序指引》的规定进行。"根据《深圳国际仲裁院选择性复裁程序指引》第 6 条规定："适用本《指引》申请复裁的，原裁决在提请复裁期限届满前不具有终局效力。"该《指引》第 7 条规定："复裁庭可以维持或者变更原裁决。复裁庭作出的裁决替代原裁决，为终局裁决，对各方当事人有约束力。”

同时，仲裁裁决书的终局性效力也不是绝对的。对此，我国《仲裁法》第 9 条第 2 款规定：裁决被人民法院依法裁定撤销的，当事人就该纠纷可以根据双方重新达成的仲裁协议申请仲裁，也可以向人民法院起诉。

（2）强制执行效力。仲裁裁决书载明的裁决结果，既是当事人履行义务的依据，也是人民法院强制执行的依据。当事人应当履行裁决结果所确定的义务，如果一方当事人不履行义务，对方当事人有权向有管辖权的人民法院申请强制执行。对此，我国《仲裁法》第 62 条规定：“当事人应当履行裁决。一方当事人不履行的，另一方当事人可以依照民事诉讼法的有关规定向人民法院申请执行。受申请的人民法院应当执行。”

需要注意的是，根据《仲裁法解释》第 28 条规定：“当事人请求不予执行仲裁调解书或者根据当事人之间的和解协议作出的仲裁裁决书的，人民法院不予支持。”① 可见，仲裁庭根据当事人合意作出的仲裁裁决书，相比于其他没有依据当事人合意作出的仲裁裁决书具有更加“不容推翻”的强制执行效力。同时，仲裁裁决书的强制执行效力也不是绝对的。对此，我国《仲裁法》第 9 条第 2 款规定，裁决被人民法院依法裁定不予执行的，当事人就该纠纷可以根据双方重新达成的仲裁协议申请仲裁，也可以向人民法院起诉。此外，根据《民事诉讼法解释》第 93 条规定，已为仲裁机构生效裁决所确认的事实，当事人无须举证证明，但当事人有相反证据足以推翻的除外。因此，仲裁裁决所确认的事实，具有证明待证事实的证据效力。

【本章涉及的法律条文】

1.《中华人民共和国仲裁法》第 7～9 条，第 20、31、39、42 条，第 49～57 条，第 62 条。

2.《中华人民共和国民法典》第 119 条，第 465 条。

3.《中华人民共和民事诉讼法》第 9、45、100 条。

【案例评析】

案例一

1. 本案涉及本章知识点：仲裁调解的程序

2. 案情介绍

甲公司与乙公司因买卖合同纠纷一案向 B 仲裁机构申请仲裁，仲裁庭经审理后作出裁决。乙公司认为，仲裁庭未征求双方当事人的最后意见进行调解，使其丧失了调

① 《仲裁法解释》第 28 条规定的“仲裁裁决书”，应当作扩展解释，包括我国《仲裁法》第 51 条第 2 款规定的由仲裁庭主持双方当事人调解达成协议并根据协议的结果而制作的裁决书。

解机会，违反法定程序，遂根据《仲裁法》第58条之规定，向B市中级人民法院申请撤销仲裁裁决。甲公司认为，调解应当遵循自愿原则，不同意与乙公司进行调解。

3. 案例评析

根据《仲裁法》第51条第1款规定："仲裁庭在作出裁决前，可以先行调解。当事人自愿调解的，仲裁庭应当调解。调解不成的，应当及时作出裁决。"因此，仲裁庭在作出裁决之前可以先行调解，但不是必须先行调解，调解并非作出裁决的必经程序；且调解应当遵循自愿原则，仲裁庭可以征得双方当事人同意后主持调解，也可以经双方当事人申请或一方申请并征得另一方同意后主持调解。另根据《B仲裁机构仲裁规则》第47条规定："双方当事人有调解愿望的，或一方当事人有调解愿望并经仲裁庭征得另一方当事人同意的，仲裁庭可以在仲裁程序中对案件进行调解。"本案中，不存在"当事人自愿调解的"情形，或"双方当事人有调解愿望的，或一方当事人有调解愿望并经仲裁庭征得另一方当事人同意的"情形，仲裁庭未进行调解，并不违反《仲裁法》及《B仲裁机构仲裁规则》的相关规定，故本案不符合《仲裁法》第58条第1款规定的"仲裁的程序违反法定程序的"可以申请撤销裁决的条件，乙公司的理由不成立。

案例二

1. 本案涉及本章知识点：仲裁裁决书的补正

2. 案情介绍

甲公司与乙公司因建设工程施工合同纠纷一案向A仲裁机构申请仲裁，乙公司在仲裁过程中提出反请求，要求甲公司返还超付的工程款100万。仲裁庭经审理后作出裁决，在说理部分表明不支持乙公司的反请求，但裁决主文未就该反请求作出处理决定。乙公司认为，仲裁裁决未就反请求作出处理决定，违反法定程序，遂根据《仲裁法》第58条之规定，向A市中级人民法院申请撤销仲裁裁决。甲公司认为，仲裁裁决未就反请求作出处理决定，不属于违反法定程序可以申请撤销裁决的情形，应根据《仲裁法》第56条规定请求仲裁庭补正。

3. 案例评析

根据《仲裁法》第56条规定："对裁决书中的文字、计算错误或者仲裁庭已经裁决但在裁决书中遗漏的事项，仲裁庭应当补正；当事人自收到裁决书之日起三十日内，可以请求仲裁庭补正。"本案中，仲裁庭作出的仲裁裁决在说理部分表明不支持乙公司的反请求，但裁决主文未就该反请求作出处理决定，属于"仲裁庭已经裁决但在裁决书中遗漏的事项"，根据《仲裁法》第56条之规定，仲裁庭应当补正，故甲公司的理由成立。

至于乙公司主张因仲裁的程序违反法定程序故应当撤销裁决，虽然《仲裁法》第58条第1款规定"仲裁的程序违反法定程序的"可以申请撤销裁决，但《仲裁法解释》第20条进一步规定："仲裁法第五十八条规定的'违反法定程序'，是指违反仲裁法规定的仲裁程序和当事人选择的仲裁规则可能影响案件正确裁决的情形。"因此，违反法定程序"可能影响案件正确裁决的"才符合《仲裁法》第58条第1款规定的撤销裁决的条件。实践中，仲裁的程序违反法定程序的主要情形有：没有在法律规定或者仲裁规则规定的期限内向被申请人送达仲裁申请书副本、仲裁规则和仲裁员名册；当事人约定开庭审理而未开庭审理的；未以适当方式通知当事人参加庭审的；证据未向对方当事人展示的，但证据由其提供者除外；未给予当事人陈述和辩论的机会的；仲裁庭未形成多数意见时未按照首席仲裁员的意见裁决的；等等。[①]本案中，仲裁庭作出的仲裁裁决在说理部分表明不支持乙公司的反请求，但在裁决主文未就该反请求作出处理决定，并不影响案件正确裁决，故不符合《仲裁法》第58条第1款规定的“仲裁的程序违反法定程序的”可以申请撤销裁决的条件，乙公司的理由不能成立。

【疑难问题】

1. 如何理解当事人达成和解协议后撤回仲裁申请的效力？
2. 仲裁和解与仲裁调解有什么异同？
3. 仲裁调解是否会影响仲裁裁决的公正性？
4. 仲裁调解与仲裁裁决有什么异同？
5. 如何理解部分裁决和最终裁决的关系？

课后训练

1. 当事人申请仲裁后，自行和解达成和解协议的，可以处理的方式有（　　）。

A. 撤回仲裁申请

B. 请求仲裁庭根据和解协议作出调解书

C. 请求仲裁庭根据和解协议作出裁决书

D. 撤回仲裁反请求

2. 当事人自行和解达成的和解协议的，仲裁庭应当审查和解协议的内容（　　）。

A. 是否对双方当事人公平合理

B. 是否违反法律的强制性规定

C. 是否违背公序良俗

D. 是否损害他人合法权益

3. 根据我国《仲裁法》规定，调解达成协议的，仲裁庭应当（　　）。

A. 作出调解书

B. 制作调解书

C. 根据协议的结果作出裁决书

D. 根据协议的结果制作裁决书

① 万鄂湘，等. 最高人民法院仲裁法司法解释的理解与适用. 北京：人民法院出版社，2015：179－180.

4. 对当事人申请仲裁的案件，仲裁庭作出仲裁裁决的依据可以是（　　）。

A. 当事人在申请仲裁之后自行达成的和解协议

B. 当事人在申请仲裁之前自行达成的和解协议

C. 仲裁庭以外的其他第三方主持当事人调解达成的和解协议

D. 仲裁庭主持当事人调解达成协议

5. 根据我国《仲裁法》规定，调解书应当载明的内容有（　　）。

A. 仲裁请求　　B. 争议事实　　C. 裁决理由　　D. 当事人协议的结果

论文选题参考

1. 仲裁与调解相结合原则
2. 仲裁调解效力研究
3. 仲裁裁决效力研究
4. 中间裁决研究
5. 友好仲裁研究

延伸阅读

1. 沈四宝，张丽霞，田锐华. 中国商事仲裁与调解百问. 北京：北京大学出版社，2021.

2. 杨良宜，莫世杰，杨大明. 仲裁法：从开庭审理到裁决书的作出与执行. 北京：法律出版社，2010.

3. 沈志先. 裁判文书制作. 2版. 北京：法律出版社，2017.

第十章　仲裁裁决的撤销与执行

【内容摘要】

仲裁司法审查、司法监督是仲裁制度的重要组成部分，是我国仲裁法的基本制度。仲裁裁决撤销是对仲裁一裁终局制度的救济和补充，必须基于法定事由按照法定程序审查处理，并产生相应法律后果；执行仲裁裁决是人民法院对仲裁支持的重要表现，是仲裁制度存在和可持续发展的根本保障，仲裁裁决的执行应按照申请、审查、执行实施等程序进行；不予执行仲裁裁决是执行被申请人的一项抗辩性权利，须基于法定事由按照法定程序审查处理，并将产生相应法律后果；仲裁裁决撤销与不予执行均是对仲裁的重要司法审查方式，也是法律赋予当事人的救济程序，两者相辅相成，形成了完善的仲裁司法监督机制。

【学习目标】

(1) 在知识学习层面，需要学生了解仲裁裁决撤销与执行的基本内涵，掌握撤销仲裁裁决的法定事由、审查处理与法律后果，熟悉仲裁裁决执行的基本程序和不予执行的申请、审查及法律后果。(2) 在能力训练层面，需要学生充分理解仲裁裁决撤销与不予执行两种仲裁司法监督模式的法定程序、法定事由、法律后果，具备仲裁司法审查、司法监督的实践能力。(3) 在价值引领层面，充分理解公平正义是中国特色社会主义的内在要求，司法是维护社会公平正义的最后一道防线；仲裁司法审查、司法监督旨在防止仲裁权滥用，确保仲裁案件实现公平正义，提升仲裁公信力。

【知识要点】

一、仲裁裁决的撤销

（一）仲裁裁决撤销的内涵

仲裁裁决的撤销是指在法定情形下，经当事人申请，人民法院依法审查并否定仲裁裁决的制度。撤销制度是仲裁司法审查和司法监督的重要内容，是对仲裁一裁终局制度的救济和补充，旨在防止仲裁权滥用，确保仲裁公正和正确，提升仲裁公信力。总的来说，仲裁裁决的撤销本质是一种司法监督机制，是仲裁裁决已经作出和生效后当事人向人民法院提出的事后救济措施。

（二）撤销国内仲裁裁决的法定事由

根据《仲裁法》第 58 条之规定，撤销国内仲裁裁决的法定事由包括七种。[①] 总体来看，我国撤销仲裁裁决的法定事由主要为程序性事由，如与仲裁协议、仲裁庭组成、仲裁程序或仲裁规则相关的内容，但也涉及部分实体内容。相比国外仲裁裁决的撤销，我国仲裁裁决撤销的司法审查更为宽泛。如有关仲裁范围和证据运用的事由，人民法院对国内仲裁的监督更加具有深度和广度。[②] 从司法实践的角度看，应当准确理解立法本意，严格把握司法标准，不宜扩大撤销仲裁裁决的范围，对于超出《仲裁法》第 58 条规定情形的仲裁裁决撤销申请人民法院不应支持。撤销国内仲裁裁决的法定事由主要有如下七种：

1. 没有仲裁协议

没有仲裁协议[③]，包括争议提交仲裁前后均没有达成仲裁协议以及因被认定无效或被撤销而被视为没有仲裁协议。仲裁协议是仲裁机构取得仲裁管辖权的依据，是仲裁权行使的正当性来源，也是仲裁制度存在的法律基础。仲裁协议是否存在且合法、有效是司法实践中当事人争执的焦点问题，也是司法审查的关键问题。在此要件缺失的情形下，仲裁程序则丧失了根基，仲裁机构本应不予受理，如仍进行仲裁程序并作出仲裁裁决则存在明显违法，应依当事人申请依法撤销。就本项仲裁裁决撤销事由而言，我们既要关注自始至终根本没有达成仲裁协议的情形，也要关注

---

① 针对撤销仲裁裁决的事由，《仲裁法（修订）（征求意见稿）》第 77 条除了调整第 1 项和第 2 项事由的表述，并修改第 3 项事由的内容外，还增加了一项事由，即“被申请人没有得到指定仲裁员或者进行仲裁程序的通知，或者其他不属于被申请人负责的原因未能陈述意见的”，强化了对被申请人受合法通知权和陈述权的保障。需要特别注意的是，《仲裁法（修订）（征求意见稿）》第 77 条将现行《仲裁法》第 58 条第 1 款规定的第 4 项“裁决所依据的证据是伪造的”和第 5 项“对方当事人隐瞒了足以影响公正裁决的证据”两种事由，整合为一项新的事由“裁决因恶意串通、伪造证据等欺诈行为取得的”。从外延来看，“欺诈行为取得”存在的情形更为宽泛，包括但不限于前述两种情形，更为科学和合理。

② 学界质疑这种撤销事由会导致司法审查实质化，将撤销程序演化为仲裁的“上诉审”程序。

③ 《仲裁法（修订）（征求意见稿）》第 77 条第 1 款第 1 项明确表述为：“没有仲裁协议或者仲裁协议无效的。”

已达成仲裁协议的法律效力缺陷问题。如没有约定仲裁机构、仲裁机构约定不明确或约定了两个以上仲裁机构等情形，会导致仲裁协议约定不具有约束力。当然，在重大误解、欺诈、胁迫或乘人之危等情形下，仲裁协议也存在被撤销的可能。除此之外，还须关注仲裁第三人问题，学界呼吁承认第三人制度，认为允许仲裁协议牵连方成为第三人加入仲裁程序，不仅有利于减少另行仲裁或诉讼的成本，也有利于矛盾消除。[①] 就目前而言，我国尚无关于第三人直接参加仲裁程序的规范依据，将第三人纳入仲裁程序仍需取得第三人同意，由其明确接受仲裁管辖的意思表示，如邀请仲裁制度。

2. 裁决的事项不属于仲裁协议的范围或者仲裁委员会无权仲裁

"裁决的事项不属于仲裁协议的范围或者仲裁委员会无权仲裁"[②] 属于排除仲裁管辖的事由。仲裁范围的界定以及仲裁委员会是否无权仲裁本质属于仲裁事项的可仲裁性问题。鉴于仲裁是当事人对争议解决的一种合同性安排，仲裁庭的权力是非常有限的，各个国家普遍通过仲裁法立法对可仲裁事项进行界定，以明确"可仲裁性"。[③] 我国仲裁立法及司法解释也将仲裁范围确立为合同争议，包括基于合同成立、效力、变更、履行、解除、违约等所有合同相关行为产生的纠纷，且明确了行政争议和婚姻、收养、继承、扶养等身份性民事争议不属于可仲裁事项。对于超出仲裁范围的事项，无论是超出仲裁协议约定，还是依法不属于可仲裁事项，均系仲裁庭越权仲裁，当事人均有权申请撤销仲裁裁决。近些年来，理论界和实务界一直热衷于探索仲裁范围的扩张问题，如 PPP 协议。在此背景下，司法实践中对"与合同有关的争议"的理解较为宽松。

3. 仲裁庭的组成或者仲裁的程序违反法定程序

《仲裁法解释》第 20 条对"违反法定程序"进行了明确界定，包括违反仲裁法规定的仲裁程序和违反当事人选择的仲裁规则可能影响正确裁决的情形。从司法解释规定的内容看，这里的法定程序仅仅包括仲裁法的规定和仲裁法直接援引的民事诉讼法条文和相关司法解释，对于仲裁法没有援引的民事诉讼法条文和司法解释不能直接适用于仲裁程序。基于仲裁规则与仲裁的不可分割性，仲裁规则无疑是仲裁程序的重要组成部分，违反仲裁规则也应当认定为违反仲裁程序。需要注意的是，违反仲裁程序，并不必然导致仲裁裁决被撤销，还要看是否实质影响了仲裁裁决的公正性。从司法实践的视角观察，违反仲裁法定程序导致仲裁裁决被撤销的情形包括但不限于下列情形：仲裁庭人数违反仲裁协议约定，未给予当事人选择仲裁员的机会，仲裁员没有按照规定回避，没有给予仲裁被申请人答辩期，没有给予当事人陈述和答辩的机会，没有按照规定或约定向当事人送达仲裁申请书副本、仲裁规则和仲裁员名册，等等。《仲裁法（修订）（征求意见稿）》对这一事由进行了调整，

① 汪蓓. 仲裁第三人程序准入制度的检视与完善. 华东政法大学学报，2021（3）：132.

② 《仲裁法（修订）（征求意见稿）》第 77 条第 1 款第 2 项明确表述为："裁决的事项不属于仲裁协议的范围或者超出本法规定的仲裁范围的。"

③ 万鄂湘，等. 最高人民法院仲裁法司法解释的理解与适用. 北京：人民法院出版社，2015：29.

即“仲裁庭的组成或者仲裁的程序违反法定程序或者当事人约定，以致于严重损害当事人权利的”。对比而言，增加了违反“当事人约定”的内容和“严重损害当事人权利”的要求。仲裁法修订征求意见稿实质确立了无害程序错误原则，即只要没有损害到当事人的基本程序权利，对仲裁实体结果没有实质影响，一般就不需要撤销仲裁裁决。①

4. 仲裁裁决所依据的证据系伪造

根据三段论的思维逻辑，证据是认定小前提的基础，是仲裁裁决作出的关键根据。如果据以作出仲裁裁决的证据系伪造，必然影响仲裁庭对案件真实情况的查明，会严重影响仲裁裁决的正确性和公正性，仲裁裁决也就当然失去了正当性基础。在此情况下，以伪造的证据为基础作出的仲裁裁决，应当依法撤销。

5. 对方当事人隐瞒了足以影响公正裁决的证据

仲裁证据依赖于当事人提供，基于趋利避害的本性，当事人通常会选择提交对己方有利的证据，而刻意隐藏对己方不利的证据。在仲裁立法和仲裁规则尚未健全证明妨碍制度的背景下，一方当事人“隐瞒”足以影响公正裁决的证据的情形不可避免会误导仲裁庭对案件事实的认定和对是非曲直的判断，影响仲裁庭对责任承担的判定，进而造成对另一方当事人的不公。因此，在足以影响公正裁决的证据被隐瞒的情形下所作出的仲裁裁决应当予以撤销。从仲裁实务的视角观察，如何界定“隐瞒”是难点和痛点，一般要求既要有客观上的隐瞒行为，也要有主观上的隐瞒故意，且在结果上还要有未能以隐瞒的证据认定案件事实的后果。对如何界定“足以影响公正裁决的证据”也具有一定争议，通常而言这些证据直接关系案件争议焦点和重要情节，会直接影响到仲裁裁决的最后结论。

6. 仲裁员在仲裁该案时有索贿受贿、徇私舞弊、枉法裁决行为

仲裁员索贿受贿、徇私舞弊、枉法裁决势必导致仲裁裁决事实认定或适用法律错误，进而损害一方当事人的合法权益，影响仲裁的公正性，在此情形下形成的仲裁裁决应当撤销。根据《仲裁司法审查规定》第 18 条之规定，如仲裁员在仲裁案件时存在索贿受贿、徇私舞弊、枉法裁决等情形，须由生效刑事法律文书或者纪律处分决定确认。

7. 仲裁裁决违反社会公共利益

若仲裁裁决违反社会公共利益，则人民法院也应裁定撤销。对公共利益的破坏囊括了对立法的违反。对仲裁进行司法监督时高度关注维护社会公共利益是各国通例，也是我国仲裁立法的基本准则。根据《仲裁法》第 58 条第 2 款之规定，“违背社会公共利益”是人民法院应当主动审查的法定事由。从司法实践的视角看，如何界定“违背社会公共利益”具有较大争议性。学界认为一旦该规定被滥用，极容易导致司法对仲裁的过度监督，损害仲裁的独立性和权威性。

---

① 吴英姿. 论仲裁救济制度之修正：针对《仲裁法》（修订）（征求意见稿）的讨论. 上海政法学院学报（法治论丛），2021（6）：128.

（三）撤销涉外仲裁裁决的法定事由

我国《仲裁法》并未直接规定撤销涉外仲裁裁决的法定事由，而是在其第 70 条之中进行了间接性规定，即援引我国《民事诉讼法》（2007 年修正）第 258 条规定的情形。我国 2024 年施行的《民事诉讼法》将对应的条文序号调整为第 291 条，具体撤销事由为五种：

（1）当事人在合同中没有订有仲裁条款或者事后没有达成书面仲裁协议的；

（2）被申请人没有得到指定仲裁员或者进行仲裁程序的通知，或者由于其他不属于被申请人负责的原因未能陈述意见的；

（3）仲裁庭的组成或者仲裁的程序与仲裁规则不符的；

（4）裁决的事项不属于仲裁协议的范围或者仲裁机构无权仲裁的；

（5）人民法院认定执行该裁决违背社会公共利益的，裁定不予执行。

总的来说，这些事由借鉴了 1958 年联合国《纽约公约》规定的原则，遵循了国际惯例，其与国内仲裁裁决撤销相比，最大的特征在于不涉及仲裁实体问题，仅限于仲裁程序缺陷。需要注意的是，我国《仲裁法》第 70、71 条规定的涉外仲裁裁决撤销事由不包括违背社会公共利益，引发了学界和实务界的普遍质疑，被认为是一种立法倒退。①

（四）撤销仲裁裁决的审查程序

从审查程序的角度看，人民法院需要在两个月法定期限内以合议庭形式审查与核实有无法定应予撤销情形，并适用特别程序，按照非财产案件收费标准计算案件受理费。就案由而言，根据最高人民法院《民事案件案由规定》，人民法院对于此类案件按照申请撤销仲裁裁决纠纷立案和审理。关于合议庭应当采用何种程序审查、是否告知被申请人撤销事由，是否应当开庭审理或保障被申请人的质证权利、陈述意见权利和提供证据权利等问题均无明确的规范依据。前述状况导致司法实践中被申请人撤销仲裁裁决程序的处境较为不利，其程序权利难以得到保障。针对此种情形，《仲裁法解释》第 24 条专门规定了审查撤销仲裁裁决案件应当询问当事人，根据该规定，人民法院认为应当开庭的，也可以开庭审理，这强化了对被申请人的程序权利保障，平衡了各方当事人的程序利益。另外，为了促进仲裁司法审查标准统一化，《报核问题规定》规定，各类仲裁司法审查案件中认为应当撤销或不予执行仲裁裁决的，应当层报本辖区所属高级人民法院和最高人民法院。

（五）撤销仲裁裁决的审查处理

撤销仲裁裁决是人民法院对仲裁行使司法监督权的表现形式，其他任何机构和

---

① 我国《仲裁法》第 70 条规定："当事人提出证据证明涉外仲裁裁决有民事诉讼法第二百五十八条第一款规定的情形之一的，经人民法院组成合议庭审查核实，裁定撤销。"第 71 条规定："被申请人提出证据证明涉外仲裁裁决有民事诉讼法第二百五十八条第一款规定的情形之一的，经人民法院组成合议庭审查核实，裁定不予执行。"

个人均无权撤销仲裁裁决。鉴于仲裁是诉讼外独立的纠纷解决机制，无论在何种情况下，人民法院不能够直接变更仲裁裁决的内容，也不能对仲裁当事人之间的争议问题直接进行实体处理，仅能依法审查是否满足撤销仲裁裁决的法定情形并裁定是否撤销已经作出的仲裁裁决。具体来说，从审查结果的角度区分，现行制度规定有四种处理方式：

1. 撤销全部仲裁裁决

符合法定撤销事由，不需要由仲裁庭重新仲裁或者仲裁庭拒绝重新仲裁的，则由人民法院裁定撤销全部仲裁裁决内容。

2. 撤销部分仲裁裁决

根据《仲裁法解释》第 19 条规定："当事人以仲裁裁决事项超出仲裁协议范围为由申请撤销仲裁裁决，经审查属实的，人民法院应当撤销仲裁裁决中的超裁部分。但超裁部分与其他裁决事项不可分的，人民法院应当撤销仲裁裁决。"根据前述规定，不难看出，我国司法对待超裁处理的总体思路是原则上仅撤销超裁部分，除非超裁事项具有不可分割性，对于未超裁部分应最大限度维护其效力。这种处理思路的出发点在于：其一，最大限度遵循当事人意思自治。没有超裁部分仍在仲裁协议范围内，不违反当事人意思表示，应最大限度维持。其二，高效化解争议。当事人选择仲裁的初衷在于高效实质化解争议，仅撤销超裁部分，维护未超裁部分效力的安定性，有利于快速解决纠纷。其三，遵循司法有限干预原则。无论是从我国司法实践看，还是从国际立法趋势看，司法对仲裁的有限干预都是一项重要原则，除非仲裁裁决严重违反仲裁法和仲裁规则规定，或违反仲裁协议约定，司法原则上不应干预仲裁活动。

3. 驳回撤销仲裁裁决申请

经审查，不符合法定撤销事由的，由人民法院依法驳回撤销仲裁裁决申请。

4. 通知仲裁庭重新仲裁

法院通知仲裁庭重新仲裁是国际商事仲裁的通行做法，是给予仲裁庭自行纠正错误的机会，有利于维护仲裁的终局性，也有利于保障纠纷解决效率，避免仲裁资源的浪费。我国引入联合国《国际商事仲裁示范法》有关重新仲裁的内容，设立了通知仲裁庭重新仲裁制度，即裁定中止撤销程序，通知仲裁庭在指定期限内重新仲裁，如仲裁庭按照要求重新仲裁的，则终结撤销程序。否则，无论是基于明示拒绝，还是基于其他原因无法重新仲裁，人民法院均应当恢复撤销程序。《仲裁法解释》第 21 条限定了通知重新仲裁的理由，并要求人民法院在重新仲裁通知中说明理由，且仅限于《仲裁法》第 58 条规定的两种情形，即仲裁所根据的证据系伪造或对方当事人隐瞒了足以影响公正裁决的证据，以限制适用通知重新仲裁的恣意性。学界普遍认为通知重新仲裁的适用范围过窄，不利于其功效发挥。需要注意，与民事诉讼再审程序不同的是，仲裁庭重新仲裁无须另行组成合议庭，因为仲裁庭组成方式本身体现了当事人的自由意志。另外，在出现适用撤销仲裁裁决和通知仲裁庭重新仲裁情形竞合时，基于促进实质化解考量，应当首先适用通知仲裁庭重新仲裁程序。

（六）仲裁裁决撤销的法律后果

人民法院审查后，对撤销仲裁裁决申请可以采取撤销全部仲裁裁决、部分仲裁裁决，驳回撤销仲裁裁决申请，或通知重新仲裁四种处理方式。基于此，也会产生四种不同的法律后果：

1. 撤销全部仲裁裁决的法律后果

如果仲裁裁决被人民法院撤销，仲裁裁决便丧失了原有的法律效力，对当事人不再具备约束力，使得仲裁当事人之间的纠纷回到原始状态。在此情形下，根据《仲裁法》第 9 条之规定，当事人就该纠纷可以依据双方重新达成的仲裁协议申请仲裁，也可以向人民法院起诉。此规定的逻辑依据在于，仲裁裁决被撤销之后，原仲裁协议自然失去法律约束力。有学者认为，从法理的视角出发，此种逻辑悖离了仲裁条款独立性的最原始和最本质意义，因此仲裁裁决撤销后，不应影响仲裁协议的效力，仲裁当事人仍应按照原仲裁协议约定进行仲裁。①

2. 撤销部分仲裁裁决的法律后果

对于部分撤销仲裁裁决的，撤销的仲裁裁决事项不再具有法律效力，没有被撤销的部分则不受影响，仍具有既判力和执行力。

3. 驳回撤销仲裁裁决申请的法律后果

如果撤销仲裁裁决申请被人民法院驳回，相应裁定则赓即发生法律效力，不允许当事人上诉，也不允许人民检察院抗诉。② 相应而言，双方当事人应当按照仲裁裁决确定的权利义务自动履行，否则，权利方可申请人民法院强制执行。

4. 通知重新仲裁的法律后果

对于人民法院的重新仲裁通知，仲裁庭可以决定重新仲裁，也可以拒绝重新仲裁。人民法院通知仲裁庭重新仲裁的，如当事人仍不服重新作出的仲裁裁决，则其可依据我国《仲裁法》第 58 条之规定，在法定期限内向人民法院申请撤销重新仲裁的仲裁裁决书。

二、仲裁裁决的执行

（一）仲裁裁决执行的内涵

仲裁裁决的执行是指在仲裁裁决生效后，负有履行义务的当事人不主动履行相应义务，享有权利的一方当事人依法向人民法院申请，由人民法院按照民事诉讼法规定的程序强制对方当事人履行仲裁裁决确定给付义务的行为。仲裁裁决作出后，当事人通常会自动履行仲裁裁决确定的给付义务。没有自动履行的仲裁裁决就需要

---

① 谭兵. 中国仲裁制度的改革与完善. 北京：人民出版社，2005：411.

② 《最高人民法院关于人民检察院对不撤销仲裁裁决的民事裁定提出抗诉人民法院应否受理问题的批复》（法释〔2000〕46 号）规定："人民检察院对发生法律效力的不撤销仲裁裁决的民事裁定提出抗诉，没有法律依据，人民法院不予受理。"

依托人民法院按照民事强制执行程序进行强制执行，以体现仲裁裁决的权威性。对仲裁裁决的执行是人民法院对仲裁支持的重要表现，也是仲裁制度存在和可持续发展的根本保障。

（二）仲裁裁决执行的根据

仲裁裁决包括仲裁裁决书和仲裁调解书，具有同等法律效力，有法律上的强制力，均可作为人民法院强制执行的根据或依据。在法理上，执行力属于国家司法机关的专属权力，作为民间裁决的仲裁裁决获得可执行性，必须经过司法机关的审查确认。[①] 从司法审查的角度看，作为执行根据的仲裁裁决必须具有合法、明确、确定的给付内容，包括金钱、物品和行为，且这些内容应当具有给付可能性。从司法实践的视角看，一旦执行内容不明确具体，就会给执行造成极大困扰。根据早期的人民法院执行规定，对于执行根据没有给付内容或执行主体、内容不明确的，人民法院不予受理。随着立案登记制司法改革的深入推进，执行立案阶段仅进行形式审查，人民法院不再按照不予受理方式处理，但进入执行程序后的案件则存在驳回执行申请或终结案件执行等多种处理方式。根据《仲裁裁决执行规定》第 3 条和第 4 条之规定[②]，在执行内容不明确的情况下，人民法院可以书面告知仲裁庭补正或说明，也可以向仲裁机构调阅仲裁案卷查明，穷尽前述两种方式仍未明确执行内容导致无法执行的，人民法院可以裁定驳回执行申请。

（三）仲裁裁决的执行程序

仲裁制度本身并无强制性，仲裁裁决的执行需要法院司法权的协助。[③] 从现行立法和司法实务角度看，仲裁裁决的执行必须依法向有管辖权的人民法院提出申请，并由人民法院进行审查，按照民事诉讼法规定的执行程序予以实施。[④] 需要注意的是，相比一般案件的执行，仲裁裁决的执行，尤其是对不予执行仲裁裁决的司法审查，具有特殊性，其制度设计也较为独特。

---

① 张卫平. 现行仲裁执行司法监督结构的反思与调整：兼论仲裁裁决不予执行制度. 现代法学，2020（1）：116.

② 《仲裁裁决执行规定》第 3 条规定：“仲裁裁决或者仲裁调解书执行内容具有下列情形之一导致无法执行的，人民法院可以裁定驳回执行申请；导致部分无法执行的，可以裁定驳回该部分的执行申请；导致部分无法执行且该部分与其他部分不可分的，可以裁定驳回执行申请。（一）权利义务主体不明确；（二）金钱给付具体数额不明确或者计算方法不明确导致无法计算出具体数额；（三）交付的特定物不明确或者无法确定；（四）行为履行的标准、对象、范围不明确。仲裁裁决或者仲裁调解书仅确定继续履行合同，但对继续履行的权利义务，以及履行的方式、期限等具体内容不明确，导致无法执行的，依照前款规定处理。”第 4 条规定：“对仲裁裁决主文或者仲裁调解书中的文字、计算错误以及仲裁庭已经认定但在裁决主文中遗漏的事项，可以补正或说明的，人民法院应当书面告知仲裁庭补正或说明，或者向仲裁机构调阅仲裁案卷查明。仲裁庭不补正也不说明，且人民法院调阅仲裁案卷后执行内容仍然不明确具体无法执行的，可以裁定驳回执行申请。”

③ 乔欣. 和谐文化理念视角下的中国仲裁制度研究. 厦门：厦门大学出版社，2011：280.

④ 2022 年 6 月第十三届全国人大常委会向社会公布《关于〈中华人民共和国民事强制执行法（草案）〉的说明》，将民事强制执行法的制定提上日程，待民事强制执行法正式施行后，仲裁裁决的执行将按照民事强制执行法规定进行。

1. 仲裁裁决执行的申请

在审执分离司法制度下，人民法院不会依职权启动强制执行程序。因此，仲裁裁决的执行程序需要当事人依法提出申请方可启动。仲裁裁决执行的申请必须同时满足五个条件：一是据以执行的仲裁裁决具有给付内容且已经生效，通常需要由仲裁机构出具生效证明。二是仲裁裁决的执行申请人适格。仲裁裁决的执行申请人必须是仲裁裁决确定的债权人及其权利承继人。三是债务人没有自觉履行。强制执行是在仲裁裁决确定的给付义务人没有自觉履行时由权利方启动的执行程序，因此，债务人没有自觉履行也是执行程序启动的要件。四是向有管辖权的人民法院提出书面执行申请。《仲裁法解释》第 29 条将仲裁裁决的执行管辖法院变更为被执行人住所地或被执行财产所在地的中级人民法院，由基层人民法院提升为中级人民法院，在级别管辖方面统一了仲裁裁决撤销和不予执行的司法审查法院，解决了基层人民法院在确定执行或不予执行仲裁裁决时的随意性弊病，保障了仲裁司法监督质量。五是必须在法定期限内提出强制执行申请。按照现行《民事诉讼法》规定，仲裁裁决的执行申请期限为两年，自仲裁裁决生效时起算。

2. 仲裁裁决执行的审查

仲裁裁决执行的审查需要关注审查法院和审查内容两个方面。就审查法院而言，仲裁裁决执行的司法审查法院不同于不予执行案件的审查法院。根据现行立法和司法解释，不予执行仲裁裁决的司法审查必须由中级人民法院管辖，仲裁裁决执行的司法审查直接由执行法院管辖。根据《仲裁裁决执行规定》第 2 条规定，可以将仲裁裁决的执行下沉至基层人民法院管辖，即在原则上确定仍由中级人民法院管辖的基础上，规定在执行标的额符合基层人民法院管辖范围且被执行财产所在地或被执行人住所地在被指定的基层人民法院辖区内的，经上级人民法院批准后，可指定基层人民法院执行。就审查内容而言，在当事人和案外人没有提出不予执行申请的情况下，人民法院对仲裁裁决执行的审查与一般执行案件的审查并无较大差异。区别主要在于需要重点审查仲裁裁决或者仲裁调解书是否具有明确、具体的给付内容，尤其需要关注是否存在《仲裁裁决执行规定》第 3 条所列举的各类情形。

3. 仲裁裁决执行的实施

仲裁裁决作为执行根据的一种，在执行实施环节与其他案件并无实质差异。仲裁裁决的执行适用民事执行相关规定，包括执行调查、执行措施、制裁措施、协助执行、中止执行、终结本次执行、终结执行和恢复执行等制度。需要关注的是，仲裁裁决在执行救济方面具有一定的特殊性，即根据现行立法，案外人尚不能提出执行异议和执行异议之诉。[①] 另外，执行难也是仲裁裁决执行实施所面临的棘手问题，从保障执行实施效果的角度看，还需要当事人在仲裁阶段重视财产保全措施的运用。

---

① 《仲裁法（修订）（征求意见稿）》第 84 条和第 85 条增加了仲裁案外人异议和仲裁案外人异议之诉，将有望弥补这一缺陷。

（四）仲裁裁决的不予执行

仲裁裁决的不予执行是指在被执行人提出申请后，经人民法院组成合议庭审查核实，符合法定情形的，由人民法院裁定不予执行仲裁裁决的行为。仲裁裁决一经作出便具有法律效力，包括既判力和执行力，仲裁裁决当然可以作为人民法院强制执行的依据。仲裁裁决的不予执行实质是对仲裁裁决执行效力的否定，人民法院裁定不予执行后，仲裁裁决在执行程序中便不能再作为执行根据，执行程序应当终结。基于此，仲裁裁决的不予执行制度是在执行阶段专门针对仲裁裁决设立的一种消极性补救措施。[①]

1. 不予执行仲裁裁决的申请

不予执行是执行被申请人的一项抗辩性权利，但不是独立的诉请。在仲裁裁决进入执行程序后，执行被申请人必须提出异议请求，人民法院才会审查。与一般案件的执行异议程序相比，申请不予执行仲裁裁决是一项极为特殊的执行程序。根据《仲裁裁决执行规定》第 8 条之规定，不予执行申请必须在收到执行通知书后 15 日内提出，存在法定延长事由的，也应当在被执行人知道或者应当知道有关事实之日起 15 日内提出。另外，如果针对同一仲裁裁决不予执行申请存在多个事由的，应当在首次申请时一并提出，否则，不予执行申请被驳回后提出的事由人民法院不予审查。在不予执行仲裁裁决的申请方面，最高人民法院《仲裁裁决执行规定》第 9 条创设了案外人不予执行制度，旨在保护案外人的合法权益，以防范虚假仲裁。据此，案外人有权向人民法院申请仲裁裁决不予执行。当然，无论是被执行人申请不予执行，还是案外人申请不予执行，均应当提供相应的证据证明其申请不予执行的主张。

2. 不予执行仲裁裁决的事由

2012 年《民事诉讼法》修改了不予执行仲裁裁决的法定事由，将原先规定于第 213 条的“主要证据不足”和“适用法律确有错误”改为第 237 条的“证据是伪造的”以及“隐瞒了足以影响公正裁决的证据的”。修改后，仲裁裁决不予执行与仲裁裁决撤销的法定事由完全一致，实现了仲裁司法监督标准的统一。

2024 年《民事诉讼法》第 248 条沿袭了这一规定。据此，根据我国民事诉讼法现行规定，不予执行仲裁裁决的事由为七项：(1) 当事人在合同中没有订有仲裁条款或者事后没有达成书面仲裁协议的；(2) 裁决的事项不属于仲裁协议的范围或者仲裁机构无权仲裁的；(3) 仲裁庭的组成或者仲裁的程序违反法定程序的；(4) 裁决所根据的证据是伪造的；(5) 对方当事人向仲裁机构隐瞒了足以影响公正裁决的证据的；(6) 仲裁员在仲裁该案时有贪污受贿、徇私舞弊、枉法裁决行为的；(7) 人民法院认定执行该裁决违背社会公共利益的。

---

① 基于当事人申请不予执行仲裁裁决制度的缺陷，《仲裁法（修订）（征求意见稿）》删除了相关内容。2022 年 6 月公布的《民事强制执行法（草案）》仍规定了仲裁裁决的不予执行制度，但不予执行的事由仅保留了违背公序良俗事由。可见，仲裁裁决不予执行制度的重大立法调整将是大势所趋。本教材仍根据现行立法规定对相关内容进行介绍。

根据2024年《民事诉讼法》第291条之规定，对于涉外仲裁机构作出的仲裁裁决不予执行的事由也存在五种：（1）当事人在合同中没有订有仲裁条款或者事后没有达成书面仲裁协议的；（2）被申请人没有得到指定仲裁员或者进行仲裁程序的通知，或者由于其他不属于被申请人负责的原因未能陈述意见的；（3）仲裁庭的组成或者仲裁的程序与仲裁规则不符的；（4）裁决的事项不属于仲裁协议的范围或者仲裁机构无权仲裁的；（5）人民法院认定执行该裁决违背社会公共利益的，裁定不予执行。

3. 不予执行仲裁裁决的审查

根据现行仲裁法和相关司法解释规定，不予执行仲裁裁决的审查由中级人民法院进行，不能指定基层人民法院审查，旨在确保与撤销仲裁裁决司法审查的法院级别保持一致，以保障裁判尺度的统一。从审查方式上看，根据现行司法解释规定，由人民法院另行立案审查。从审查主体上看，为保障司法审查的慎重性，司法解释要求人民法院审查不予执行案件必须组成合议庭。为了保障当事人的程序参与权，《仲裁裁决执行规定》第11条规定了人民法院的询问义务，必要时可以要求仲裁庭说明或向仲裁机构调阅案卷。从审查措施上看，人民法院受理仲裁裁决不予执行案件后，应当先裁定中止正在进行的执行程序。

4. 不予执行仲裁裁决的后果

根据最高人民法院《民事诉讼法解释》《报核问题规定》《仲裁裁决执行规定》等司法解释的规定，经人民法院审查，认为不符合不予执行法定事由的，应裁定驳回不予执行申请。不予执行申请被驳回后，不影响仲裁裁决的效力。当事人不得以相同事由申请撤销仲裁裁决；如果经人民法院审查认为应当不予执行的，则应层报本辖区所属高级人民法院或最高人民法院，经审核同意后①，方可依据审核意见裁定不予执行。裁定不予执行的，原仲裁裁决书不再具有效力，原仲裁协议也不再具有约束力，赋予了双方当事人重新选择纠纷解决方式的权利。双方当事人可以向人民法院起诉，也可以重新达成仲裁协议申请仲裁。如果裁定部分不予执行的，则仅仲裁裁决书不予执行部分不再具有法律效力，不影响仲裁裁决其他部分效力。如不予执行部分与其他部分不可分，人民法院应裁定不予执行仲裁裁决，仲裁裁决全部内容则不具有法律效力。

根据《仲裁裁决执行规定》第22条之规定②，人民法院针对不予执行仲裁裁决作出的裁定不能申请复议、上诉，也不能再提出执行异议，但案外人申请不予执行的，允许当事人或案外人就人民法院作出的裁定向上一级人民法院申请复议一次，

---

① 涉外涉港澳台司法审查案件裁定不予执行，须层报至最高人民法院审核同意。

② 最高人民法院《仲裁裁决执行规定》第22条规定："人民法院裁定不予执行仲裁裁决、驳回或者不予受理不予执行仲裁裁决申请后，当事人对该裁定提出执行异议或者申请复议的，人民法院不予受理。人民法院裁定不予执行仲裁裁决的，当事人可以根据双方达成的书面仲裁协议重新申请仲裁，也可以向人民法院起诉。人民法院基于案外人申请裁定不予执行仲裁裁决或者仲裁调解书，当事人不服的，可以自裁定送达之日起十日内向上一级人民法院申请复议；人民法院裁定驳回或者不予受理案外人提出的不予执行仲裁裁决、仲裁调解书申请，案外人不服的，可以自裁定送达之日起十日内向上一级人民法院申请复议。"

需在裁定送达之日起十日内提出。总体来看，基于对仲裁执行效率的考量，仲裁裁决不予执行程序限制了当事人的执行救济，体现了司法对仲裁的支持和保障。另外，不予执行仲裁裁决相关的裁定为终局性裁定，均不得申请再审。

三、仲裁裁决撤销和不予执行的关系

（一）两种方式的仲裁司法监督属性及价值

仲裁裁决撤销与不予执行均是司法对仲裁的重要司法审查方式，也是法律赋予当事人的救济程序，两者相辅相成，形成了完善的仲裁司法监督机制。总的来说，仲裁裁决撤销与不予执行两种仲裁司法监督机制均是基于仲裁权的有限性和终局性设立的。仲裁作为民间独立且封闭的重要纠纷化解机制，既需要具有公权力属性的人民法院依法支持，也离不开人民法院的必要监督。具体而言，一方面，仲裁裁决作为一种重要的执行根据形式，其强制执行必须依托人民法院，按照人民法院强制执行程序进行；另一方面，在仲裁裁决出现瑕疵时，当事人可以通过向人民法院申请撤销仲裁裁决或不予执行仲裁裁决寻求救济。

（二）两种司法监督方式的立法沿革

1. 双轨制司法监督模式的形成

我国自 1982 年《民事诉讼法（试行）》[①] 便将仲裁裁决作为民事诉讼强制执行的一种重要执行根据类型。1991 年《民事诉讼法》（第 217 条）首次设立了仲裁裁决不予执行制度。1995 年施行的《仲裁法》（第 58 条）设立了撤销仲裁裁决制度，形成了仲裁裁决的双重监督模式。从全球视野看，申请撤销和不予执行仲裁裁决以及允许当事人就仲裁裁决向法院起诉是通行做法。我国立法基于尊重仲裁自治性和限制司法干预的考量，仅规定了申请撤销仲裁裁决或不予执行仲裁裁决两种司法监督模式。

2. 双轨制司法监督模式的优化

《仲裁法解释》第 26 条关于在撤销仲裁裁决被驳回后不得以相同事由申请不予执行的规定优化了仲裁司法监督的双重监督模式。最高人民法院《归口办理通知》《报核问题规定》《仲裁司法审查规定》《仲裁裁决执行规定》等四个关键性司法解释，极大程度规范和改进了我国仲裁司法审查机制，提升了仲裁司法监督的效果。

3. 向单一制司法监督模式转型

长期以来，仲裁的撤销和不予执行成为我国仲裁司法监督的基本路径。针对两种司法监督模式存在的冲突，立法不断对司法监督模式进行优化，开始由双规制向单一制转型。2018 年 9 月，仲裁法修改被纳入第十三届全国人大常委会立法规划，2021 年 7 月，司法部公布《仲裁法（修订）（征求意见稿）》，对仲裁司法监督制度

---

① 1982 年《民事诉讼法（试行）》第 167 条规定："仲裁机构的裁决发生法律效力后，一方当事人不履行的，对方当事人可以向有管辖权的人民法院申请执行。"

进行了改进，主要删除了仲裁裁决不予执行的相关内容。

（三）两种仲裁司法监督方式的对比与冲突

对比而言，两者既有诸多共通之处，也有鲜明的区别，在司法实践中也会经常产生冲突，尤其是重复审查问题，遭到学界和实务界诟病。厘清两者关系和理顺两者冲突是多年来我国仲裁司法监督制度改革的重中之重。

1. 仲裁裁决撤销与不予执行的共通性

仲裁裁决撤销与不予执行具有诸多共同点：一是审查主体均是人民法院，其他任何机构和个人无权对仲裁行使司法监督权。二是客体均是已经发生法律效力的裁决书。三是司法审查的事由和标准具有高度一致性。四是适用的司法审查程序相同。两种程序均由当事人申请启动，由人民法院组成合议庭审查，且经过开庭或询问程序，充分保障双方当事人的程序参与权，并由人民法院作出裁定，如人民法院认为应当撤销或不予执行仲裁裁决的，还应层报本辖区所属高级人民法院和最高人民法院。五是产生的法律后果实质相同。无论是仲裁裁决被撤销还是不予执行，实质上均赋予了当事人重新选择纠纷解决方式的权利，原仲裁裁决和仲裁协议不再具有法律约束力，当事人均可重新达成仲裁协议申请仲裁，或向人民法院起诉。

2. 仲裁裁决撤销与不予执行的差异性

仲裁裁决撤销与不予执行两种仲裁司法监督方式也存在诸多差异：其一，启动司法监督程序的当事人不同。仲裁裁决撤销申请仅仲裁裁决当事人可以提出，而对于仲裁裁决不予执行而言，除了仲裁裁决当事人可以提出外，案外人在符合法定情形时也可以提出。其二，申请的期限要求不同。根据现行规定，仲裁裁决撤销申请可在收到仲裁裁决书之日起 6 个月内提出，而仲裁裁决不予执行申请须在收到执行通知书后 15 日内提出。其三，司法审查的地域管辖法院不同。仲裁裁决撤销申请的司法审查由仲裁委员会所在地的中级人民法院管辖，而仲裁裁决不予执行申请由被执行人住所地或被执行财产所在地的中级人民法院管辖。其四，司法审查处理方式不同。针对仲裁裁决撤销申请，人民法院经审查，可以驳回申请、全部撤销、部分撤销或通知仲裁庭重新仲裁。针对仲裁裁决不予执行申请，人民法院只能裁定驳回申请或不予执行。

3. 仲裁裁决撤销与不予执行的冲突性

如前所述，我国仲裁司法监督存在双轨制，且仲裁裁决撤销和不予执行在仲裁裁决功能上具有相似性，法定事由也具有高度雷同性，这就导致在制度设计层面存在重复审查问题。当事人的撤销仲裁裁决申请被人民法院驳回后，还可以再申请不予执行仲裁裁决，被认为是重复监督，极大影响了仲裁裁决的执行效率，拖延仲裁执行程序。这也加重了人民法院负担，浪费了司法资源，甚至会导致不同法院之间可能就仲裁裁决的瑕疵问题作出矛盾裁定，影响司法公信力。在此背景下，如何妥善衔接两种司法监督模式，理顺其内在逻辑，成为立法和制度改革的关键。基于此，《仲裁法解释》第 25 条规定了仲裁裁决不予执行与撤销程序上的限制，即人民法院受理撤销仲裁裁决的申请，则应中止同一仲裁裁决的执行；第 26 条规定了以相同事由先后申请仲裁裁决撤销和不予执行的限制，即仲裁裁决撤销事由被人民法院驳回的，不得再作为申请不予执行的抗辩事由。《仲裁裁决执行规定》第 20 条进一步明确和简化了仲裁裁决不予执行与撤销程序上的衔接，即两者任何一个申请被驳回后，当事人均不得再以相同事由申请另一个程序。如当事人同时启动两个程序，应优先审查撤销案件，裁定中止不予执行审查。申请执行人撤回撤销仲裁裁决申请的，视为两个程序申请一并撤回。

（四）仲裁司法监督的限度

代表国家意志的人民法院对仲裁的监督本质是基于对仲裁民间性和自治性的不确定性而对其进行的干预。但不容忽视的是，仲裁作为诉讼外重要的纠纷解决机制，其自治、灵活、高效、保密、专业等优势逐渐被广泛认同，已经成为重要的独立性纠纷解决机制，与民事诉讼共同构建了和谐的纠纷解决体系，如对仲裁过度监督可能束缚仲裁制度的发展。在此背景下，如何理性定位仲裁与司法之间的“支持与监督”关系，逐渐开始被关注。我国早期仲裁司法监督过于严苛，人民法院以诉讼化视角进行监督，导致仲裁诉讼化倾向严重，仲裁与民事诉讼价值目标混同、程序相似，仲裁特性极度弱化，仲裁活力被极大抑制，进而使得仲裁体系必须依附于诉讼，从根本上阻滞了仲裁的发展。[①] 对此，仲裁界开始提出质疑，呼吁谋求符合仲裁发展规律的特色道路。2017 年底 2018 年初，最高人民法院针对仲裁司法审查、执行和归口管理连续颁行三个司法解释，规范和完善了司法对仲裁的监督，确定了“司法适度介入仲裁”的基本指引，为我国仲裁事业健康发展提供了充分保障。贯彻“司法适度介入仲裁”理念不仅是当下司法与仲裁关系的基本定位，也应当是仲裁法修改和后续司法解释制定必须贯彻和遵循的基本理念。但须强调，提升仲裁案件质量是仲裁纠纷解决机制的应有之义，司法作为维护社会公平正义的最后一道防线，对仲裁的监督不仅应该而且是必须的。唯有此，方可匹配仲裁作为国家治理体系重要力量的角色和定位。

【本章涉及的法律条文】

1.《最高人民法院关于适用〈中华人民共和国仲裁法〉若干问题的解释》第 17～19 条，第 21～23 条，第 25～27 条，第 29 条。

2.《最高人民法院关于人民法院办理仲裁裁决执行案件若干问题的规定》（法释〔2018〕5 号）第 2～4 条，第 7～16 条，第 20、22 条。

3.《中华人民共和国民事诉讼法 》第 248 条，第 290～292 条。

4.《最高人民法院关于适用〈中华人民共和国民事诉讼法〉的解释》（法释〔2022〕11 号）第 475～477 条。

---

① 李红建. 仲裁司法审查的困境及其应对. 法律适用，2021（8）：53.

【案例评析】

案例一

1. 本案涉及本章知识点：撤销仲裁裁决的事由

2. 案情介绍

C仲裁委员会受理唐某与某电力公司股权转让纠纷一案并作出仲裁裁决书。某电力公司不服仲裁裁决，向人民法院申请撤销仲裁裁决，理由为该案唐某代理人李某律师在代理期间任C仲裁委员会仲裁员，属于《律师和律师事务所违法行为处罚办法》第7条第5项规定的“曾经担任仲裁员或者仍在担任仲裁员的律师，以代理人身份承办本人原任职或者现任职的仲裁机构办理的案件的”的情形，构成仲裁程序违法，应予撤销。人民法院审理后认为该案件仲裁员并非唐某代理人李某律师所在律师事务所的律师，也没有证据证明该仲裁案件与唐某代理人李某律师办理过的案件存在利益冲突，遂驳回仲裁裁决撤销申请。

3. 案例评析

司法对仲裁的干预是有限的，只有在符合法定撤销事由的情形下，人民法院才能撤销仲裁裁决。按照三段论思维逻辑，申请撤销仲裁裁决既要提供证据证明存在所主张的法定撤销事由，即找出小前提，也要说明和精准援引主张撤销仲裁裁决的法定事由，即明确大前提。另外，《律师执业管理办法》没有禁止律师代理现任职的仲裁机构的案件，除非违反《律师执业管理办法》和仲裁机构仲裁规则等关于利益冲突的规定。因此，在本案中，某电力公司提出的撤销主张和依据，既没有《仲裁法》第58条规定的法定事由依据，也没有提供相应的证据加以证明符合撤销仲裁裁决的法定事由，故申请撤销仲裁裁决的理由不成立。

案例二

1. 本案涉及本章知识点：仲裁裁决的不予执行

2. 案情介绍

张某通过手机App向某网贷公司借款，签订借款协议。同日双方签订调解协议，约定申请人（网贷公司）及被申请人（借款人）同意该案提交Z仲裁委员会仲裁，并确认知悉和认可《受理通知书》《应仲裁通知书》《组庭通知书》《当事人权利义务告知书》《Z仲裁委员会仲裁规则》《仲裁员声明书》等仲裁文书内容，不再另行签收上述仲裁文书，双方也不需补交其他材料或补办其他手续，以简化前期审理送达程序。被申请人（借款人）对申请人（网贷公司）在仲裁中所提交的《借款协议》或其他支付凭证以及其他相关证据材料无异议，并放弃对申请人依据《借款协议》条款针对仲裁请求所享有的答辩权以及根据仲裁规则享有的其他权利，同意仲裁庭简化程序审理。被申请人（借款人）没有提交证据。次日，Z仲裁委员会根据双方当事人签订的调解书制作了仲裁裁决书。后张某申请人民法院不予执行前述仲裁裁决，人民法院经审查认为，还款期限届满前即在纠纷尚未形成的情况下，以张某届期不能还款为假设前提作出仲裁裁决书，违反了仲裁法关于仲裁适用范围的规定，仲裁机构对案涉仲裁事项没有仲裁权，且调解协议剥夺了张某在仲裁案件受理后有权获得参与仲裁的适当通知、答辩、申请仲裁员回避、举证质证、辩论等基本程序权利，严重违反了仲裁法关于仲裁程序的强制性规定，属于无效协议，故认定张某申请理由成立，裁定不予执行案涉仲裁裁决。

3. 案例评析

本案是“先予执行”仲裁裁决被裁定不予执行的典型案例。仲裁机构对尚未发生的纠纷未依仲裁法规定的程序审理纠纷或主持调解，而是根据当事人在纠纷发生前签订的和解或者调解协议作出仲裁裁决或仲裁调解书，剥夺了当事人的基本程序权利。最高人民法院《关于仲裁机构“先予仲裁”裁决或者调解书立案、执行等法律适用问题的批复》规定：“网络借贷合同当事人申请执行仲裁机构在纠纷发生前作出的仲裁裁决或者调解书的，人民法院应当裁定不予受理；已经受理的，裁定驳回执行申请”，“下列情形，应当认定为民事诉讼法第二百三十七条第二款第三项规定的‘仲裁庭的组成或者仲裁的程序违反法定程序’的情形：一、仲裁机构未依照仲裁法规定的程序审理纠纷或者主持调解，径行根据网络借贷合同当事人在纠纷发生前签订的和解或者调解协议作出仲裁裁决、仲裁调解书的；二、仲裁机构在仲裁过程中未保障当事人申请仲裁员回避、提供证据、答辩等仲裁法规定的基本程序权利的”。可见，对于尚未发生的纠纷预先作出“先予仲裁”，且事先排除仲裁当事人的基本程序参与权，不符合仲裁解决纠纷的初衷，已被司法纠正。最高人民法院以《关于仲裁机构“先予仲裁”裁决或者调解书立案、执行等法律适用问题的批复》紧急叫停“先予仲裁”，积极履行司法监督职责，有利于引导仲裁规范、健康运行。

【疑难问题】

1. 仲裁裁决撤销事由如何具体应用？
2. 如何理解仲裁裁决不予执行的具体情形和法理？
3. 如何确定仲裁裁决司法监督模式的改革进路？
4. 仲裁司法监督的限度如何把握？

课后训练

1. 2012 年 3 月，甲方将某幕墙工程承包给了乙方，乙方指派丙方为项目经理。工程竣工验收合格交付后的两年内，丁方以实际施工人的身份，依据甲方、丙方、丁方签订的《关于补充协议的付款情况说明》向 E 仲裁委员会申请仲裁，要求甲方支付工程尾款 9 000 000 元。2019 年 9 月，E 仲裁委员会以丁方系实际施工人为由，裁决甲方支付给丁方工程尾款 9 000 000 元。由于甲方没有按时履行义务，丁方申请执行仲裁裁决。乙方知道后，欲通过相关法律途径维护自己的权益。关于本案，说法正确的有（　　）。

A. 丁方申请执行仲裁裁决，该仲裁裁决只能由相应中院来执行

B. 如甲方提出不予执行仲裁裁决申请，法院应组成合议庭审查

C. 乙方作为案外人，只可以提出执行行为异议，不能提出不予执行仲裁裁决申请

D. 乙方作为案外人，既可以提出执行行为异议，也可以提出不予执行仲裁裁决申请

2. 张某根据与刘某达成的仲裁协议，向某仲裁委员会申请仲裁。在仲裁审理中，双方达成和解协议并申请依和解协议作出裁决。裁决作出后，刘某拒不履行其义务，张某向法院申请强制执行，而刘某则向法院申请裁定不予执行该仲裁裁决。下列表述中，属于法院正确处理方式的是（　　）。

A. 裁定中止执行，审查是否具有不予执行仲裁裁决的情形

B. 终结执行，审查是否具有不予执行仲裁裁决的情形

C. 继续执行，不予审查是否具有不予执行仲裁裁决的情形

D. 先审查是否具有不予执行仲裁裁决的情形，然后决定后续执行程序是否进行

3. 甲不履行仲裁裁决，乙向法院申请执行。甲拟提出不予执行的申请并提出下列证据证明仲裁裁决应不予执行。下列选项中，法院可裁定驳回甲的申请的是（　　）。

A. 甲、乙没有订立仲裁条款或达成仲裁协议

B. 仲裁庭组成违反法定程序

C. 裁决事项超出仲裁机构权限范围

D. 仲裁裁决没有根据经当事人质证的证据认定事实

4. 甲公司因与乙公司的合同纠纷向某仲裁委员会申请仲裁，甲公司的仲裁请求得到仲裁庭的支持。裁决作出后，乙公司向法院申请撤销仲裁裁决。法院在审查过程中，甲公司向法院申请强制执行仲裁裁决。关于本案，下列选项中，表述正确的是（　　）。

A. 法院对撤销仲裁裁决申请的审查，不影响法院对该裁决的强制执行

B. 法院不应当受理甲公司的执行申请

C. 法院应当受理甲公司的执行申请，同时应当告知乙公司向法院申请裁定不予执行仲裁裁决

D. 法院应当受理甲公司的执行申请，受理后应当裁定中止执行

论文选题参考

1. 仲裁司法监督模式研究
2. 仲裁司法审查研究
3. 虚假仲裁司法监督研究

延伸阅读

1. 张圣翠. 仲裁司法审查机制研究. 上海：复旦大学出版社，2020.

2. 杨秀清. 仲裁司法审查裁判规则理论与实务. 北京：法律出版社，2021.

3. 覃华平. 我国仲裁裁决撤销制度探析及立法完善之建议. 中国政法大学学报，2017（2）.

4. 张春良，毛杰. 论违背"一裁终局"原则的仲裁裁决之撤销. 西南政法大学学报，2022（6）.

5. 张卫平. 现行仲裁执行司法监督制度结构的反思与调整：兼论仲裁裁决不予执行制度. 现代法学，2020（1）.

第十一章　仲裁期间、送达、时效与仲裁费用

【内容摘要】

关于仲裁期间、仲裁送达、仲裁时效及仲裁费用的规定，是推进仲裁程序、保证仲裁效率、保护当事人权益的重要措施。仲裁期间是仲裁机构、当事人和其他仲裁参与人进行仲裁活动必须遵守的时间限制，分为法定期间和仲裁规则规定期限；仲裁机构送达仲裁文书、资料等，可以采取直接送达、邮寄送达、留置送达、电子送达、委托送达、公告送达等方式进行；仲裁时效是当事人向仲裁机构请求通过仲裁方式保护其民事权益的法定期间，分为普通仲裁时效和特殊仲裁时效，仲裁时效的开始、中止、中断须依据我国相关法律规定并符合相应的法定情形；仲裁费用是仲裁机构在仲裁活动中向申请仲裁或提出反请求的当事人依法收取的法律服务费用，包括案件受理费和案件处理费两部分。

【学习目标】

（1）在知识学习层面，需要熟悉仲裁期间的概念与种类、仲裁送达的特征、仲裁时效的种类及仲裁费用的种类，掌握仲裁期间计算方法、仲裁送达方式、仲裁时效计算以及仲裁费用的收取与负担。（2）在能力训练层面，通过对仲裁期间、仲裁送达方式、仲裁时效及仲裁费用等相关知识点在我国民商事仲裁实践应用的理解，提高仲裁专业知识在仲裁实践中的运用能力。（3）在价值引领层面，应当充分认识仲裁期间、仲裁送达、仲裁时效及仲裁费用等问题在仲裁纠纷解决机制中的重要作用，其不仅会直接影响当事人合法权益能否实质实现，也直接关乎商事仲裁的基本程序正义和公信力。

【知识要点】

一、仲裁期间

（一）仲裁期间的概念

仲裁期间是指仲裁机构、当事人和其他仲裁参与人进行仲裁活动必须遵守的时间限制。仲裁期间包括期限和期日，期限表现为一段特定的时间，期日则是期限中某一确定的日期。期限与期日通常在同一条文的规定中同时表述，如我国《仲裁法》第56条规定："对裁决书中的文字、计算错误或者仲裁庭已经裁决但在裁决书中遗漏的事项，仲裁庭应当补正；当事人自收到裁决书之日起三十日内，可以请求仲裁庭补正。"这里的"当事人自收到裁决书之日"即为期日，"三十日之内"即为期限。仲裁期限或期日是仲裁活动参与主体实施或完成特定仲裁事务的时间节点，是仲裁纠纷解决方式中必要的程序安排，体现法律的秩序、效率、公正等价值取向。对当事人来讲，期间既为当事人参加仲裁活动提供时间保障，又对当事人进行仲裁行为、行使权利予以限定；对仲裁机构来讲，若不遵守期间的规定，将构成违反仲裁程序，要承担相应的责任。①

1. 仲裁期限

期限是指仲裁机构、当事人和其他仲裁参与人单独完成或进行某种仲裁活动的一段时间。比如当事人请求补正裁决书瑕疵的期限、仲裁裁决作出期限、申请撤销仲裁裁决的期限等。如我国《仲裁法》第24条规定："仲裁委员会收到仲裁申请书之日起五日内，认为符合受理条件的，应当受理，并通知当事人；认为不符合受理条件的，应当书面通知当事人不予受理，并说明理由。"《重庆仲裁委员会仲裁规则（2024）》第98、99条规定，仲裁庭应当在组庭之日起120日内作出裁决，有特殊情况需要延长审理期限的，报本会主任批准；适用简易程序的案件，应当在组庭之日起60日内作出裁决。

2. 仲裁期日

期日是指仲裁机构、当事人和其他仲裁参与人会合进行一定仲裁活动的具体日期，如证据交换期日、调解期日、开庭审理期日、裁决发生法律效力的时间等。如我国《仲裁法》第57条规定："裁决书自作出之日起发生法律效力。"这里的"作出之日"即仲裁期日。《北京仲裁委员会仲裁规则（2022）》第63条规定："紧急仲裁员应当于指定之日起15日内作出相关决定、指令或裁决，并说明理由，该决定、指令或裁决由紧急仲裁员签字并加盖本会印章后发送当事人。"这里的"指定之日"就是仲裁期日。

科学合理的仲裁期间设置，能够有效保障仲裁活动中各方主体及时有效行使相关权利或履行相关义务，确保仲裁活动能够依照法律和仲裁规则规定的程序高效有

---

① 常英. 仲裁法学. 4版. 北京：中国政法大学出版社，2019：125.

序推进。同时，仲裁期间能够有效维护仲裁活动的秩序稳定，从而有效地节省仲裁时间，促使当事人之间的民商事纠纷得以高效解决。

（二）仲裁期间的种类

期间可以依照不同的标准进行分类，根据期间是由法律直接规定或是仲裁机构指定的标准，可以将期间分为法定期间和仲裁规则规定的期间。

1. 法定期间

法定期间是指由我国《仲裁法》《民事诉讼法》等法律规范直接规定的仲裁期间。法定期间通常以某特定的法律事实起算，如仲裁委员会收到仲裁申请书等情况。我国《仲裁法》第35条规定："当事人提出回避申请，应当说明理由，在首次开庭前提出。回避事由在首次开庭后知道的，可以在最后一次开庭终结前提出。"第59条规定："当事人申请撤销裁决的，应当自收到裁决书之日起六个月内提出。"第60条规定："人民法院应当在受理撤销裁决申请之日起两个月内作出撤销裁决或者驳回申请的裁定。"上述的首次开庭前、最后一次开庭终结前、收到裁决书之日起六个月内、受理撤销裁决申请之日起两个月内等就是仲裁期间的法定期间。法定期间除法律另有规定外，仲裁机构、当事人和其他仲裁参与人不得对其进行变更。

2. 仲裁规则规定的期间

仲裁规则规定的期间是指由仲裁机构在其仲裁规则或其他明确的规则中所指定的期间。我国《仲裁法》第41条规定："仲裁委员会应当在仲裁规则规定的期限内将开庭日期通知双方当事人。当事人有正当理由的，可以在仲裁规则规定的期限内请求延期开庭。是否延期，由仲裁庭决定。"实践中，绝大多数仲裁规则都对送达仲裁申请书副本和答辩书副本期限、选定仲裁员的期限、仲裁裁决作出的期限（审限）等进行了明确规定。如《广州仲裁委员会仲裁规则（2023）》第21条关于仲裁通知规定："本会在受理仲裁申请后五日内将仲裁通知、仲裁申请书、申请人提交的证据或者其他证明材料、本规则和本会仲裁员名册发送被申请人。申请人可以向本会申请延后向被申请人送达前款规定的材料，经本会同意的，不受前款规定的期限限制。"《北京仲裁委员会仲裁规则（2022）》第59条关于简易程序案件审限问题规定："仲裁庭应当自组庭之日起75日内作出裁决。有特殊情况需要延长的，由独任仲裁员提请秘书长批准，可以适当延长。"《珠海国际仲裁院仲裁规则（2023）》第20条规定："（一）申请人可以变更仲裁请求，国内案件的申请人应当自收到受理通知之日起15日内，涉外案件的申请人应当自收到受理通知之日起30日内，以书面形式提出。逾期提出的，仲裁庭组成前由本院决定是否接受，仲裁庭组成后由仲裁庭决定是否接受。（二）被申请人可以变更仲裁反请求，国内案件的被申请人应当自收到反请求受理通知之日起15日内，涉外案件的被申请人应当自收到反请求受理通知之日起30日内，以书面形式提出。逾期提出的，仲裁庭组成前由本院决定是否接受，仲裁庭组成后由仲裁庭决定是否接受。"《重庆仲裁委员会仲裁规则（2024）》第44条规定："当事人应当在收到仲裁通知书或者反请求申请书副本之日起15日内完成举证，逾期举证的，承担举证不能的责任。当事人有正当理由需要延期举证的，应当在举证期限届满前提出书面申请，是否同意由仲裁庭决定。”在庭审终结前，当事人需就对方抗辩进行补充举证的，可以向仲裁庭提出书面申请，是否同意，由仲裁庭决定。在庭审终结前，仲裁庭认为依据现有证据无法查明事实的，可以要求当事人在合理期限内补充提交证据。逾期提交或者未提交的，仲裁庭可以根据现有证据认定案件的法律事实并作出裁决。当事人可以协商举证期限，仲裁庭认为适当的，可以同意。第 49 条规定：“证据应当在开庭时举示，并经当事人相互质证。仲裁庭决定对补充证据不再开庭质证的，应当将补充证据交由对方当事人质证，对方当事人应当在仲裁庭规定的期限内提交书面质证意见。逾期未提交的，视为放弃质证权利。书面审理的，当事人应当在收到对方证据之日起 15 日内向仲裁庭提交书面质证意见。”

(三）仲裁期间的计算

期间的开始和终结，对于仲裁机构、当事人和其他仲裁参与人具有重要的意义，关乎仲裁机构的公信力和仲裁行为的效力，关乎当事人和其他仲裁参与人合法权益能否得到实现，并对当事人和其他仲裁参与人的仲裁权利产生实际影响。目前，仲裁期间的计算应当依据各仲裁机构规则并参照民事诉讼法的相关规定执行。

（1）法律规定的期间、仲裁规则规定的期间，其开始的时、日不应当计算在期间内，而应当从下一个时、日开始计算。按照年月计算期间的，到期月的对应日为期间的最后一日。没有对应日的，月末日为期间的最后一日。

（2）期间起始日是节假日的，则应当从其后的第一个工作日开始起算。期间内的节假日应当计算在期间之内。如果期间的届满日是节假日，则应当将其后的第一个工作日视为期间届满日。

（3）期间中的“届满”包括本数，期间中所称的“前”“不满”“超过”不包括本数。

（4）期间不包括仲裁文书、材料的在途时间。仲裁机构、当事人和其他仲裁参与人邮寄、发送的材料，在期限届满之前交邮、交发的，不视为过期。

（5）因不可抗力或其他正当理由导致当事人耽误期限的，当事人可以向仲裁机构或仲裁庭申请将仲裁期间顺延，是否顺延由仲裁机构或仲裁庭决定。

二、仲裁送达

（一）仲裁送达的概念

仲裁送达是指仲裁机构按照仲裁规则规定的程序和方式，将仲裁文件、材料发送当事人和其他仲裁参与人的行为。仲裁文件、材料包括案件受理通知书、仲裁规则、仲裁员名册、仲裁庭及仲裁员选（指）定书、参加仲裁通知书、申请书副本、被申请人答辩书、反请求申请书副本、仲裁裁决书或调解书等。仲裁送达是仲裁程序的关键环节，是仲裁程序中十分重要的制度，“送”且“达”是仲裁送达成功的必然要求。仲裁机构通过合适的手段将仲裁文书送至受送达人，既能够确保受送达人及时了解仲裁程序进程，确保其参与仲裁程序的权利，也可以保障仲裁程序的顺利推进和仲裁结果的效力。如果仲裁送达出现瑕疵，既与仲裁高效、便捷的宗旨相悖，也会严重影响仲裁的公信力，甚至导致司法审查程序的启动。

我国《仲裁法》第 25 条规定 ：“仲裁委员会受理仲裁申请后，应当在仲裁规则规定的期限内将仲裁规则和仲裁员名册送达申请人，并将仲裁申请书副本和仲裁规则、仲裁员名册送达被申请人。被申请人收到仲裁申请书副本后，应当在仲裁规则规定的期限内向仲裁委员会提交答辩书。仲裁委员会收到答辩书后，应当在仲裁规则规定的期限内将答辩书副本送达申请人。被申请人未提交答辩书的，不影响仲裁程序的进行。”除此之外，并未就仲裁送达的程序、方式作明确、具体的规定。司法部于 2021 年发布的《仲裁法（修订）（征求意见稿）》除第 39 条保留《仲裁法》第 25 条的规定，还增加了较多具体涉及送达的条文。①

（二）仲裁送达的特征

仲裁制度中的送达具有以下特征：

1. 仲裁机构是送达的主体

仲裁中的送达是仲裁机构在仲裁活动中依照其职权将相关仲裁文书送交受送达人的行为，而当事人和其他仲裁参与人向仲裁机构递交文书的行为，以及当事人、其他仲裁参与人之间相互递交文书的行为均不能称为送达，不能适用仲裁法或仲裁规则有关送达的规定。

2. 送达的对象是当事人或者其他仲裁参与人

仲裁申请的受理，意味着仲裁机构仲裁程序的启动。为了规范推进仲裁程序，实现当事人民商事纠纷的公平、合理解决，需要将相关仲裁文书按规定送达包括申请人、被申请人在内的仲裁参与人。仲裁送达的对象是当事人或者其他仲裁参与人，仲裁机构向人民法院交送相关文件或向与本案无关的单位或个人发送材料的行为均不能称为送达。

3. 送达的内容是与案件相关的仲裁文书

送达的内容包括与案件有关的各种通知、仲裁规则、仲裁员名册、仲裁申请书、答辩书、开庭通知书、决定书、裁决书或调解书等，即有关仲裁的一切文书、通知和其他材料等。

① 参见《仲裁法（修订）（征求意见稿）》第 34 条：“仲裁文件应当以合理、善意的方式送达当事人。当事人约定送达方式的，从其约定。当事人没有约定的，可以采用当面递交、挂号信、特快专递、传真，或者电子邮件、即时通讯工具等信息系统可记载的方式送达。仲裁文件经前款规定的方式送交当事人，或者发送至当事人的营业地、注册地、住所地、经常居住地或者通讯地址，即为送达。如果经合理查询不能找到上述任一地点，仲裁文件以能够提供投递记录的其他手段投递给当事人最后一个为人所知的营业地、注册地、住所地、经常居住地或者通讯地址，视为送达。”第 52 条：“仲裁庭组成后，仲裁员应当签署保证独立、公正仲裁的声明书，仲裁机构应当将仲裁庭的组成情况及声明书送达当事人。”第 63 条：“证据应当及时送达当事人和仲裁庭。”第 71 条：“调解书应当写明仲裁请求和当事人协议的结果。调解书由仲裁员签名，加盖仲裁机构印章，送达双方当事人。”第 93 条：“仲裁庭应当将裁决书送达当事人，并将送达记录和裁决书原件在送达之日起三十日内提交仲裁地的中级人民法院备案。”

4. 送达应当严格依照规定程序和方式进行

送达需要按照仲裁机构规则规定的一定程序和方式进行。没有按照规定的程序和方式送达的，不能产生送达的法定效力，并容易产生仲裁送达程序瑕疵。

（三）仲裁送达的方式

仲裁机构以公开有效的程序和方式进行送达活动是保障仲裁当事人及其他仲裁参与人合法权益的必要条件。因此各仲裁机构一般都参照民事诉讼法关于送达的规定对其送达制度进行构建。从仲裁实践来看，虽然各仲裁机构仲裁规则规定的“本会”送达方式差异较大，但直接送达和邮寄送达是所有仲裁机构均采取的送达方式。除此之外，仲裁送达还可以采取留置送达、电子送达、委托送达、公告送达等方式进行。

1. 直接送达

直接送达又称为交付送达。它是指仲裁机构指派专人将仲裁文书直接交送受送达人签收的送达方式。当受送达人是自然人时，仲裁机构可以在其本人不在的前提下将文书交由其同住的成年家属签收。受送达人是法人或其他组织的，应当由法人的法定代表人、其他组织的主要负责人或者该法人组织负责收件的专人签收。受送达人有代理人的，可以送交其代理人签收。受送达人已经在仲裁协议中明确其有约定代收人的，可以送交代收人签收。送达回证上显示的签收日期为送达日期。

2. 邮寄送达

邮寄送达是指仲裁机构将需要送达的仲裁文书通过邮寄的方式寄送给受送达人的送达方式。目前，邮寄送达已经成为仲裁送达中最为通用的送达方式之一。一般而言，申请人在提起申请时和被申请人答辩时，应当填写送达地址确认书，确认自己的送达地址。在仲裁期间地址发生变更的，应当及时以书面形式通知仲裁机构，未及时通知的，由当事人承担相应的后果。当事人在仲裁协议中约定了文件送达地址的，也可将该地址视为送达地址。需要注意的是，为防止部分当事人故意不提供被申请人真实送达地址，进而损害被申请人权益的情形发生，在邮寄送达无法实现的情况下，仲裁机构应当及时采取其他送达方式联系受送达人，有效保护被申请人的合法权益。

3. 留置送达

留置送达是指受送达人或其家属无正当理由拒绝签收仲裁文书时，送达人将仲裁文书放置在受送达人的住所从而产生送达法律效力的送达方式。送达人可以在送达回证上记录受送达人拒收的事由和日期，同时采取拍照录像等方式记录送达过程。

4. 电子送达

当事人在仲裁协议上有明确约定或经受送达人同意，仲裁机构可以采用传真、电子邮件、移动通信等能够确认受送达人知悉的方式送达仲裁文书，但裁决书、决定书、调解书除外。仲裁机构采用传真、电子邮件、即时通信工具等方式送达仲裁文书的，以传真、电子邮件、即时通信工具等到达受送达人特定系统的日期为送达日期。但受送达人能够有效证明仲裁文书到达其特定系统的日期与仲裁机构对应系统显示发送成功的日期不一致的，以受送达人证明到达其特定系统的日期为准。

5. 委托送达

委托送达是指仲裁机构直接向受送达人送达仲裁文书有困难的，可以委托其他仲裁机构代为送达。确实需要委托送达的，应当严格依照仲裁机构之间的约定以及仲裁规则中关于委托送达的相关规定进行，确保送达程序的完备。委托送达的受托对象一般是其他仲裁机构，但少数仲裁机构的仲裁规则也规定其他委托的对象，如公证机构、律师事务所。

6. 公告送达

公告送达是指在受送达人下落不明或者其他送达方式无法送达的情况下，仲裁机构通过张贴、刊登、播放等方式发出公告，公告发出后经过一定的时间即视为送达。公告送达能够有效保证仲裁程序正常、及时进行，保证当事人和其他仲裁参与人仲裁权利的行使。少数仲裁机构的仲裁规则规定了公告送达方式，但因其耗时长且增加相应的费用，在仲裁实践中的应用并不多，同时，采用公告送达方式的仲裁机构通常会对公告送达作出限制，如公告送达不适用法人主体和国际商事仲裁案件等。①

三、仲裁时效

（一）仲裁时效的概念

仲裁时效是指当事人基于仲裁协议而向仲裁机构请求通过仲裁方式保护其民事权益的法定期间。当事人在仲裁时效期间内，如果不向仲裁机构请求仲裁，就丧失了通过仲裁方式解决纠纷，保护其合法权益的权利。仲裁时效的前提是权利人不行使请求仲裁机构保护其权利的事实状态。仲裁时效结束后权利人所丧失的并不是向仲裁机构申请仲裁的权利，而是获得胜诉的权利。仲裁时效是法定的强制性规范，当事人不得通过仲裁协议排除仲裁时效的适用，也不可随意约定更改仲裁时效的期间。

我国《仲裁法》第 74 条规定：“法律对仲裁时效有规定的，适用该规定。法律对仲裁时效没有规定的，适用诉讼时效的规定。”我国《民法典》第 198 条规定：“法律对仲裁时效有规定的，依照其规定；没有规定的，适用诉讼时效的规定。”根据我国现行法律的规定，仲裁时效适用我国关于诉讼时效的规定。

---

① 《杭州仲裁委员会仲裁规则（2020）》第 105 条规定：“（五）当事人下落不明或者以本规则规定的送达方式无法送达的，经一方当事人申请，且仲裁委员会主任认为确有必要，可以采用公告方式送达有关仲裁的文书、通知、材料，但公告中不得描述双方当事人争议内容和仲裁程序进行情况。公告送达的，申请人应当预交公告费。公告期满视为送达。公告送达不适用于国际商事仲裁案件及受送达人是法人的案件。仲裁文书在第一次邮寄受送达人成功的，在之后的程序中邮寄同一地址无人签收或者拒绝签收的，不适用公告送达。（六）仲裁委员会无法正常送达，当事人又拒不申请公告送达或不缴纳公告费用的，视为撤回仲裁申请。”

（二）仲裁时效的种类

仲裁时效分为普通仲裁时效和特殊仲裁时效：

1. 普通仲裁时效

我国《民法典》第 188 条规定："向人民法院请求保护民事权利的诉讼时效期间为三年。法律另有规定的，依照其规定。诉讼时效期间自权利人知道或者应当知道权利受到损害以及义务人之日起计算。法律另有规定的，依照其规定。但是，自权利受到损害之日起超过二十年的，人民法院不予保护，有特殊情况的，人民法院可以根据权利人的申请决定延长。"因此，我国普通仲裁时效为三年，从知道或者应当知道权利被侵害以及义务人时起算，超过 20 年的，则不予保护。

2. 特殊仲裁时效

特殊仲裁时效是指普通仲裁时效以外的关于特殊合同争议所规定的特定仲裁时效。如我国《民法典》第 594 条规定："因国际货物买卖合同和技术进出口合同争议提起诉讼或者申请仲裁的时效期间为四年。"当事人向仲裁机构请求通过仲裁方式保护其民事权益的仲裁时效期间一般为三年，但国际货物买卖合同、技术进出口合同争议的仲裁时效期间是四年。因为此类纠纷具有涉外因素，相较于国内民商事纠纷在证据收集、起诉准备等需要更长的时间周期，故法律对其诉讼时效与仲裁时效作出特殊规定。此规定与《联合国国际货物销售时效期限公约》关于国际货物买卖合同时效期间的规定一致。

（三）仲裁时效的计算

1. 仲裁时效的开始

按照法律规定，仲裁时效期间的起算自当事人知道或应当知道其权利被侵害以及义务人时开始计算。超过仲裁时效期间而当事人自愿履行的，不受仲裁时效的限制。

2. 仲裁时效的中止

仲裁时效的中止是指在仲裁时效发生过程中的某一个时间段，因某些法定事由的发生，导致权利人不能及时向仲裁机构请求行使其仲裁请求权而暂停计算仲裁时效，并在影响权利人行使权利的客观情况消失后，继续进行仲裁时效期间的计算。根据我国《民法典》第 194 条的规定，在仲裁时效的最后六个月内，权利人因不可抗力和其他正当理由，不能行使请求权的，仲裁时效中止。自中止时效原因消除之日起满六个月，仲裁时效期间届满。不可抗力是指不能预见、不能避免且不能克服的客观情况，既包括地震、台风、洪水、冰雹等自然灾害，也包括罢工、骚乱、战争、火灾、交通事故等社会事件。其他正当理由是指除了不可抗力之外，仍然能够阻碍权利人行使其权利的客观事实。仲裁时效终止时，已经进行的仲裁时效仍然有效，时效中止的时间不计入仲裁时效期间。

3. 仲裁时效的中断

仲裁时效的中断是指在仲裁时效期间因某些法定事由的发生，导致经过的仲裁时效期间全部无效，时效中断事由消除之后，重新开始计算仲裁时效期间。根据我国《民法典》规定，权利人向义务人提出履行请求；义务人同意履行义务；权利人申请仲裁等是仲裁时效中断的法定情形。① 当事人能够提供仲裁时效中断的有效证据，则应当认定仲裁时效中断，已经进行的仲裁时效期间统归无效，重新开始计算时效期间。

四、仲裁费用

仲裁机构具有独立性，其对纠纷的处理建立在当事人意思自治的基础之上，当事人申请仲裁的同时，应当向仲裁机构交纳相应的法律服务费用。而为了维持仲裁机构的管理和服务工作的正常运转，仲裁机构也需要在受理仲裁案件的同时向当事人收取一定的补偿性费用，这也有利于防止当事人滥用仲裁的权利，有效节省仲裁资源。

（一）仲裁费用的概念

仲裁费用是指当事人申请仲裁或提出反请求时，向仲裁机构交纳的一定金额的法律服务费用。或者说，仲裁费用是仲裁机构进行仲裁活动及相关活动时，依法向申请仲裁、提出反请求的当事人收取的法律服务费用。从本质上讲，仲裁费用是法律服务费用，费用的收取不以营利为目的。

（二）仲裁费用的种类

仲裁费用一般由案件受理费和案件处理费两部分构成。

1. 案件受理费

案件受理费是指仲裁机构在受理仲裁案件后，依照规定的收费标准向当事人收取的一定费用。案件受理费主要用于支付仲裁员报酬，以及维护仲裁委员会正常运转等必要开支。案件受理费的具体标准由仲裁机构在仲裁法和仲裁委员会仲裁收费办法规定的幅度范围内确定，并由仲裁委员会所在地的省、市、自治区人民政府物价管理部门核准。确定受理费的争议金额，以申请人请求的数额为准；请求的数额与实际争议金额不一致的，以实际金额为准；申请仲裁时争议金额未确定的，由仲裁机构根据争议所涉及权益的具体情况确定预先收取的案件受理数额。

2. 案件处理费

案件处理费是指仲裁机构在审理案件中所产生的合理的实际的开支中按规定应当由当事人承担的费用。如仲裁员办理案件的特殊报酬、差旅费、食宿费，以及仲裁庭聘请专家、鉴定人和翻译人员等的费用。

---

① 我国《民法典》第195条规定："有下列情形之一的，诉讼时效中断，从中断、有关程序终结时起，诉讼时效期间重新计算：（一）权利人向义务人提出履行请求；（二）义务人同意履行义务；（三）权利人提起诉讼或者申请仲裁；（四）与提起诉讼或者申请仲裁具有同等效力的其他情形。"

（三）仲裁费用收取与负担

1. 仲裁费用的收取

仲裁当事人应当在提出仲裁申请或者反请求时，按照仲裁机构所确定的标准预交案件受理费。案件处理过程中所产生的专家、鉴定人、翻译人员等因为出庭而支出的必要食宿费、交通费、误工补贴，以及咨询、鉴定、勘验、翻译等费用由提出申请的一方当事人预付。当事人未在规定时间内预交案件受理费、案件处理费等仲裁费用的，则根据仲裁机构仲裁规则的规定承担相应的后果。①

2. 仲裁费用的负担

案件仲裁终结后，仲裁庭应当在调解书或裁决书中明确当事人最终应当承担的仲裁费用的金额。通常而言，仲裁费用的负担采用仲裁庭决定原则和败诉负担的原则。仲裁庭有权在裁决书中具体确定各方当事人应当承担的仲裁费用。当事人自行和解或者调解结案的，可以协商确定各自承担的比例。

【本章涉及的法律条文】

1.《中华人民共和国仲裁法》第24～25条，第32、35、52条，第56～57条，第59～60条，第76条。

2.《中华人民共和国民法典》第180、188条，第194～195条，第197～198条。

3.《中华人民共和国民事诉讼法》第85、86条。

【案例评析】

案例一

1. 本案涉及本章知识点：仲裁时效

2. 案情介绍

2013年8月12日，申请人威龙环保设备有限公司与被申请人永年建设集团有限公司签订《产品购销安装合同》。合同约定：被申请人将某污水管网工程一体化泵站的设备、材料及安装工程承包给申请人，合同总价350 000元，合同签订后10日内被申请人向申请人支付合同价款的20%，余款在相关工程完成并验收合格后15日内结清。合同还对产品的收货单位、付款方式、违约责任、不可抗力、解决合同纠纷方式等事项进行了约定。2014年2月19日，申请人完成了合同约定的全部义

---

① 《重庆仲裁委员会仲裁规则（2024）》第15条规定："当事人向本会申请仲裁，应当提交仲裁协议、仲裁申请书、申请人主体资格材料以及仲裁申请所依据的证据材料，并按照本会的收费标准预交仲裁费。当事人不预交仲裁费的，视为撤回仲裁申请。"

务，相关工程验收合格。但被申请人除签约后支付合同价款的20%外，其余80%的合同价款长期拖欠，申请人多次催款未果。

2019年7月16日，申请人向C仲裁委员会申请仲裁，请求裁决被申请人向申请人支付欠付的合同价款280 000元，并按约定承担违约责任等。仲裁庭于2019年9月5日依法不公开开庭审理了本案。申请人的法定代表人及委托代理人、被申请人的委托代理人到庭陈述了自己的主张及答辩意见。仲裁庭在审理中发现，申请人自2015年6月15日发函向被申请人追讨欠款无果后，没有证据证明再行使过追诉权，即申请人提起仲裁申请时，仲裁时效已过。庭审中，被申请人未就此提出抗辩。为此，仲裁庭依法裁定被申请人向申请人支付欠付的价款并按约定承担违约责任等。

3. 案例评析

本案争议的焦点在于仲裁庭对已经超过仲裁时效的案件是否需要释明或主动适用仲裁时效的规定裁决。本案中被申请人永年建设集团有限公司未就仲裁时效行使抗辩权，既是其诚实守信的表现，也是其享有的仲裁权利。当事人的意思自治是仲裁的最主要特征，作为居于中立地位的仲裁庭或仲裁员须尊重当事人不行使抗辩的权利选择，不对相关事项进行释明，更不能主动适用仲裁时效的规定进行裁决。否则，不仅未能实质解决纠纷，且与仲裁纠纷解决机制的价值相悖。《民法典》第193条也规定，人民法院不得主动适用诉讼时效的规定。所以，本案仲裁庭不主动审查、释明和适用仲裁时效相关规定，支持申请人的仲裁请求符合法律规定。

案例二

1. 本案涉及本章知识点：仲裁审限

2. 案情介绍

2017年3月5日，申请人K市田野工程管理咨询有限公司与被申请人K市阳光建筑工程有限公司签订《工程造价全过程控制咨询服务合同》，约定申请人为被申请人X工程项目提供工程施工全过程咨询服务，双方对被申请人服务内容及要求进行了明确的约定。服务期限为2017年4月1日至2018年4月1日，咨询服务费共计500 000元；合同签订之日起10日内被申请人向申请人支付40%即200 000元咨询服务费，工程项目结算审核定稿后按结算咨询总费用扣除已付款金额，余款付清；申请人未依约支付咨询服务费的，应按未付金额的日万分之五支付利息。合同签订后，2017年3月9日，被申请人依约向申请人支付200 000元咨询服务费，申请人依约为被申请人在施工过程中提供了咨询服务，包括但不限于出具签证、审价、计量、编制相关结算文件、派驻员工到施工现场等，并按约定向被申请人提供工程的结算编制文件。2018年3月29日被申请人X工程项目结算审核定稿。经申请人多次要求被申请人支付咨询服务费余款300 000元未果。

K仲裁委员会根据申请人与被申请人于2017年3月5日签订的《工程造价全过程控制咨询服务合同》中的仲裁条款以及申请人的仲裁申请，于2019年8月25日受理。根据K仲裁委员会仲裁规则的规定，本案适用简易程序。2019年9月25日，K仲裁委员会主任依法指定张某雪担任本案独任仲裁员，组成本案仲裁庭。仲裁庭于 2019 年 10 月 29 日依法不公开开庭审理了本案。申请人的委托代理人、被申请人的委托代理人到庭陈述了自己的主张及答辩意见。2020 年 11 月 16 日，仲裁庭对该案作出仲裁裁决。2020 年 11 月 25 日，被申请人不服仲裁裁决，以仲裁严重超审限、仲裁程序违反法律规定为由向 K 市中级人民法院申请撤销。

3. 案例评析

本案争议的焦点在于仲裁严重超审限是否构成当事人申请撤销或不予执行仲裁裁决的法定事由。根据《K 仲裁委员会仲裁规则》第 85 条规定："适用简易程序的案件，应当在组庭之日起 60 日内作出裁决。有特殊情况需要延长的，由仲裁庭报本会批准。"本案适用简易程序，通常应当在组庭之日起 60 日内作出裁决，即本案自 2019 年 9 月 25 日组成仲裁庭，应当在 2019 年 11 月 25 日前作出裁决，但本案仲裁庭作出仲裁裁决的时间却是 2020 年 11 月 16 日，严重超过仲裁期限结案，并且没有仲裁委员会批准延长审理期限的相关证据。故本仲裁案属仲裁程序违法，构成当事人申请撤销或不予执行仲裁裁决的法定事由。

【疑难问题】

1. 计算仲裁期间应该注意哪些问题？
2. 仲裁送达方式存在的问题及原因有哪些？
3. 仲裁时效中止、中断的法定情形有哪些？
4. 仲裁案件受理费与案件处理费的区别有哪些？

课后训练

1. 下列关于仲裁期间的表述中，属于法定期间的有（　　）。

A. 仲裁庭应当自组庭之日起 75 日内作出裁决

B. 仲裁委员会收到仲裁申请书之日起 5 日内，认为符合受理条件的，应当受理，并通知当事人

C. 当事人申请撤销裁决的，应当自收到裁决书之日起 6 个月内提出

D. 仲裁庭应当自组庭之日起 75 日内作出裁决。有特殊情况需要延长的，由独任仲裁员提请秘书长批准

2. 在我国仲裁送达实践中，仲裁机构采用较多的两种送达方式是（　　）。

A. 直接送达与邮寄送达　　B. 邮寄送达与留置送达

C. 直接送达与电子送达　　D. 邮寄送达与公告送达

3. 特殊仲裁时效是指普通仲裁时效以外的关于特殊合同争议所规定的特定仲裁时效。根据我国相关法律规定，因国际货物买卖合同和技术进出口合同争议申请仲裁的时效为（　　）。

A. 五年　　B. 四年　　C. 三年　　D. 两年

4. 按照规定，仲裁时效中断事由消除后，需要重新开始计算仲裁时效期间。以下各项中，属于仲裁时效中断法定事由的有（　　）。

A. 因不可抗力不能行使请求权的　　B. 权利人向义务人提出履行请求

C. 义务人同意履行义务　　D. 权利人申请仲裁

5. 仲裁费用是指当事人申请仲裁或提出反请求时，向仲裁机构缴纳的一定金额的法律服务费用。下列仲裁费用中，属案件处理费的选项有（　　）。

A. 仲裁员办理案件的差旅费、食宿费

B. 仲裁机构向仲裁员支付的仲裁员报酬

C. 仲裁庭聘请专家、鉴定人和翻译人员等的费用

D. 仲裁机构向仲裁秘书支付的劳动报酬

论文选题参考

1. 民商事仲裁实践的审限困境及破解
2. 仲裁时效制度完善研究
3. 基于司法审查视角的我国仲裁送达制度完善路径
4. 仲裁费用的正当性与合理性研究

延伸阅读

1. 寇丽. 现代国际商事仲裁法律适用问题研究. 北京：知识产权出版社，2013.
2. 孙巍. 中国商事仲裁法律与实务. 北京：北京大学出版社，2011.
3. 杨巍. 仲裁时效与诉讼时效衔接研究. 北京：社会科学文献出版社，2019.
4. 常英. 仲裁法学. 4版. 北京：中国政法大学出版社，2019.

第十二章　涉外仲裁

【内容摘要】

涉外仲裁与国际仲裁的主要区别在于适用语境或视角不同，涉外仲裁包括争议涉外、程序涉外、法规适用涉外、裁决涉外等；在涉外仲裁的法律适用方面包括涉外仲裁协议的法律适用、涉外仲裁程序的法律适用、涉外仲裁实体问题的法律适用、涉外仲裁裁决的法律适用等；涉外仲裁程序区别于国内仲裁程序的特别规定主要体现为仲裁庭的组成、仲裁语言等特殊性以及紧急仲裁员、友好仲裁等特殊审理程序；涉外仲裁裁决的承认与执行包括国内裁决的承认与执行、涉港澳台地区裁决的认可与执行、外国公约裁决的承认和执行、外国非公约裁决的承认和执行以及司法审查报核制度。

【学习目标】

(1) 在知识学习层面，需要熟悉并掌握涉外仲裁的具体概念及判断标准，涉外仲裁与国内仲裁的联系和区别，以及涉外仲裁裁决承认与执行的种类。(2) 在能力训练层面，要通过对涉外仲裁的法律适用、涉外仲裁的承认与执行、涉外仲裁的特殊程序等相关知识点在涉外仲裁实践应用中的深入理解，提高仲裁专业知识在仲裁实践中的运用能力。(3) 在价值引领层面，应当充分认识涉外仲裁在仲裁制度中的独特地位及重要作用，以及其对于加强涉外领域立法，统筹推进国内法治和涉外法治具有的重要意义。

【知识要点】

一、涉外仲裁的内涵

涉外仲裁是指含有涉外因素的仲裁。“涉外仲裁”与“国际仲裁”的主要区别在于适用语境或视角不同。“涉外”基于某国视角，全称应为“某国涉外仲裁”；“国际”基于第三者视角，可直接称作“国际仲裁”。本章如无特别说明，涉外仲裁均指中国涉外仲裁。再者，考虑到我国是个多法域国家，涉外仲裁中的“涉外”是指“法域外”，不仅包括外国，还包括我国香港特别行政区、澳门特别行政区和台湾地区。仲裁案件始于当事人订立仲裁协议，终于仲裁裁决的执行，全流程中的任一环节含有涉外因素，都属于涉外仲裁。具体而言，涉外仲裁应该包括争议涉外、程序涉外、法规适用涉外、裁决涉外等。

（一）争议涉外

2020 年修正的《最高人民法院关于适用〈中华人民共和国涉外民事关系法律适用法〉若干问题的解释（一）》（以下简称《涉外民事关系法律适用法解释（一）》）第 1 条规定：“民事关系具有下列情形之一的，人民法院可以认定为涉外民事关系：（一）当事人一方或双方是外国公民、外国法人或者其他组织、无国籍人；（二）当事人一方或双方的经常居所地在中华人民共和国领域外；（三）标的物在中华人民共和国领域外；（四）产生、变更或者消灭民事关系的法律事实发生在中华人民共和国领域外；（五）可以认定为涉外民事关系的其他情形。”2018 年 1 月 1 日施行的《仲裁司法审查规定》第 12 条规定：“仲裁协议或者仲裁裁决具有《最高人民法院关于适用〈中华人民共和国涉外民事关系法律适用法〉若干问题的解释（一）》第一条规定情形的，为涉外仲裁协议或者涉外仲裁裁决。”尽管《仲裁司法审查规定》强调依照《涉外民事关系法律适用法解释（一）》是用于判定仲裁协议或仲裁裁决是否涉外的，但其内容实质上是判断争议是否涉外。由此，争议主体的国籍或经常居所地、标的物、法律事实等之一具有涉外性，则该争议具有涉外性。

（二）程序涉外

我国《仲裁法》第七章“涉外仲裁的特别规定”针对涉外争议的仲裁作出了几点规定，但如果争议本身不涉外，实践中也会出现仲裁程序涉外的情况。

仲裁程序主要受仲裁规则与相关内国程序法、国际法规等规制，当其中任一规范具有涉外因素，仲裁程序就具有涉外性。由于仲裁当事人意思自治，当事人既有权利选择适用于仲裁程序的规则，也有权利选择适用于仲裁程序的法律。这种由当事人选择所致的仲裁程序涉外可归类为“法规适用涉外”。除此之外，在仲裁程序进行过程中还可能会出现域外送达、取证、保全等，此时因为需要依照域外程序法、国际公约、双边条约等办理，仲裁程序也具有了涉外性。例如，2019 年《关于内地与香港特别行政区法院就仲裁程序相互协助保全的安排》（以下简称《内地与香港保全安排》)、2022 年《关于内地与澳门特别行政区就仲裁程序相互协助保全的安排》(以下简称《内地与澳门保全安排》)等均属于就仲裁程序涉外时法院间如何相互协作的相关规定。

(三) 法规适用涉外

为避免涉外仲裁类型划分标准间的交叉，此处“法规适用涉外”仅指在争议不涉外情况下的法规适用涉外。根据仲裁当事人意思自治原则，当事人可以自由选择仲裁的程序法规与实体法律，以适用于仲裁协议、仲裁程序、争议实体问题、仲裁裁决等，在缺乏当事人明确选择的情况下，法院、仲裁庭才可自主裁量。因此，法规适用涉外可分为当事人选择适用域外法规和法院、仲裁庭依职权适用域外法规两种情况。

当事人选择适用域外法规的情形包括选择域外仲裁机构、选择域外机构仲裁规则、选择域外程序法、选择域外法律规制仲裁协议的效力和处理争议实体问题、选择域外法律判定仲裁裁决的效力等。在争议本身不涉外的情况下，当事人的上述选择会受到一些国家仲裁政策的限制，例如实践中我国已有将选择境外仲裁机构仲裁非涉外争议的仲裁协议认定为无效的案例。

在当事人缺乏明确合意的情况下，法院也可能依照法院地法冲突规范的指引而适用某外国法律。同时，从理论上讲，仲裁庭根据案件需要也有适用域外法律的可能，例如《中国国际经济贸易仲裁委员会仲裁规则(2024)》第 52 条第 2 款规定：“当事人对于案件实体适用法有约定的，从其约定。当事人没有约定或其约定与法律强制性规定相抵触的，由仲裁庭决定案件实体应适用的法律或法律规则。”

(四) 裁决涉外

在我国，涉外仲裁裁决一直是一个比较模糊的概念。1991 年我国《民事诉讼法》第 260 条“中华人民共和国涉外仲裁机构作出的裁决”的表述被视为涉外仲裁裁决最早的立法定义①，由此确立了以“仲裁机构的性质”判断仲裁裁决是否涉外的标准。由于这一标准明显不合理且与之后颁布的我国《仲裁法》第 66 条②及 1996 年国务院办公厅《关于贯彻实施〈中华人民共和国仲裁法〉需要明确的几个问题的通知》第 3 条③的规定相矛盾，目前已为理论界和实务界所抛弃。《仲裁司法审查规定》第 12 条虽然是有关涉外仲裁裁决定义的最新司法解释，但根据前文分析，该规定也只是由于争议涉外导致仲裁裁决涉外的一种情形，仲裁程序涉外、法规适用涉外也有可能促成仲裁裁决涉外。

实践中，仲裁裁决国籍的确定相对于涉外与否的判断更具有价值，因为在当事

---

① 现为《民事诉讼法》(2023 修正)第 291 条。

② 《仲裁法》第 66 条第 1 款规定：“涉外仲裁委员会可以由中国国际商会组织设立。”

③ 该文件第 3 条规定：“新组建的仲裁委员会的主要职责是受理国内仲裁案件；涉外仲裁案件的当事人自愿选择新组建的仲裁委员会仲裁的，新组建的仲裁委员会可以受理；新组建的仲裁委员会受理的涉外仲裁案件的仲裁收费与国内仲裁案件的仲裁收费应当采用同一标准。”

人不能主动履行仲裁裁决的情况下，裁决的承认与强制执行首先面临适用何国法律的问题。根据《纽约公约》第 1 条，外国仲裁裁决包括两种：一种是在申请承认与执行地国之外作出的裁决，另一种是根据申请承认与执行地国法律不认为是内国裁决的。该规定引申出与仲裁裁决国籍相关的另一个重要概念，即仲裁地。仲裁地不仅是一个地理概念（以此区别于仲裁开庭地），更是一个法律概念。我国《仲裁法》及相关司法解释没有引入“仲裁地”的概念，但基于我国加入《纽约公约》的事实，如果仲裁当事人将非涉外纠纷依照国内仲裁程序法规和国内实体法提交国内仲裁机构仲裁，却明确约定仲裁地在国外某缔约国境内，则该裁决不仅属于涉外仲裁裁决，而且更准确地说应属于外国仲裁裁决。仲裁裁决的“涉外性”与“国籍”是不同的概念，具体而言，如果我国接受以仲裁地作为判断仲裁裁决国籍的标准，则一项涉外仲裁裁决既有可能是在我国境内作出的国内裁决，也有可能是在我国境外作出的外国裁决。可以认为，凡是外国裁决均可归类为涉外仲裁裁决，而即使国内裁决也可能含有涉外因素。

从争议、程序、法律适用、裁决四个角度去限定涉外仲裁的外延，而不考虑诸如仲裁员国籍、仲裁程序其他参与人国籍、仲裁语言、仲裁开庭地等是否涉外，原因在于对于后者的任何法律适用即使产生冲突结论，在目前实践中都不会实质上影响仲裁程序的有效性。

二、涉外仲裁的法律适用

涉外仲裁之所以能成为一个不同于国内仲裁的讨论命题就在于法律适用的复杂性。涉外因素的存在使得至少两个法域的法律规范成为潜在的适用法，一旦不同法域法规就同一问题的规定不同，法律冲突就会产生。在跨国民商事交往日益频繁的当下，国家间基于尊重、礼让、利益，承认甚至被迫承认域外法律的效力，均有利于促进经济交往与合作。这种法则同样适用于试图以“非地方化”理论构建独立体系的涉外仲裁。由此，法律选择及法律适用是处理涉外仲裁案件不可回避的问题。基于前一部分的分析，涉外仲裁的法律适用包括涉外仲裁协议的法律适用、涉外仲裁程序的法律适用、涉外仲裁实体问题的法律适用、涉外仲裁裁决的法律适用等。从法律规范的类型来看，既包括冲突规范，也包括实体规范。同时，基于仲裁当事人意思自治原则，上述所有法律适用都可以由当事人自由约定，只是当事人一旦就约定内容发生争议诉诸司法解决时，其自由意志必然面临法律审查，法院地法优先适用的地位则凸显出来。

（一）涉外仲裁协议的法律适用

涉外仲裁程序的开始基于一个有效的涉外仲裁协议，涉外仲裁协议的本质可视为合同关系，因此，可用于判定协议有效与否的法律包括当事人选择的法律、当事人国籍国或经常居所地法律、仲裁协议签订地法律、合同履行地法律、适用于仲裁程序的法律、适用于仲裁实体的法律、仲裁机构所在地法律、仲裁地法律、法院地法律等与仲裁协议有最密切联系的法律。

我国《仲裁法》没有规定涉外仲裁协议的法律适用，相关规定首见《仲裁法解释》第16条："对涉外仲裁协议的效力审查，适用当事人约定的法律；当事人没有约定适用的法律但约定了仲裁地的，适用仲裁地法律；没有约定适用的法律也没有约定仲裁地或者仲裁地约定不明的，适用法院地法律。"同时，《涉外民事关系法律适用法》第18条规定："当事人可以协议选择仲裁协议适用的法律。当事人没有选择的，适用仲裁机构所在地法律或者仲裁地法律。"《涉外民事关系法律适用法解释（一）》第12条规定："当事人没有选择涉外仲裁协议适用的法律，也没有约定仲裁机构或者仲裁地，或者约定不明的，人民法院可以适用中华人民共和国法律认定该仲裁协议的效力。"《仲裁司法审查规定》第13条规定："当事人协议选择确认涉外仲裁协议效力适用的法律，应当作出明确的意思表示，仅约定合同适用的法律，不能作为确认合同中仲裁条款效力适用的法律。"第14条规定："人民法院根据《中华人民共和国涉外民事关系法律适用法》第十八条的规定，确定确认涉外仲裁协议效力适用的法律时，当事人没有选择适用的法律，适用仲裁机构所在地的法律与适用仲裁地的法律将对仲裁协议的效力作出不同认定的，人民法院应当适用确认仲裁协议有效的法律。"第15条规定："仲裁协议未约定仲裁机构和仲裁地，但根据仲裁协议约定适用的仲裁规则可以确定仲裁机构或者仲裁地的，应当认定其为《中华人民共和国涉外民事关系法律适用法》第十八条中规定的仲裁机构或者仲裁地。"由此，根据以上法律文件的法律效力等级以及颁布的先后顺序，应当优先适用当事人明确选择的法律确定涉外仲裁协议的效力，其次适用仲裁机构所在地法律或仲裁地法律，并在发生法律冲突时适用认定仲裁协议有效的法律。但同时，《仲裁司法审查规定》第16条就当事人以仲裁协议无效抗辩《纽约公约》裁决的承认与执行时，法院应适用《纽约公约》第五条第一款（甲）项的规定判定仲裁协议效力，即优先适用当事人选择的法律，其次适用仲裁地法律。

我国现行法律体系中判定涉外仲裁协议有效与否的实体规范较多，具体涉及可仲裁性、仲裁协议的形式要件和实质要件、确定仲裁协议效力管辖权的相关法律和司法解释等。例如，《仲裁法》第2、3、65、77条有关仲裁范围的规定和第三章"仲裁协议"有关形式要件和实质要件的规定；《民法典》"第三编 合同"的"第一分编 通则"中有关合同一般理论的规定；《民事诉讼法》第288条有关涉外仲裁范围的规定[①]；《仲裁法解释》第1～16条有关仲裁协议形式要件、实质要件、效力管辖、法律适用等的规定；《仲裁司法审查规定》第2、4、5条，第7～12条，第19～21条有关管辖、申请条件、审查期限、裁定效力等的规定；《报核问题规定》第2条、第4～8条有关认定仲裁协议无效的报核流程规定；等等。

---

① 我国《民事诉讼法》第288条规定："涉外经济贸易、运输和海事中发生的纠纷，当事人在合同中订有仲裁条款或者事后达成书面仲裁协议，提交中华人民共和国涉外仲裁机构或者其他仲裁机构仲裁的，当事人不得向人民法院起诉。当事人在合同中没有订有仲裁条款或者事后没有达成书面仲裁协议的，可以向人民法院起诉。"

（二）涉外仲裁程序的法律适用

由于仲裁程序的属地特征，涉外仲裁程序的法律除了适用当事人选择的法律外，一般都会适用与进行仲裁程序或诉讼程序的特定地域相联结的法律，如仲裁机构所在地法律、仲裁地法律、法院地法律等。

仲裁程序的启动有赖于仲裁协议的签订，而仲裁协议中要么有确定的仲裁机构，要么有明确的仲裁规则，或者二者兼而有之。一方面，当事人选定了仲裁机构就意味着同意适用该机构的规则；只选择某机构规则且未约定其他机构仲裁的，也意味着同意在该机构仲裁；选择了仲裁机构却又约定适用其他仲裁规则的情况较少见；而当事人能明确约定仲裁程序法的情况则更为鲜见。另一方面，仲裁规则与仲裁程序法有密切关系，通常仲裁规则不能违背仲裁地程序法的强制性规则，因此，当事人基于意思自治对仲裁规则的选择和修改是受到限制的。例如，我国《仲裁法》第15条第3款规定："中国仲裁协会依照本法和民事诉讼法的有关规定制定仲裁规则。"第75条规定："中国仲裁协会制定仲裁规则前，仲裁委员会依照本法和民事诉讼法的有关规定可以制定仲裁暂行规则。"因而，仲裁机构所在地法律和仲裁地法律是最常适用于仲裁程序的法律。

仲裁程序的进行首先依赖于明确的仲裁规则，但在仲裁过程中，也有可能需要请求法院协助确定仲裁协议的效力、仲裁员回避、采取保全措施等程序性事项，此时，法院地程序法则成为合理选择。在司法主权原则的影响下，很难想象本国法院适用外国程序法处理案件。所以，仲裁规则与仲裁程序法属于同一法域，将会极大便利仲裁程序的推进。当然，实践中也有案例选择在某国仲裁，却又明确选择适用他国程序法的约定，这只会增添涉外仲裁的复杂性甚至阻碍仲裁程序的顺利进行。①

在涉外民事诉讼领域，我国法院与域外法院间的司法协助有约可循，但在国际范围内尚未有涉外仲裁程序当事人请求域外法院协助的国际公约。目前，基于内地与港澳特别行政区在仲裁程序方面的密切联系以及便利仲裁程序的需要，最高人民法院与上述两地法院就仲裁程序相互协助保全签订了《内地与香港保全安排》和《内地与澳门保全安排》，规定了保全范围、管辖法院、申请要求等内容。

（三）涉外仲裁实体问题的法律适用

仲裁实体问题既可依照法规、习惯等解决，也可由仲裁庭根据公平正义的理念解决，后者也被称为"友好仲裁"。除去友好仲裁的情况，涉外仲裁实体问题的法规适用可能涉及多法域，从法规来源上划分，可分为当事人选择的法规和仲裁庭依职权适用的法规；从规范的类型划分，可分为外国实体法、国际法、国际法和国内法的混合、跨国法、国际惯例等。

当事人在选择适用于涉外仲裁实体问题的法律时，其意思自治应受到限制是被

---

① 如在 *Peruvian Insurance* 案中，合同约定仲裁地位于秘鲁但依照英国程序法进行仲裁。参见：雷德芬，亨特，等．国际商事仲裁法律与实践．林一飞，宋连斌，译．北京：北京大学出版社，2005：93.

广泛接受的观点，通常要求当事人的选择是善意的且不能违背法院地的公共政策。就我国涉外仲裁而言，当事人在做出实体问题的法律选择时应遵守《涉外民事关系法律适用法》第 2、4、5、6 条等关于法律选择须遵守强行法和公共政策的限制的一般规定，还应遵守《民法典》第三编“合同”中相关强制性规则的规定。例如，《涉外民事关系法律适用法》第 5 条规定：“外国法律的适用将损害中华人民共和国社会公共利益的，适用中华人民共和国法律。”《民法典》第 467 条第 2 款规定：“在中华人民共和国境内履行的中外合资经营企业合同、中外合作经营企业合同、中外合作勘探开发自然资源合同，适用中华人民共和国法律。”同时，《民法典》第 594 条也规定了较长的仲裁时效：“因国际货物买卖合同和技术进出口合同争议提起诉讼或者申请仲裁的时效期间为四年。”

在当事人无明确约定时，仲裁庭可依职权确定涉外仲裁实体问题的法律。例如《中国国际经济贸易仲裁委员会仲裁规则（2024）》第 52 条第 2 款规定：“当事人对于案件实体适用法有约定的，从其约定。当事人没有约定或其约定与法律强制性规定相抵触的，由仲裁庭决定案件实体应适用的法律或法律规则。”《北京仲裁委员会仲裁规则（2022）》第 69 条专门就国际商事仲裁法律适用做了规定，其中第 2 项规定：“当事人未选择的，仲裁庭有权根据案件情况确定适用的法律。”至于仲裁庭依据职权确定法律的限制则当然是机构仲裁规则，并不得与强行法和公共秩序相违背。如《中国国际经济贸易仲裁委员会仲裁规则（2024）》第 52 条第 1 款规定：“仲裁庭应当根据事实和合同约定，依照法律规定，参考国际惯例，公平合理、独立公正地作出裁决。”《北京仲裁委员会仲裁规则（2022）》第 69 条第 4 款规定：“在任何情况下，仲裁庭均应当根据有效的合同条款并考虑有关交易惯例作出裁决。”

（四）涉外仲裁裁决的法律适用

涉外仲裁裁决的法律适用包括裁决的形式认定、效力认定、承认与执行等方面的法律适用。从理论上讲，涉外仲裁裁决的上述法律适用问题也可由当事人根据意思自治原则自由选择，但实践中鲜见这种专业的法律选择条款。因此，涉外仲裁裁决的形式认定、效力认定基本由仲裁机构所在地法律、仲裁地法律进行规定，而涉及承认与执行裁决时，法院地法律、国际公约等适用较多。

在仲裁裁决的形式和效力认定方面，我国现行立法和仲裁实践以仲裁地来区分法律适用。例如，《仲裁法》第 54～57 条、第 69 条有关裁决书记载内容、部分裁决、裁决书补正、效力产生时间等问题的规定，以及第 58～61 条、第 70 条有关撤销裁决的规定；《民事诉讼法》第 290、292 条有关裁决效力的规定；①《仲裁法解释》第 17～27 条、第 30 条有关撤销裁决、重新仲裁事由及程序的补充规定；《仲裁司法审查规定》第 6～11 条、第 19～21 条有关撤销裁决案件的管辖、申请条

---

① 我国《民事诉讼法》第 290 条规定：“经中华人民共和国涉外仲裁机构裁决的，当事人不得向人民法院起诉。一方当事人不履行仲裁裁决的，对方当事人可以向被申请人住所地或者财产所在地的中级人民法院申请执行。”第 292 条规定：“仲裁裁决被人民法院裁定不予执行的，当事人可以根据双方达成的书面仲裁协议重新申请仲裁，也可以向人民法院起诉。”

件、审查期限、裁定效力等的规定；《报核问题规定》第 2 条、第 4～7 条有关撤销裁决报核流程的规定；等等。以上规定均适用于仲裁地在我国（不含港澳台地区）的涉外仲裁裁决的形式和效力认定。也就是说，凡是仲裁地在我国（不含港澳台地区）之外的域外仲裁裁决的形式和效力认定，均不适用上述规定，而适用仲裁地法律。

在仲裁裁决的承认与执行方面，我国现行立法虽然仍在使用“涉外仲裁裁决”“涉外仲裁机构作出的裁决”等措辞，但实践中已经以仲裁地为标准，将涉外仲裁裁决分为国内裁决[①]、涉港澳台裁决、外国公约裁决和外国非公约裁决来区分法律适用。关于国内裁决的承认与执行，可以适用《仲裁法》第 62、64、71、72 条有关国内和涉外仲裁裁决的执行与不予执行的规定，《民事诉讼法》第 291、297 条有关涉外仲裁裁决不予执行事由的规定和执行方式，《仲裁法解释》第 28～30 条有关执行管辖、流程的规定，《仲裁司法审查规定》第 6～11 条、第 17～21 条有关执行裁决案件的管辖、申请条件、审查期限、事由解释、裁定效力等的规定，《报核问题规定》第 2 条、第 4～7 条有关执行裁决报核流程的规定，《仲裁裁决执行规定》的全部规定。关于涉港澳台地区的裁决的认可与执行，可以适用《最高人民法院关于内地与香港特别行政区相互执行仲裁裁决的安排》（以下简称《内地与香港执行裁决安排》）、《最高人民法院关于内地与香港特别行政区相互执行仲裁裁决的补充安排》（以下简称《内地与香港执行裁决补充安排》）、《最高人民法院关于内地与澳门特别行政区相互认可和执行仲裁裁决的安排》（以下简称《内地与澳门执行裁决安排》）、《最高人民法院关于认可和执行台湾地区仲裁裁决的规定》（以下简称《关于认可和执行台湾地区仲裁裁决的规定》），以及《仲裁司法审查规定》、《报核问题规定》中的相关规定。关于外国公约裁决的承认和执行，可以适用《纽约公约》、《民事诉讼法》第 271 条有关优先适用公约的规定[②]、1987 年《最高人民法院关于执行我国加入的〈承认及执行外国仲裁裁决公约〉的通知》（以下简称《执行〈纽约公约〉通知》），以及《仲裁司法审查规定》《报核问题规定》中的相关规定。关于外国非公约裁决的承认和执行，可以适用《民事诉讼法》第 291、304 条有关不予执行涉外仲裁裁决和执行“国外仲裁机构的裁决”的规定[③]，《执行〈纽约公约〉通知》第 1 条“对于在非缔约国领土内作出的仲裁裁决，需要我国法院承认和执行的，应按民事诉讼法（试行）第二百零四条的规定办理”的规定，以及《仲裁司法审查规定》《报核问题规定》中的相关规定。

---

① 本章所述的国内裁决仲裁地不含港澳台地区。

② 我国《民事诉讼法》第 271 条规定：“中华人民共和国缔结或者参加的国际条约同本法有不同规定的，适用该国际条约的规定，但中华人民共和国声明保留的条款除外。”

③ 我国《民事诉讼法》第 304 条规定：“在中华人民共和国领域外作出的发生法律效力的仲裁裁决，需要人民法院承认和执行的，当事人可以直接向被执行人住所地或者其财产所在地的中级人民法院申请。被执行人住所地或者其财产不在中华人民共和国领域内的，当事人可以向申请人住所地或者与裁决的纠纷有适当联系的地点的中级人民法院申请。人民法院应当依照中华人民共和国缔结或者参加的国际条约，或者按照互惠原则办理。”

三、涉外仲裁程序的特别规定

本部分讨论的涉外仲裁程序，限于涉外争议当事人将纠纷提交国内仲裁机构仲裁时适用的程序。实践中涉外仲裁程序与非涉外仲裁程序的整体框架基本一致，都需要经过仲裁申请、组庭、答辩、反请求、庭审、裁决等程序，仅由于争议具有涉外因素，上述程序进行的细节会略有不同。下面根据我国《仲裁法》《民事诉讼法》及其相关司法解释以及承办涉外仲裁案件数量较多的仲裁机构规则集中介绍涉外仲裁程序的特别之处。

（一）受理涉外争议的仲裁机构

自20世纪50年代开始，能够受理涉外争议仲裁案件的国内仲裁机构仅有两家，即“中国国际经济贸易仲裁委员会”和“中国海事仲裁委员会”。1996年国务院办公厅《关于贯彻实施〈中华人民共和国仲裁法〉需要明确的几个问题的通知》公布后，明确了根据《仲裁法》新组建的仲裁委员会也可以受理涉外仲裁案件。因此，从理论上讲，目前国内所有仲裁机构都能够受理涉外争议。

1. 中国国际经济贸易仲裁委员会

1954年5月，中央人民政府政务院通过《中央人民政府政务院关于在中国国际贸易促进委员会内设立对外贸易仲裁委员会的决定》，《中国国际贸易促进委员会对外贸易仲裁委员会仲裁程序暂行规则》（1956年）规定的受案范围为：对外贸易契约和交易中所发生的争议，特别是外国商号、公司或者其他经济组织同中国商号、公司或者其他经济组织之间的争议，也可以受理外国商号、公司或其他组织之间，以及中国商号、公司或其他组织之间有关对外贸易契约和交易中所发生的争议。1988年，国务院批准将中国国际贸易促进委员会对外贸易仲裁委员会更名为“中国国际经济贸易仲裁委员会”（CIETAC）。根据《中国国际经济贸易仲裁委员会仲裁规则（2024）》第3条，受案范围已经扩展，包括根据当事人的约定受理契约性或非契约性的经济贸易等国际或涉外争议案件、涉港澳台争议案件、国内争议案件。2023年，中国国际经济贸易仲裁委员会全年受理5 237件案件，标的总额1 510.23亿元，其中涉外案件645件，标的额525.65亿元，仍是国内受理涉外案件的主要仲裁机构。

2. 中国海事仲裁委员会

1958年国务院通过《中华人民共和国国务院关于在中国国际贸易促进委员会内设立海事仲裁委员会的决定》，《中国国际贸易促进委员会海事仲裁委员会仲裁程序暂行规则》（1959年）规定的受案范围为：关于海上船舶碰撞或者海上船舶损坏港口建筑物或设备所发生的争议；关于海上船舶租赁业务、海上船舶代理业务和根据运输合同、提单或其他运输文件而办理的海上运输业务以及海上保险等所发生的争议。1988年，国务院批准将中国国际贸易促进委员会海事仲裁委员会更名为“中国海事仲裁委员会”（CMAC）。根据《中国海事仲裁委员会仲裁规则（2021）》第3

条，受案范围已经扩展，包括海事、海商争议，航空、铁路、公路等交通运输争议，贸易、投资、金融、保险、建设工程争议等国际或涉外争议案件、涉港澳台争议案件、国内争议案件。2022 年，中国海事仲裁委员会全年受理案件 190 件，其中涉外案件 49 件。

3. 其他国内仲裁机构

近年来，国内部分仲裁机构逐渐成长为涉外争议仲裁案件的重要受理机构，例如北京仲裁委员会、上海国际经济贸易仲裁委员会、深圳国际仲裁院、广州仲裁委员会等，北京、上海、深圳成为国内最具吸引力的国际仲裁地。2023 年，北京仲裁委员会全年受理案件 12 222 件，标的总额 1 248.26 亿元，其中涉外案件 251 件，标的额 115.26 亿元；上海国际经济贸易仲裁委员会（上海国际仲裁中心）全年受理案件 4 869 件，标的总额 708.07 亿元，其中涉外案件 215 件，标的额 101.85 亿元；深圳国际仲裁院全年受理案件 12 004 件，标的总额 1 383.10 亿元，其中涉外案件 414 件，标的额 593.26 亿元；广州仲裁委员会全年受理案件 33 670 件，标的总额 705 亿元，其中涉外案件 671 件，标的额 50.47 亿元。

（二）仲裁庭的组成、仲裁语言及费用

由于涉外争议的特殊性和复杂性，仲裁庭的组成方式及人员构成、仲裁使用的语言、仲裁费用等均与国内仲裁有所区别。

1. 仲裁庭的组成

我国《仲裁法》第 67 条规定："涉外仲裁委员会可以从具有法律、经济贸易、科学技术等专门知识的外籍人士中聘任仲裁员。"具有受理涉外争议丰富经验的国内仲裁机构仲裁员名册中均有外籍仲裁员，如中国国际经济贸易仲裁委员会现有仲裁员 1 897 人，来自 144 个国家和地区。因为涉外争议的特殊性，当事人指定外籍仲裁员组成仲裁庭，并且允许当事人从仲裁员名册外选择仲裁员，但须经过仲裁委的确认。例如《中国国际经济贸易仲裁委员会仲裁规则（2024）》第 26 条第 2 款规定："当事人约定在仲裁委员会仲裁员名册之外选定仲裁员的，当事人选定的或根据当事人约定指定的人士经仲裁委员会主任确认后可以担任仲裁员。"2022 年，上海国际经济贸易仲裁委员会（上海国际仲裁中心）共有来自德国、英国、美国、加拿大、法国、意大利、阿根廷、澳大利亚等国以及中国香港、中国台湾地区的 37 人次仲裁员参与案件审理。

除了仲裁庭组成人员国籍的多样化特征外，涉外争议仲裁庭在组成方式上也体现出对国内机构仲裁要求的突破，表现为允许临时仲裁的形式。例如，《中国海事仲裁委员会临时仲裁服务规则（2022）》制定了适用范围、服务内容、决定仲裁庭组成和人数、指定仲裁员、披露和仲裁员回避及替换、仲裁员报酬和开支审查调整、服务费用收取、免责、附则等 9 条规定，为服务当事人临时仲裁的需求提供了规则支持。

2. 仲裁语言

由于涉外争议外籍当事人与外籍仲裁员的参与，非中文的仲裁语言也成为涉外

仲裁的特征之一。例如，《上海国际经济贸易仲裁委员会（上海国际仲裁中心）仲裁规则（2024）》第84条规定："（一）当事人对仲裁语言有约定的，从其约定。（二）当事人对仲裁语言没有约定的，在仲裁庭组成前，秘书处可以考虑案件所涉合同的语言等因素，决定在仲裁庭组成前仲裁程序初步适用的仲裁语言；在仲裁庭组成后，由仲裁庭决定仲裁程序最终适用的仲裁语言。（三）当事人约定两种或者两种以上仲裁语言的，仲裁庭在听取当事人意见后可以确定适用多种语言或者适用其中一种语言进行仲裁程序。（四）仲裁庭开庭时，当事人或者其代理人、证人需要语言翻译的，可以委托秘书处聘请，也可以由当事人自行安排。（五）当事人提交的各种文书和证明材料，仲裁庭或者仲裁委员会认为必要时，可以要求当事人提供仲裁程序适用的仲裁语言的译本或者节译本。（六）仲裁裁决应当以本规则确定的仲裁语言作出"。2022年，中国国际经济贸易仲裁委员会有115件案件约定非中文仲裁语言，北京仲裁委员会7件，上海国际经济贸易仲裁委员会20件，深圳国际仲裁院13件。

3. 仲裁费用

根据前述仲裁机构的现行收费标准，多数仲裁机构区分涉外案件的收费标准和国内案件的收费标准。中国国际经济贸易仲裁委员会则专门制定了其香港仲裁中心管理案件的收费标准。涉外案件的收费包括依争议金额计算出的仲裁费用和固定立案费，国内案件的收费包括依照争议金额计算出的案件受理费和案件处理费。比较特殊的是北京仲裁委员会的收费规定，自2022年2月开始不再针对涉外案件和国内案件制定不同的收费标准，而统一依照争议金额确定仲裁员报酬和机构费用。比较国内几个仲裁机构的收费及对应争议金额的国内案件收费，我们发现各个仲裁机构的收费原则不一。北京仲裁委员会统一涉外和国内案件的收费标准，深圳国际仲裁院涉外案件的收费一直高于国内案件，而中国国际经济贸易仲裁委员会和上海国际经济贸易仲裁委员会在争议金额较低时（如100万元及以下），涉外案件的收费高于国内案件，但当争议金额较大时（如5亿元及以上），涉外案件收费低于国内案件。

除了上述费用外，涉外案件因为仲裁语言可能选择为非中文，甚至选择两种或两种以上语言，庭审时的译员费用、各种文书和材料的翻译费用等也是一笔不同于国内案件的开支，且通常不会被计算在仲裁费用内，需要当事人额外缴纳。如《中国国际经济贸易仲裁委员会仲裁规则（2024）》第85条第4款规定："当事人约定以两种或两种以上语言为仲裁语言的，或根据本规则第五十九条的规定适用简易程序的案件但当事人约定由三人仲裁庭审理的，仲裁委员会可以向当事人收取额外的、合理的费用。"

（三）特殊审理程序

涉外争议的当事人将案件提交我国仲裁机构仲裁时，不论选择何种仲裁规则，仲裁程序的进行都应符合我国法律的强制性规定。因此，在机构仲裁规则对涉外仲裁期限的规定普遍较国内仲裁期限长这一共性特征下，各仲裁机构根据涉外仲裁的经验，尝试采用了一些国际仲裁的特色做法，例如紧急仲裁员、友好仲裁等制度。

1. 关于裁决期限

我国仲裁机构对于裁决期限的规定基本是从案件类型（涉外仲裁和国内仲裁）以及选择程序的繁简程度（简易程序和普通程序）两个方面设定的。通常而言，涉外仲裁的裁决期限长于国内仲裁，普通程序的裁决期限长于简易程序或快速程序。例如，《中国国际经济贸易仲裁委员会仲裁规则（2024）》第 51 条、《上海国际经济贸易仲裁委员会（上海国际仲裁中心）仲裁规则（2024）》第 58 条、《北京仲裁委员会仲裁规则（2022）》第 68 条、《深圳国际仲裁院仲裁规则（2022）》第 50 条等均规定涉外争议案件仲裁庭应在组庭后 6 个月内作出裁决，而国内案件的裁决期限通常为 4 个月。同时，上述机构仲裁规则也都规定了如果适用简易程序或快速程序，裁决期限可缩短至 2 个月或 3 个月。相应地，在审理过程中，涉外争议案件中被申请人答辩及反请求的期限、仲裁庭的开庭通知期限等均略长于国内案件。

2. 关于紧急仲裁员程序

紧急仲裁员程序是指当事人在案件受理后至仲裁庭组成前，依据相关法律或双方当事人的约定，向仲裁机构申请指定紧急仲裁员裁决是否采取紧急性临时措施的一种特殊程序。我国《仲裁法》没有规定紧急仲裁员制度，但随着国际仲裁实践的频繁采用，部分国内仲裁机构多在仲裁规则中引入了紧急仲裁员程序，并不限定适用于涉外仲裁。例如，《中国国际经济贸易仲裁委员会仲裁规则（2024）》第 23 条、《深圳国际仲裁院仲裁规则（2022）》第 26 条的规定。① 但《北京仲裁委员会仲裁规则（2022）》仅在“国际商事仲裁的特别规定”第 63 条中引入了紧急仲裁员的规定。

根据以上仲裁规则并结合《中国国际经济贸易仲裁委员会紧急仲裁员程序》共计 8 条的规定，可以得出我国紧急仲裁员程序有以下特征：（1）紧急仲裁员申请程序适用于仲裁机构受理案件后，仲裁庭组成前；（2）紧急仲裁员程序适用我国程序法或依据当事人的约定，由仲裁机构决定是否适用紧急仲裁员程序，如适用则另行收费；（3）仲裁机构同意指定紧急仲裁员后，在 1 或 2 日内指定；（4）紧急仲裁员适用披露与回避的规定；（5）紧急仲裁员应在 14 或 15 日内作出决定，该决定对双方当事人有效；（6）除非当事人另有约定，紧急仲裁员不再担任与临时措施申请有关的争议案件的仲裁员；（7）紧急仲裁员决定对仲裁庭不具有约束力，仲裁庭可以修改、中止或撤销紧急仲裁员决定。

3. 关于友好仲裁

我国《仲裁法》第 7 条规定：“仲裁应当根据事实，符合法律规定，公平合理地解决纠纷。”仲裁机构根据该条法律规定制定了相应的仲裁规则，例如《中国国际经

---

① 《中国国际经济贸易仲裁委员会仲裁规则（2024）》第 23 条第 2 款规定：“根据所适用的法律或当事人的约定，当事人可以依据《中国国际经济贸易仲裁委员会紧急仲裁员程序》（本规则附件三）向仲裁委员会仲裁院申请紧急性临时救济。紧急仲裁员可以决定采取必要或适当的紧急性临时救济措施。紧急仲裁员决定对双方当事人具有约束力。”《深圳国际仲裁院仲裁规则（2022）》第 26 条第 1 款规定：“（一）在仲裁程序适用法律允许的情况下，从仲裁程序开始后至仲裁庭组成之前，当事人因情况紧急需要申请临时措施的，可以向仲裁院提出指定紧急仲裁员的书面申请。是否同意，由仲裁院决定。”

济贸易仲裁委员会仲裁规则（2024）》第 52 条第 1 款规定：“仲裁庭应当根据事实和合同约定，依照法律规定，参考国际惯例，公平合理、独立公正地作出裁决。”《上海国际经济贸易仲裁委员会（上海国际仲裁中心）仲裁规则（2024）》第 60 条第 1 款规定：“仲裁庭应当基于事实，依据法律规定，参考商业惯例，公平合理、独立公正地作出裁决。”《深圳国际仲裁院仲裁规则（2022）》第 51 条第 1 款规定：“仲裁庭应当基于事实，依据可适用的法律及公认的法律原则，参考商业惯例，公平合理、独立公正地作出裁决。”因此，以法律规定作为裁决依据是我国仲裁机构的通行规则。

友好仲裁是仲裁员不依据严格的法律规则而是根据公平合理的原则裁决争议，但不得违反强行法的规定。目前，我国部分机构仲裁规则已明确规定了友好仲裁，例如《北京仲裁委员会仲裁规则（2022）》“国际商事仲裁的特别规定”第 69 条第 3 款规定：“根据当事人的约定，或者在仲裁程序中当事人一致同意，仲裁庭可以依据公平合理的原则作出裁决，但不得违背法律的强制性规定和社会公共利益。”《中国（上海）自由贸易试验区仲裁规则（2015）》第 56 条规定：“当事人在仲裁协议中约定，或在仲裁程序中经协商一致书面提出请求的，仲裁庭可以进行友好仲裁。仲裁庭可仅依据公允善良的原则作出裁决，但不得违反法律的强制性规定和社会公共利益。”因此，在国际仲裁或自贸区仲裁等特殊领域内，友好仲裁成为仲裁试验制度之一。

四、涉外仲裁裁决的承认与执行

本部分讨论的涉外仲裁裁决的承认与执行，仅限于以我国人民法院为管辖法院的情况，而不包括“涉内”仲裁裁决需要由法域外法院执行的情况。涉外仲裁裁决的承认与执行，核心问题在于法律适用。本章第一节已经根据仲裁实践中的仲裁地标准，将涉外仲裁裁决分为国内裁决、涉港澳台裁决、外国公约裁决和外国非公约裁决四类。结合我国立法现状，这四类裁决的法律适用既有相同之处又有相异之处，例如在司法审查报核制度的适用上高度统一，但在承认与执行裁决的法律依据和不予承认与执行的法律依据上存在差异。

（一）国内裁决的承认与执行

国内作出的具有涉外因素的仲裁裁决，既可能被法院依法承认与执行，也可能不予承认与执行，甚至被撤销。

1. 承认与执行裁决的程序

根据《仲裁法》第 62、64、72 条有关仲裁裁决执行程序的一般规定，《民事诉讼法》第 290、304 条有关涉外仲裁裁决执行程序的规定及相关司法解释，承认与执行仲裁裁决的具体流程如下：

（1）承认的前置程序。2022 年最高人民法院《民事诉讼法解释》在第 544 条中明确规定，外国仲裁裁决需要中华人民共和国法院执行的，当事人应当先向人民法院申请承认。人民法院经审查，裁定承认后，再根据《民事诉讼法》第三编的规定予以执行。

（2）申请期间。根据《民事诉讼法》第250条及最高人民法院《民事诉讼法解释》第545条的规定，申请承认与执行的期间为2年。申请时效的中止、中断，适用法律有关诉讼时效中止、中断的规定。承认与执行期间从仲裁裁决书规定履行期间的最后一日起计算；分期履行的，从最后一期履行期限届满之日起计算；未规定履行期间的，从仲裁裁决书生效之日起计算。当事人仅申请承认而未同时申请执行的，申请执行的期间自人民法院对承认申请作出的裁定生效之日起重新计算。

（3）申请需提交的文书。根据《仲裁司法审查规定》第6条，申请人应当提交申请书及裁决书正本或者经证明无误的副本。申请书应当载明下列事项：申请人或被申请人为自然人的，应当载明其姓名、性别、出生日期、国籍及住所；为法人或其他组织的，应当载明其名称、住所及法定代表人或代表人的姓名和职务；裁决书的主要内容及生效日期；具体的请求和理由。当事人提交的外文申请书、裁决书及其他文件，应当附有中文译本。

（4）管辖法院。根据《民事诉讼法》第290、304条及《仲裁司法审查规定》第4条的规定，一方当事人不履行仲裁裁决的，对方当事人可以向被申请人住所地或财产所在地的中级人民法院申请执行。申请人向两个以上有管辖权的人民法院提出申请的，由最先立案的人民法院管辖。

（5）审理组织和形式审查期限及后果。根据《仲裁司法审查规定》第11条的规定，法院应当组成合议庭对仲裁裁决承认与执行与否进行审查，并应询问当事人。根据第9条的规定，法院应在7日内审查申请人的申请，决定是否受理；如果受理，应在5日内向申请人和被申请人发出通知书，告知受理情况及相关权利义务。根据《仲裁司法审查规定》第7～10条的规定，法院在收到当事人的申请后，会在立案前和立案后根据形式审查的实际情况，作出不予受理、驳回申请、管辖权异议三种程序性裁定。具体而言：

第一，裁定不予受理。立案前，申请人向不具有管辖权的人民法院提出申请的，法院应告知其向有管辖权的法院提出申请，申请人仍不变更申请的，裁定不予受理。申请人对于不予受理裁定不服的，可以提起上诉。

第二，裁定驳回申请。立案后，人民法院发现不符合受理条件的，裁定驳回申请。当事人对驳回申请的裁定不服的，可以提起上诉。申请人再次申请并符合受理条件的，人民法院应予受理。

第三，管辖权异议裁定。立案后，被申请人对管辖权有异议的，应自收到人民法院通知之日起15日内提出；在我国没有住所的被申请人对法院的管辖权有异议的，应自收到法院通知之日起30日内提出。法院对被申请人提出的异议，应审查并作出裁定。当事人对裁定不服的，可以提起上诉。

2. 撤销、不予承认与执行裁决

法院在形式审查后要依法进行实质审查，以确定承认与执行仲裁裁决或撤销、不予承认与执行仲裁裁决。在我国作出的涉外仲裁裁决，国内法院作为仲裁地法院，既享有撤销仲裁裁决的权力，也享有不予承认与执行仲裁裁决的权力。

(1) 撤销、不予承认与执行裁决的依据。法院进行实质审查的依据都是《仲裁法》第 70、71 条,《民事诉讼法》第 291 条的规定,即仲裁裁决具有下列情形之一的,法院可撤销或不予承认与执行仲裁裁决:(1) 当事人在合同中没有订有仲裁条款或者事后没有达成书面仲裁协议的;(2) 被申请人没有得到指定仲裁员或进行仲裁程序的通知,或由于其他不属于被申请人负责的原因未能陈述意见的;(3) 仲裁庭的组成或仲裁程序与仲裁规则不符的;(4) 裁决的事项不属于仲裁协议的范围或仲裁机构无权仲裁的;(5) 裁决违背公共利益的。

(2) 撤销、不予承认与执行裁决的后果。仲裁裁决被仲裁地法院撤销,理论上讲,裁决不再具有任何法律效力,或者发生消灭裁决的法律效力的效果。例如,我国《仲裁法》第 64 条规定,一方当事人申请执行裁决,另一方当事人申请撤销裁决的,法院应裁定中止执行;法院裁定撤销裁决的,应裁定终结执行;撤销裁决的申请被裁定驳回的,法院应裁定恢复执行。但涉外裁决情况复杂,实践中仲裁地法院撤销裁决后,当事人还可能寻求其他法域法院的承认与执行。例如著名的 Chromalloy案,即为被一国法院撤销的仲裁裁决,在他国获得承认与执行的案例。①

不予承认与执行仲裁裁决并不能产生消灭裁决的法律效力的效果,而只能在被申请承认与执行法院所在法域内产生否定仲裁裁决强制执行力的效果。因此,当事人当然可以向其他法域的法院申请承认与执行。但当我国法院是唯一具有执行能力的法院(如被申请执行人唯一财产所在地法院)时,则可以根据《民事诉讼法》第 292 条的规定,当仲裁裁决被法院裁定不予执行的,当事人可以根据双方达成的书面仲裁协议重新申请仲裁,也可以向人民法院起诉。

(二) 涉港澳台裁决的认可与执行

涉港澳台仲裁裁决,也被称为中国区际仲裁裁决。涉港澳台裁决与外国裁决的共性在于同属外法域,仲裁法规差异的客观存在可能构成裁决执行的障碍。涉港澳台裁决与外国裁决最根本的不同在于港澳台地区与内地同属一个主权国家,基于一国内部法域冲突与国内外法域冲突的不同性质,最高人民法院专门制定了《内地与香港执行裁决安排》《内地与香港执行裁决补充安排》《内地与澳门执行裁决安排》《关于认可和执行台湾地区仲裁裁决的规定》。上述"安排""规定"之间也有差异,涉港澳裁决的"安排"突出内地与港澳特区"相互"认可与执行,涉台裁决的"规定"是内地单方认可与执行的相关规定。

1. 认可与执行裁决的程序

涉港澳台裁决认可与执行的具体程序如下:

---

① 1988 年美国 Chromalloy 公司与埃及政府签订了一份军事采购合同并发生纠纷,Chromalloy 公司根据仲裁条款对埃及提起仲裁。仲裁庭于 1994 年 8 月作出了有利于 Chromalloy 公司的裁决。随后,Chromalloy 公司向美国哥伦比亚特区联邦地区法院(以下简称特区地区法院)申请执行该项裁决,埃及则向当地法院申请撤销该项裁决。1995 年 12 月,开罗上诉法院宣布案涉裁决无效,埃及据此向特区地区法院提出动议驳回 Chromalloy 公司执行裁决的申请。特区地区法院援引《纽约公约》第 5 条、第 7 条规定并基于美国关于商事仲裁的相关规定,最后对案涉裁决准予执行。

（1）认可的前置程序。最高人民法院在前述“安排”中，均使用“认可”程序而非外国裁决的“承认”程序，鲜明表达了内外有别的政治立场。《内地与香港执行裁决安排》制定于1999年，标题和正文中均无“认可”字样，之后制定的《内地与澳门执行裁决安排》《关于认可和执行台湾地区仲裁裁决的规定》在标题与正文中均增加了“认可”，2020年制定的《内地与香港执行裁决补充安排》第1条也专门增加了“认可”条款：“《安排》所指执行内地或者香港特别行政区仲裁裁决的程序，应解释为包括认可和执行内地或者香港特别行政区仲裁裁决的程序。”由此可见，认可程序成为执行涉港澳台裁决的前置程序，涉台裁决尤其强调“认可”程序。

（2）申请对象。《内地与香港执行裁决安排》第1条规定的是“在内地或者香港特区作出的仲裁裁决”，《内地与香港执行裁决补充安排》第2条将其修改为“内地人民法院执行按香港特区《仲裁条例》作出的仲裁裁决，香港特区法院执行按《中华人民共和国仲裁法》作出的仲裁裁决”，简言之，涉港裁决的认定由仲裁地标准转向程序法律适用标准。

《内地与澳门执行裁决安排》第1条规定：“内地人民法院认可和执行澳门特别行政区仲裁机构及仲裁员按照澳门特别行政区仲裁法规在澳门作出的民商事仲裁裁决，澳门特别行政区法院认可和执行内地仲裁机构依据《中华人民共和国仲裁法》在内地作出的民商事仲裁裁决，适用本安排。本安排没有规定的，适用认可和执行地的程序法律规定。”

《关于认可和执行台湾地区仲裁裁决的规定》第2条规定的台湾地区仲裁裁决是指“有关常设仲裁机构及临时仲裁庭在台湾地区按照台湾地区仲裁规定就有关民商事争议作出的仲裁裁决，包括仲裁判断、仲裁和解和仲裁调解”。可见，涉台裁决的认定标准为仲裁地叠加程序法律适用地。

此外，参照最高人民法院《民事诉讼法解释》第543条的规定，并结合以上条文内容，内地法院不仅会认可和执行涉港澳台机构裁决，还会认可和执行涉港澳台临时仲裁裁决。

（3）申请期间。根据以上“安排”，参照《民事诉讼法》第250条、最高人民法院《民事诉讼法解释》第545条的规定，申请认可与执行的期间为2年，其他有关期间的具体规定与内地裁决相同。此外关于期间的特殊规定有：

《内地与香港执行裁决安排》第10条规定，1997年7月1日至安排生效之日因故未能向内地或香港特区法院申请执行，申请人为法人或其他组织的，可以在安排生效后六个月内提出；如申请人为自然人的，可以在安排生效后一年内提出。该安排于2000年2月1日起施行，所以实际延长了此期间裁决相互认可与执行的期间。

《内地与澳门执行裁决安排》第13条第2款规定，自1999年12月20日至本安排实施前，澳门特区仲裁机构及仲裁员作出的仲裁裁决，当事人向内地申请认可和执行的期限，自本安排实施之日起算。该安排于2008年1月1日起施行，所以也延长了此期间裁决认可与执行的期间。

《关于认可和执行台湾地区仲裁裁决的规定》第19条作了与内国裁决极其相似的期间规定，包括申请人仅申请认可而未同时申请执行的，执行期间自认可裁定生效之日起重新计算的规定。

（4）申请需提交的文书。《内地与香港执行裁决安排》第3、4条规定了申请人向有关法院申请执行在内地或者香港特区作出的仲裁裁决需要提交的文书包括：执行申请书，仲裁裁决书，仲裁协议。执行申请书应载明下列事项：申请人或被申请人为自然人的，应当载明其姓名、地址；为法人或其他组织的，应当载明其名称、地址及法定代表人姓名；申请人为法人或其他组织的，应提交企业注册登记的副本，是外国籍法人或其他组织的，应提交相应的公证和认证材料；申请执行的理由与请求的内容，被申请人的财产所在地及财产状况。执行申请书应当以中文文本提出，裁决书或者仲裁协议没有中文文本的，申请人应当提交正式证明的中文译本。

《内地与澳门执行裁决安排》第4、5条规定了申请人向有关法院申请认可和执行仲裁裁决需要提交以下文件或经公证的副本：申请书，申请人身份证明，仲裁协议，仲裁裁决书或仲裁调解书。上述文件没有中文文本的，申请人应当提交经正式证明的中文译本。申请书应包括下列内容：申请人或被申请人为自然人的，应当载明其姓名及住所；为法人或其他组织的，应当载明其名称及住所，以及法定代表人或主要负责人的姓名、职务和住所；申请人是外国籍法人或其他组织的，应提交相应的公证和认证材料；请求认可和执行的仲裁裁决书或者仲裁调解书的案号或识别资料和生效日期；申请认可和执行仲裁裁决的理由及具体请求，以及被申请人财产所在地、财产状况及该仲裁裁决的执行情况。

《关于认可和执行台湾地区仲裁裁决的规定》第7条规定了申请人申请认可台湾地区的仲裁裁决应当提交以下文件或经证明无误的副本：申请书，仲裁协议，仲裁判断书、仲裁和解书或仲裁调解书。申请书应记明以下事项：申请人和被申请人姓名、性别、年龄、职业、身份证件号码、住址（申请人或被申请人为法人或其他组织的，应当记明其名称、住址、法定代表人或主要负责人的姓名、职务）和通讯方式；申请认可的仲裁判断书、仲裁和解书或仲裁调解书的案号或识别资料和生效日期；请求和理由；被申请人财产所在地、财产状况及申请认可的仲裁裁决的执行情况；其他需要说明的情况。

（5）管辖法院。涉港澳裁决认可和执行的管辖法院类似，根据前述“安排”规定，为被申请人住所地、经常居住地或财产所在地的中级人民法院；两个或两个以上中级人民法院均有管辖权的，当事人应择其一提出申请。被申请人在内地和港澳均有住所地或可供执行财产的，申请人可以分别向两地法院申请执行；两地法院应相互提供本方执行仲裁裁决的情况，两地执行财产的总额不得超过裁决确定的数额。

涉台裁决认可的管辖法院根据《关于认可和执行台湾地区仲裁裁决的规定》第4条规定，为申请人住所地、经常居住地或被申请人住所地、经常居住地、财产所在地中级人民法院或专门人民法院。申请人向两个以上有管辖权的人民法院申请认可的，由最先立案的人民法院管辖。

（6）审理组织和形式审查期限及后果。涉港澳台裁决认可和执行的审理组织均为合议庭。涉港澳裁决的“安排”中未明确规定审查期限，或者规定“按执行地法律程序处理及执行”，或者规定“尽快审查”；《关于认可和执行台湾地区仲裁裁决的规定》第 8 条规定，人民法院对于符合管辖和提交文书规定的申请，应在收到申请后七日内立案。

根据《仲裁司法审查规定》第 1 条规定，仲裁司法审查案件适用范围包括认可和执行涉港澳台裁决，以及第 22 条规定“本院以前发布的司法解释与本规定不一致的，以本规定为准”，涉港澳台裁决在法院形式审查过程中如需作出不予受理、驳回申请、管辖权异议的裁定期限，适用前述内地裁决的相关期限规定。

根据《关于认可和执行台湾地区仲裁裁决的规定》第 13 条有关于审理期限的特殊规定，人民法院决定认可裁决的，应在立案之日起两个月内作出裁定，通过两岸司法互助途径送达文书和调查取证的期间，不计入审查期限。

2. 不予认可与执行裁决

基于涉港澳台裁决的限定，内地法院是无权撤销裁决的，只能根据实质审查的条件决定不予认可与执行裁决。不予认可与执行裁决的后果与前述内地裁决的相似。下文仅介绍不予认可与执行裁决的依据。根据以上“安排”，不予认可与执行涉港澳台裁决的理由基本相同，即：

（1）仲裁协议一方当事人依对其适用的法律在订立仲裁协议时属于无行为能力的；或者依当事人约定的准据法，或当事人没有约定适用的准据法而依仲裁地法律，该仲裁协议无效的；

（2）被申请人未接到选任仲裁员或者进行仲裁程序的适当通知，或者因他故未能陈述意见的；

（3）裁决所处理的争议不是提交仲裁的争议，或者不在仲裁协议范围之内；或者裁决载有超出当事人提交仲裁范围的事项的决定，但裁决中超出提交仲裁范围的事项的决定与提交仲裁事项的决定可以分开的，裁决中关于提交仲裁事项的决定部分可以予以认可；

（4）仲裁庭的组成或者仲裁程序违反了当事人的约定，或者在当事人没有约定时与仲裁地的法律不符的；

（5）裁决对当事人尚无约束力，或者业经仲裁地的法院撤销或者拒绝执行的；

（6）依内地法律，争议事项不能以仲裁解决的；

（7）内地法院认定在内地认可和执行该仲裁裁决违反内地法律的基本原则或者社会公共利益的。

（三）外国公约裁决的承认与执行

自 1987 年 4 月 22 日起对我国生效的《纽约公约》，是目前国际上关于承认和执行外国仲裁裁决的适用范围最广、影响力最大的公约，为仲裁裁决的国际执行提供了极大便利。“外国公约裁决”即指适用《纽约公约》的仲裁裁决。我国作为公约缔约方必须善意履行公约义务，但我国声明保留的条款除外。根据《执行〈纽约公约〉通知》第 1、2 条的规定，我国在加入《纽约公约》时提出了互惠保留和商事保留。

1. 承认与执行裁决的程序

《纽约公约》第 3 条规定，各缔约方应承认仲裁裁决具有拘束力，并依照裁决可适用的法域的程序规则及以下各条规定的条件执行裁决；承认与执行公约裁决不得较承认与执行内国裁决附加过度苛刻条件或收取过多费用。同时第 7 条还规定，公约规定不影响缔约方之间签订的关于承认与执行仲裁裁决的多边或双边协定的效力，也不剥夺任何利害关系人依据裁决可适用的法域的法律及条约赋予其的权利。这两条分别为公约目的和“最优权利条款”。根据其具体内容，在公约是为了赋予缔约方承认与执行裁决的义务而非拒绝承认与执行裁决的权利，以及如果执行地法律比公约在承认与执行外国裁决的条件上更优惠则适用执行地法律的两项基本原则之下，结合我国法律规定，我国法院承认与执行仲裁裁决的具体程序如下：

（1）承认前置程序。最高人民法院《民事诉讼法解释》第 544 条中针对外国仲裁裁决的先承认后执行的规定并不违背《纽约公约》的规定，所以同样适用于此类公约裁决。

（2）申请对象。基于我国加入公约时的互惠保留和商事保留，能够获得我国法院承认与执行的公约裁决为公约对我国生效后在另一缔约国领土内作出的仲裁裁决，包括临时仲裁裁决和机构仲裁裁决；同时，裁决所处理的争议为依照我国法律属于契约性和非契约性商事法律关系争议，具体是指由于合同、侵权或者根据有关法律规定而产生的经济上的权利义务关系，如货物买卖、财产租赁、工程承包、加工承揽、技术转让、合资经营、合作经营、勘探开发自然资源、保险、信贷、劳务、代理、咨询服务和海上、民用航空、铁路、公路的客货运输以及产品责任、环境污染、海上事故和所有权争议等，但不包括外国投资者与东道国政府之间的争端。

（3）申请方式及申请期间。对需要我国法院执行的外国仲裁裁决，当事人应当先向人民法院申请承认。人民法院经审查，裁定承认后，再根据民事诉讼法的规定予以执行。如果当事人仅申请承认而未同时申请执行的，人民法院仅对应否承认进行审查并作出裁定。

根据《民事诉讼法》第 250 条及最高人民法院《民事诉讼法解释》第 545 条的规定，申请执行的期间为两年。当事人若仅申请承认而未同时申请执行的，申请执行的期间自人民法院对承认申请作出的裁定生效之日起重新开始计算。

（4）申请需提交的文书。《纽约公约》第 4 条规定需要提交的文书包括：1）原仲裁裁决的正本或正式副本；2）仲裁协议的原件或正式副本。上述文本如为非中文，应提供经过认证的中文译本。结合《仲裁司法审查规定》第 6 条的规定，应提交的文书应与国内裁决相同。

（5）管辖法院。《执行〈纽约公约〉通知》第 3 条规定，由被执行人户籍所在地、居所地、主要办事机构所在地、财产所在地的中级人民法院管辖。结合《民事诉讼法》第 290、304 条及《仲裁司法审查规定》第 4 条的规定，管辖法院应与国内裁决相同。

（6）审理组织及形式审查期限、后果。根据《仲裁司法审查规定》第 7～11 条的规定，公约裁决的审理组织为合议庭，其他期限及后果均与国内裁决相同。

2. 拒绝承认与执行裁决

《纽约公约》第5条规定了拒绝承认与执行裁决的条件：（1）仲裁协议一方当事人依对其适用的法律在订立仲裁协议时属于无行为能力的；或者依当事人约定的准据法，或当事人没有约定适用的准据法而依仲裁地法律，该仲裁协议无效的。（2）被申请人未接到选任仲裁员或者进行仲裁程序的适当通知，或者因他故未能陈述意见的。（3）裁决所处理的争议不是提交仲裁的争议，或者不在仲裁协议范围之内；或者裁决载有超出当事人提交仲裁范围的事项的决定，但裁决中超出提交仲裁范围的事项的决定与提交仲裁事项的决定可以分开的，裁决中关于提交仲裁事项的决定部分可以予以认可。（4）仲裁庭的组成或者仲裁程序违反了当事人的约定，或者在当事人没有约定时与仲裁地的法律不符的。（5）裁决对当事人尚无约束力，或者业经仲裁地的法院、裁决所依据法律地法院撤销或者拒绝执行的。（6）依执行地法律，争议事项不能以仲裁解决的。（7）承认与执行该仲裁裁决违反该方公共政策的。

以上拒绝承认与执行的事由现已普遍适用于我国涉外仲裁裁决的实践中，且其后果与内国裁决相同。但根据《仲裁司法审查规定》第16条的规定，如果被申请人以仲裁协议无效抗辩公约裁决的执行的，人民法院应当依照适用于确定当事人行为能力的法律、当事人选择的法律、仲裁地法律确定仲裁协议的效力，而不适用第14条规定的法律判定其他涉外仲裁协议的效力。

（四）外国非公约裁决的承认与执行

外国非公约裁决主要是指在非《纽约公约》缔约方领土内作出的仲裁裁决。根据《执行〈纽约公约〉通知》第1条的规定，如果外国非公约裁决不违反我国法律的基本准则以及国家和社会公共利益的，则可依据我国缔结或者参加的国际条约，或者按照互惠原则承认其效力并依法执行。因此，基于与国内裁决涉外属性的共性特征，外国非公约裁决的法律适用与国内裁决的法律适用重合度较高，除了对国际条约和互惠原则的特殊考虑外，二者承认和执行的程序以及不予承认和执行的事由等都是一致的。具体而言，外国非公约裁决须经我国法院承认后才能执行，申请期间、申请需提交的文书、管辖法院、审理组织、审查期限及后果、不予承认与执行的事由、后果等均与国内裁决相同。不同的是，对于外国非公约裁决，我国法院仅可以不予承认与执行，而不具有撤销裁决的权力。

（五）司法审查报核制度

最高人民法院《报核问题规定》于2021年进行了修正，由此确立了不分内外的、包括审查仲裁协议和仲裁裁决等的仲裁司法审查案件报核制度，涉外仲裁裁决的司法审查当然被囊括其中。

1. 报告案件类型

根据《报核问题规定》第2条的规定，各中级人民法院或专门人民法院办理的不予执行或撤销我国国内仲裁机构的涉外仲裁裁决、不予认可和执行港澳台仲裁裁决、不予承认和执行外国仲裁裁决的案件均需上报审核。

2. 上报审核部门

根据《报核问题规定》第 2 条的规定，上述案件应向本辖区所属高级人民法院报核；高级人民法院经审查拟同意的，应向最高人民法院报核；待最高人民法院审核后，方可依最高人民法院的审核意见作出裁定。

3. 上报审核需提交的文书

根据《报核问题规定》第 5 条的规定，下级人民法院报请上级人民法院审核的案件，应将书面报告和案件卷宗材料一并上报。书面报告应写明审查意见及具体理由。

4. 审核方式

根据《报核问题规定》第 6、7 条的规定，上级人民法院收到下级人民法院的报核申请后，认为案件相关事实不清的，可以询问当事人或退回下级人民法院补充查明事实后再报。上级人民法院应以复函的形式将审核意见答复下级人民法院。

【本章涉及的法律条文】

1.《中华人民共和国仲裁法》第 2～3 条，第 7、15 条，第 54～62 条，第 64～73 条，第 75～76 条。

2.《中华人民共和国民事诉讼法》第 250、271 条，第 288～292 条，第 297、304 条。

3.《中华人民共和国民法典》第三编第一分编。

4.《中华人民共和国涉外民事关系法律适用法》第 2 条，第 4～6 条，第 18 条。

【案例评析】

案例一

1. 本案涉及本章知识点：争议涉外的认定、仲裁司法审查报核制度

2. 案情介绍

2007 年 9 月 21 日，住所地位于上海市浦东新区的 H 公司因与住所地位于上海市外高桥保税区（现为自贸试验区）的 X 公司合同履行纠纷一案，依据双方约定向新加坡国际仲裁中心申请仲裁。2011 年 8 月 16 日，仲裁庭作出裁决，基本支持 X 公司的仲裁反请求，驳回 H 公司的仲裁请求。由于 H 公司仅部分履行了裁决，2013 年 6 月 14 日，X 公司依据《纽约公约》向上海市第一中级人民法院申请承认和执行上述仲裁裁决。H 公司辩称，本案双方当事人均为我国法人，合同履行地也在我国国内，本案民事法律关系并不具有涉外因素，根据《纽约公约》第 5 条的规定，如果仲裁所依据的仲裁协议无效，或者承认和执行仲裁裁决有违缔约方公共政策的，相应的仲裁裁决就不应被承认和执行。因双方约定将争议提交外国仲裁机构进行仲裁的仲裁协议有违我国公共政策，应为无效，该仲裁裁决应不予

承认和执行。

上海市第一中级人民法院认为，我国与新加坡同为《纽约公约》缔约方，应依据《纽约公约》审查本案。但是，本案所涉争议不具有涉外因素，故当事人约定将无涉外因素的合同争议提交外国仲裁机构的仲裁条款应为无效，即存在《纽约公约》第5条第1款第（甲）项规定的情形，应拒绝承认和执行。之后根据报核制度，上报至上海市高级人民法院，上海市高级人民法院倾向认为应拒绝承认和执行，因此又上报至最高人民法院。最高人民法院经审核后认为，本案仲裁协议符合《涉外民事关系法律适用法解释（一）》第1条第5项"可以认定为涉外民事关系的其他情形"，应予承认和执行仲裁裁决。

3. 案例评析

本案的争议焦点主要为争议是否涉外。根据《涉外民事关系法律适用法解释（一）》第1条的规定："民事关系具有下列情形之一的，人民法院可以认定为涉外民事关系：（一）当事人一方或双方是外国公民、外国法人或者其他组织、无国籍人；（二）当事人一方或双方的经常居所地在中华人民共和国领域外；（三）标的物在中华人民共和国领域外；（四）产生、变更或者消灭民事关系的法律事实发生在中华人民共和国领域外；（五）可以认定为涉外民事关系的其他情形。"本案中，合同的双方当事人H公司及X公司均为我国法人（X公司注册于自贸试验区内），主体不具有涉外因素；合同项下的争议设备现安装于上海浦东新区，标的物不涉外；合同约定工地交货，合同履行地也位于我国境内，合同履行也无涉外因素，似乎无法适用《涉外民事关系法律适用法解释（一）》第1条的前四项规定。但是，本案中的H公司与X公司均为外资独资子公司，且X公司设立在自贸试验区内，虽然都是我国法人，但其资本全部来源于境外，经营决策也往往直接受境外母公司控制。案件是由H公司提出仲裁申请，后又部分履行了裁决。鉴于以上事实和支持自贸试验区法治建设可先行先试的精神，以及无证据证明承认和执行该仲裁裁决违反我国公共政策，故可以适用《涉外民事关系法律适用法解释（一）》第1条第5项的规定，认定仲裁协议有效并执行仲裁裁决。

案例二

1. 本案涉及本章知识点：公约裁决的认定、裁决国籍的确定

2. 案情介绍

2010年4月13日，中国法人Z公司与美国法人B公司在我国签订合同及补充协议，约定合同争议提交国际商会国际仲裁院根据国际惯例在我国G市进行仲裁。后因合同履行发生争议，2012年8月31日，B公司向国际商会国际仲裁院提起仲裁申请，2014年3月17日，该院独任仲裁员在G市作出终局裁决。2015年4月13日，B公司向G市中级人民法院申请承认和执行上述仲裁裁决，认为国际商会国际仲裁院总部设在法国巴黎，涉案裁决是国际商会国际仲裁院在中国香港的分支机构作出的，系法国仲裁裁决或中国香港仲裁裁决，国内法院应当依照《纽约公约》或《内地与香港执行裁决安排》予以承认和执行。

G市中级人民法院认为，案涉仲裁裁决系外国仲裁机构在中国作出的仲裁裁决，可以视为中国涉外仲裁裁决。B公司现主张依据《纽约公约》或《内地与香港执行裁决安排》的规定申请承认及执行该仲裁裁决，法律依据显属错误，经多次释明后又拒不纠正，其应自行承担由此导致的相应法律后果。因此，本案不应作为承认及执行外国仲裁裁决案件，依法应予终结审查。本案终结审查后，B公司可依法另行提起执行申请。后经层报至最高人民法院得到确认上述判决。

3. 案例评析

本案的争议焦点主要为外国仲裁机构在我国作出的仲裁裁决籍属的问题。国际商会国际仲裁院显然不是中国仲裁机构，我国现行立法也并未明确以仲裁地为裁决籍属地。相反，仲裁机构的性质、仲裁机构所在地等都曾经作为判断裁决涉外与否的标准。因此，才有本案B公司声称的以仲裁机构所在地为仲裁裁决国籍地的司法实践。根据《纽约公约》第1条第1款的规定和我国加入公约时的互惠保留声明，我国仅承认和执行在另一缔约国领土内作出的仲裁裁决，本案亦不符合。但本案可否属于该款下的“非内国裁决”？由于“非内国裁决”在我国仲裁理论和实践中的含义不明，适用边界不清，G市中级人民法院直接提出以仲裁地为标准确定裁决籍属的主张，既回避了如何解释“非内国裁决”这个更具挑战性的难题，在得到最高人民法院的支持后，又因为敢于确定仲裁裁决国籍的开创性司法实践而使该案成为典型案例。同时，该案确认此类仲裁裁决能够在国内直接申请执行的明确态度，也为外国仲裁机构进入国内仲裁市场提供了确定的政策预期。

【疑难问题】

1. 我国承认和执行外国仲裁裁决的申请及审查程序规定是什么？
2. 涉外仲裁中一般会设置的特殊规定是什么？
3. “一带一路”倡议下涉外仲裁发展可能面对的问题是什么？
4. 《纽约公约》中规定的拒绝承认与执行裁决的条件是什么？

课后训练

1. 关于涉外仲裁，下列说法中错误的是（　　）。

A. 涉外仲裁委员会可以聘任外籍人士担任仲裁员

B. 当事人提出证据证明涉外仲裁裁决违背社会公共利益的，经人民法院组成合议庭审查核实，裁定撤销

C. 当事人提出证据证明涉外仲裁裁决违背社会公共利益的，经人民法院组成合议庭审查核实，裁定不予执行

D. 申请撤销涉外仲裁裁决，应向涉外仲裁委员会所在地的中级人民法院提出

2. 法国某公司依1958年联合国《承认及执行外国仲裁裁决公约》，请求中国法

院承认与执行一项国际商会国际仲裁院的裁决。依据该公约及中国相关司法解释，下列表述正确的是（　　）。

A. 法院应依职权主动审查该仲裁过程中是否存在仲裁程序与仲裁协议不符的情况

B. 该公约第 5 条规定的拒绝承认与执行外国仲裁裁决的理由是穷尽性的

C. 如该裁决内含有对仲裁协议范围以外事项的决定，法院应拒绝承认执行该裁决

D. 如该裁决所解决的争议属于侵权性质，法院应拒绝承认执行该裁决

3. 中国和甲国均为《承认及执行外国仲裁裁决公约》缔约国。现甲国某申请人向中国法院申请承认和执行在甲国作出的一项仲裁裁决。对此，下列表述正确的是（　　）。

A. 我国应对该裁决的承认与执行适用公约，因为该申请人具有公约缔约国国籍

B. 有关中国投资者与甲国政府间投资争端的仲裁裁决不适用公约

C. 中国有义务承认公约缔约国所有仲裁裁决的效力

D. 被执行人为中国法人的，应由该法人营业所所在地法院管辖

4. 中国甲公司与日本乙公司的商事纠纷在日本境内通过仲裁解决。因甲公司未履行裁决，乙公司向某人民法院申请承认与执行该裁决。中日均为《纽约公约》缔约国，关于该裁决在中国的承认与执行，下列表述正确的是（　　）。

A. 该人民法院应组成合议庭审查

B. 如该裁决是由临时仲裁庭作出的，该人民法院应拒绝承认与执行

C. 如该人民法院认为该裁决不符合《纽约公约》的规定，即可直接裁定拒绝承认和执行

D. 乙公司申请执行该裁决的期间应适用日本法的规定

5. 以下各项中，属于我国涉外商事仲裁可仲裁的事项是（　　）。

A. 行政争议纠纷

B. 收养、监护、抚养纠纷

C. 婚姻、家庭、继承纠纷

D. 公民、法人和其他经济组织之间发生的合同纠纷和其他财产权益纠纷

论文选题参考

1. 中国涉外仲裁裁决“涉外因素”界定
2. “非内国裁决”的中国解释
3. 《纽约公约》裁决在中国承认与执行的情况考察
4. 我国构建临时仲裁制度应注意的几个问题
5. 紧急仲裁员制度的中国理论与实践

延伸阅读

1. Yves Dezalay & Bryant G. Garth, Dealing in Virtue: International Commercial Arbitration and the Construction of a Transnational Legal Order. Chicago: University of Chicago Press, 1996.

2. 刘想树. 中国涉外仲裁裁决制度与学理研究. 北京：法律出版社，2001.

3. 杨桦. 国际商事仲裁裁决效力研究. 上海：上海三联书店，2021.

4. 林一飞. 中国国际商事仲裁裁决的执行. 北京：对外经贸大学出版社，2006.

第十三章　劳动争议仲裁与农村土地承包经营纠纷仲裁

【内容摘要】

作为特殊仲裁制度，劳动争议仲裁和农村土地承包经营纠纷仲裁具有仲裁的一般特征，但在仲裁对象、仲裁机构、仲裁管辖、仲裁性质、仲裁时效、审理时限、裁审关系等方面与民商事仲裁存在明显差异。尽管理论上将二者纳入仲裁法律体系，但《仲裁法》与《劳动争议调解仲裁法》《农村土地承包经营纠纷调解仲裁法》并非一般法与特别法的关系。劳动争议仲裁与农村土地承包经营纠纷仲裁均属于强制仲裁，二者在审理主体、程序展开、裁决效力诸方面亦有不少差异。两大仲裁机制通过发挥公正、及时、便捷处置劳动争议和农村土地承包经营纠纷的制度优势，与诉讼、和解、调解机制共同形成多元化的纠纷处置体系，有助于推动我国构建和谐劳动关系，促进农村经济社会的稳定和发展。

【学习目标】

(1) 在知识学习层面，需要熟悉劳动争议仲裁与农村土地承包经营纠纷仲裁的仲裁组织、管辖、仲裁程序以及仲裁效力的主要规则，掌握纳入两类仲裁受案范围的“劳动争议”和“农村土地承包经营纠纷”的内涵、基本特征及其与民商事仲裁的区别，了解两类仲裁之间的关系、劳动争议仲裁与人事争议仲裁的关系、两类仲裁的仲裁员选任规则。(2) 在能力训练层面，要通过对两类仲裁的性质、对象、管辖、组织、程序及效力规则在纠纷处置实践中的理解，提升对两类特殊仲裁制度的实践运用能力。(3) 在价值引领层面，进一步理解两类特殊仲裁制度在完善国家治理体系、促进国家治理能力现代化中的作用。劳动关系作为最基本、最重要的社会关系之一，事关广大职工和企业的切身利益，事关经济发展与社会和谐。加强包括劳动关系矛盾调处机制在内的调整劳动关系的法律、体制、制度、机制和能力建设，才能有效预防和化解劳动关系矛盾，建立“规范有序、公正合理、互利共赢、和谐稳定的劳动关系”。而农村土地承包经营体制，是适应社会主义市场经济体制、符合农业生产特点的农村基本经营制度，是党的农村政策的基石。要巩固家庭承包经营的基础地位，核心在于“赋予农民更加充分而有保障的土地承包经营权，保持现有土地承包关系稳定并长久不变”。农村土地承包经营纠纷仲裁机制以其独特的制度禀赋，切实维护着当事人的合法权益，促进了农村经济社会的稳定和发展。

【知识要点】

一、劳动争议仲裁

（一）劳动争议仲裁的概念

1. 劳动争议

劳动争议又称劳动纠纷、劳资争议，广义上泛指以劳动关系为中心所发生的所有纠纷[①]，狭义上仅指劳动者及其组织与用人单位及其组织就劳动权利的行使与劳动义务的履行所发生的纠纷，我国理论和立法上基本采用狭义解释。

从现行我国劳动立法的规范内容看，以形成的法律关系基础为标准，劳动争议可区分为个别劳动争议与集体劳动争议，前者是指劳动者和用人单位在个别劳动关系中所形成的纠纷，后者是指劳动者及其组织与用人单位及其组织在集体劳动关系中所形成的纠纷，具体可涵盖三类：不当劳动行为争议[②]、因缔结或变更集体合同所生之纠纷，以及因履行集体合同所生之纠纷。需要说明的是，群体性劳动争议，实为基于共同诉讼原理而形成的对于个别劳动权利义务所生纠纷之集合，性质上仍属个别劳动争议范畴[③]；以争议的对象为标准，劳动争议又可区分为权利争议与利益争议，前者是因实现既定的、现实的劳动权利所引发的纠纷，后者则是为了确定

---

① 史尚宽. 劳动法原论. 上海：上海世界书局，1934：214.

② 不当劳动行为，一般是指雇主侵害劳动者或工会团结权（广义）的行为，具体包括“差别对待”、“拒绝协商”和“支配介入”三种类型，就这些侵权行为所引发的争议即为不当劳动行为争议。域外立法对此类纠纷一般通过行政裁决来加以救济，我国亦有类似立法。参见《劳动与社会保障法学》编写组. 劳动与社会保障法学. 北京：高等教育出版社，2018：128－131.

③ 《劳动争议调解仲裁法》第7条规定：“发生劳动争议的劳动者一方在十人以上，并有共同请求的，可以推举代表参加调解、仲裁或者诉讼活动。”尽管《劳动人事争议仲裁办案规则》将群体性劳动争议列在“集体劳动人事争议处理”版块下加以描述，但实际上既不能等同于“集体劳动争议”，也不能等同于“群体性事件”。中共中央、国务院《关于构建和谐劳动关系的意见》将“集体停工”与“群体性事件”并列描述，实际上从侧面肯定了集体行动权的正当性，为进一步强化集体行动权的权能内容与行使标准立法打下了基础，相对而言，“群体性事件”应属非法行为。

未来的劳动权利而就目前之利益转化为未来权利的可能及可能性大小所引发的纠纷，具体体现为工会与用人单位及其组织就订立或变更集体合同所生之纠纷，其外化的最高表现即为罢工、停工等集体行动。

不过，从劳动争议仲裁的受案范围看，纳入受案范围下的“劳动争议”有进一步限定，其内涵把握需注意以下三点：一是劳动争议的主体仅限于劳动者及其组织与用人单位及其组织，该主体与诸如就业、监察、社保等其他主体所生之纠纷不属于现行劳动争议范畴。二是劳动争议的内容以劳动权利和义务为对象，其生成根据来自劳动立法、劳动合同、集体合同、劳动规章的规定和约定，劳动合同不以书面形式为必要。[①] 劳动关系当事人之间非以劳动权利和义务为对象之纠纷或以利益为对象之纠纷均未纳入现行劳动仲裁之范畴。三是不当劳动行为争议虽属劳动权利义务之纠纷，但基于其鲜明的不可诉特征以及纠纷处置上的时效性、预防性诉求，一般通过行政裁决机制予以处置，我国亦如此。[②] 而确认劳动关系所生之纠纷，作为立法例外，目前也纳入受案范围。因此，纳入仲裁处置的劳动争议实际上只限于确认劳动关系争议、个别劳动争议（包括群体劳动争议）以及履行集体合同争议三类。

根据《劳动法》《劳动争议调解仲裁法》《劳动人事争议仲裁办案规则》的规定，下列争议纳入劳动争议仲裁受案范围：（1）因确认劳动关系发生的争议；（2）因订立、履行、变更、解除和终止劳动合同发生的争议；（3）因工作时间、休息休假、社会保险、福利、培训以及劳动保护发生的争议；（4）因劳动报酬、工伤医疗费、经济补偿或者赔偿金等发生的争议；（5）法律、法规规定的其他劳动争议。

其中，根据《劳动法》、《最高人民法院关于审理劳动争议案件适用法律问题的解释（一）》（法释〔2020〕26 号）（以下简称《劳动争议司法解释（一）》）的规定，因社会保险发生的纠纷具体可包括“劳动者以用人单位未为其办理社会保险手续，且社会保险经办机构不能补办导致其无法享受社会保险待遇为由，要求用人单位赔偿损失发生的纠纷”“劳动者退休后，与尚未参加社会保险统筹的原用人单位因追索养老金、医疗费、工伤保险待遇和其他社会保险待遇而发生的纠纷”，以及“劳动者因为工伤、职业病，请求用人单位依法给予工伤保险待遇发生的纠纷”等。法律、法规规定的其他劳动争议具体可包括“劳动者与用人单位解除或者终止劳动关系后，请求用人单位返还其收取的劳动合同定金、保证金、抵押金、抵押物发生的纠纷，或者办理劳动者的人事档案、社会保险关系等移转手续发生的纠纷”“因企业

---

① 原劳动部《关于贯彻执行〈中华人民共和国劳动法〉若干问题的意见》第 82 条规定：“用人单位与劳动者发生劳动争议不论是否订立劳动合同，只要存在事实劳动关系，并符合劳动法的适用范围和《中华人民共和国企业劳动争议处理条例》的受案范围，劳动争议仲裁委员会均应受理。”

② 参见《工会法》第 50～56 条。

自主进行改制发生的纠纷”，以及因履行集体合同发生的纠纷①等。

同时，根据该司法解释，下列纠纷不纳入仲裁受案范围：(1) 劳动者请求社会保险经办机构发放社会保险金的纠纷；(2) 劳动者与用人单位因住房制度改革产生的公有住房转让纠纷；(3) 劳动者对劳动能力鉴定委员会的伤残等级鉴定结论或者对职业病诊断鉴定委员会的职业病诊断鉴定结论的异议纠纷；(4) 家庭或者个人与家政服务人员之间的纠纷；(5) 个体工匠与帮工、学徒之间的纠纷；(6) 农村承包经营户与受雇人之间的纠纷。

2. 劳动争议仲裁

劳动争议仲裁是指经劳动争议当事人申请，由法定专门处置劳动争议的劳动争议仲裁委员会对该争议依法进行评价、调解和裁决，其生效的调解书和裁决书具有强制执行力的一种劳动争议处置方式。根据《劳动争议调解仲裁法》第 5 条：“发生劳动争议，当事人不愿协商、协商不成或者达成和解协议后不履行的，可以向调解组织申请调解；不愿调解、调解不成或者达成调解协议后不履行的，可以向劳动争议仲裁委员会申请仲裁；对仲裁裁决不服的，除本法另有规定的外，可以向人民法院提起诉讼。”劳动争议仲裁机制与和解、调解、仲裁以及诉讼机制共同形成了我国劳动争议的多元处置体系。不过，在我国，和解与调解并非劳动争议处置的必经程序，而仲裁程序的适用除少数案件外，均属于劳动争议诉讼的前置程序，其目的在于提高劳动争议处置的时效性、分流法院的诉讼压力以及减轻当事人的诉累，此即劳动争议处置的“仲裁前置规则”。由于劳动争议诉讼程序目前仍执行一般民事争议的处置规定，劳动争议仲裁机制由此成了最能代表劳动争议处置特点的核心机制。

根据《劳动争议调解仲裁法》第 3 条：“解决劳动争议，应当根据事实，遵循合法、公正、及时、着重调解的原则，依法保护当事人的合法权益。”作为劳动争议处置的核心机制，劳动争议仲裁较为充分地贯彻了这些基本原则，并形成了自身鲜明的特征。

(1) 行政性。根据《劳动人事争议仲裁组织规则》，劳动争议仲裁委员会由人民政府依法设立，并由劳动行政部门具体负责指导劳动争议的调解、仲裁以及仲裁员的管理、培训等工作。实践中，劳动争议仲裁委员会的办事机构往往与劳动行政部门负责劳动仲裁管理的单位合署办公，委员会的主任亦由该部门主要负责人担任，劳动争议仲裁委员会的性质因此不够清晰，具有鲜明的行政性色彩。

(2) 强制性。劳动争议仲裁属于强制仲裁而非协议仲裁，仲裁程序的启动只需一方当事人申请即可，仲裁管辖、仲裁庭的组成、审理方式等均需严格遵循法律规定，当事人的意定行为无效。同时，仲裁程序一般属于劳动争议处置的必经程序，

---

① 《劳动法》第 84 条第 2 款规定：“因履行集体合同发生争议，当事人协商解决不成的，可以向劳动争议仲裁委员会申请仲裁；对仲裁裁决不服的，可以自收到仲裁裁决书之日起十五日内向人民法院提起诉讼。”

非例外情形[①]当事人不得直接寻求诉讼救济。

(3) 准司法性。劳动争议仲裁委员会作出的发生法律效力的调解书、裁决书，一方当事人逾期不履行的，另一方当事人可以依法向人民法院申请强制执行。对于部分案件，委员会还可以根据当事人申请依法裁决先予执行，并移送人民法院执行。

(4) 公正性。劳动争议仲裁委员会遵循“三方原则”，由劳动行政部门代表、工会代表和用人单位方面代表组成相对中立的第三方处置组织。在审理过程中，实行仲裁员回避制度、仲裁庭合议制度以及举证责任倒置制度，能够充分保障当事人尤其是处于弱势的劳动者的合法权益。

(5) 及时性。劳动权利的实现事关劳动者及其家庭的生存安全，故劳动争议的处置特别强调救济的时效性。通过在仲裁程序中设置审理时限制度、部分案件的一裁终局制度、先行裁决制度、先予执行制度、简易程序制度，以及强化调解手段在审理全流程的运用等，有效提高了纠纷处置的时效性。

3. 劳动争议仲裁与民商事仲裁[②]的区别

(1) 仲裁对象不同。劳动争议仲裁处置的是具有从属性和身份性的用人单位与劳动者之间的确认劳动关系纠纷和劳动权利义务纠纷。民商事仲裁处置的则是平等的公民、法人和其他组织之间的合同纠纷和其他财产权益纠纷。

(2) 仲裁机构不同。劳动争议仲裁委员会隶属于各地劳动行政部门，组织构成与管理体制体现出较强的行政性，委员会由劳动行政部门代表、工会代表和用人单位方面代表组成。民商事仲裁委员会独立于行政机关，与行政机关没有隶属关系。

(3) 仲裁管辖不同。劳动争议仲裁实行特殊的地域管辖，由劳动合同履行地或者用人单位所在地的劳动争议仲裁委员会管辖。民商事仲裁则实行协议管辖，由争议当事人合意确定仲裁机构。

(4) 仲裁性质不同[③]。劳动争议仲裁属于强制仲裁，仲裁程序的适用具有强制

---

① 根据《劳动争议司法解释（一）》和《人力资源社会保障部、最高人民法院关于劳动人事争议仲裁与诉讼衔接有关问题的意见（一）》(人社部发〔2022〕9号）的相关规定，目前可以突破“仲裁前置规则”而直接向法院起诉的情形，归纳起来有如下四种：一是劳资双方就支付拖欠劳动报酬、工伤医疗费、经济补偿或者赔偿金事项达成调解协议，用人单位在协议约定期限内不履行的，劳动者可以持调解协议书依法向人民法院申请支付令，该支付令被人民法院裁定终结督促程序后，劳动者依据调解协议直接提起诉讼的，人民法院应予受理。二是劳动者以用人单位的工资欠条为证据直接提起诉讼，诉讼请求不涉及劳动关系其他争议的，视为拖欠劳动报酬争议，人民法院按照普通民事纠纷受理。三是当事人单独就劳动报酬争议达成调解协议，用人单位不履行调解协议确定的给付义务，劳动者直接提起诉讼的，人民法院可按普通民事纠纷受理。四是当事人在经依法设立的调解组织主持下就支付拖欠劳动报酬、工伤医疗费、经济补偿或者赔偿金事项达成调解协议，双方当事人依据《民事诉讼法》第205条规定共同向人民法院申请司法确认，人民法院不予确认，劳动者依据调解协议直接提起诉讼的，人民法院应予受理。应当强调的是，劳动者依据《劳动合同法》第30条第2款规定申请支付令被人民法院裁定终结督促程序后，劳动者就劳动争议事项直接提起诉讼的，人民法院应当告知其先向劳动争议仲裁机构申请仲裁，即此时仍应遵守“仲裁前置规则”。

② 民商事仲裁即“民商事争议仲裁”，鉴于理论和实务上约定俗成的表述，故简称“民商事仲裁”。

③ 对于劳动争议仲裁的性质，学界有观点认为劳动争议仲裁、土地承包经营纠纷仲裁等属于“行政仲裁”范畴，其与民商事仲裁的“民间仲裁”性质相对而言。但考虑到“行政仲裁”的概念尚未获得立法确认，其性质也处于学术讨论阶段，故不宜简单强调这一点。

性，非例外情形不得排除。仲裁程序的启动无须以仲裁协议为前提，当事人对仲裁管辖、仲裁庭的组成、审理方式、裁决文本的制作等也无权意定。民商事仲裁则属于协议仲裁，仲裁程序并非纠纷解决必经程序而遵循当事人合意选择，仲裁程序的启动须以有效的仲裁协议为前提，仲裁管辖、仲裁庭的组成、审理方式、裁决文本的制作等因可根据当事人的合意确定而具有较强的灵活性。

（5）仲裁时效不同。劳动争议的仲裁时效一般为一年。民商事仲裁的时效，除相关法律对仲裁时效有特别规定①外，适用民事争议诉讼时效的一般规定，即三年。②

（6）审理时限不同。劳动争议仲裁审理时限一般为 45 天，特殊情况下最多可延期 15 天。民商事仲裁的审理时限则根据不同仲裁机构仲裁规则的规定而有差异，如《中国国际贸易仲裁委员会仲裁规则（2024）》设定的时限一般为 6 个月，《北京仲裁委员会仲裁规则（2022）》设定的时限一般为 4 个月。③

（7）裁审关系不同。劳动争议仲裁一般属于劳动争议诉讼的前置程序，且除少数案件实行一裁终局制度外，多数案件在委员会作出裁决后，当事人仍然可以继续向人民法院起诉。民商事案件的仲裁与诉讼根据当事人的选择而形成“或裁或审”模式，当事人合意选择仲裁处置时即启动仲裁程序，且仲裁处置的全部案件实行一裁终局制度，委员会的裁决一经作出即发生法律效力，当事人不得再行起诉。

综上，我国劳动争议仲裁与民商事仲裁的性质和规范设计具有较大区别，尽管在学理上将二者进行关联性讨论，但在现有立法和司法体系上，《仲裁法》与《劳动争议调解仲裁法》并非一般法与特别法的关系。④

4. 劳动争议仲裁与人事争议仲裁的关系

与劳动争议仲裁联系更为密切的人事争议仲裁，在学理上也是一类特殊仲裁制度。人事争议，是指国家机关、参公管理的机关（单位）、事业单位、社会团体以及军队文职人员用人单位与聘任制劳动主体之间因履行聘任合同和终止人事关系所发

---

① 这些特别规定包括《民法典》第 594 条规定的针对国际货物买卖合同和技术进出口合同争议提起仲裁的四年时效、《劳动争议调解仲裁法》第 27 条规定的针对劳动争议的一年仲裁时效以及《农村土地承包经营纠纷调解仲裁法》第 18 条规定的针对农村土地承包经营纠纷的两年仲裁时效等。

② 《民法典》第 188 条规定：“向人民法院请求保护民事权利的诉讼时效期间为三年。法律另有规定的，依照其规定。诉讼时效期间自权利人知道或者应当知道权利受到损害以及义务人之日起计算。法律另有规定的，依照其规定。但是，自权利受到损害之日起超过二十年的，人民法院不予保护，有特殊情况的，人民法院可以根据权利人的申请决定延长。”

③ 《中国国际经济贸易仲裁委员会仲裁规则（2024）》第 51 条规定：“作出裁决的期限：（一）仲裁庭应在组庭后 6 个月内作出裁决书。（二）经仲裁庭请求，仲裁委员会仲裁院院长认为确有正当理由和必要的，可以延长该期限。（三）程序中止的期间不计入上述第（一）款规定的裁决期限。”《北京仲裁委员会仲裁规则（2022）》第 48 条规定：“裁决作出期限：仲裁庭应当自组庭之日起 4 个月内作出裁决。有特殊情况需要延长的，由首席仲裁员提请秘书长批准，可以适当延长。”

④ 尽管《仲裁法》第 77 条规定，“劳动争议和农业集体经济组织内部的农业承包合同纠纷的仲裁，另行规定”，但不能据此就认为两法属于一般法与特别法的关系。

生的争议。人事争议在概念上区别于“人事纠纷”或“人事争讼案件”[①]，从广义上可以视为劳动争议的一种类型，但由于现有立法确立了两类争议并行处置的体制，劳动争议与人事争议的概念以及劳动争议仲裁与人事争议仲裁分类处置的模式将继续延续。

劳动争议仲裁与人事争议仲裁在性质上都属于强制仲裁，都属于纠纷处置的必经程序[②]，仲裁程序的启动都无须以仲裁协议为前提，劳动争议仲裁委员会和人事争议仲裁委员会都设置在劳动行政部门。另外，二者在审理程序上亦具有相似性，裁决生效后均具有强制执行力。不过，两类仲裁机制也存在如下典型区别：

（1）仲裁对象不同。劳动争议仲裁以用人单位与劳动者之间因确认劳动关系所生之纠纷和劳动权利义务纠纷为受案范围。人事争议仲裁的受案范围则限于国家机关、参公管理的机关（单位）、事业单位、社会团体以及军队文职人员用人单位与聘任制劳动主体之间因履行聘任合同和终止人事关系所发生的争议，其他人事争议则不属于仲裁之对象。[③]

（2）仲裁委员会的组成不同。劳动争议仲裁委员会由劳动行政部门代表、工会代表和用人单位方面代表组成。人事争议仲裁委员会则由公务员主管部门代表、聘任（用）单位代表、工会组织代表、受聘人员代表以及人事、法律专家组成。

（3）仲裁管辖不同。劳动争议案件仲裁实行特殊的地域管辖，由劳动合同履行地或用人单位所在地的仲裁委员会管辖。人事争议仲裁则以级别管辖为主、地域管辖为辅，需根据不同人事单位的性质、级别及所处地域，来具体确定管辖的主体。[④]

（4）仲裁时效不同。劳动争议仲裁的时效一般为一年。人事争议仲裁的时效一般也为一年，但对于聘任制公务员与所在机关之间因履行聘任合同发生的争议，仲裁时效为 60 天。[⑤]

---

① “人事纠纷”或“人事争讼案件”，一般是大陆法系民事诉讼法对于婚姻、收养等民事身份纠纷的统称。参见：江伟，肖建国. 仲裁法. 3 版. 北京：中国人民大学出版社，2016：362.

② 劳动争议仲裁前置规则有一定例外。

③ 根据《人事争议处理规定》和《劳动人事争议仲裁办案规则》的规定，纳入受案范围的人事争议的类型包括以下五种：（1）实施公务员法的机关与聘任制公务员之间、参照公务员法管理的机关（单位）与聘任工作人员之间因履行聘任合同发生的争议；（2）事业单位与其建立人事关系的工作人员之间因终止人事关系以及履行聘用合同发生的争议；（3）社会团体与其建立人事关系的工作人员之间因终止人事关系以及履行聘用合同发生的争议；（4）军队文职人员用人单位与聘用制文职人员之间因履行聘用合同发生的争议；（5）法律、法规规定由劳动人事争议仲裁委员会处理的其他争议。对于因考核、职务任免、职称评审等发生的人事争议，按照有关规定处理，不适用仲裁和诉讼处理。

④ 根据《人事争议处理规定》第 13～15 条，中央机关、直属机构、直属事业单位及其在京所属单位的人事争议由北京市负责处理人事争议的仲裁机构处理。中央机关在京外垂直管理机构以及中央机关、直属机构、直属事业单位在京外所属单位的人事争议，由所在地的省（自治区、直辖市）设立的人事争议仲裁委员会处理，也可由省（自治区、直辖市）根据情况授权所在地的人事争议仲裁委员会处理。省（自治区、直辖市）、副省级市、地（市、州、盟）、县（市、区、旗）人事争议仲裁委员会的管辖范围，由省（自治区、直辖市）确定。军队聘用单位与文职人员的人事争议，一般由聘用单位所在地的县（市、区、旗）人事争议仲裁委员会处理，其中师级聘用单位与文职人员的人事争议，由所在地的地（市、州、盟）、副省级市人事争议仲裁委员会处理，军级以上聘用单位与文职人员的人事争议由所在地的省（自治区、直辖市）人事争议仲裁委员会处理。

⑤ 参见《劳动人事争议仲裁办案规则》第 26 条和《公务员法》第 105 条。

（5）审理时限不同。劳动争议仲裁审理时限一般为45天，特殊情况下最多可延期15天。人事争议仲裁的审理时限一般为90天，特殊情形下最多可延期30天。

（6）裁审关系不同。劳动争议仲裁对于“终局性裁决案件”不允许用人单位再行起诉，其他案件则允许双方当事人在裁决生效之前继续起诉。人事争议案件则全部为“非终局裁决案件”，双方当事人可以在裁决生效之前继续起诉。

（7）适用法律不同。劳动争议仲裁适用劳动法律规范，人事争议仲裁主要适用人事法律规范及人事政策，但事业单位与其建立人事关系的工作人员之间因履行聘用合同或者终止人事关系所发生的争议还会适用劳动法律规范。①

（二）劳动争议仲裁组织与管辖

1. 劳动争议仲裁委员会

劳动争议仲裁委员会是国家设立的授权独立处理劳动争议的专门仲裁机构。仲裁委员会按照统筹规划、合理布局和适应实际需要的原则设立，省、自治区人民政府可以决定在市、县设立；直辖市人民政府可以决定在区、县设立，直辖市、设区的市也可以设立一个或者若干个劳动争议仲裁委员会。劳动争议仲裁委员会不按行政区划层层设立，各劳动争议仲裁委员会之间相互独立，无组织隶属关系。

劳动争议仲裁委员会由劳动行政部门代表、工会代表和企业方面代表组成，主任由劳动行政部门主要负责人担任，仲裁委员会组成人员应当是单数。劳动争议仲裁委员会依法履行下列职责：（1）聘任、解聘专职或者兼职仲裁员；（2）受理争议案件；（3）讨论重大或者疑难的争议案件；（4）监督本仲裁委员会的仲裁活动；（5）制定本仲裁委员会的工作规则；（6）其他依法应当履行的职责。仲裁委员会应当每年至少召开两次全体会议，研究本仲裁委员会职责履行情况和重要工作事项。仲裁委员会主任或者三分之一以上的仲裁委员会组成人员提议召开仲裁委员会会议的，应当召开。仲裁委员会的决定实行少数服从多数原则。

仲裁委员会下设实体化的办事机构，具体承担争议调解仲裁等日常工作，办事机构称为“劳动人事争议仲裁院”，设在劳动行政部门。仲裁院对仲裁委员会负责并报告工作。

2. 仲裁庭和仲裁员

仲裁委员会处理争议案件实行仲裁庭制度，实行一案一庭制。仲裁庭由三名仲裁员组成，设首席仲裁员，简单劳动争议案件可以由一名仲裁员独任仲裁处理。对于十人以上并有共同请求的争议案件、履行集体合同发生的争议案件、有重大影响或者疑难复杂的争议案件，以及仲裁委员会认为应当由三名仲裁员组庭处理的其他争议案件，应当由三名仲裁员组成仲裁庭，采取合议制审理。

---

① 《事业单位人事管理条例》第37条规定：“事业单位工作人员与所在单位发生人事争议的，依照《中华人民共和国劳动争议调解仲裁法》等有关规定处理。”《劳动争议调解仲裁法》第52条规定：“事业单位实行聘用制的工作人员与本单位发生劳动争议的，依照本法执行；法律、行政法规或者国务院另有规定的，依照其规定。”

仲裁员是由仲裁委员会聘任、依法调解和仲裁争议案件的专业工作人员，分为专职仲裁员和兼职仲裁员，二者在调解仲裁活动中享有同等权利，履行同等义务。劳动争议仲裁委员会应当设仲裁员名册，仲裁员应当公道正派并符合下列条件之一：（1）曾任审判员的；（2）从事法律研究、教学工作并具有中级以上职称的；（3）具有法律知识、从事人力资源管理或者工会等专业工作满五年的；（4）律师执业满三年的。仲裁员在仲裁过程中应当认真履行相关职责，公正审理案件。《劳动人事争议仲裁组织规则》对仲裁员的聘任、管理和监督作了具体的规定。

3. 仲裁管辖

由于劳动争议仲裁委员会之间无上下级关系，各自负责管辖区域内发生的劳动争议，故不实行级别管辖。劳动争议仲裁为处理劳动争议强制适用的必经程序，故亦不实行协议管辖。目前，我国劳动争议仲裁采取特殊地域管辖模式，劳动争议由劳动合同履行地或者用人单位所在地的劳动争议仲裁委员会管辖。劳动合同履行地为劳动者实际工作场所地，用人单位所在地为用人单位注册、登记地或者主要办事机构所在地，用人单位未经注册、登记的，其出资人、开办单位或者主管部门所在地为用人单位所在地。双方当事人分别向劳动合同履行地和用人单位所在地的仲裁委员会申请仲裁的，由劳动合同履行地的仲裁委员会管辖。有多个劳动合同履行地的，由最先受理的仲裁委员会管辖。劳动合同履行地不明确的，由用人单位所在地的仲裁委员会管辖。案件受理后，劳动合同履行地或者用人单位所在地发生变化的，不改变争议仲裁的管辖。

仲裁委员会发现已受理案件不属于其管辖范围的，应当移送至有管辖权的仲裁委员会，并书面通知当事人。受移送的仲裁委员会认为移送的案件按照规定不属于其管辖，或者仲裁委员会之间因管辖争议协商不成的，应当报请共同的上一级仲裁委员会主管部门指定管辖。

当事人提出管辖异议的，应当在答辩期满前书面提出。仲裁委员会应当审查当事人提出的管辖异议，异议成立的，将案件移送至有管辖权的仲裁委员会并书面通知当事人；异议不成立的，应当书面决定驳回。当事人逾期提出的，不影响仲裁程序的进行。

（三）劳动争议仲裁程序

1. 仲裁申请

劳动争议仲裁的申请人和被申请人为劳动争议的当事人，劳务派遣单位或者用工单位与劳动者发生劳动争议的，劳务派遣单位和用工单位为共同当事人。当事人可以依法委托代理人参加仲裁活动。丧失或者部分丧失民事行为能力的劳动者，由其法定代理人代为参加仲裁活动；无法定代理人的，由劳动争议仲裁委员会为其指定代理人。劳动者死亡的，由其近亲属或者代理人参加仲裁活动。发生劳动者一方在十人以上并有共同请求的争议的，劳动者可以推举三至五名代表参加仲裁活动，代表人参加仲裁的行为对其所代表的当事人发生效力，但代表人变更、放弃仲裁请求或者承认对方当事人的仲裁请求以及进行和解的，必须经被代表的当事人同意。

因履行集体合同发生的劳动争议，经协商解决不成的，工会可以依法申请仲裁；尚未建立工会的，由上级工会指导劳动者推举产生的代表依法申请仲裁。与劳动争议案件的处理结果有利害关系的第三人，可以申请参加仲裁活动或者由劳动争议仲裁委员会通知其参加仲裁活动。

劳动争议申请仲裁的时效期间为一年，仲裁时效期间从当事人知道或者应当知道其权利被侵害之日起计算。劳动关系存续期间因拖欠劳动报酬发生争议的，劳动者申请仲裁不受一年仲裁时效期间的限制；但是，劳动关系终止的，仍应当自劳动关系终止之日起一年内提出。仲裁时效因当事人一方向对方当事人主张权利，或者向有关部门请求权利救济，或者对方当事人同意履行义务而中断。从中断时起，仲裁时效期间重新计算。因不可抗力或者有其他正当理由，当事人不能在规定的仲裁时效期间申请仲裁的，仲裁时效中止，从中止时效的原因消除之日起，仲裁时效期间继续计算。

申请人申请仲裁应当提交书面仲裁申请，并按照被申请人人数提交副本。仲裁申请书应当载明下列事项：（1）劳动者的姓名、性别、年龄、职业、工作单位和住所，用人单位的名称、住所和法定代表人或者主要负责人的姓名、职务；（2）仲裁请求和所根据的事实、理由；（3）证据和证据来源、证人姓名和住所。仲裁申请书不规范或者材料不齐备的，仲裁委员会应当当场或者在五日内一次性告知申请人需要补正的全部材料。书写仲裁申请确有困难的，可以口头申请，由劳动争议仲裁委员会记入笔录，并告知对方当事人。

劳动争议仲裁不收费，劳动争议仲裁委员会的经费由财政予以保障。

2. 审查受理

劳动争议仲裁委员会收到仲裁申请之日起五日内，认为符合受理条件的，应当受理，并通知申请人；认为不符合受理条件的，应当书面通知申请人不予受理，并说明理由。[①]

劳动争议仲裁委员会受理仲裁申请后，应当在五日内将仲裁申请书副本送达被申请人。被申请人收到仲裁申请书副本后，应当在十日内向劳动争议仲裁委员会提交答辩书。劳动争议仲裁委员会收到答辩书后，应当在五日内将答辩书副本送达申请人。被申请人未提交答辩书的，不影响仲裁程序的进行。

被申请人可以在答辩期间提出反申请，仲裁委员会应当自收到被申请人反申请之日起五日内决定是否受理并通知被申请人。决定受理的，仲裁委员会可以将反申请和申请合并处理。反申请应当另行申请仲裁的，仲裁委员会应当书面告知被申请人另行申请仲裁。反申请不属于应当受理的，仲裁委员会应当向被申请人出具不予受理通知书。被申请人答辩期满后对申请人提出反申请的，应当另行申请仲裁。

对劳动争议仲裁委员会不予受理或者逾期未作出决定的，申请人可以就该劳动争议事项向人民法院提起诉讼。

---

① 作出受理或不受理的具体情形和条件，可参见《劳动人事争议仲裁办案规则》第 30～32 条、第 34～36 条。

3. 开庭审理

劳动争议仲裁委员会应当在受理仲裁申请之日起五日内将仲裁庭的组成情况书面通知当事人。仲裁员有下列情形之一，应当回避，当事人也有权以口头或者书面方式提出回避申请：(1) 是本案当事人或者当事人、代理人的近亲属的；(2) 与本案有利害关系的；(3) 与本案当事人、代理人有其他关系，可能影响公正裁决的；(4) 私自会见当事人、代理人，或者接受当事人、代理人的请客送礼的。劳动争议仲裁委员会对回避申请应当及时作出决定，并以口头或者书面方式通知当事人。

仲裁庭应当在开庭五日前，将开庭日期、地点书面通知双方当事人。当事人有正当理由的，可以在开庭三日前请求延期开庭，是否延期，由劳动争议仲裁委员会决定。申请人收到书面通知，无正当理由拒不到庭或者未经仲裁庭同意中途退庭的，可以视为撤回仲裁申请。被申请人收到书面通知，无正当理由拒不到庭或者未经仲裁庭同意中途退庭的，可以缺席裁决。

仲裁庭开庭之前，经双方当事人同意，仲裁庭可以委托调解组织或者其他具有调解能力的组织、个人进行调解。自当事人同意之日起十日内未达成调解协议的，应当开庭审理。

开庭审理时，由仲裁员宣布开庭、案由和仲裁员、记录人员名单，核对当事人，告知当事人有关的权利义务，询问当事人是否提出回避申请。仲裁庭正式审理劳动争议案件时，应当进行调解，必要时可以邀请有关单位、组织或者个人参与调解。

开庭审理中，仲裁员应当听取申请人的陈述和被申请人的答辩，主持庭审调查、质证和辩论，征询当事人最后意见，并进行调解。当事人在仲裁过程中有权进行质证和辩论。质证和辩论终结时，首席仲裁员或者独任仲裁员应当征询当事人的最后意见。

当事人对自己提出的主张有责任提供证据。与争议事项有关的证据属于用人单位掌握管理的，用人单位应当提供；用人单位不提供的，应当承担不利后果。[①] 法律没有具体规定、按照此一规则无法确定举证责任承担的，仲裁庭可以根据公平原则和诚实信用原则，综合当事人举证能力等因素确定举证责任的承担。

当事人因客观原因不能自行收集的证据，仲裁委员会可以根据当事人的申请，参照民事诉讼有关规定予以收集；仲裁委员会认为有必要的，也可以决定参照民事诉讼有关规定予以收集。

仲裁庭对专门性问题认为需要鉴定的，可以交由当事人约定的鉴定机构鉴定；

---

① 归纳起来，现有立法针对用人单位承担倒置举证责任的典型情形有如下三种：(1) 原劳动和社会保障部《关于确立劳动关系有关事项的通知》(劳社部发〔2005〕12号) 中关于“用人单位若掌握着确认劳动关系的有关证据时，则由其承担举证责任”的规定。(2)《劳动争议司法解释（一）》第42条关于“劳动者主张加班费的，应当就加班事实的存在承担举证责任。但劳动者有证据证明用人单位掌握加班事实存在的证据，用人单位不提供的，由用人单位承担不利后果”的规定。(3)《劳动争议司法解释（一）》第44条关于“因用人单位作出的开除、除名、辞退、解除劳动合同、减少劳动报酬、计算劳动者工作年限等决定而发生的劳动争议，用人单位负举证责任”的规定。

当事人没有约定或者无法达成约定的，由仲裁庭指定的鉴定机构鉴定。根据当事人的请求或者仲裁庭的要求，鉴定机构应当派鉴定人参加开庭。当事人经仲裁庭许可，可以向鉴定人提问。

在仲裁程序中，一方当事人陈述的于己不利的事实，或者对于己不利的事实明确表示承认的，另一方当事人无须举证证明，但下列情形不适用此自认规则：（1）涉及可能损害国家利益、社会公共利益的；（2）涉及身份关系的；（3）当事人有恶意串通损害他人合法权益可能的；（4）涉及依职权追加当事人、中止仲裁或者诉讼、终结仲裁或者诉讼、回避等程序性事项的。当事人自认的事实与已经查明的事实不符的，劳动人事争议仲裁委员会不予确认。

仲裁处理中其他涉及证据形式、证据提交、证据交换、证据质证、证据认定等的事项，参照民事诉讼证据规则的有关规定执行。

仲裁庭应当将开庭情况记入笔录，当事人或者其他仲裁参与人认为对自己陈述的记录有遗漏或者差错的，有权当庭申请补正，仲裁庭认为申请无理由或者无必要的，可以不予补正，但是应当记录该申请。仲裁员、记录人员、当事人和其他仲裁参与人应当在庭审笔录上签名或者盖章，当事人或者其他仲裁参与人拒绝在庭审笔录上签名或者盖章的，仲裁庭应当记明情况附卷。

当事人申请劳动争议仲裁后，可以自行和解。达成和解协议的，可以撤回仲裁申请。

仲裁庭在作出裁决前，应当先行调解。仲裁庭在审理全过程中经过调解达成协议的，应当制作调解书，调解书应当写明仲裁请求和当事人协议的结果。调解书由仲裁员签名，加盖劳动争议仲裁委员会印章，送达双方当事人，经双方当事人签收后，发生法律效力。调解不成或者调解书送达前一方当事人反悔的，仲裁庭应当及时作出裁决。

4. 裁决

仲裁庭裁决劳动争议案件，应当自劳动争议仲裁委员会受理仲裁申请之日起 45 日内结束。案情复杂需要延期的，经劳动争议仲裁委员会主任批准，可以延期并书面通知当事人，但是延长期限不得超过 15 日。① 逾期未作出仲裁裁决的，当事人可以就该劳动争议事项向人民法院提起诉讼。② 仲裁庭裁决劳动争议案件时，其中一部分事实已经清楚，可以就该部分先行裁决。另外，仲裁庭对追索劳动报酬、工伤医疗费、经济补偿或者赔偿金的案件，根据当事人的申请，可以裁决先予执行，移送人民法院执行。仲裁庭裁决先予执行的，应当符合下列条件：（1）当事人之间权利义务关系明确；（2）不先予执行将严重影响申请人的生活。劳动者申请先予执行的，可以不提供担保。

---

① 《劳动人事争议仲裁办案规则》第 47 条还对仲裁审理中止的适用情形作了规定，中止审理的情形消除后，仲裁庭应当恢复审理。

② 《劳动人事争议仲裁办案规则》第 48 条作了具体规定："当事人因仲裁庭逾期未作出仲裁裁决而向人民法院提起诉讼并立案受理的，仲裁委员会应当决定该案件终止审理；当事人未就该争议事项向人民法院提起诉讼的，仲裁委员会应当继续处理。"

裁决应当按照多数仲裁员的意见作出，少数仲裁员的不同意见应当记入笔录。仲裁庭不能形成多数意见时，裁决应当按照首席仲裁员的意见作出。裁决书应当载明仲裁请求、争议事实、裁决理由、裁决结果和裁决日期。裁决书由仲裁员签名，加盖劳动争议仲裁委员会印章。对裁决持不同意见的仲裁员，可以签名，也可以不签名。

除了上述的一般程序规则外，《劳动人事争议仲裁办案规则》还就劳动争议仲裁审理的简易程序和集体劳动争议仲裁审理时的相关特殊要求作了规定。

(四) 劳动争议仲裁的效力

我国劳动争议仲裁裁决的效力分为终局裁决和非终局裁决两种情形。

1. 终局裁决

《劳动争议调解仲裁法》第 47 条规定："下列劳动争议，除本法另有规定的外，仲裁裁决为终局裁决，裁决书自作出之日起发生法律效力：(1) 追索劳动报酬、工伤医疗费、经济补偿或者赔偿金，不超过当地月最低工资标准十二个月金额的争议；(2) 因执行国家的劳动标准在工作时间、休息休假、社会保险等方面发生的争议。"应当注意的是，该条针对两类案件所生终局裁决效力仅属"部分的终局效力"或者"有限的终局效力"，裁决一经作出，对用人单位立即生效，不得就同一纠纷再行仲裁或起诉。但劳动者对仲裁裁决不服的，仍然可以自收到仲裁裁决书之日起 15 日内向人民法院起诉。[①] 立法之所以如此设计，主要在于防止用人单位滥用诉权而拖延纠纷的救济、增加劳动者的诉累。由于限制了用人单位的诉权，立法从平衡角度又赋予了用人单位申请撤销裁决的权利，根据《劳动争议调解仲裁法》第 49 条，用人单位有证据证明该终局性案件的裁决存在适用法律、法规确有错误，劳动争议仲裁委员会无管辖权，违反法定程序，裁决所根据的证据是伪造，对方当事人隐瞒了足以影响公正裁决的证据，仲裁员在仲裁该案时有索贿受贿、徇私舞弊、枉法裁决行为等情形之一时，可以自收到仲裁裁决书之日起 30 日内向劳动争议仲裁委员会所在地的中级人民法院申请撤销裁决。人民法院经组成合议庭审查核实裁决有上述情形之一的，应当裁定撤销。仲裁裁决被人民法院裁定撤销的，双方当事人均可以自收到裁定书之日起 15 日内就该劳动争议事项向人民法院提起诉讼。

根据《劳动人事争议仲裁办案规则》，申请人根据上述终局裁决规则追索劳动报酬、工伤医疗费、经济补偿或者赔偿金时，如果仲裁裁决涉及数项，对单项裁决数额不超过当地月最低工资标准 12 个月金额而数项合计超过该标准的事项，仍应当适用终局裁决。同时，根据《人力资源社会保障部、最高人民法院关于劳动人事争议仲裁与诉讼衔接有关问题的意见（一）》（人社部发〔2022〕9 号）（以下简称《裁审衔接意见》），适用终局裁决的"劳动报酬"可涵盖劳动者在法定标准工作时间内提供正常劳动的工资、停工留薪期工资、病假工资以及用人单位未提前通知劳动者

① 参见《劳动争议调解仲裁法》第 48 条。

解除劳动合同的一个月工资等[①]；适用终局裁决的“经济补偿”可涵盖竞业限制的经济补偿、解除或者终止劳动合同的经济补偿等；适用终局裁决的“赔偿金”可涵盖《劳动合同法》第 82 条规定的第二倍工资、违法约定试用期的赔偿金，以及违法解除或者终止劳动合同的赔偿金等。

2. 非终局裁决

与终局裁决相反，双方当事人对《劳动争议调解仲裁法》第 47 条规定的两类案件之外的其他劳动争议案件之裁决不服的，均可以自收到仲裁裁决书之日起 15 日内向人民法院提起诉讼；期满不起诉的，裁决即生效力。

根据《劳动人事争议仲裁办案规则》和《裁审衔接意见》，仲裁庭裁决案件时，如果裁决事项涉及确认劳动关系的，劳动人事争议仲裁委员会就同一案件应当作出非终局裁决；如果裁决事项不涉及确认劳动关系但同时包括终局裁决事项和非终局裁决事项的，应当分别制作裁决书[②]，并告知当事人相应的救济权利。劳动者对终局裁决向基层人民法院提起诉讼、用人单位向中级人民法院申请撤销终局裁决、劳动者或者用人单位对非终局裁决向基层人民法院提起诉讼的，有管辖权的人民法院应当依法受理。审理申请撤销终局裁决案件的中级人民法院认为该案件必须以非终局裁决案件的审理结果为依据，另案尚未审结的，可以中止诉讼。劳动者不服终局裁决向基层人民法院提起诉讼，中级人民法院对用人单位撤销终局裁决的申请不予受理或者裁定驳回申请，用人单位主张终局裁决存在前述关于用人单位可以向中级人民法院申请撤销裁决的情形的，基层人民法院应当一并审理。同时，如果劳动争议仲裁委员会已经作出的同一仲裁裁决同时包含终局裁决事项和非终局裁决事项，当事人不服该仲裁裁决向人民法院提起诉讼的，应当按照非终局裁决处理。另外，我国《劳动人事争议仲裁办案规则》还对仲裁裁决书未载明该裁决为终局裁决或者非终局裁决的处置规则作了具体规定。[③]

当事人对发生法律效力的调解书、裁决书，应当依照规定的期限履行。一方当事人逾期不履行的，另一方当事人可以依照民事诉讼法的有关规定向人民法院申请执行，受理申请的人民法院应当依法执行。

---

① 对于“用人单位未提前通知劳动者解除劳动合同的一个月工资”是否属于“工资”范畴，理论上尚有争议，也有不少地方立法将其列为终局裁决规则下的“经济补偿”范畴。

② 不过，对于劳动关系不存疑但终局裁决事项与非终局裁决事项并存时必须分别制作裁决书的规定，容易忽视两项裁决基于“同一案件事实”的内在关联性，进而可能引发劳动者起诉之法律效果与用人单位申请撤销之法律效果的冲突。尽管这一规定的目的在于强化终局案件的结案率，但为了避免诉讼阶段程序的繁杂，立法仍应当对此规则的适用前提作出限定，即设定为“终局事项不影响非终局裁决事项”。对此，《云南省人力资源和社会保障厅关于进一步做好劳动争议仲裁终局工作的通知》（云人社发〔2016〕328 号）第“三（二）”条作了改进性规定：“仲裁机构裁决案件时，裁决事项中同时涉及终局裁决和非终局裁决，且非终局裁决事项不影响终局裁决事项的，应当分别作出裁决，在裁决书案号后加阿拉伯数字附号的方式予以区别，并告知当事人相应的救济权利。”《重庆市人力资源和社会保障局关于劳动争议终局裁决适用有关事项的通知》（渝人社发〔2016〕201 号）第“二（二）”条也规定：“劳动人事争议仲裁委员会裁决案件时发现裁决事项中同时涉及终局裁决与非终局裁决，非终局裁决事项不影响终局裁决事项的，分别裁决，在仲裁裁决书案号后加阿拉伯数字附号的方式予以区别；非终局裁决事项可能影响终局裁决事项的，不适用终局裁决。”

③ 参见《劳动人事争议仲裁办案规则》第 18、19 条。

总结前述可以发现，我国劳动争议仲裁与诉讼衔接的基本类型包括如下三种：一是仲裁受理受阻时的起诉。劳动争议仲裁委员会以申请仲裁的主体不适格、申请仲裁的事项不属于劳动争议、仲裁委员会无管辖权为由不予受理的，或者仲裁委员会逾期未作出受理决定的，申请人可以就该劳动争议事项向人民法院提起诉讼。二是逾期裁决时的起诉。劳动争议仲裁委员会逾期未作出仲裁裁决的，当事人可以就该劳动争议事项向人民法院提起诉讼。三是对仲裁裁决不服时的起诉。对于终局性裁决案件，劳动者可以自收到仲裁裁决书之日起 15 日内向人民法院提起诉讼。用人单位可以依法向劳动争议仲裁委员会所在地的中级人民法院申请撤销裁决，仲裁裁决被人民法院裁定撤销的，当事人可以自收到裁定书之日起 15 日内就该劳动争议事项向人民法院提起诉讼；对于非终局性裁决案件，当事人可以自收到仲裁裁决书之日起 15 日内向人民法院提起诉讼。

值得注意的是，我国劳动争议处置中形成的先裁后审、部分终局、一裁二审模式，因其实际运行效果并未完全达到立法所设定的目标，理论界和实务界对此还提出了诸多完善裁审关系的反思与建议。①

① 总体上，主张对现行处置模式进行改革的理由包括三方面：一是认为因劳动权利义务的实现关涉劳动者及其家庭的生存安全，劳动争议处置在保障公平的基础上应当更加重视对处置效率的追求，而目前“一裁两审”的处置程序并未充分产生“简化程序、快速止纷”的实际效果；二是立法同时借助“仲裁前置、部分终局”以分流法院诉讼压力、减轻当事人诉累的意图也并未得到有效实现；三是现行“一裁终局”规则立足于防治用人单位滥用诉权之现象而生成，但劳动者实际上也存在滥用诉权的行为，且该规则未能平等赋予用人单位诉权，在法理上难以自圆其说。为此，理论界和实务界提出了诸如“或裁或审，两裁（审）终局”“只裁不审，两裁终局”“只审不裁，两审终局”“部分案件强制仲裁，一裁终局，部分案件或裁或审，两裁（审）终局”等代表性的改革方案。然而，这些方案同样引发了不少批判的声音：一是“或裁或审”“只裁不审”“部分案件强制仲裁，部分案件或裁或审”等模式，或多或少剥夺了当事人的诉权，不符合司法最终解决的原则。二是“或裁或诉”模式中，因目前仲裁与诉讼在受案范围和法律适用标准上存在一定的差异，易造成“同案异判（裁）”的结果。三是对于“或裁或审”模式中主张“应以仲裁协议作为劳动争议仲裁制度的基础”的观点，基于劳动关系较强的从属性和劳动权利义务的法定性、基准性性质，劳动关系当事人在劳动力交易过程中体现出明显的不平等和不自由关系，劳动争议仲裁难以按照基于“自由契约理论”生成的民商事仲裁理论来进行改造。四是对于“单一诉讼”模式的思路，在我国劳动法庭尚未全面探索成型的背景下，还面临着诸如制定劳动法院组织法、修改现行劳动法等大量立法活动，短期内难以实现。五是与这些改革方案相比，继续维持已在我国实行多年的“先裁后审”模式，反而更为妥当、更具优势。虽然劳动争议仲裁委员会具有一定的行政性，但其按照三方原则进行组建，仍然反映了劳动争议处置的专业性要求，能够确保纠纷处置的公正性。而且，相较于诉讼机制高成本和长耗时的缺点，仲裁仍属一种低成本、快捷径的处置方式，更能兼顾纠纷处置的时效性。另外，在保留并平等赋予当事人诉权的基础上，既符合司法最终解决的法理，又能适当分流劳动争议的诉讼压力，节约司法资源。六是目前导致救济程序过于冗长的主要原因实际上体现在“一裁终局”制度和仲裁组织建设不足等。基于这些考虑，不少学者认为应当坚持“先裁后审”的基本模式，并把“裁审关系”问题的改革重心转移到如下方面：其一，平等赋予双方当事人仲裁后的诉权；其二，设置诉讼阶段上诉限制机制，尽可能实现“一裁一审”的模式，以提高纠纷处置时效性；其三，强化劳动争议仲裁委员独立性建设和仲裁员队伍能力的提升；其四，进一步强化调解机制的运用，加固调解协议的效力。当然，也有不少观点认为，应当针对部分案件继续保留“一裁终局”制度，确立起双方当事人均不得起诉的完整的终局裁决模式。为此，要进一步明确我国小额纠纷和劳动标准纠纷的认定标准，适度提高小额纠纷的适用额度等。总之，上述观点和论证是否妥当，尚需进一步研究思考。以上归纳参见：谢增毅. 我国劳动争议处理的理念、制度与挑战. 法学研究，2008（8）；侯玲玲. 劳动争议一裁终局制度的反思与改革. 法商研究，2017（3）；谭玲. 劳动争议案件一裁终局制度的现实困境与未来转型. 人民司法，2012（1）；江伟，肖建国. 仲裁法. 3 版. 北京：中国人民大学出版社，2016：350-351.

二、农村土地承包经营纠纷仲裁

（一）农村土地承包经营纠纷仲裁的概念

1. 农村土地承包经营纠纷的概念

农村土地承包经营纠纷，即农村土地承包经营争议，是指在农村土地承包经营过程中发包方与承包方发生的纠纷以及土地承包当事人与第三人发生的纠纷。[①] 农村土地，是指农民集体所有和国家所有依法由农民集体使用的耕地、林地、草地，以及其他依法用于农业的土地。[②]

根据《农村土地承包经营纠纷调解仲裁法》第 2 条的规定，可通过仲裁处置的农村土地承包经营纠纷包括：（1）因订立、履行、变更、解除和终止农村土地承包合同发生的纠纷；（2）因农村土地承包经营权转包、出租、互换、转让、入股等流转发生的纠纷；（3）因收回、调整承包地发生的纠纷[③]；（4）因确认农村土地承包经营权发生的纠纷[④]；（5）因侵害农村土地承包经营权发生的纠纷[⑤]；（6）法律、法规规定的其他农村土地承包经营纠纷。[⑥] 因征收集体所有的土地及其补偿发生的纠纷，因该类争议涉及行政机关权力的行使，不纳入农村土地承包仲裁委员会的受理范围，通过行政复议或者诉讼等方式解决。

可以发现，从性质上看，纳入仲裁的农村土地承包经营纠纷只限于民事争议，不包括行政争议。从内容上看，纳入仲裁的农村土地承包经营纠纷不仅包括传统家庭承包产生的纠纷，也包括通过招标、拍卖、公开协商的方式承包所产生的纠纷；不仅包括承包耕地产生的纠纷，也包括承包林地、草地、“四荒地”以及养殖水产所产生的纠纷；不仅包括集体经济组织内部承包产生的纠纷，也包括集体经济组织及

---

① 江伟，肖建国. 仲裁法. 3 版. 北京：中国人民大学出版社，2016：368；肖建国. 仲裁法学. 北京：高等教育出版社，2021：291.

② 参见《农村土地承包经营纠纷调解仲裁法》第 50 条。

③ 实践中，此类纠纷主要表现为因农村集体经济组织违法收回承包地、承包方依法应当交回承包地而不交回产生的纠纷和农村集体经济组织违法调整承包地产生的纠纷。参见：王胜明，陈晓华. 中华人民共和国农村土地承包经营纠纷调解仲裁法释义. 北京：法律出版社，2009：9.

④ 实践中，此类纠纷主要表现为集体经济组织成员依法应当取得土地承包经营权或其相关利益而没有取得所产生的纠纷、土地承包合同或土地承包经营权证书的记载与实际承包的土地四至、面积、地类不符产生的纠纷，以及因自然等原因造成承包地四至变化而要求确认承包地块所产生的纠纷。参见：王胜明，陈晓华. 中华人民共和国农村土地承包经营纠纷调解仲裁法释义. 北京：法律出版社，2009：10.

⑤ 实践中，此类纠纷主要表现为干涉承包方依法享有的生产经营自主权、强迫或阻碍承包方进行土地承包经营权流转产生的纠纷，发包方擅自截留、扣缴土地承包经营权流转收益产生的纠纷，假借少数服从多数侵害少数承包户合法权益产生的纠纷，剥夺、侵害妇女、外出务工人员依法享有的土地承包经营权产生的纠纷，以及因侵占承包地、哄抢农产品、阻挠耕种或收获等产生的纠纷。参见：王胜明，陈晓华. 中华人民共和国农村土地承包经营纠纷调解仲裁法释义. 北京：法律出版社，2009：10.

⑥ 实践中，此类纠纷主要表现为因分户或离婚分割承包地块产生的纠纷、权利人要求继续承包林地产生的纠纷、权利人要求继承承包土地收益产生的纠纷，以及承包户之间因地界、通道、遮阴、排灌、施洒化肥农药产生的纠纷。参见：王胜明，陈晓华. 中华人民共和国农村土地承包经营纠纷调解仲裁法释义. 北京：法律出版社，2009：10－11.

其成员与组织之外的单位和个人建立的承包关系所产生的纠纷。[①]

2. 农村土地承包经营纠纷仲裁

农村土地承包经营纠纷仲裁，是指经农村土地承包经营纠纷当事人申请，由法定专门处置农村土地承包经营纠纷的农村土地承包仲裁委员会对该争议依法进行评价、调解和裁决，其生效的调解书和裁决书具有强制执行力的一种农村土地承包经营纠纷处置方式。

以家庭承包经营为基础、统分结合的双层经营体制是党的农村政策的基石，是中国特色农业现代化的制度基础。巩固家庭承包经营基础地位，核心是赋予农民更加充分而有保障的土地承包经营权，保持现有土地承包关系稳定并长久不变。[②] 根据《农村土地承包经营纠纷调解仲裁法》第 3、4 条，发生农村土地承包经营纠纷的，当事人可以自行和解，也可以请求村民委员会、乡（镇）人民政府等调解。当事人和解、调解不成或者不愿和解、调解的，可以向农村土地承包仲裁委员会申请仲裁，也可以直接向人民法院起诉。[③]《农村土地承包经营纠纷调解仲裁法》通过确立专门性仲裁机制，发挥其专业、便捷的制度优势，与和解、调解和诉讼机制形成完整的农村土地承包经营纠纷多元处置体系，对于公正、及时解决农村土地承包经营纠纷，维护当事人的合法权益，促进农村经济发展和社会稳定具有重要意义。由于农村土地承包经营纠纷诉讼程序仍遵循一般民事争议的诉讼规则，农村土地承包经营纠纷仲裁机制由此成为最能代表该类纠纷处置特点的核心机制。

根据《农村土地承包经营纠纷调解仲裁法》第 5 条规定："农村土地承包经营纠纷调解和仲裁，应当公开、公平、公正，便民高效，根据事实，符合法律，尊重社会公德。"农村土地承包经营纠纷仲裁机制在运作中较为充分地贯彻了这些基本原则，并形成了自身鲜明的特征。

（1）行政性。农村土地承包仲裁委员会由县级以上人民政府及土地承包管理部门主导设立，并受其指导和监督。仲裁委员会的日常办事机构也设置在当地农村土地承包管理部门，并与其合署办公，委员会的工作经费和人事编制以及活动开展受限于行政保障。仲裁委员会组成人员中包含当地人民政府及其有关部门的代表，仲裁委员会示范章程的制定也有行政机关参与其中，仲裁庭作出裁决时除了根据认定的事实和法律外，还可以根据国家政策。这些因素使得该机制体现出较强的行政性。

（2）强制性。农村土地承包经营纠纷仲裁程序的启动无须以仲裁协议为前提，只要一方当事人申请仲裁而另一方当事人未同时起诉的，仲裁程序即强制开启。同

---

① 王胜明，陈晓华. 中华人民共和国农村土地承包经营纠纷调解仲裁法释义. 北京：法律出版社，2009：7.

② 参见原农业部 2009 年《关于推进农业经营体制机制创新的意见》。

③《最高人民法院关于审理涉及农村土地承包纠纷案件适用法律问题的解释》（法释〔2020〕17 号）还明确了当事人达成仲裁协议或未达成仲裁协议时的裁审选择及处置规则，其第 2 条规定："当事人自愿达成书面仲裁协议的，受诉人民法院应当参照《最高人民法院关于适用〈中华人民共和国民事诉讼法〉的解释》第二百一十五条、第二百一十六条的规定处理。当事人未达成书面仲裁协议，一方当事人向农村土地承包仲裁机构申请仲裁，另一方当事人提起诉讼的，人民法院应予受理，并书面通知仲裁机构。但另一方当事人接受仲裁管辖后又起诉的，人民法院不予受理。当事人对仲裁裁决不服并在收到裁决书之日起三十日内提起诉讼的，人民法院应予受理。"

时，当事人对仲裁管辖、审理方式、裁决文本的制作等均无权意定。

(3) 准司法性。农村土地承包仲裁委员会作出的发生法律效力的调解书、裁决书，一方当事人逾期不履行的，另一方当事人可以依法向人民法院申请执行。对权利义务关系明确的纠纷，经当事人申请，仲裁庭还可以作出先行裁定，当事人不履行裁定的，另一方当事人可以向人民法院申请执行。另外，仲裁委审理过程中还可以借助法院实现财产保全和证据保全的法律效果。

(4) 公正性。农村土地承包仲裁委员会由当地人民政府及其有关部门代表、有关人民团体代表、农村集体经济组织代表、农民代表和法律、经济等相关专业人员组成，其中农民代表和法律、经济等相关专业人员不得少于组成人员的二分之一，体现了较强的代表性。仲裁员由长期从事农村土地承包管理、从事法律工作或者人民调解工作，以及在纠纷所在地威信较高，并熟悉农村土地承包法律以及国家政策的居民担任，能够充分保障纠纷处理的专业性和权威性。在审理过程中，实行仲裁员回避制度、仲裁庭合议制度以及举证责任倒置制度，能够充分保障处于弱势的农民的合法权益。

(5) 便捷性。农村土地承包经营纠纷产生于基层，根据法律规定，仲裁庭的开庭可以在纠纷涉及的土地所在地的乡（镇）或者村进行，也可以在农村土地承包仲裁委员会所在地进行，若双方当事人要求在乡（镇）或者村开庭的，则应当在该乡（镇）或者村开庭，这充分体现了纠纷处理的便利性。同时，通过在仲裁程序中设置审理时限制度、先行裁定制度、简易程序制度，以及强化调解手段在审理全流程的运用，有效提高了纠纷处置的时效性。

3. 农村土地承包经营纠纷仲裁与民商事仲裁的区别

(1) 仲裁对象不同。农村土地承包经营纠纷仲裁的处置对象限于在农村土地承包经营过程中发包方与承包方发生的民事纠纷以及土地承包当事人与第三人发生的民事纠纷；民商事仲裁处置的则是公民、法人和其他组织之间的合同纠纷和其他财产权益纠纷，涵盖民商事中绝大多数领域。

(2) 仲裁机构不同。农村土地承包仲裁委员会由县级以上人民政府及土地承包管理部门主导设立并受其指导和监督，仲裁委员会办公室也设置在当地农村土地承包管理部门并与其合署办公，体现出较强的行政性。仲裁委员会由当地人民政府及其有关部门代表、有关人民团体代表、农村集体经济组织代表、农民代表和法律、经济等相关专业人员组成。民商事仲裁委员会独立于行政机关，与行政机关没有隶属关系。

(3) 仲裁管辖不同。农村土地承包经营纠纷仲裁实行特殊的地域管辖，由纠纷涉及的土地所在地的农村土地承包仲裁委员会管辖。民商事仲裁则实行协议管辖，由争议当事人合意确定仲裁机构。

(4) 仲裁性质不同。农村土地承包经营纠纷仲裁属于强制仲裁，仲裁程序的启动无须以仲裁协议为前提，当事人对仲裁管辖、审理方式、裁决文本的制作等无权进行意定。[①] 民商事仲裁则属于协议仲裁，仲裁程序的启动须以有效的仲裁协议为前提，仲裁管辖、仲裁庭的组成、审理方式、裁决文本的制作等因可根据当事人的合意确定而具有较强的灵活性。

（5）仲裁时效不同。农村土地承包经营纠纷的仲裁时效期间为二年。如前述，民商事仲裁的时效，除相关法律对仲裁时效有特别规定外，适用民事争议诉讼时效的一般规定，即三年。

（6）审理时限不同。农村土地承包经营纠纷仲裁的审理时限一般为 60 日，特殊情况下最多延长 30 日。如前述，民商事仲裁的审理时限则根据不同仲裁机构仲裁规则的规定而有差异，如《中国国际经济贸易仲裁委员会仲裁规则（2024）》设定的时限一般为 6 个月，《北京仲裁委员会仲裁规则（2022）》设定的时限一般为 4 个月。

（7）裁审关系不同。农村土地承包经营纠纷的处置，当事人可以申请仲裁，也可以直接向人民法院起诉，且无须以合意为要件。当事人选择仲裁程序且对仲裁裁决不服的，均可以在法定时限内向人民法院起诉。民商事案件的仲裁与诉讼根据当事人的选择而形成"或裁或诉"模式，当事人合意选择仲裁处置时即启动仲裁程序，且仲裁处置的全部案件实行一裁终局制度，裁决一经作出即发生法律效力，当事人不得再行起诉。

由此可知，我国农村土地承包经营纠纷仲裁与民商事仲裁的性质和规范设计也存在较大区别，《仲裁法》与《农村土地承包经营纠纷调解仲裁法》也非一般法与特别法的关系。[②]

（二）农村土地承包经营纠纷仲裁组织与管辖

1. 农村土地承包仲裁委员会

农村土地承包仲裁委员会是国家设立的授权独立处理农村土地承包经营纠纷的专门仲裁机构。委员会在当地人民政府指导下依法设立，接受县级以上人民政府及土地承包管理部门的指导和监督。委员会不按行政区划层层设立，根据解决农村土地承包经营纠纷的实际需要设立，可以在县和不设区的市设立，也可以在设区的市或者其市辖区设立，各委员会之间相互独立，无组织隶属关系。

农村土地承包仲裁委员会由当地人民政府及其有关部门代表、有关人民团体代表、农村集体经济组织代表、农民代表和法律、经济等相关专业人员兼任组成，其中农民代表和法律、经济等相关专业人员不得少于组成人员的二分之一。农村土地承包仲裁委员会设主任一人、副主任一至二人和委员若干人。主任、副主任由全体组成人员选举产生。

农村土地承包仲裁委员会依法履行下列职责：（1）聘任、解聘仲裁员；（2）受

---

① 根据《农村土地承包经营纠纷仲裁规则》第 22 条，当事人对仲裁庭的组成具有一定的意定权利。

② 尽管《仲裁法》第 77 条规定："劳动争议和农业集体经济组织内部的农业承包合同纠纷的仲裁，另行规定"，但不能据此就认为两法属于一般法与特别法的关系。

理仲裁申请；（3）监督仲裁活动。农村土地承包仲裁委员会应当依照《农村土地承包经营纠纷调解仲裁法》制定章程，对其组成人员的产生方式及任期、议事规则等作出规定。

仲裁委员会日常工作由仲裁委员会办公室承担。仲裁办设在当地农村土地承包管理部门，与当地农村土地承包管理部门合署办公。[①]

2. 仲裁庭和仲裁员

农村土地承包仲裁委员会处理争议案件实行仲裁庭制度，实行一案一庭制。仲裁庭由三名仲裁员组成，首席仲裁员由当事人共同选定，其他二名仲裁员由当事人各自选定；当事人不能选定的，由农村土地承包仲裁委员会主任指定。事实清楚、权利义务关系明确、争议不大的农村土地承包经营纠纷，经双方当事人同意，可以由一名仲裁员仲裁，仲裁员由当事人共同选定或者由农村土地承包仲裁委员会主任指定。[②] 仲裁庭依法独立履行职责，不受行政机关、社会团体和个人的干涉。

仲裁员是由仲裁委员会聘任、依法调解和仲裁争议案件的专业工作人员，包括专职仲裁员和兼职仲裁员，二者在调解仲裁活动中享有同等权利，履行同等义务。农村土地承包仲裁委员会应当从公道正派的人员中聘任仲裁员，仲裁员应当符合下列条件之一：（1）从事农村土地承包管理工作满五年；（2）从事法律工作或者人民调解工作满五年；（3）在当地威信较高，并熟悉农村土地承包法律以及国家政策的居民。农村土地承包仲裁委员会应当对仲裁员进行农村土地承包法律以及国家政策的培训。省、自治区、直辖市人民政府农村土地承包管理部门应当制定仲裁员培训计划，加强对仲裁员培训工作的组织和指导。

农村土地承包仲裁委员会组成人员、仲裁员应当依法履行职责，遵守农村土地承包仲裁委员会章程和仲裁规则，不得索贿受贿、徇私舞弊，不得侵害当事人的合法权益。仲裁员有索贿受贿、徇私舞弊、枉法裁决以及接受当事人请客送礼等违法违纪行为的，农村土地承包仲裁委员会应当将其除名；构成犯罪的，依法追究刑事责任。县级以上地方人民政府及有关部门应当受理对农村土地承包仲裁委员会组成人员、仲裁员违法违纪行为的投诉和举报，并依法组织查处。

3. 仲裁管辖

农村土地承包仲裁委员会之间无上下级关系，各自负责所管辖区域内发生的农村土地承包经营纠纷，故不实行级别管辖。农村土地承包经营纠纷仲裁只须当事人

---

① 尽管《农村土地承包经营纠纷调解仲裁法》第 12 条第 2 款规定，“设立农村土地承包仲裁委员会的，其日常工作由当地农村土地承包管理部门承担”，但考虑到仲裁委员会办公室与农村土地承包管理部门合署办公，且从组织关系上仲裁委员会与其办公室具有当然监督管理关系，故宜明确负责日常工作的主体为“仲裁办”。对此，原农业部办公厅《农村土地承包经营纠纷调解仲裁工作规范》第 14 条作了准确性规定：“仲裁委员会日常工作由仲裁委员会办公室（以下简称仲裁办）承担。仲裁办设在当地农村土地承包管理部门。仲裁委员会可以办理法人登记，取得法人资格。”

② 参见《农村土地承包经营纠纷仲裁规则》第 22 条第 1、2 款：“双方当事人自收到受理通知书之日起五个工作日内，从仲裁员名册中选定仲裁员。首席仲裁员由双方当事人共同选定，其他二名仲裁员由双方当事人各自选定；当事人不能选定的，由仲裁委员会主任指定。独任仲裁员由双方当事人共同选定；当事人不能选定的，由仲裁委员会主任指定。”

一方的申请即可启动，无须以仲裁协议为前提，故亦不实行协议管辖。目前，我国农村土地承包经营纠纷实行特殊地域管辖，由纠纷涉及的土地所在地的农村土地承包仲裁委员会管辖。

（三）农村土地承包经营纠纷仲裁程序

1. 仲裁申请

农村土地承包经营纠纷仲裁的申请人、被申请人为仲裁当事人。家庭承包的，可以由农户代表人参加仲裁。农户代表人由农户成员共同推选；不能共同推选的，按下列方式确定：（1）土地承包经营权证或者林权证等证书上记载的人；（2）未取得土地承包经营权证或者林权证等证书的，为在承包合同上签字的人。当事人一方为五户（人）以上的，可以推选三至五名代表人参加仲裁。与案件处理结果有利害关系的，可以申请作为第三人参加仲裁，或者由仲裁委员会通知其参加仲裁。当事人、第三人可以委托代理人参加仲裁。当事人或者第三人为无民事行为能力人或者限制民事行为能力人的，由其法定代理人参加仲裁。

当事人申请农村土地承包经营纠纷仲裁的时效期间为 2 年，自当事人知道或者应当知道其权利被侵害之日起计算。侵害农村土地承包经营权行为持续发生的，仲裁时效从侵权行为终了时计算。仲裁时效因申请调解、申请仲裁、当事人一方提出要求或者同意履行义务而中断，从中断时起，仲裁时效重新计算。在仲裁时效期间的最后六个月内，因不可抗力或者其他事由，当事人不能申请仲裁的，仲裁时效中止，从中止时效的原因消除之日起，仲裁时效期间继续计算。

申请农村土地承包经营纠纷仲裁，应当符合下列条件：（1）申请人与纠纷有直接的利害关系；（2）有明确的被申请人；（3）有具体的仲裁请求和事实、理由；（4）属于仲裁委员会的受理范围。

当事人申请仲裁，应当向纠纷涉及土地所在地的仲裁委员会递交仲裁申请书。申请书可以邮寄或者委托他人代交。书面申请有困难的，可以口头申请，由仲裁委员会记入笔录，经申请人核实后由其签名、盖章或者按指印。仲裁申请书应当载明下列内容：（1）申请人和被申请人的姓名、年龄、住所、邮政编码、电话或者其他通讯方式；法人或者其他组织应当写明名称、地址和法定代表人或者主要负责人的姓名、职务、通讯方式；（2）申请人的仲裁请求；（3）仲裁请求所依据的事实和理由；（4）证据和证据来源、证人姓名和联系方式。仲裁委员会收到仲裁申请材料，应当出具回执，回执应当载明接收材料的名称和份数、接收日期等，并加盖仲裁委员会印章。

农村土地承包经营纠纷仲裁不得向当事人收取费用，仲裁工作经费依法纳入财政预算予以保障。

2. 审查受理

农村土地承包仲裁委员会应当对仲裁申请予以审查，认为符合法定申请条件的，应当受理。有下列情形之一的，不予受理；已受理的，终止仲裁程序：（1）不符合申请条件；（2）人民法院已受理该纠纷；（3）法律规定该纠纷应当由其他机构处理；

（4）对该纠纷已有生效的判决、裁定、仲裁裁决、行政处理决定等。

仲裁委员会决定受理仲裁申请的，应当自收到仲裁申请之日起五个工作日内，将受理通知书、仲裁规则、仲裁员名册送达申请人，将受理通知书、仲裁申请书副本、仲裁规则、仲裁员名册送达被申请人。决定不予受理或者终止仲裁程序的，应当自收到仲裁申请或者发现终止仲裁程序情形之日起五个工作日内书面通知申请人，并说明理由。被申请人应当自收到仲裁申请书副本之日起十日内向仲裁委员会提交答辩书。书面答辩确有困难的，可以口头答辩，由仲裁委员会记入笔录，经被申请人核实后由其签名、盖章或者按指印。仲裁委员会应当自收到答辩书之日起五个工作日内将答辩书副本送达申请人。被申请人未答辩的，不影响仲裁程序的进行。

申请人可以放弃或者变更仲裁请求。被申请人可以承认或者反驳仲裁请求，有权提出反请求。被申请人就申请人的仲裁请求提出反请求的，应当说明反请求事项及其所依据的事实和理由，并附具有关证明材料。被申请人在仲裁庭组成前提出反请求的，由仲裁委员会决定是否受理；在仲裁庭组成后提出反请求的，由仲裁庭决定是否受理。仲裁委员会或者仲裁庭决定受理反请求的，应当自收到反请求之日起五个工作日内将反请求申请书副本送达申请人。申请人应当在收到反请求申请书副本后十个工作日内提交反请求答辩书，不答辩的不影响仲裁程序的进行。仲裁庭应当将被申请人的反请求与申请人的请求合并审理。仲裁委员会或者仲裁庭决定不予受理反请求的，应当书面通知被申请人，并说明理由。仲裁庭组成前申请人变更仲裁请求或者被申请人变更反请求的，由仲裁委员会作出是否准许的决定；仲裁庭组成后变更请求或者反请求的，由仲裁庭作出是否准许的决定。

3. 财产保全

一方当事人因另一方当事人的行为或者其他原因，可能使裁决不能执行或者难以执行的，可以申请财产保全。当事人申请财产保全的，农村土地承包仲裁委员会应当将当事人的申请提交被申请人住所地或者财产所在地的基层人民法院。申请有错误的，申请人应当赔偿被申请人因财产保全所遭受的损失。[①]

4. 开庭审理

农村土地承包仲裁委员会应当自仲裁庭组成之日起两个工作日内将仲裁庭组成情况通知当事人。仲裁员有下列情形之一的，必须回避，当事人也有权以口头或者书面方式申请其回避：（1）是本案当事人或者当事人、代理人的近亲属；（2）与本案有利害关系；（3）与本案当事人、代理人有其他关系，可能影响公正仲裁；（4）私自会见当事人、代理人，或者接受当事人、代理人的请客送礼。当事人提出回避申请，应当说明理由，在首次开庭前提出。回避事由在首次开庭后知道的，可以在最后一次开庭终结前提出。农村土地承包仲裁委员会对回避申请应当及时作出决定，以口头或者书面方式通知当事人，并说明理由。仲裁员是否回避，由农村土地承包仲裁委员会主任决定；农村土地承包仲裁委员会主任担任仲裁员时，由农村土地承

① 《最高人民法院关于审理涉及农村土地承包经营纠纷调解仲裁案件适用法律若干问题的解释》（法释〔2020〕17号）第4～8条就人民法院处置财产保全申请的具体规则作了规定。

包仲裁委员会集体决定。仲裁员因回避或者其他原因不能履行职责的，应当依法重新选定或者指定仲裁员。

农村土地承包经营纠纷仲裁应当开庭进行。开庭可以在纠纷涉及的土地所在地的乡（镇）或者村进行，也可以在农村土地承包仲裁委员会所在地进行。双方当事人要求在乡（镇）或者村开庭的，应当在该乡（镇）或者村开庭。开庭应当公开，但涉及国家秘密、商业秘密和个人隐私以及当事人约定不公开的除外。

仲裁庭应当在开庭五个工作日前将开庭的时间、地点通知当事人和其他仲裁参与人。当事人有正当理由的，可以向仲裁庭请求变更开庭的时间、地点。是否变更，由仲裁庭决定。

仲裁庭作出裁决前，申请人撤回仲裁申请的，除被申请人提出反请求的外，仲裁庭应当终止仲裁。申请人经书面通知，无正当理由不到庭或者未经仲裁庭许可中途退庭的，可以视为撤回仲裁申请。被申请人经书面通知，无正当理由不到庭或者未经仲裁庭许可中途退庭的，可以缺席裁决。被申请人提出反请求，申请人经书面通知，无正当理由不到庭或者未经仲裁庭许可中途退庭的，仲裁庭可以就反请求缺席裁决。

开庭审理前，仲裁庭应当询问当事人是否愿意调解，提出调解方案，并主持调解。达成调解协议的，仲裁庭制作调解书，由当事人签名或盖章。调解不成的，应及时开庭审理。①

开庭审理时，首席仲裁员或者独任仲裁员应当宣布案由，宣读仲裁庭组成人员名单、仲裁庭纪律、当事人权利和义务，询问当事人是否申请仲裁员回避。

当事人在开庭过程中有权发表意见、陈述事实和理由、提供证据、进行质证和辩论。对不通晓当地通用语言文字的当事人，农村土地承包仲裁委员会应当为其提供翻译。仲裁庭应当保障双方当事人平等陈述的机会，组织当事人、第三人、代理人陈述事实、意见、理由。仲裁庭在审理过程中应当在双方当事人自愿的基础上适时组织调解。②

当事人应当对自己的主张提供证据。与纠纷有关的证据由作为当事人一方的发包方等掌握管理的，该当事人应当在仲裁庭指定的期限内提供，逾期不提供的，应当承担不利后果。

仲裁庭认为有必要收集的证据，可以自行收集。自行调查取证的，调查人员不得少于二人。仲裁庭自行调查收集的证据，应当在开庭时向双方当事人出示。

仲裁庭对专门性问题认为需要鉴定的，可以交由当事人约定的鉴定机构鉴定；当事人没有约定的，由仲裁庭指定的鉴定机构鉴定。根据当事人的请求或者仲裁庭的要求，鉴定机构应当派鉴定人参加开庭。当事人经仲裁庭许可，可以向鉴定人提问。

在证据可能灭失或者以后难以取得的情况下，当事人可以申请证据保全。当事

---

① 参见原农业部办公厅《农村土地承包经营纠纷调解仲裁工作规范》第33条。

② 参见原农业部、原国家林业局《农村土地承包经营纠纷仲裁规则》第29条。

人申请证据保全的，农村土地承包仲裁委员会应当将当事人的申请提交证据所在地的基层人民法院。

证据应当在开庭时出示，但涉及国家秘密、商业秘密和个人隐私的证据不得在公开开庭时出示。仲裁庭应当依照仲裁规则的规定开庭，给予双方当事人平等陈述、辩论的机会，并组织当事人、第三人交换证据，相互质证。经仲裁庭查证属实的证据，应当作为认定事实的根据。辩论终结时，首席仲裁员或者独任仲裁员应当征询双方当事人、第三人的最后意见。

仲裁庭应当将开庭情况记入笔录。笔录由仲裁员、记录人员、当事人、第三人和其他仲裁参与人签名、盖章或者按指印。当事人、第三人和其他仲裁参与人认为对自己的陈述记录有遗漏或者差错的，有权申请补正。仲裁庭不予补正的，应当向申请人说明情况，并记录该申请。

当事人申请仲裁后，可以自行和解。达成和解协议的，当事人可以请求仲裁庭根据和解协议制作裁决书；当事人要求撤回仲裁申请的，仲裁庭应当终止仲裁程序。

仲裁庭作出裁决之前，也应当先行调解。[①] 仲裁庭在审理农村土地承包经营纠纷全过程中[②]组织调解并调解达成协议的，应当制作调解书；调解不成的，应当及时作出裁决。调解书应当写明仲裁请求和当事人协议的结果。调解书由仲裁员签名，加盖农村土地承包仲裁委员会印章，送达双方当事人。调解书经双方当事人签收后，即发生法律效力。在调解书签收前当事人反悔的，仲裁庭应当及时作出裁决。

5. 裁决

仲裁农村土地承包经营纠纷，应当自受理仲裁申请之日起 60 日内结束；案情复杂需要延长的，经农村土地承包仲裁委员会主任批准可以延长，并书面通知当事人，但延长期限不得超过 30 日。对权利义务关系明确的纠纷，经当事人申请，仲裁庭可以先行裁定维持现状、恢复农业生产以及停止取土、占地等行为。一方当事人不履行先行裁定的，另一方当事人可以向人民法院申请执行，但应当提供相应的担保。

仲裁庭应当根据认定的事实和法律以及国家政策作出裁决并制作裁决书。裁决应当按照多数仲裁员的意见作出，少数仲裁员的不同意见可以记入笔录。仲裁庭不能形成多数意见时，裁决应当按照首席仲裁员的意见作出。

裁决书应当写明仲裁请求、争议事实、裁决理由、裁决结果、裁决日期以及当事人不服仲裁裁决的起诉权利、期限，由仲裁员签名，加盖农村土地承包仲裁委员会印章。农村土地承包仲裁委员会应当在裁决作出之日起三个工作日内将裁决书送达当事人，并告知当事人不服仲裁裁决的起诉权利、期限。

除上述审理农村土地承包经营纠纷的一般程序规则外，《农村土地承包经营纠纷仲裁规则》还明确了简易程序的适用，其第 57 条规定：“独任仲裁可以适用简易程序。简易程序的仲裁规则由仲裁委员会依照本规则制定。”

---

① 参见原农业部办公厅《农村土地承包经营纠纷调解仲裁工作规范》第 39 条第 8 项。

② 根据《农村土地承包经营纠纷调解仲裁法》第 11 条和上述其他立法规定，仲裁庭在开庭前、开庭中、裁决前的审理全过程都应当适时组织当事人进行调解。

(四) 农村土地承包经营纠纷仲裁的效力

农村土地承包经营纠纷仲裁裁决的效力均属非终局裁决，当事人不服仲裁裁决的，可以自收到裁决书之日起 30 日内向人民法院起诉，逾期不起诉的，裁决书即发生法律效力。当事人对发生法律效力的调解书、裁决书，应当依照规定的期限履行。一方当事人逾期不履行的，另一方当事人可以向被申请人住所地或者财产所在地的基层人民法院申请执行，受理申请的人民法院应当依法执行。

总结前述，可以发现，我国农村土地承包经营纠纷仲裁与诉讼衔接的基本类型包括如下两种：一是当事人申请仲裁超过时效时，农村土地承包仲裁委员会据此驳回申请后，当事人就同一纠纷提起诉讼的，人民法院应予受理①；二是当事人对仲裁裁决不服，可以自收到裁决书之日起 30 日内向人民法院起诉，人民法院应予受理。

【本章涉及的法律条文】

1.《劳动合同法》第 30、56、77、82 条。

2.《劳动争议调解仲裁法》第 2～3 条，第 5～7 条，第 15～52 条。

3.《最高人民法院关于审理劳动争议案件适用法律问题的解释（一）》（法释〔2020〕26 号）。

4.《劳动人事争议仲裁办案规则》。

5.《劳动人事争议仲裁组织规则》。

6.《人力资源社会保障部、最高人民法院关于劳动人事争议仲裁与诉讼衔接有关问题的意见（一）》（人社部发〔2022〕9 号）第 1～4 条，第 6～14 条。

7.《农村土地承包法》第 1～11 条，第 55 条。

8.《农村土地承包经营纠纷调解仲裁法》第 2～5 条，第 12～50 条。

9.《最高人民法院关于审理涉及农村土地承包经营纠纷调解仲裁案件适用法律若干问题的解释》（法释〔2020〕17 号）第 1 条，第 4～8 条。

10.《农村土地承包经营纠纷仲裁规则》。

11.《农村土地承包仲裁委员会示范章程》。

12.《农村土地承包经营纠纷调解仲裁工作规范》第 14、33、39 条。

【案例评析】

案例

1. 本案涉及本章知识点：劳动争议一裁终局效力规则的适用

---

① 参见《最高人民法院关于审理涉及农村土地承包经营纠纷调解仲裁案件适用法律若干问题的解释》（法释〔2020〕17 号）第 1 条。

2. 案情介绍①

职工刘某因 A 公司无故拖欠其工资报酬，向 B 县劳动人事争议仲裁委员会申请劳动争议仲裁，B 县劳动人事争议仲裁委员会于 2016 年 7 月 21 日作出仲裁裁决，裁决：A 公司向刘某支付 2015 年 8 月至 2015 年 12 月期间的工资共计 11 600 元，A 公司应在裁决书生效后十日内支付，并在裁决文书上载明："如不服本裁决，当事人可在接到裁决书之日起十五日内向 B 县人民法院提起诉讼。" A 公司根据《最高人民法院关于审理劳动争议案件适用法律若干问题的解释（一）》关于"仲裁裁决的类型以仲裁裁决书确定为准"之规定，认为上述裁决事项属于非终局裁决事项，遂向 B 县人民法院提起诉讼，要求法院撤销上述仲裁裁决，并要求法院判处刘某向其支付对公司造成的损失 5 000 元。

B 县人民法院认为，根据《劳动争议调解仲裁法》第 47 条、第 49 的规定，劳动争议仲裁委员会就追索劳动报酬、工伤医疗费、经济补偿或者赔偿金不超过当地月工资标准 12 个月金额的争议作出的仲裁裁决为终局裁决，用人单位不能因不服仲裁裁决而向人民法院起诉，只能向劳动争议仲裁委员会所在地的中级人民法院申请撤销裁决。因上述仲裁裁决的裁决事项确定的数额事实上不超过当地最低工资标准 12 个月金额，根据《最高人民法院关于审理劳动争议案件适用法律若干问题的解释（三）》第 13 条的规定，该诉争事项为终局裁决事项。因此，A 公司作为用人单位针对上述仲裁裁决书的起诉，依法应予驳回。同时，该公司主张之经济损失赔偿要求，依法应经过仲裁前置程序，不能直接通过民事诉讼处理。法院遂裁定驳回 A 公司的起诉。后 A 公司提起上诉，但被二审法院以相同理由驳回。

3. 案例评析

为了实现劳动争议处理上"简化程序、快速止纷、分流诉讼压力、减轻当事人诉累"的制度效果，我国立法设置了"一裁两审""仲裁前置、部分终局"的劳动争议处置模式。为此，《劳动争议调解仲裁法》规定，劳动争议仲裁委员会就追索劳动报酬、工伤医疗费、经济补偿或者赔偿金不超过当地月工资标准 12 个月金额的争议作出的仲裁裁决为终局裁决，劳动者可以继续向人民法院起诉，用人单位则不能因不服仲裁裁决而向人民法院起诉，而只能向劳动争议仲裁委员会所在地的中级人民法院申请撤销裁决。该案中，人民法院不拘泥于劳动仲裁裁决文书上的形式瑕疵，根据法律事实，有效落实了上述规范反映出来的劳动争议处理上的公平价值和效率价值。

【疑难问题】

1. 劳动争议仲裁与民商事仲裁有何区别？
2. 农村土地承包经营纠纷仲裁与民商事仲裁有何区别？

---

① 参见"〔2016〕鲁 05 民终 1083 号"裁判文书。

3. 劳动争议仲裁与农村土地承包经营纠纷仲裁的关系如何？
4. 劳动争议仲裁与人事争议仲裁的关系如何？

课后训练

1. 下列关于特殊仲裁制度受案范围的说法，正确的是（　　）。
A. 因工伤认定发生的纠纷，可以向劳动人事争议仲裁委员会申请仲裁
B. 因履行集体合同发生的纠纷，可以向劳动人事争议仲裁委员会申请仲裁
C. 公务员与所在单位因考核、职务任免、职称评审等发生的纠纷，可以向劳动人事争议仲裁委员会申请仲裁
D. 因征收集体所有的土地及其补偿发生的纠纷，可以向农村土地承包仲裁委员会申请仲裁
2. 下列关于劳动争议仲裁与民商事仲裁的关系，说法不正确的有（　　）。
A. 二者都属于协议仲裁
B. 二者仲裁机构都具有行政性
C. 二者都属于诉讼处置的前置程序
D. 二者的裁决效力都属于终局裁决
3. 下列关于农村土地承包经营纠纷仲裁与民商事仲裁的关系，说法不正确的有（　　）。
A. 仲裁性质都属于协议仲裁
B. 仲裁管辖都实行协议管辖
C. 裁决效力都属于终局裁决
D. 二者与诉讼程序都形成“或裁或诉”的纠纷处置模式
4. 下列关于劳动争议仲裁与农村土地承包经营纠纷仲裁的关系，说法正确的是（　　）。
A. 二者都属于强制仲裁
B. 二者都实行特殊地域管辖
C. 二者都属于诉讼处置的前置程序
D. 二者的裁决效力都属于“有限的终局裁决”
5. 下列关于劳动争议仲裁与人事争议仲裁的关系，说法不正确的有（　　）。
A. 二者都属于强制仲裁
B. 二者仲裁机构的组成与设置都相同
C. 二者的仲裁时效与审理时限都相同
D. 二者的裁决效力都属于“有限的终局裁决”
6. 李某因追索工资与所在公司发生争议，遂向律师咨询。该律师提供的下列意见中合法的有（　　）。
A. 解决该争议既可与公司协商，也可申请调解，还可直接申请仲裁
B. 应向劳动者工资关系所在地的劳动争议仲裁委提出仲裁请求

C. 如追索工资的金额未超过当地月最低工资标准 12 个月金额，则仲裁裁决为终局裁决，用人单位不得再起诉

D. 即使追索工资的金额未超过当地月最低工资标准 12 个月金额，只要李某对仲裁裁决不服，仍可向法院起诉

7. 李某原在甲公司就职，适用不定时工作制。2012 年 1 月，因甲公司被乙公司兼并，李某成为乙公司职工，继续适用不定时工作制。2012 年 12 月，由于李某在年度绩效考核中得分最低，乙公司根据公司绩效考核制度中“末位淘汰”的规定，决定终止与李某的劳动关系。李某于 2013 年 11 月提出劳动争议仲裁申请，主张：原劳动合同于 2012 年 3 月到期后，乙公司一直未与本人签订新的书面劳动合同，应从 4 月起每月支付二倍的工资；公司终止合同违法，应恢复本人的工作。下列关于李某申请仲裁的有关问题的选项中，正确的是（　　）。

A. 因劳动合同履行地与乙公司所在地不一致，李某只能向劳动合同履行地的劳动争议仲裁委员会申请仲裁

B. 申请时应提交仲裁申请书，确有困难的也可口头申请

C. 乙公司对终止劳动合同的主张负举证责任

D. 对劳动争议仲裁委员会逾期未作出是否受理决定的，李某可就该劳动争议事项向法院起诉

8. 友田劳务派遣公司（住所地为甲区）将李某派遣至金科公司（住所地为乙区）工作。在金科公司按劳务派遣协议向友田公司支付所有费用后，友田公司从李某的首月工资中扣减了 500 元，李某提出异议。对此争议，下列哪些说法是正确的（　　）。

A. 友田公司作出扣减工资的决定，应就其行为的合法性负举证责任

B. 此案提交劳动争议仲裁，当事人一方对仲裁裁决不服的，有权向法院起诉

C. 李某可向甲区或乙区的劳动争议仲裁机构申请仲裁

D. 对于友田公司给李某造成的损害，友田公司和金科公司应承担连带责任

论文选题参考

1. 我国劳动争议处置中“裁审关系”问题研究
2. 我国劳动争议仲裁“终局裁决”规则的完善研究
3. 我国农村土地承包经营纠纷仲裁机制的完善研究

延伸阅读

1. 郑尚元. 劳动争议处理程序法的现代化：中国劳动争议处理制度的反思与前瞻. 北京：中国方正出版社，2004.

2. 董保华. 劳动争议处理法律制度研究. 北京：中国劳动社会保障出版社，2008.

3. 侯海军. 劳动争议调解、仲裁和审判制度改革研究. 北京：法律出版社，2011.

4. 周湖勇. 劳动争议仲裁制度研究. 北京：法律出版社，2020.

5. 谢增毅. 我国劳动争议处理的理念、制度与挑战. 法学研究，2008 (5).

6. 侯玲玲. 劳动争议一裁终局制度的反思与改革. 法商研究，2017 (3).

7. 王胜明，陈晓华. 中华人民共和国农村土地承包经营纠纷调解仲裁法释义. 北京：法律出版社，2009.

8. 方志权. 农村土地承包经营纠纷调解仲裁案例精选. 上海：上海财经大学出版社，2012.

9. 吴高盛. 中华人民共和国农村土地承包经营纠纷调解仲裁法释义及实用指南. 北京：中国民主法制出版社，2015.

附录　仲裁法相关规范性文件及实务指引

中华人民共和国仲裁法

（1994年8月31日第八届全国人民代表大会常务委员会第九次会议通过　根据2009年8月27日第十一届全国人民代表大会常务委员会第十次会议《关于修改部分法律的决定》第一次修正　根据2017年9月1日第十二届全国人民代表大会常务委员会第二十九次会议《关于修改〈中华人民共和国法官法〉等八部法律的决定》第二次修正）

第一章　总　则

第一条　为保证公正、及时地仲裁经济纠纷，保护当事人的合法权益，保障社会主义市场经济健康发展，制定本法。

第二条　平等主体的公民、法人和其他组织之间发生的合同纠纷和其他财产权益纠纷，可以仲裁。

第三条　下列纠纷不能仲裁：

（一）婚姻、收养、监护、扶养、继承纠纷；

（二）依法应当由行政机关处理的行政争议。

第四条　当事人采用仲裁方式解决纠纷，应当双方自愿，达成仲裁协议。没有仲裁协议，一方申请仲裁的，仲裁委员会不予受理。

第五条　当事人达成仲裁协议，一方向人民法院起诉的，人民法院不予受理，但仲裁协议无效的除外。

第六条　仲裁委员会应当由当事人协议选定。

仲裁不实行级别管辖和地域管辖。

第七条 仲裁应当根据事实，符合法律规定，公平合理地解决纠纷。

第八条 仲裁依法独立进行，不受行政机关、社会团体和个人的干涉。

第九条 仲裁实行一裁终局的制度。裁决作出后，当事人就同一纠纷再申请仲裁或者向人民法院起诉的，仲裁委员会或者人民法院不予受理。

裁决被人民法院依法裁定撤销或者不予执行的，当事人就该纠纷可以根据双方重新达成的仲裁协议申请仲裁，也可以向人民法院起诉。

第二章 仲裁委员会和仲裁协会

第十条 仲裁委员会可以在直辖市和省、自治区人民政府所在地的市设立，也可以根据需要在其他设区的市设立，不按行政区划层层设立。

仲裁委员会由前款规定的市的人民政府组织有关部门和商会统一组建。

设立仲裁委员会，应当经省、自治区、直辖市的司法行政部门登记。

第十一条 仲裁委员会应当具备下列条件：

（一）有自己的名称、住所和章程；

（二）有必要的财产；

（三）有该委员会的组成人员；

（四）有聘任的仲裁员。

仲裁委员会的章程应当依照本法制定。

第十二条 仲裁委员会由主任一人、副主任二至四人和委员七至十一人组成。

仲裁委员会的主任、副主任和委员由法律、经济贸易专家和有实际工作经验的人员担任。仲裁委员会的组成人员中，法律、经济贸易专家不得少于三分之二。

第十三条 仲裁委员会应当从公道正派的人员中聘任仲裁员。

仲裁员应当符合下列条件之一：

（一）通过国家统一法律职业资格考试取得法律职业资格，从事仲裁工作满八年的；

（二）从事律师工作满八年的；

（三）曾任法官满八年的；

（四）从事法律研究、教学工作并具有高级职称的；

（五）具有法律知识、从事经济贸易等专业工作并具有高级职称或者具有同等专业水平的。

仲裁委员会按照不同专业设仲裁员名册。

第十四条 仲裁委员会独立于行政机关，与行政机关没有隶属关系。仲裁委员会之间也没有隶属关系。

第十五条 中国仲裁协会是社会团体法人。仲裁委员会是中国仲裁协会的会员。中国仲裁协会的章程由全国会员大会制定。

中国仲裁协会是仲裁委员会的自律性组织，根据章程对仲裁委员会及其组成人员、仲裁员的违纪行为进行监督。

中国仲裁协会依照本法和民事诉讼法的有关规定制定仲裁规则。

第三章 仲裁协议

第十六条 仲裁协议包括合同中订立的仲裁条款和以其他书面方式在纠纷发生前或者纠纷发生后达成的请求仲裁的协议。

仲裁协议应当具有下列内容：

（一）请求仲裁的意思表示；

（二）仲裁事项；

（三）选定的仲裁委员会。

第十七条 有下列情形之一的，仲裁协议无效：

（一）约定的仲裁事项超出法律规定的仲裁范围的；

（二）无民事行为能力人或者限制民事行为能力人订立的仲裁协议；

（三）一方采取胁迫手段，迫使对方订立仲裁协议的。

第十八条 仲裁协议对仲裁事项或者仲裁委员会没有约定或者约定不明确的，当事人可以补充协议；达不成补充协议的，仲裁协议无效。

第十九条 仲裁协议独立存在，合同的变更、解除、终止或者无效，不影响仲裁协议的效力。

仲裁庭有权确认合同的效力。

第二十条 当事人对仲裁协议的效力有异议的，可以请求仲裁委员会作出决定或者请求人民法院作出裁定。一方请求仲裁委员会作出决定，另一方请求人民法院作出裁定的，由人民法院裁定。

当事人对仲裁协议的效力有异议，应当在仲裁庭首次开庭前提出。

第四章 仲裁程序

第一节 申请和受理

第二十一条 当事人申请仲裁应当符合下列条件：

（一）有仲裁协议；

（二）有具体的仲裁请求和事实、理由；

（三）属于仲裁委员会的受理范围。

第二十二条 当事人申请仲裁，应当向仲裁委员会递交仲裁协议、仲裁申请书及副本。

第二十三条 仲裁申请书应当载明下列事项：

（一）当事人的姓名、性别、年龄、职业、工作单位和住所，法人或者其他组织的名称、住所和法定代表人或者主要负责人的姓名、职务；

（二）仲裁请求和所根据的事实、理由；

（三）证据和证据来源、证人姓名和住所。

第二十四条 仲裁委员会收到仲裁申请书之日起五日内，认为符合受理条件的，应当受理，并通知当事人；认为不符合受理条件的，应当书面通知当事人不予受理，并说明理由。

第二十五条 仲裁委员会受理仲裁申请后，应当在仲裁规则规定的期限内将仲裁规则和仲裁员名册送达申请人，并将仲裁申请书副本和仲裁规则、仲裁员名册送达被申请人。

被申请人收到仲裁申请书副本后，应当在仲裁规则规定的期限内向仲裁委员会提交答辩书。仲裁委员会收到答辩书后，应当在仲裁规则规定的期限内将答辩书副本送达申请人。被申请人未提交答辩书的，不影响仲裁程序的进行。

第二十六条 当事人达成仲裁协议，一方向人民法院起诉未声明有仲裁协议，人民法院受理后，另一方在首次开庭前提交仲裁协议的，人民法院应当驳回起诉，但仲裁协议无效的除外；另一方在首次开庭前未对人民法院受理该案提出异议的，视为放弃仲裁协议，人民法院应当继续审理。

第二十七条 申请人可以放弃或者变更仲裁请求。被申请人可以承认或者反驳仲裁请求，有权提出反请求。

第二十八条 一方当事人因另一方当事人的行为或者其他原因，可能使裁决不能执行或者难以执行的，可以申请财产保全。

当事人申请财产保全的，仲裁委员会应当将当事人的申请依照民事诉讼法的有关规定提交人民法院。

申请有错误的，申请人应当赔偿被申请人因财产保全所遭受的损失。

第二十九条 当事人、法定代理人可以委托律师和其他代理人进行仲裁活动。委托律师和其他代理人进行仲裁活动的，应当向仲裁委员会提交授权委托书。

第二节 仲裁庭的组成

第三十条 仲裁庭可以由三名仲裁员或者一名仲裁员组成。由三名仲裁员组成的，设首席仲裁员。

第三十一条 当事人约定由三名仲裁员组成仲裁庭的，应当各自选定或者各自委托仲裁委员会主任指定一名仲裁员，第三名仲裁员由当事人共同选定或者共同委托仲裁委员会主任指定。第三名仲裁员是首席仲裁员。

当事人约定由一名仲裁员成立仲裁庭的，应当由当事人共同选定或者共同委托仲裁委员会主任指定仲裁员。

第三十二条 当事人没有在仲裁规则规定的期限内约定仲裁庭的组成方式或者选定仲裁员的，由仲裁委员会主任指定。

第三十三条 仲裁庭组成后，仲裁委员会应当将仲裁庭的组成情况书面通知当事人。

第三十四条 仲裁员有下列情形之一的，必须回避，当事人也有权提出回避申请：

（一）是本案当事人或者当事人、代理人的近亲属；

（二）与本案有利害关系；

（三）与本案当事人、代理人有其他关系，可能影响公正仲裁的；

（四）私自会见当事人、代理人，或者接受当事人、代理人的请客送礼的。

第三十五条 当事人提出回避申请，应当说明理由，在首次开庭前提出。回避事由在首次开庭后知道的，可以在最后一次开庭终结前提出。

第三十六条　仲裁员是否回避，由仲裁委员会主任决定；仲裁委员会主任担任仲裁员时，由仲裁委员会集体决定。

第三十七条　仲裁员因回避或者其他原因不能履行职责的，应当依照本法规定重新选定或者指定仲裁员。

因回避而重新选定或者指定仲裁员后，当事人可以请求已进行的仲裁程序重新进行，是否准许，由仲裁庭决定；仲裁庭也可以自行决定已进行的仲裁程序是否重新进行。

第三十八条　仲裁员有本法第三十四条第四项规定的情形，情节严重的，或者有本法第五十八条第六项规定的情形的，应当依法承担法律责任，仲裁委员会应当将其除名。

第三节　开庭和裁决

第三十九条　仲裁应当开庭进行。当事人协议不开庭的，仲裁庭可以根据仲裁申请书、答辩书以及其他材料作出裁决。

第四十条　仲裁不公开进行。当事人协议公开的，可以公开进行，但涉及国家秘密的除外。

第四十一条　仲裁委员会应当在仲裁规则规定的期限内将开庭日期通知双方当事人。当事人有正当理由的，可以在仲裁规则规定的期限内请求延期开庭。是否延期，由仲裁庭决定。

第四十二条　申请人经书面通知，无正当理由不到庭或者未经仲裁庭许可中途退庭的，可以视为撤回仲裁申请。

被申请人经书面通知，无正当理由不到庭或者未经仲裁庭许可中途退庭的，可以缺席裁决。

第四十三条　当事人应当对自己的主张提供证据。

仲裁庭认为有必要收集的证据，可以自行收集。

第四十四条　仲裁庭对专门性问题认为需要鉴定的，可以交由当事人约定的鉴定部门鉴定，也可以由仲裁庭指定的鉴定部门鉴定。

根据当事人的请求或者仲裁庭的要求，鉴定部门应当派鉴定人参加开庭。当事人经仲裁庭许可，可以向鉴定人提问。

第四十五条　证据应当在开庭时出示，当事人可以质证。

第四十六条　在证据可能灭失或者以后难以取得的情况下，当事人可以申请证据保全。当事人申请证据保全的，仲裁委员会应当将当事人的申请提交证据所在地的基层人民法院。

第四十七条　当事人在仲裁过程中有权进行辩论。辩论终结时，首席仲裁员或者独任仲裁员应当征询当事人的最后意见。

第四十八条　仲裁庭应当将开庭情况记入笔录。当事人和其他仲裁参与人认为对自己陈述的记录有遗漏或者差错的，有权申请补正。如果不予补正，应当记录该申请。

笔录由仲裁员、记录人员、当事人和其他仲裁参与人签名或者盖章。

第四十九条 当事人申请仲裁后，可以自行和解。达成和解协议的，可以请求仲裁庭根据和解协议作出裁决书，也可以撤回仲裁申请。

第五十条 当事人达成和解协议，撤回仲裁申请后反悔的，可以根据仲裁协议申请仲裁。

第五十一条 仲裁庭在作出裁决前，可以先行调解。当事人自愿调解的，仲裁庭应当调解。调解不成的，应当及时作出裁决。

调解达成协议的，仲裁庭应当制作调解书或者根据协议的结果制作裁决书。调解书与裁决书具有同等法律效力。

第五十二条 调解书应当写明仲裁请求和当事人协议的结果。调解书由仲裁员签名，加盖仲裁委员会印章，送达双方当事人。

调解书经双方当事人签收后，即发生法律效力。

在调解书签收前当事人反悔的，仲裁庭应当及时作出裁决。

第五十三条 裁决应当按照多数仲裁员的意见作出，少数仲裁员的不同意见可以记入笔录。仲裁庭不能形成多数意见时，裁决应当按照首席仲裁员的意见作出。

第五十四条 裁决书应当写明仲裁请求、争议事实、裁决理由、裁决结果、仲裁费用的负担和裁决日期。当事人协议不愿写明争议事实和裁决理由的，可以不写。裁决书由仲裁员签名，加盖仲裁委员会印章。对裁决持不同意见的仲裁员，可以签名，也可以不签名。

第五十五条 仲裁庭仲裁纠纷时，其中一部分事实已经清楚，可以就该部分先行裁决。

第五十六条 对裁决书中的文字、计算错误或者仲裁庭已经裁决但在裁决书中遗漏的事项，仲裁庭应当补正；当事人自收到裁决书之日起三十日内，可以请求仲裁庭补正。

第五十七条 裁决书自作出之日起发生法律效力。

第五章 申请撤销裁决

第五十八条 当事人提出证据证明裁决有下列情形之一的，可以向仲裁委员会所在地的中级人民法院申请撤销裁决：

（一）没有仲裁协议的；

（二）裁决的事项不属于仲裁协议的范围或者仲裁委员会无权仲裁的；

（三）仲裁庭的组成或者仲裁的程序违反法定程序的；

（四）裁决所根据的证据是伪造的；

（五）对方当事人隐瞒了足以影响公正裁决的证据的；

（六）仲裁员在仲裁该案时有索贿受贿，徇私舞弊，枉法裁决行为的。

人民法院经组成合议庭审查核实裁决有前款规定情形之一的，应当裁定撤销。

人民法院认定该裁决违背社会公共利益的，应当裁定撤销。

第五十九条 当事人申请撤销裁决的，应当自收到裁决书之日起六个月内提出。

第六十条 人民法院应当在受理撤销裁决申请之日起两个月内作出撤销裁决或者驳回申请的裁定。

第六十一条 人民法院受理撤销裁决的申请后，认为可以由仲裁庭重新仲裁的，通知仲裁庭在一定期限内重新仲裁，并裁定中止撤销程序。仲裁庭拒绝重新仲裁的，人民法院应当裁定恢复撤销程序。

第六章　执　行

第六十二条 当事人应当履行裁决。一方当事人不履行的，另一方当事人可以依照民事诉讼法的有关规定向人民法院申请执行。受申请的人民法院应当执行。

第六十三条 被申请人提出证据证明裁决有民事诉讼法第二百一十三条第二款规定的情形之一的，经人民法院组成合议庭审查核实，裁定不予执行。

第六十四条 一方当事人申请执行裁决，另一方当事人申请撤销裁决的，人民法院应当裁定中止执行。

人民法院裁定撤销裁决的，应当裁定终结执行。撤销裁决的申请被裁定驳回的，人民法院应当裁定恢复执行。

第七章　涉外仲裁的特别规定

第六十五条 涉外经济贸易、运输和海事中发生的纠纷的仲裁，适用本章规定。本章没有规定的，适用本法其他有关规定。

第六十六条 涉外仲裁委员会可以由中国国际商会组织设立。

涉外仲裁委员会由主任一人、副主任若干人和委员若干人组成。

涉外仲裁委员会的主任、副主任和委员可以由中国国际商会聘任。

第六十七条 涉外仲裁委员会可以从具有法律、经济贸易、科学技术等专门知识的外籍人士中聘任仲裁员。

第六十八条 涉外仲裁的当事人申请证据保全的，涉外仲裁委员会应当将当事人的申请提交证据所在地的中级人民法院。

第六十九条 涉外仲裁的仲裁庭可以将开庭情况记入笔录，或者作出笔录要点，笔录要点可以由当事人和其他仲裁参与人签字或者盖章。

第七十条 当事人提出证据证明涉外仲裁裁决有民事诉讼法第二百五十八条第一款规定的情形之一的，经人民法院组成合议庭审查核实，裁定撤销。

第七十一条 被申请人提出证据证明涉外仲裁裁决有民事诉讼法第二百五十八条第一款规定的情形之一的，经人民法院组成合议庭审查核实，裁定不予执行。

第七十二条 涉外仲裁委员会作出的发生法律效力的仲裁裁决，当事人请求执行的，如果被执行人或者其财产不在中华人民共和国领域内，应当由当事人直接向有管辖权的外国法院申请承认和执行。

第七十三条 涉外仲裁规则可以由中国国际商会依照本法和民事诉讼法的有关规定制定。

第八章　附　则

第七十四条　法律对仲裁时效有规定的，适用该规定。法律对仲裁时效没有规定的，适用诉讼时效的规定。

第七十五条　中国仲裁协会制定仲裁规则前，仲裁委员会依照本法和民事诉讼法的有关规定可以制定仲裁暂行规则。

第七十六条　当事人应当按照规定交纳仲裁费用。

收取仲裁费用的办法，应当报物价管理部门核准。

第七十七条　劳动争议和农业集体经济组织内部的农业承包合同纠纷的仲裁，另行规定。

第七十八条　本法施行前制定的有关仲裁的规定与本法的规定相抵触的，以本法为准。

第七十九条　本法施行前在直辖市、省、自治区人民政府所在地的市和其他设区的市设立的仲裁机构，应当依照本法的有关规定重新组建；未重新组建的，自本法施行之日起届满一年时终止。

本法施行前设立的不符合本法规定的其他仲裁机构，自本法施行之日起终止。

第八十条　本法自 1995 年 9 月 1 日起施行。

最高人民法院关于适用《中华人民共和国仲裁法》若干问题的解释

（2005年12月26日由最高人民法院审判委员会第1375次会议通过 2006年8月23日以法释〔2006〕7号公布 自2006年9月8日起施行 根据2008年12月16日发布的《最高人民法院关于调整司法解释等文件中引用〈中华人民共和国民事诉讼法〉条文序号的决定》调整）

根据《中华人民共和国仲裁法》和《中华人民共和国民事诉讼法》等法律规定，对人民法院审理涉及仲裁案件适用法律的若干问题作如下解释：

第一条 仲裁法第十六条规定的“其他书面形式”的仲裁协议，包括以合同书、信件和数据电文（包括电报、电传、传真、电子数据交换和电子邮件）等形式达成的请求仲裁的协议。

第二条 当事人概括约定仲裁事项为合同争议的，基于合同成立、效力、变更、转让、履行、违约责任、解释、解除等产生的纠纷都可以认定为仲裁事项。

第三条 仲裁协议约定的仲裁机构名称不准确，但能够确定具体的仲裁机构的，应当认定选定了仲裁机构。

第四条 仲裁协议仅约定纠纷适用的仲裁规则的，视为未约定仲裁机构，但当事人达成补充协议或者按照约定的仲裁规则能够确定仲裁机构的除外。

第五条 仲裁协议约定两个以上仲裁机构的，当事人可以协议选择其中的一个仲裁机构申请仲裁；当事人不能就仲裁机构选择达成一致的，仲裁协议无效。

第六条 仲裁协议约定由某地的仲裁机构仲裁且该地仅有一个仲裁机构的，该仲裁机构视为约定的仲裁机构。该地有两个以上仲裁机构的，当事人可以协议选择其中的一个仲裁机构申请仲裁；当事人不能就仲裁机构选择达成一致的，仲裁协议无效。

第七条 当事人约定争议可以向仲裁机构申请仲裁也可以向人民法院起诉的，仲裁协议无效。但一方向仲裁机构申请仲裁，另一方未在仲裁法第二十条第二款规定期间内提出异议的除外。

第八条 当事人订立仲裁协议后合并、分立的，仲裁协议对其权利义务的继受人有效。

当事人订立仲裁协议后死亡的，仲裁协议对承继其仲裁事项中的权利义务的继承人有效。

前两款规定情形，当事人订立仲裁协议时另有约定的除外。

第九条 债权债务全部或者部分转让的，仲裁协议对受让人有效，但当事人另有约定、在受让债权债务时受让人明确反对或者不知有单独仲裁协议的除外。

第十条 合同成立后未生效或者被撤销的，仲裁协议效力的认定适用仲裁法第十九条第一款的规定。

当事人在订立合同时就争议达成仲裁协议的，合同未成立不影响仲裁协议的效力。

第十一条 合同约定解决争议适用其他合同、文件中的有效仲裁条款的，发生合同争议时，当事人应当按照该仲裁条款提请仲裁。

涉外合同应当适用的有关国际条约中有仲裁规定的，发生合同争议时，当事人应当按照国际条约中的仲裁规定提请仲裁。

第十二条 当事人向人民法院申请确认仲裁协议效力的案件，由仲裁协议约定的仲裁机构所在地的中级人民法院管辖；仲裁协议约定的仲裁机构不明确的，由仲裁协议签订地或者被申请人住所地的中级人民法院管辖。

申请确认涉外仲裁协议效力的案件，由仲裁协议约定的仲裁机构所在地、仲裁协议签订地、申请人或者被申请人住所地的中级人民法院管辖。

涉及海事海商纠纷仲裁协议效力的案件，由仲裁协议约定的仲裁机构所在地、仲裁协议签订地、申请人或者被申请人住所地的海事法院管辖；上述地点没有海事法院的，由就近的海事法院管辖。

第十三条 依照仲裁法第二十条第二款的规定，当事人在仲裁庭首次开庭前没有对仲裁协议的效力提出异议，而后向人民法院申请确认仲裁协议无效的，人民法院不予受理。

仲裁机构对仲裁协议的效力作出决定后，当事人向人民法院申请确认仲裁协议效力或者申请撤销仲裁机构的决定的，人民法院不予受理。

第十四条 仲裁法第二十六条规定的“首次开庭”是指答辩期满后人民法院组织的第一次开庭审理，不包括审前程序中的各项活动。

第十五条 人民法院审理仲裁协议效力确认案件，应当组成合议庭进行审查，并询问当事人。

第十六条 对涉外仲裁协议的效力审查，适用当事人约定的法律；当事人没有约定适用的法律但约定了仲裁地的，适用仲裁地法律；没有约定适用的法律也没有约定仲裁地或者仲裁地约定不明的，适用法院地法律。

第十七条 当事人以不属于仲裁法第五十八条或者民事诉讼法第二百五十八条规定的事由申请撤销仲裁裁决的，人民法院不予支持。

第十八条 仲裁法第五十八条第一款第一项规定的“没有仲裁协议”是指当事人没有达成仲裁协议。仲裁协议被认定无效或者被撤销的，视为没有仲裁协议。

第十九条 当事人以仲裁裁决事项超出仲裁协议范围为由申请撤销仲裁裁决，经审查属实的，人民法院应当撤销仲裁裁决中的超裁部分。但超裁部分与其他裁决事项不可分的，人民法院应当撤销仲裁裁决。

第二十条 仲裁法第五十八条规定的“违反法定程序”，是指违反仲裁法规定的仲裁程序和当事人选择的仲裁规则可能影响案件正确裁决的情形。

第二十一条 当事人申请撤销国内仲裁裁决的案件属于下列情形之一的，人民法院可以依照仲裁法第六十一条的规定通知仲裁庭在一定期限内重新仲裁：

（一）仲裁裁决所根据的证据是伪造的；

（二）对方当事人隐瞒了足以影响公正裁决的证据的。

人民法院应当在通知中说明要求重新仲裁的具体理由。

第二十二条 仲裁庭在人民法院指定的期限内开始重新仲裁的，人民法院应当裁定终结撤销程序；未开始重新仲裁的，人民法院应当裁定恢复撤销程序。

第二十三条 当事人对重新仲裁裁决不服的，可以在重新仲裁裁决书送达之日起六个月内依据仲裁法第五十八条规定向人民法院申请撤销。

第二十四条 当事人申请撤销仲裁裁决的案件，人民法院应当组成合议庭审理，并询问当事人。

第二十五条 人民法院受理当事人撤销仲裁裁决的申请后，另一方当事人申请执行同一仲裁裁决的，受理执行申请的人民法院应当在受理后裁定中止执行。

第二十六条 当事人向人民法院申请撤销仲裁裁决被驳回后，又在执行程序中以相同理由提出不予执行抗辩的，人民法院不予支持。

第二十七条 当事人在仲裁程序中未对仲裁协议的效力提出异议，在仲裁裁决作出后以仲裁协议无效为由主张撤销仲裁裁决或者提出不予执行抗辩的，人民法院不予支持。

当事人在仲裁程序中对仲裁协议的效力提出异议，在仲裁裁决作出后又以此为由主张撤销仲裁裁决或者提出不予执行抗辩，经审查符合仲裁法第五十八条或者民事诉讼法第二百一十三条、第二百五十八条规定的，人民法院应予支持。

第二十八条 当事人请求不予执行仲裁调解书或者根据当事人之间的和解协议作出的仲裁裁决书的，人民法院不予支持。

第二十九条 当事人申请执行仲裁裁决案件，由被执行人住所地或者被执行的财产所在地的中级人民法院管辖。

第三十条 根据审理撤销、执行仲裁裁决案件的实际需要，人民法院可以要求仲裁机构作出说明或者向相关仲裁机构调阅仲裁案卷。

人民法院在办理涉及仲裁的案件过程中作出的裁定，可以送相关的仲裁机构。

第三十一条 本解释自公布之日起实施。

本院以前发布的司法解释与本解释不一致的，以本解释为准。

最高人民法院
关于仲裁司法审查案件归口办理有关问题的通知

法〔2017〕152 号

各省、自治区、直辖市高级人民法院，解放军军事法院，新疆维吾尔自治区高级人民法院生产建设兵团分院：

为依法正确审理仲裁司法审查案件，保证裁判尺度的统一，维护当事人的合法权益，促进仲裁事业健康有序发展及多元化纠纷解决机制的建立，现就各级人民法院办理仲裁司法审查案件的有关问题通知如下：

一、各级人民法院审理涉外商事案件的审判庭（合议庭）作为专门业务庭（以下简称专门业务庭）负责办理本通知规定的仲裁司法审查案件。

二、当事人申请确认仲裁协议效力的案件，申请撤销我国内地仲裁机构仲裁裁决的案件，申请认可和执行香港特别行政区、澳门特别行政区、台湾地区仲裁裁决的案件、申请承认和执行外国仲裁裁决等仲裁司法审查案件，由各级人民法院专门业务庭办理。

专门业务庭经审查裁定认可和执行香港特别行政区、澳门特别行政区、台湾地区仲裁裁决，承认和执行外国仲裁裁决的，交由执行部门执行。

三、一审法院作出的不予受理、驳回起诉、管辖权异议裁定涉及仲裁协议效力的，当事人不服该裁定提起上诉的案件，由二审人民法院专门业务庭办理。

四、各级人民法院应当建立仲裁司法审查案件的数据信息集中管理平台，加强对申请确认仲裁协议效力的案件，申请撤销或者执行我国内地仲裁机构仲裁裁决的案件，申请认可和执行香港特别行政区、澳门特别行政区、台湾地区仲裁裁决的案件，申请承认和执行外国仲裁裁决的案件，以及涉及确认仲裁协议效力的不予受理、驳回起诉、管辖权异议等仲裁司法审查案件的信息化管理和数据分析，有效保证法律适用的正确性和裁判尺度的统一性。此项工作由最高人民法院民事审判第四庭与人民法院信息技术服务中心具体负责。

最高人民法院

2017 年 5 月 22 日

最高人民法院
关于仲裁司法审查案件报核问题的有关规定

（2017 年 11 月 20 日最高人民法院审判委员会第 1727 次会议通过，根据 2021 年 11 月 15 日最高人民法院审判委员会第 1850 次会议通过的《最高人民法院关于修改〈最高人民法院关于仲裁司法审查案件报核问题的有关规定〉的决定》修正，该修正自 2022 年 1 月 1 日起施行）法释〔2021〕21 号

为正确审理仲裁司法审查案件，统一裁判尺度，依法保护当事人合法权益，保障仲裁发展，根据《中华人民共和国民事诉讼法》《中华人民共和国仲裁法》等法律规定，结合审判实践，制定本规定。

第一条 本规定所称仲裁司法审查案件，包括下列案件：

（一）申请确认仲裁协议效力案件；

（二）申请撤销我国内地仲裁机构的仲裁裁决案件；

（三）申请执行我国内地仲裁机构的仲裁裁决案件；

（四）申请认可和执行香港特别行政区、澳门特别行政区、台湾地区仲裁裁决案件；

（五）申请承认和执行外国仲裁裁决案件；

（六）其他仲裁司法审查案件。

第二条 各中级人民法院或者专门人民法院办理涉外涉港澳台仲裁司法审查案件，经审查拟认定仲裁协议无效，不予执行或者撤销我国内地仲裁机构的仲裁裁决，不予认可和执行香港特别行政区、澳门特别行政区、台湾地区仲裁裁决，不予承认和执行外国仲裁裁决，应当向本辖区所属高级人民法院报核；高级人民法院经审查拟同意的，应当向最高人民法院报核。待最高人民法院审核后，方可依最高人民法院的审核意见作出裁定。

各中级人民法院或者专门人民法院办理非涉外涉港澳台仲裁司法审查案件，经审查拟认定仲裁协议无效，不予执行或者撤销我国内地仲裁机构的仲裁裁决，应当向本辖区所属高级人民法院报核；待高级人民法院审核后，方可依高级人民法院的审核意见作出裁定。

第三条 本规定第二条第二款规定的非涉外涉港澳台仲裁司法审查案件，高级人民法院经审查，拟同意中级人民法院或者专门人民法院以违背社会公共利益为由不予执行或者撤销我国内地仲裁机构的仲裁裁决的，应当向最高人民法院报核，待最高人民法院审核后，方可依最高人民法院的审核意见作出裁定。

第四条 依据本规定第二条第二款由高级人民法院审核的案件，高级人民法院应当在作出审核意见之日起十五日内向最高人民法院报备。

第五条 下级人民法院报请上级人民法院审核的案件，应当将书面报告和案件卷宗材料一并上报。书面报告应当写明审查意见及具体理由。

第六条 上级人民法院收到下级人民法院的报核申请后，认为案件相关事实不清的，可以询问当事人或者退回下级人民法院补充查明事实后再报。

第七条 上级人民法院应当以复函的形式将审核意见答复下级人民法院。

第八条 在民事诉讼案件中，对于人民法院因涉及仲裁协议效力而作出的不予受理、驳回起诉、管辖权异议的裁定，当事人不服提起上诉，第二审人民法院经审查拟认定仲裁协议不成立、无效、失效、内容不明确无法执行的，须按照本规定第二条的规定逐级报核，待上级人民法院审核后，方可依上级人民法院的审核意见作出裁定。

第九条 本规定自 2018 年 1 月 1 日起施行，本院以前发布的司法解释与本规定不一致的，以本规定为准。

最高人民法院
关于审理仲裁司法审查案件若干问题的规定

（2017 年 12 月 4 日最高人民法院审判委员会第 1728 次会议通过，自 2018 年 1 月 1 日起施行）法释〔2017〕22 号

为正确审理仲裁司法审查案件，依法保护各方当事人合法权益，根据《中华人民共和国民事诉讼法》《中华人民共和国仲裁法》等法律规定，结合审判实践，制定本规定。

第一条 本规定所称仲裁司法审查案件，包括下列案件：

（一）申请确认仲裁协议效力案件；

（二）申请执行我国内地仲裁机构的仲裁裁决案件；

（三）申请撤销我国内地仲裁机构的仲裁裁决案件；

（四）申请认可和执行香港特别行政区、澳门特别行政区、台湾地区仲裁裁决案件；

（五）申请承认和执行外国仲裁裁决案件；

（六）其他仲裁司法审查案件。

第二条 申请确认仲裁协议效力的案件，由仲裁协议约定的仲裁机构所在地、仲裁协议签订地、申请人住所地、被申请人住所地的中级人民法院或者专门人民法院管辖。

涉及海事海商纠纷仲裁协议效力的案件，由仲裁协议约定的仲裁机构所在地、仲裁协议签订地、申请人住所地、被申请人住所地的海事法院管辖；上述地点没有海事法院的，由就近的海事法院管辖。

第三条 外国仲裁裁决与人民法院审理的案件存在关联，被申请人住所地、被申请人财产所在地均不在我国内地，申请人申请承认外国仲裁裁决的，由受理关联案件的人民法院管辖。受理关联案件的人民法院为基层人民法院的，申请承认外国仲裁裁决的案件应当由该基层人民法院的上一级人民法院管辖。受理关联案件的人民法院是高级人民法院或者最高人民法院的，由上述法院决定自行审查或者指定中级人民法院审查。

外国仲裁裁决与我国内地仲裁机构审理的案件存在关联，被申请人住所地、被申请人财产所在地均不在我国内地，申请人申请承认外国仲裁裁决的，由受理关联案件的仲裁机构所在地的中级人民法院管辖。

第四条 申请人向两个以上有管辖权的人民法院提出申请的，由最先立案的人民法院管辖。

第五条 申请人向人民法院申请确认仲裁协议效力的，应当提交申请书及仲裁协议正本或者经证明无误的副本。

申请书应当载明下列事项：

（一）申请人或者被申请人为自然人的，应当载明其姓名、性别、出生日期、国籍及住所；为法人或者其他组织的，应当载明其名称、住所以及法定代表人或者代表人的姓名和职务；

（二）仲裁协议的内容；

（三）具体的请求和理由。

当事人提交的外文申请书、仲裁协议及其他文件，应当附有中文译本。

第六条 申请人向人民法院申请执行或者撤销我国内地仲裁机构的仲裁裁决、申请承认和执行外国仲裁裁决的，应当提交申请书及裁决书正本或者经证明无误的副本。

申请书应当载明下列事项：

（一）申请人或者被申请人为自然人的，应当载明其姓名、性别、出生日期、国籍及住所；为法人或者其他组织的，应当载明其名称、住所以及法定代表人或者代表人的姓名和职务；

（二）裁决书的主要内容及生效日期；

（三）具体的请求和理由。

当事人提交的外文申请书、裁决书及其他文件，应当附有中文译本。

第七条 申请人提交的文件不符合第五条、第六条的规定，经人民法院释明后提交的文件仍然不符合规定的，裁定不予受理。

申请人向对案件不具有管辖权的人民法院提出申请，人民法院应当告知其向有管辖权的人民法院提出申请，申请人仍不变更申请的，裁定不予受理。

申请人对不予受理的裁定不服的，可以提起上诉。

第八条 人民法院立案后发现不符合受理条件的，裁定驳回申请。

前款规定的裁定驳回申请的案件，申请人再次申请并符合受理条件的，人民法院应予受理。

当事人对驳回申请的裁定不服的，可以提起上诉。

第九条 对于申请人的申请，人民法院应当在七日内审查决定是否受理。

人民法院受理仲裁司法审查案件后，应当在五日内向申请人和被申请人发出通知书，告知其受理情况及相关的权利义务。

第十条 人民法院受理仲裁司法审查案件后，被申请人对管辖权有异议的，应当自收到人民法院通知之日起十五日内提出。人民法院对被申请人提出的异议，应当审查并作出裁定。当事人对裁定不服的，可以提起上诉。

在中华人民共和国领域内没有住所的被申请人对人民法院的管辖权有异议的，应当自收到人民法院通知之日起三十日内提出。

第十一条 人民法院审查仲裁司法审查案件，应当组成合议庭并询问当事人。

第十二条 仲裁协议或者仲裁裁决具有《最高人民法院关于适用〈中华人民共和国涉外民事关系法律适用法〉若干问题的解释（一）》第一条规定情形的，为涉外仲裁协议或者涉外仲裁裁决。

第十三条 当事人协议选择确认涉外仲裁协议效力适用的法律，应当作出明确的意思表示，仅约定合同适用的法律，不能作为确认合同中仲裁条款效力适用的法律。

第十四条 人民法院根据《中华人民共和国涉外民事关系法律适用法》第十八条的规定，确定确认涉外仲裁协议效力适用的法律时，当事人没有选择适用的法律，适用仲裁机构所在地的法律与适用仲裁地的法律将对仲裁协议的效力作出不同认定的，人民法院应当适用确认仲裁协议有效的法律。

第十五条 仲裁协议未约定仲裁机构和仲裁地，但根据仲裁协议约定适用的仲裁规则可以确定仲裁机构或者仲裁地的，应当认定其为《中华人民共和国涉外民事关系法律适用法》第十八条中规定的仲裁机构或者仲裁地。

第十六条 人民法院适用《承认及执行外国仲裁裁决公约》审查当事人申请承认和执行外国仲裁裁决案件时，被申请人以仲裁协议无效为由提出抗辩的，人民法院应当依照该公约第五条第一款（甲）项的规定，确定确认仲裁协议效力应当适用的法律。

第十七条 人民法院对申请执行我国内地仲裁机构作出的非涉外仲裁裁决案件的审查，适用《中华人民共和国民事诉讼法》第二百三十七条的规定。

人民法院对申请执行我国内地仲裁机构作出的涉外仲裁裁决案件的审查，适用《中华人民共和国民事诉讼法》第二百七十四条的规定。

第十八条 《中华人民共和国仲裁法》第五十八条第一款第六项和《中华人民共和国民事诉讼法》第二百三十七条第二款第六项规定的仲裁员在仲裁该案时有索贿受贿，徇私舞弊，枉法裁决行为，是指已经由生效刑事法律文书或者纪律处分决定所确认的行为。

第十九条 人民法院受理仲裁司法审查案件后，作出裁定前，申请人请求撤回申请的，裁定准许。

第二十条 人民法院在仲裁司法审查案件中作出的裁定，除不予受理、驳回申请、管辖权异议的裁定外，一经送达即发生法律效力。当事人申请复议、提出上诉或者申请再审的，人民法院不予受理，但法律和司法解释另有规定的除外。

第二十一条 人民法院受理的申请确认涉及香港特别行政区、澳门特别行政区、台湾地区仲裁协议效力的案件，申请执行或者撤销我国内地仲裁机构作出的涉及香港特别行政区、澳门特别行政区、台湾地区仲裁裁决的案件，参照适用涉外仲裁司法审查案件的规定审查。

第二十二条 本规定自 2018 年 1 月 1 日起施行，本院以前发布的司法解释与本规定不一致的，以本规定为准。

最高人民法院关于人民法院
办理仲裁裁决执行案件若干问题的规定

（2018 年 1 月 5 日最高人民法院审判委员会第 1730 次会议通过，自 2018 年 3 月 1 日起施行）法释〔2018〕5 号

为了规范人民法院办理仲裁裁决执行案件，依法保护当事人、案外人的合法权益，根据《中华人民共和国民事诉讼法》《中华人民共和国仲裁法》等法律规定，结合人民法院执行工作实际，制定本规定。

第一条 本规定所称的仲裁裁决执行案件，是指当事人申请人民法院执行仲裁机构依据仲裁法作出的仲裁裁决或者仲裁调解书的案件。

第二条 当事人对仲裁机构作出的仲裁裁决或者仲裁调解书申请执行的，由被执行人住所地或者被执行的财产所在地的中级人民法院管辖。

符合下列条件的，经上级人民法院批准，中级人民法院可以参照民事诉讼法第三十八条的规定指定基层人民法院管辖：

（一）执行标的额符合基层人民法院一审民商事案件级别管辖受理范围；

（二）被执行人住所地或者被执行的财产所在地在被指定的基层人民法院辖区内；

被执行人、案外人对仲裁裁决执行案件申请不予执行的，负责执行的中级人民法院应当另行立案审查处理；执行案件已指定基层人民法院管辖的，应当于收到不予执行申请后三日内移送原执行法院另行立案审查处理。

第三条 仲裁裁决或者仲裁调解书执行内容具有下列情形之一导致无法执行的，人民法院可以裁定驳回执行申请；导致部分无法执行的，可以裁定驳回该部分的执行申请；导致部分无法执行且该部分与其他部分不可分的，可以裁定驳回执行申请。

（一）权利义务主体不明确；

（二）金钱给付具体数额不明确或者计算方法不明确导致无法计算出具体数额；

（三）交付的特定物不明确或者无法确定；

（四）行为履行的标准、对象、范围不明确；

仲裁裁决或者仲裁调解书仅确定继续履行合同，但对继续履行的权利义务，以及履行的方式、期限等具体内容不明确，导致无法执行的，依照前款规定处理。

第四条 对仲裁裁决主文或者仲裁调解书中的文字、计算错误以及仲裁庭已经认定但在裁决主文中遗漏的事项，可以补正或说明的，人民法院应当书面告知仲裁庭补正或说明，或者向仲裁机构调阅仲裁案卷查明。仲裁庭不补正也不说明，且人民法院调阅仲裁案卷后执行内容仍然不明确具体无法执行的，可以裁定驳回执行申请。

第五条 申请执行人对人民法院依照本规定第三条、第四条作出的驳回执行申请裁定不服的，可以自裁定送达之日起十日内向上一级人民法院申请复议。

第六条 仲裁裁决或者仲裁调解书确定交付的特定物确已毁损或者灭失的，依照《最高人民法院关于适用〈中华人民共和国民事诉讼法〉的解释》第四百九十四条的规定处理。

第七条 被执行人申请撤销仲裁裁决并已由人民法院受理的，或者被执行人、案外人对仲裁裁决执行案件提出不予执行申请并提供适当担保的，执行法院应当裁定中止执行。中止执行期间，人民法院应当停止处分性措施，但申请执行人提供充分、有效的担保请求继续执行的除外；执行标的查封、扣押、冻结期限届满前，人民法院可以根据当事人申请或者依职权办理续行查封、扣押、冻结手续。

申请撤销仲裁裁决、不予执行仲裁裁决案件司法审查期间，当事人、案外人申请对已查封、扣押、冻结之外的财产采取保全措施的，负责审查的人民法院参照民事诉讼法第一百条的规定处理。司法审查后仍需继续执行的，保全措施自动转为执行中的查封、扣押、冻结措施；采取保全措施的人民法院与执行法院不一致的，应当将保全手续移送执行法院，保全裁定视为执行法院作出的裁定。

第八条 被执行人向人民法院申请不予执行仲裁裁决的，应当在执行通知书送达之日起十五日内提出书面申请；有民事诉讼法第二百三十七条第二款第四、六项规定情形且执行程序尚未终结的，应当自知道或者应当知道有关事实或案件之日起十五日内提出书面申请。

本条前款规定期限届满前，被执行人已向有管辖权的人民法院申请撤销仲裁裁决且已被受理的，自人民法院驳回撤销仲裁裁决申请的裁判文书生效之日起重新计算期限。

第九条 案外人向人民法院申请不予执行仲裁裁决或者仲裁调解书的，应当提交申请书以及证明其请求成立的证据材料，并符合下列条件：

（一）有证据证明仲裁案件当事人恶意申请仲裁或者虚假仲裁，损害其合法权益；

（二）案外人主张的合法权益所涉及的执行标的尚未执行终结；

（三）自知道或者应当知道人民法院对该标的采取执行措施之日起三十日内提出。

第十条 被执行人申请不予执行仲裁裁决，对同一仲裁裁决的多个不予执行事由应当一并提出。不予执行仲裁裁决申请被裁定驳回后，再次提出申请的，人民法院不予审查，但有新证据证明存在民事诉讼法第二百三十七条第二款第四、六项规定情形的除外。

第十一条 人民法院对不予执行仲裁裁决案件应当组成合议庭围绕被执行人申请的事由、案外人的申请进行审查；对被执行人没有申请的事由不予审查，但仲裁裁决可能违背社会公共利益的除外。

被执行人、案外人对仲裁裁决执行案件申请不予执行的，人民法院应当进行询问；被执行人在询问终结前提出其他不予执行事由的，应当一并审查。人民法院审查时，认为必要的，可以要求仲裁庭作出说明，或者向仲裁机构调阅仲裁案卷。

第十二条 人民法院对不予执行仲裁裁决案件的审查，应当在立案之日起两个月内审查完毕并作出裁定；有特殊情况需要延长的，经本院院长批准，可以延长一个月。

第十三条 下列情形经人民法院审查属实的，应当认定为民事诉讼法第二百三十七条第二款第二项规定的“裁决的事项不属于仲裁协议的范围或者仲裁机构无权仲裁的”情形：

（一）裁决的事项超出仲裁协议约定的范围；

（二）裁决的事项属于依照法律规定或者当事人选择的仲裁规则规定的不可仲裁事项；

（三）裁决内容超出当事人仲裁请求的范围；

（四）作出裁决的仲裁机构非仲裁协议所约定。

第十四条 违反仲裁法规定的仲裁程序、当事人选择的仲裁规则或者当事人对仲裁程序的特别约定，可能影响案件公正裁决，经人民法院审查属实的，应当认定为民事诉讼法第二百三十七条第二款第三项规定的“仲裁庭的组成或者仲裁的程序违反法定程序的”情形。

当事人主张未按照仲裁法或仲裁规则规定的方式送达法律文书导致其未能参与仲裁，或者仲裁员根据仲裁法或仲裁规则的规定应当回避而未回避，可能影响公正裁决，经审查属实的，人民法院应当支持；仲裁庭按照仲裁法或仲裁规则以及当事人约定的方式送达仲裁法律文书，当事人主张不符合民事诉讼法有关送达规定的，人民法院不予支持。

适用的仲裁程序或仲裁规则经特别提示，当事人知道或者应当知道法定仲裁程序或选择的仲裁规则未被遵守，但仍然参加或者继续参加仲裁程序且未提出异议，在仲裁裁决作出之后以违反法定程序为由申请不予执行仲裁裁决的，人民法院不予支持。

第十五条 符合下列条件的，人民法院应当认定为民事诉讼法第二百三十七条第二款第四项规定的“裁决所根据的证据是伪造的”情形：

（一）该证据已被仲裁裁决采信；

（二）该证据属于认定案件基本事实的主要证据；

（三）该证据经查明确属通过捏造、变造、提供虚假证明等非法方式形成或者获取，违反证据的客观性、关联性、合法性要求。

第十六条 符合下列条件的，人民法院应当认定为民事诉讼法第二百三十七条第二款第五项规定的“对方当事人向仲裁机构隐瞒了足以影响公正裁决的证据的”情形：

（一）该证据属于认定案件基本事实的主要证据；

（二）该证据仅为对方当事人掌握，但未向仲裁庭提交；

（三）仲裁过程中知悉存在该证据，且要求对方当事人出示或者请求仲裁庭责令其提交，但对方当事人无正当理由未予出示或者提交。

当事人一方在仲裁过程中隐瞒己方掌握的证据，仲裁裁决作出后以己方所隐瞒的证据足以影响公正裁决为由申请不予执行仲裁裁决的，人民法院不予支持。

第十七条 被执行人申请不予执行仲裁调解书或者根据当事人之间的和解协议、调解协议作出的仲裁裁决，人民法院不予支持，但该仲裁调解书或者仲裁裁决违背社会公共利益的除外。

第十八条 案外人根据本规定第九条申请不予执行仲裁裁决或者仲裁调解书，符合下列条件的，人民法院应当支持：

（一）案外人系权利或者利益的主体；

（二）案外人主张的权利或者利益合法、真实；

（三）仲裁案件当事人之间存在虚构法律关系，捏造案件事实的情形；

（四）仲裁裁决主文或者仲裁调解书处理当事人民事权利义务的结果部分或者全部错误，损害案外人合法权益。

第十九条 被执行人、案外人对仲裁裁决执行案件逾期申请不予执行的，人民法院应当裁定不予受理；已经受理的，应当裁定驳回不予执行申请。

被执行人、案外人对仲裁裁决执行案件申请不予执行，经审查理由成立的，人民法院应当裁定不予执行；理由不成立的，应当裁定驳回不予执行申请。

第二十条 当事人向人民法院申请撤销仲裁裁决被驳回后，又在执行程序中以相同事由提出不予执行申请的，人民法院不予支持；当事人向人民法院申请不予执行被驳回后，又以相同事由申请撤销仲裁裁决的，人民法院不予支持。

在不予执行仲裁裁决案件审查期间，当事人向有管辖权的人民法院提出撤销仲裁裁决申请并被受理的，人民法院应当裁定中止对不予执行申请的审查；仲裁裁决被撤销或者决定重新仲裁的，人民法院应当裁定终结执行，并终结对不予执行申请的审查；撤销仲裁裁决申请被驳回或者申请执行人撤回撤销仲裁裁决申请的，人民法院应当恢复对不予执行申请的审查；被执行人撤回撤销仲裁裁决申请的，人民法院应当裁定终结对不予执行申请的审查，但案外人申请不予执行仲裁裁决的除外。

第二十一条 人民法院裁定驳回撤销仲裁裁决申请或者驳回不予执行仲裁裁决、仲裁调解书申请的，执行法院应当恢复执行。

人民法院裁定撤销仲裁裁决或者基于被执行人申请裁定不予执行仲裁裁决，原被执行人申请执行回转或者解除强制执行措施的，人民法院应当支持。原申请执行人对已履行或者被人民法院强制执行的款物申请保全的，人民法院应当依法准许；原申请执行人在人民法院采取保全措施之日起三十日内，未根据双方达成的书面仲裁协议重新申请仲裁或者向人民法院起诉的，人民法院应当裁定解除保全。

人民法院基于案外人申请裁定不予执行仲裁裁决或者仲裁调解书，案外人申请执行回转或者解除强制执行措施的，人民法院应当支持。

第二十二条 人民法院裁定不予执行仲裁裁决、驳回或者不予受理不予执行仲裁裁决申请后，当事人对该裁定提出执行异议或者申请复议的，人民法院不予受理。

人民法院裁定不予执行仲裁裁决的，当事人可以根据双方达成的书面仲裁协议重新申请仲裁，也可以向人民法院起诉。

人民法院基于案外人申请裁定不予执行仲裁裁决或者仲裁调解书，当事人不服的，可以自裁定送达之日起十日内向上一级人民法院申请复议；人民法院裁定驳回或者不予受理案外人提出的不予执行仲裁裁决、仲裁调解书申请，案外人不服的，可以自裁定送达之日起十日内向上一级人民法院申请复议。

第二十三条 本规定第八条、第九条关于对仲裁裁决执行案件申请不予执行的期限自本规定施行之日起重新计算。

第二十四条 本规定自2018年3月1日起施行，本院以前发布的司法解释与本规定不一致的，以本规定为准。

本规定施行前已经执行终结的执行案件，不适用本规定；本规定施行后尚未执行终结的执行案件，适用本规定。

中华人民共和国仲裁法（修订）（征求意见稿）

第一章　总　则

第一条　为保证公正、及时地仲裁经济纠纷，保护当事人的合法权益，保障社会主义市场经济健康发展，促进国际经济交往，制定本法。

第二条　自然人、法人和其他组织之间发生的合同纠纷和其他财产权益纠纷，可以仲裁。

下列纠纷不能仲裁：

（一）婚姻、收养、监护、扶养、继承纠纷；

（二）法律规定应当由行政机关处理的行政争议。

其他法律有特别规定的，从其规定。

第三条　当事人采用仲裁方式解决纠纷，应当双方自愿，达成仲裁协议。

第四条　仲裁应当诚实善意、讲究信用、信守承诺。

第五条　当事人达成仲裁协议，一方向人民法院起诉的，人民法院不予受理，但仲裁协议无效的除外。

第六条　仲裁的管辖由当事人协议约定，不实行级别管辖和地域管辖。

第七条　仲裁应当根据事实，符合法律规定，参照交易习惯，公平合理地解决纠纷。

第八条　仲裁依法独立进行，不受行政机关、社会团体和个人的干涉。

第九条　仲裁实行一裁终局的制度。裁决作出后，当事人不得就同一纠纷再申请仲裁或者向人民法院起诉。

裁决被人民法院依法裁定撤销的，当事人就该纠纷可以根据双方重新达成的仲裁协议申请仲裁，也可以向人民法院起诉。

第十条　人民法院依法支持和监督仲裁。

第二章　仲裁机构、仲裁员和仲裁协会

第十一条　仲裁机构可以在直辖市和省、自治区人民政府所在地的市设立，也可以根据需要在其他设区的市设立，不按行政区划层层设立。

仲裁机构由前款规定的市的人民政府组织有关部门和商会统一组建。

其他确有需要设立仲裁机构的，由国务院司法行政部门批准后，参照前款规定组建。

第十二条　仲裁机构的设立，应当经省、自治区、直辖市的司法行政部门登记。

中国国际商会设立组建的仲裁机构，由国务院司法行政部门登记。

外国仲裁机构在中华人民共和国领域内设立业务机构、办理涉外仲裁业务的，由省、自治区、直辖市的司法行政部门登记，报国务院司法行政部门备案。

仲裁机构登记管理办法由国务院制定。

第十三条 仲裁机构是依照本法设立，为解决合同纠纷和其他财产权益纠纷提供公益性服务的非营利法人，包括仲裁委员会和其他开展仲裁业务的专门组织。

仲裁机构经登记取得法人资格。

第十四条 仲裁机构独立于行政机关，与行政机关没有隶属关系。仲裁机构之间也没有隶属关系。

第十五条 仲裁机构应当具备下列条件：

（一）有自己的名称、住所和章程；

（二）有必要的财产；

（三）有必要的组织机构；

（四）有聘任的仲裁员。

仲裁机构的章程应当依照本法制定。

第十六条 仲裁机构按照决策权、执行权、监督权相互分离、有效制衡、权责对等的原则制定章程，建立非营利法人治理结构。

仲裁机构的决策机构为委员会的，由主任一人、副主任二至四人和委员七至十一人组成，主任、副主任和委员由法律、经济贸易专家和有实际工作经验的人员担任，其中法律、经济贸易专家不得少于三分之二。

仲裁机构的决策、执行机构主要负责人在任期间不得担任本机构仲裁员。在职公务员不得兼任仲裁机构的执行机构主要负责人。

仲裁机构应当建立监督机制。

仲裁机构应当定期换届，每届任期五年。

第十七条 仲裁机构应当建立信息公开机制，及时向社会公开机构章程、登记备案情况、收费标准、年度工作报告、财务等信息。

第十八条 仲裁员应当由公道正派的人员担任，并符合下列条件之一：

（一）通过国家统一法律职业资格考试取得法律职业资格，从事仲裁工作满八年的；

（二）从事律师工作满八年的；

（三）曾任法官满八年的；

（四）从事法律研究、教学工作并具有高级职称的；

（五）具有法律知识、从事经济贸易等专业工作并具有高级职称或者具有同等专业水平的。

有下列情形之一的，不得担任仲裁员：

（一）无民事行为能力或者限制民事行为能力的；

（二）受过刑事处罚的，但过失犯罪的除外；

（三）根据法律规定，有不能担任仲裁员的其他情形的。

仲裁机构按照不同专业设仲裁员推荐名册。

第十九条 中国仲裁协会是仲裁行业的自律性组织，是社会团体法人。

仲裁机构是中国仲裁协会的会员。与仲裁有关的教学科研机构、社会团体可以申请成为中国仲裁协会的会员。会员的权利、义务由协会章程规定。

中国仲裁协会的权力机构是全国会员代表大会，协会章程由全国会员代表大会制定。

第二十条　中国仲裁协会履行下列职责：

（一）根据章程对仲裁机构、仲裁员和其他仲裁从业人员的违纪行为进行监督；

（二）依照本法制定示范仲裁规则，供仲裁机构和当事人选择适用；

（三）依法维护会员合法权益，为会员提供服务；

（四）协调与有关部门和其他行业的关系，优化仲裁发展环境；

（五）制定仲裁行业业务规范，组织从业人员业务培训；

（六）组织仲裁业务研究，促进国内外业务交流与合作；

（七）协会章程规定的其他职责。

第三章　仲裁协议

第二十一条　仲裁协议包括合同中订立的仲裁条款和以其他书面方式在纠纷发生前或者纠纷发生后达成的具有请求仲裁的意思表示的协议。

一方当事人在仲裁中主张有仲裁协议，其他当事人不予否认的，视为当事人之间存在仲裁协议。

第二十二条　有下列情形之一的，仲裁协议无效：

（一）约定的仲裁事项超出法律规定的仲裁范围的；

（二）无民事行为能力人或者限制民事行为能力人订立的仲裁协议；

（三）一方采取胁迫手段，迫使对方订立仲裁协议的。

第二十三条　仲裁协议独立存在，合同的变更、解除、不生效、无效、被撤销或者终止，不影响仲裁协议的效力。

仲裁庭有权确认合同的效力。

第二十四条　纠纷涉及主从合同，主合同与从合同的仲裁协议约定不一致的，以主合同的约定为准。从合同没有约定仲裁协议的，主合同的仲裁协议对从合同当事人有效。

第二十五条　公司股东、合伙企业的有限合伙人依照法律规定，以自己的名义，代表公司、合伙企业向对方当事人主张权利的，该公司、合伙企业与对方当事人签订的仲裁协议对其有效。

第二十六条　法律规定当事人可以向人民法院提起民事诉讼，但未明确不能仲裁的，当事人订立的符合本法规定的仲裁协议有效。

第二十七条　当事人可以在仲裁协议中约定仲裁地。当事人对仲裁地没有约定或者约定不明确的，以管理案件的仲裁机构所在地为仲裁地。

仲裁裁决视为在仲裁地作出。

仲裁地的确定，不影响当事人或者仲裁庭根据案件情况约定或者选择在与仲裁地不同的合适地点进行合议、开庭等仲裁活动。

第二十八条　当事人对仲裁协议是否存在、有效等效力问题或者仲裁案件的管辖权有异议的，应当在仲裁规则规定的答辩期限内提出，由仲裁庭作出决定。

仲裁庭组成前，仲裁机构可以根据表面证据决定仲裁程序是否继续进行。

当事人未经前款规定程序直接向人民法院提出异议的，人民法院不予受理。

当事人对仲裁协议效力或者管辖权决定有异议的，应当自收到决定之日起十日内，提请仲裁地的中级人民法院审查。当事人对仲裁协议无效或者仲裁案件无管辖权的裁定不服的，可以自裁定送达之日起十日内向上一级人民法院申请复议。人民法院应当在受理复议申请之日起一个月内作出裁定。

人民法院的审查不影响仲裁程序的进行。

第四章　仲裁程序

第一节　一般规定

第二十九条　仲裁应当平等对待当事人，当事人有充分陈述意见的权利。

第三十条　当事人可以约定仲裁程序或者适用的仲裁规则，但违反本法强制性规定的除外。

当事人没有约定或者约定不明确的，仲裁庭可以按照其认为适当的方式仲裁，但违反本法强制性规定的除外。

仲裁程序可以通过网络方式进行。

仲裁程序应当避免不必要的延误和开支。

第三十一条　仲裁不公开进行。当事人协议公开的，可以公开进行，但涉及国家秘密的除外。

第三十二条　当事人在仲裁程序中可以通过调解方式解决纠纷。

第三十三条　一方当事人知道或者应当知道仲裁程序或者仲裁协议中规定的内容未被遵守，仍参加或者继续进行仲裁程序且未及时提出书面异议的，视为其放弃提出异议的权利。

第三十四条　仲裁文件应当以合理、善意的方式送达当事人。

当事人约定送达方式的，从其约定。

当事人没有约定的，可以采用当面递交、挂号信、特快专递、传真，或者电子邮件、即时通讯工具等信息系统可记载的方式送达。

仲裁文件经前款规定的方式送交当事人，或者发送至当事人的营业地、注册地、住所地、经常居住地或者通讯地址，即为送达。

如果经合理查询不能找到上述任一地点，仲裁文件以能够提供投递记录的其他手段投递给当事人最后一个为人所知的营业地、注册地、住所地、经常居住地或者通讯地址，视为送达。

第二节　申请和受理

第三十五条　当事人申请仲裁应当符合下列条件：

（一）有仲裁协议；

（二）有具体的仲裁请求和事实、理由；

（三）属于本法规定的仲裁范围。

当事人应当向仲裁协议约定的仲裁机构申请仲裁。

仲裁协议对仲裁机构约定不明确，但约定适用的仲裁规则能够确定仲裁机构的，由该仲裁机构受理；对仲裁规则也没有约定的，当事人可以补充协议；达不成补充协议的，由最先立案的仲裁机构受理。

仲裁协议没有约定仲裁机构，当事人达不成补充协议的，可以向当事人共同住所地的仲裁机构提起仲裁；当事人没有共同住所地的，由当事人住所地以外最先立案的第三地仲裁机构受理。

仲裁程序自仲裁申请提交至仲裁机构之日开始。

第三十六条　当事人申请仲裁，应当向仲裁机构递交仲裁协议、仲裁申请书及附件。

第三十七条　仲裁申请书应当载明下列事项：

（一）当事人的姓名、性别、年龄、职业、工作单位和住所，法人或者其他组织的名称、住所和法定代表人或者主要负责人的姓名、职务；

（二）仲裁请求和所根据的事实、理由；

（三）证据和证据来源、证人姓名和住所。

第三十八条　仲裁机构收到仲裁申请书之日起五日内，认为符合受理条件的，应当受理，并通知当事人；认为不符合受理条件的，应当书面通知当事人不予受理，并说明理由。

第三十九条　仲裁机构受理仲裁申请后，应当在仲裁规则规定的期限内将仲裁规则和仲裁员名册送达申请人，并将仲裁申请书及其附件和仲裁规则、仲裁员名册送达被申请人。

被申请人收到仲裁申请书后，应当在仲裁规则规定的期限内向仲裁机构提交答辩书。仲裁机构收到答辩书后，应当在仲裁规则规定的期限内将答辩书及其附件送达申请人。被申请人未提交答辩书的，不影响仲裁程序的进行。

第四十条　当事人达成仲裁协议，一方向人民法院起诉未声明有仲裁协议，人民法院受理后，另一方在首次开庭前提交仲裁协议的，人民法院应当驳回起诉，但仲裁协议无效的除外；另一方在首次开庭前未对人民法院受理该案提出异议的，视为放弃仲裁协议，人民法院应当继续审理。

第四十一条　申请人可以放弃或者变更仲裁请求。被申请人可以承认或者反驳仲裁请求，有权提出反请求。

第四十二条　当事人、法定代理人可以委托律师和其他代理人进行仲裁活动。委托律师和其他代理人进行仲裁活动的，应当向仲裁机构提交授权委托书。

第三节　临时措施

第四十三条　当事人在仲裁程序进行前或者进行期间，为了保障仲裁程序的进行、查明争议事实或者裁决执行，可以请求人民法院或者仲裁庭采取与争议标的相关的临时性、紧急性措施。

临时措施包括财产保全、证据保全、行为保全和仲裁庭认为有必要的其他短期措施。

第四十四条 一方当事人因其他当事人的行为或者其他原因，可能使裁决不能执行、难以执行或者给当事人造成其他损害的，可以申请财产保全和行为保全。

第四十五条 在证据可能灭失或者以后难以取得的情况下，当事人可以申请证据保全。

第四十六条 当事人在提起仲裁前申请保全措施的，依照相关法律规定直接向人民法院提出。

当事人提起仲裁后申请保全措施的，可以直接向被保全财产所在地、证据所在地、行为履行地、被申请人所在地或者仲裁地的人民法院提出；也可以向仲裁庭提出。

第四十七条 当事人向人民法院提出保全措施申请的，人民法院应当依照相关法律规定及时作出保全措施。

当事人向仲裁庭申请保全措施的，仲裁庭应当及时作出决定，并要求当事人提供担保。保全决定经由当事人或者仲裁机构提交有管辖权的人民法院后，人民法院应当根据相关法律规定及时执行。

当事人因申请错误造成损害的，应当赔偿其他当事人因此所遭受的损失。

第四十八条 当事人申请其他临时措施的，仲裁庭应当综合判断采取临时措施的必要性与可行性，及时作出决定。

前款规定的临时措施作出后，经一方当事人申请，仲裁庭认为确有必要的，可以决定修改、中止或者解除临时措施。

临时措施决定需要人民法院提供协助的，当事人可以向人民法院申请协助执行，人民法院认为可以协助的，依照相关法律规定执行。

第四十九条 临时措施需要在中华人民共和国领域外执行的，当事人可以直接向有管辖权的外国法院申请执行。

仲裁庭组成前，当事人需要指定紧急仲裁员采取临时措施的，可以依照仲裁规则向仲裁机构申请指定紧急仲裁员。紧急仲裁员的权力保留至仲裁庭组成为止。

第四节 仲裁庭的组成

第五十条 仲裁庭可以由三名仲裁员或者一名仲裁员组成。由三名仲裁员组成的，设首席仲裁员。

当事人可以在仲裁员推荐名册内选择仲裁员，也可以在名册外选择仲裁员。当事人在名册外选择的仲裁员，应当符合本法规定的条件。

当事人约定仲裁员条件的，从其约定；但当事人的约定无法实现或者存在本法规定的不得担任仲裁员情形的除外。

第五十一条 当事人约定由三名仲裁员组成仲裁庭的，应当各自选定一名仲裁员，未能选定的由仲裁机构指定；第三名仲裁员由当事人共同选定；当事人未能共同选定的，由已选定或者指定的两名仲裁员共同选定；两名仲裁员未能共同选定的，由仲裁机构指定。第三名仲裁员是首席仲裁员。

当事人约定由一名仲裁员成立仲裁庭的，应当由当事人共同选定；当事人未能共同选定的，由仲裁机构指定。

第五十二条 仲裁庭组成后，仲裁员应当签署保证独立、公正仲裁的声明书，仲裁机构应当将仲裁庭的组成情况及声明书送达当事人。

仲裁员知悉存在可能导致当事人对其独立性、公正性产生合理怀疑的情形的，应当书面披露。

当事人收到仲裁员的披露后，如果以披露的事项为由申请该仲裁员回避，应当在十日内书面提出。逾期没有申请回避的，不得以仲裁员曾经披露的事项为由申请该仲裁员回避。

第五十三条 仲裁员有下列情形之一的，必须回避，当事人也有权提出回避申请：

（一）是本案当事人或者当事人、代理人的近亲属；

（二）与本案有利害关系；

（三）与本案当事人、代理人有其他关系，可能影响公正仲裁的；

（四）私自会见当事人、代理人，或者接受当事人、代理人的请客送礼的。

第五十四条 当事人提出回避申请，应当说明理由，在首次开庭前提出。回避事由在首次开庭后知道的，或者书面审理的案件，当事人应当在得知回避事由之日起十日内提出。

当事人对其选定的仲裁员要求回避的，只能根据选定之后才得知的理由提出。

第五十五条 仲裁员是否回避，由仲裁机构决定；回避决定应当说明理由。

在回避决定作出前，被申请回避的仲裁员可以继续参与仲裁程序。

第五十六条 仲裁员因回避或者其他原因不能履行职责的，应当依照本法规定重新选定或者指定仲裁员。

因回避而重新选定或者指定仲裁员后，当事人可以请求已进行的仲裁程序重新进行，是否准许，由仲裁庭决定；仲裁庭也可以自行决定已进行的仲裁程序是否重新进行。

第五十七条 仲裁员有本法第五十三条第四项规定的情形，情节严重的，或者有本法第七十七条第六项规定的情形的，应当依法承担法律责任，仲裁机构应当将其除名。

第五节　审理和裁决

第五十八条 仲裁应当开庭进行。当事人协议不开庭的，仲裁庭可以根据仲裁申请书、答辩书以及其他材料书面审理，作出裁决。

第五十九条 仲裁机构应当在仲裁规则规定的期限内将开庭日期通知双方当事人。当事人有正当理由的，可以在仲裁规则规定的期限内请求延期开庭。是否延期，由仲裁庭决定。

第六十条 申请人经书面通知，无正当理由不到庭或者未经仲裁庭许可中途退庭的，可以视为撤回仲裁申请。

被申请人经书面通知，无正当理由不到庭或者未经仲裁庭许可中途退庭的，可以缺席裁决。

第六十一条 当事人应当对自己的主张提供证据。

仲裁庭认为有必要收集的证据，可以自行收集，必要时可以请求人民法院协助。

第六十二条 仲裁庭对专门性问题认为需要鉴定的，可以交由当事人约定的鉴定部门鉴定，也可以由仲裁庭指定的鉴定部门鉴定。

根据当事人的请求或者仲裁庭的要求，鉴定部门应当派鉴定人参加开庭。当事人经仲裁庭许可，可以向鉴定人提问。

第六十三条 证据应当及时送达当事人和仲裁庭。

当事人可以约定质证方式，或者通过仲裁庭认为合适的方式质证。

仲裁庭有权对证据效力及其证明力作出判断，依法合理分配举证责任。

第六十四条 当事人在仲裁过程中有权进行辩论。辩论终结时，首席仲裁员或者独任仲裁员应当征询当事人的最后意见。

第六十五条 仲裁庭应当将开庭情况记入笔录。当事人和其他仲裁参与人认为对自己陈述的记录有遗漏或者差错的，有权申请补正。如果不予补正，应当记录该申请。

笔录由仲裁员、记录人员、当事人和其他仲裁参与人签名或者盖章。

第六十六条 当事人申请仲裁后，可以自行和解。达成和解协议的，可以请求仲裁庭根据和解协议作出裁决书，也可以撤回仲裁申请。

第六十七条 当事人达成和解协议，撤回仲裁申请后反悔的，可以根据仲裁协议申请仲裁。

第六十八条 仲裁庭在作出裁决前，可以先行调解。当事人自愿调解的，仲裁庭应当调解。调解不成的，应当及时作出裁决。

调解达成协议的，仲裁庭应当制作调解书或者根据协议的结果制作裁决书。调解书与裁决书具有同等法律效力。

第六十九条 当事人在仲裁庭组成前达成调解协议的，可以请求组成仲裁庭，由仲裁庭根据调解协议的内容制作调解书或者裁决书；也可以撤回仲裁申请。

当事人在仲裁庭组成后自愿选择仲裁庭之外的调解员调解的，仲裁程序中止。当事人达成调解协议的，可以请求恢复仲裁程序，由原仲裁庭根据调解协议的内容制作调解书或者裁决书；也可以撤回仲裁申请。达不成调解协议的，经当事人请求，仲裁程序继续进行。

第七十条 当事人根据仲裁协议申请仲裁机构对调解协议进行仲裁确认的，仲裁机构应当组成仲裁庭，仲裁庭经依法审核，可以根据调解协议的内容作出调解书或者裁决书。

第七十一条 调解书应当写明仲裁请求和当事人协议的结果。调解书由仲裁员签名，加盖仲裁机构印章，送达双方当事人。

调解书经双方当事人签收后，即发生法律效力。

在调解书签收前当事人反悔的，仲裁庭应当及时作出裁决。

第七十二条 裁决应当按照多数仲裁员的意见作出，少数仲裁员的不同意见可以记入笔录。仲裁庭不能形成多数意见时，裁决应当按照首席仲裁员的意见作出。

第七十三条　裁决书应当写明仲裁请求、争议事实、裁决理由、裁决结果、仲裁地、仲裁费用的负担和裁决日期。当事人协议不愿写明争议事实和裁决理由的，可以不写。裁决书由仲裁员签名，加盖仲裁机构印章。对裁决持不同意见的仲裁员，可以签名，也可以不签名。

第七十四条　仲裁庭仲裁纠纷时，其中一部分事实已经清楚，可以就该部分先行作出部分裁决。

仲裁庭仲裁纠纷时，其中有争议事项影响仲裁程序进展或者需要在最终裁决作出前予以明确的，可以就该问题先行作出中间裁决。

部分裁决和中间裁决有履行内容的，当事人应当履行。

当事人不履行部分裁决的，对方当事人可以依法申请人民法院强制执行。

部分裁决或者中间裁决是否履行不影响仲裁程序的进行和最终裁决的作出。

第七十五条　对裁决书中的文字、计算错误或者仲裁庭已经裁决但在裁决书中遗漏的事项，仲裁庭应当补正；当事人自收到裁决书之日起三十日内，可以请求仲裁庭补正。

申请执行的裁决事项内容不明确导致无法执行的，人民法院应当书面告知仲裁庭，仲裁庭可以补正或者说明。仲裁庭的解释说明不构成裁决书的一部分。

第七十六条　裁决书自作出之日起发生法律效力。

第五章　申请撤销裁决

第七十七条　当事人提出证据证明裁决有下列情形之一的，可以向仲裁地的中级人民法院申请撤销裁决：

（一）没有仲裁协议或者仲裁协议无效的；

（二）裁决的事项不属于仲裁协议的范围或者超出本法规定的仲裁范围的；

（三）被申请人没有得到指定仲裁员或者进行仲裁程序的通知，或者其他不属于被申请人负责的原因未能陈述意见的；

（四）仲裁庭的组成或者仲裁的程序违反法定程序或者当事人约定，以致于严重损害当事人权利的；

（五）裁决因恶意串通、伪造证据等欺诈行为取得的；

（六）仲裁员在仲裁该案时有索贿受贿，徇私舞弊，枉法裁决行为的。

人民法院经组成合议庭审查核实裁决有前款规定情形之一的，应当裁定撤销。

当事人申请撤销的情形仅涉及部分裁决事项的，人民法院可以部分撤销。裁决事项不可分的，应当裁定撤销。

人民法院认定该裁决违背社会公共利益的，应当裁定撤销。

第七十八条　当事人申请撤销裁决的，应当自收到裁决书之日起三个月内提出。

第七十九条　人民法院应当在受理撤销裁决申请之日起两个月内作出撤销裁决或者驳回申请的裁定。

第八十条　人民法院受理撤销裁决的申请后，认为可以由仲裁庭重新仲裁的，通知仲裁庭在一定期限内重新仲裁，并裁定中止撤销程序。

仲裁庭在人民法院指定的期限内开始重新仲裁的，人民法院应当裁定终结撤销程序；未开始重新仲裁的，人民法院应当裁定恢复撤销程序。

当事人申请撤销裁决的，人民法院经审查符合下列情形，可以通知仲裁庭重新仲裁：

（一）裁决依据的证据因客观原因导致虚假的；

（二）存在本法第七十七条第三项、第四项规定的情形，经重新仲裁可以弥补的。

人民法院应当在通知中说明要求重新仲裁的具体理由。

人民法院可以根据案件情况在重新仲裁通知中限定审理期限。

重新仲裁由原仲裁庭仲裁。当事人以仲裁庭的组成或者仲裁员的行为不规范为由申请撤销的，应当另行组成仲裁庭仲裁。

第八十一条 当事人对撤销裁决的裁定不服的，可以自收到裁定之日起十日内向上一级人民法院申请复议。人民法院应当在受理复议申请之日起一个月内作出裁定。

第六章 执 行

第八十二条 当事人应当履行裁决。一方当事人不履行的，对方当事人可以向有管辖权的中级人民法院申请执行。

人民法院经审查认定执行该裁决不违背社会公共利益的，应当裁定确认执行；否则，裁定不予确认执行。

裁定书应当送达当事人和仲裁机构。

裁决被人民法院裁定不予确认执行的，当事人就该纠纷可以根据重新达成的仲裁协议申请仲裁，也可以向人民法院起诉。

第八十三条 一方当事人申请执行裁决，另一方当事人申请撤销裁决的，人民法院应当裁定中止执行。

人民法院裁定撤销裁决的，应当裁定终结执行。撤销裁决的申请被裁定驳回的，人民法院应当裁定恢复执行。

第八十四条 裁决执行过程中，案外人对执行标的提出书面异议的，人民法院应当自收到书面异议之日起十五日内审查，理由成立的，裁定中止对该标的的执行；理由不成立的，裁定驳回。

案外人应当自知道或者应当知道人民法院对该标的采取执行措施之日起三十日内，且主张的合法权益所涉及的执行标的尚未执行终结前提出。

第八十五条 案外人有证据证明裁决的部分或者全部内容错误，损害其民事权益的，可以依法对当事人提起诉讼。

案外人起诉且提供有效担保的，该裁决中止执行。裁决执行的恢复或者终结，由人民法院根据诉讼结果裁定。

第八十六条 发生法律效力的仲裁裁决，当事人请求执行的，如果被执行人或者其财产不在中华人民共和国领域内，应当由当事人直接向有管辖权的外国法院申请承认和执行。

第八十七条 在中华人民共和国领域外作出的仲裁裁决，需要人民法院承认和执行的，应当由当事人直接向被执行人住所地或者其财产所在地的中级人民法院申请。

如果被执行人或者其财产不在中华人民共和国领域内，但其案件与人民法院审理的案件存在关联的，当事人可以向受理关联案件的人民法院提出申请。

如果被执行人或者其财产不在中华人民共和国领域内，但其案件与我国领域内仲裁案件存在关联的，当事人可以向仲裁机构所在地或者仲裁地的中级人民法院提出申请。

人民法院应当依照中华人民共和国缔结或者参加的国际条约，或者按照互惠原则办理。

第七章 涉外仲裁的特别规定

第八十八条 具有涉外因素的纠纷的仲裁，适用本章规定。本章没有规定的，适用本法其他有关规定。

第八十九条 从事涉外仲裁的仲裁员，可以由熟悉涉外法律、仲裁、经济贸易、科学技术等专门知识的中外专业人士担任。

第九十条 涉外仲裁协议的效力认定，适用当事人约定的法律；当事人没有约定涉外仲裁协议适用法律的，适用仲裁地法律；对适用法律和仲裁地没有约定或者约定不明确的，人民法院可以适用中华人民共和国法律认定该仲裁协议的效力。

第九十一条 具有涉外因素的商事纠纷的当事人可以约定仲裁机构仲裁，也可以直接约定由专设仲裁庭仲裁。

专设仲裁庭仲裁的仲裁程序自被申请人收到仲裁申请之日开始。

当事人没有约定仲裁地或者约定不明确的，由仲裁庭根据案件情况确定仲裁地。

第九十二条 专设仲裁庭仲裁的案件，无法及时组成仲裁庭或者需要决定回避事项的，当事人可以协议委托仲裁机构协助组庭、决定回避事项。当事人达不成委托协议的，由仲裁地、当事人所在地或者与争议有密切联系地的中级人民法院指定仲裁机构协助确定。

指定仲裁机构和确定仲裁员人选时，应当考虑当事人约定的仲裁员条件，以及仲裁员国籍、仲裁地等保障仲裁独立、公正、高效进行的因素。

人民法院作出的指定裁定为终局裁定。

第九十三条 专设仲裁庭仲裁的案件，裁决书经仲裁员签名生效。

对裁决持不同意见的仲裁员，可以不在裁决书上签名；但应当出具本人签名的书面不同意见并送达当事人。不同意见不构成裁决书的一部分。

仲裁庭应当将裁决书送达当事人，并将送达记录和裁决书原件在送达之日起三十日内提交仲裁地的中级人民法院备案。

第八章　附　则

第九十四条　法律对仲裁时效有规定的，适用该规定。法律对仲裁时效没有规定的，适用诉讼时效的规定。

第九十五条　仲裁规则应当依照本法制定。

第九十六条　当事人应当按照规定交纳仲裁费用。

收取仲裁费用的办法，由国务院价格主管部门会同国务院司法行政部门制定。

第九十七条　劳动争议和农业集体经济组织内部的农业承包合同纠纷的仲裁，另行规定。

第九十八条　本法施行前制定的有关仲裁的规定与本法的规定相抵触的，以本法为准。

第九十九条　本法自 年 月 日起施行。

××仲裁委员会仲裁案件庭审程序规范

第一条 为了规范仲裁案件的庭审活动，充分保障当事人的仲裁权利，提高仲裁案件办理的质量和效率，根据《中华人民共和国仲裁法》《××仲裁委员会仲裁规则》《××仲裁委员会仲裁员管理办法》和《××仲裁委员会办公室仲裁秘书工作规范》，特制定本规范。

第二条 以下人员的庭审活动，应当遵守本规范的规定：

（一）仲裁员；

（二）仲裁当事人、代理人；

（三）其他仲裁参与人；

（三）仲裁庭秘书。

第三条 仲裁员开庭审理仲裁案件，应当遵守如下纪律：

（一）普通程序案件提前30分钟到庭召开庭前会议，简易程序案件提前15分钟到庭；

（二）严格执行仲裁员回避制度；

（三）平等公允对待双方当事人；

（四）不得与当事人发生争执；

（五）着装整洁、语言文明、举止端庄；

（六）不得吸烟；

（七）不得酒后开庭；

（八）不得擅自离庭；

（九）关闭手机；

（十）不得从事与庭审无关的其他活动。

第四条 仲裁当事人、代理人及其他仲裁参与人参加庭审，应当遵守如下纪律：

（一）准时到庭，不得迟到或提前退庭；

（二）在仲裁庭的引导下依次进行陈述、答辩、举证质证、辩论等庭审活动，不得插话发言，遵守庭审秩序；

（三）不得鼓掌、喧哗、哄闹和实施其他妨害庭审活动的行为；

（四）不得在仲裁庭内随意走动；

（五）不得吸烟；

（六）未经仲裁庭许可，不得摄像、拍照、录音；

（七）关闭手机；

（八）不得从事与庭审无关的其他活动。

第五条 开庭审理前，仲裁庭秘书应当做好如下工作：

（一）参加庭前会议并作好记录；

（二）电脑、案件卷宗准备到位；

（三）调试仲裁庭的同步录音录像等必要设备；

（四）查验当事人、代理人及其他仲裁参与人是否到庭。

开庭前仲裁庭秘书应当宣布庭审纪律并向仲裁庭报告各方当事人的出庭情况。

第六条 普通程序案件庭审由首席仲裁员主持，简易程序案件庭审由独任仲裁员主持。

第七条 开庭时间届至，仲裁庭按以下情况处理：

（一）各方当事人均已到庭的，及时宣布开庭；

（二）当事人有正当理由未能到庭的，宣布推迟或者改期开庭；

（三）申请人无正当理由未到庭的，宣布视为撤回仲裁申请；

（四）被申请人无正当理由未到庭的，宣布缺席审理；

（五）其他仲裁参与人未到庭的，不影响仲裁庭宣布开庭。

第八条 主持人应当告知当事人仲裁员的组成情况，并按照申请人及其代理人、被申请人及其代理人的顺序，逐一核对到庭当事人、代理人的身份及代理权限，并询问当事人对对方出庭人员有无异议。

如果有申请旁听的人员，仲裁庭应当询问对方当事人是否同意旁听。如果不同意旁听，仲裁庭应当告知旁听人员离庭。

未经仲裁庭许可，证人、专家辅助人、鉴定人和勘验人等不得旁听案件审理。

第九条 庭审调查前，仲裁庭应当宣读仲裁员声明书，并告知当事人在仲裁中的各项权利和义务。

第十条 仲裁庭应当询问当事人是否对仲裁庭组成人员、仲裁庭秘书、翻译人员、鉴定人、勘验人等申请回避。

如果当事人口头申请回避，应当说明理由并记录在案，仲裁庭宣布休庭。回避申请由本会主任作出决定后，再继续开庭或者另行组成仲裁庭审理。

第十一条 当事人不申请回避的，仲裁庭依次询问被申请人是否收到本会送达的申请书副本、是否提交答辩书，并视情况询问申请人是否收到答辩书副本。

本会已经受理反请求的，仲裁庭应当宣布将本请求、反请求合并审理。

第十二条 仲裁庭宣布进行庭审调查，庭审调查按下列顺序进行：

（一）由申请人陈述仲裁请求及依据的事实和理由；

（二）由被申请人陈述答辩意见及依据的事实和理由；

（三）有反请求合并审理的，由被申请人陈述反请求及依据的事实和理由；

（四）申请人陈述对反请求的答辩意见及依据的事实和理由。

第十三条 仲裁庭组织双方当事人对证据材料进行举证、质证。

当事人在庭前证据交换程序中确认没有争议的事实和证据，仲裁庭应当进行简要归纳，予以确认并记录在案。

第十四条 当事人举证、质证应当按照申请人举证、被申请人质证，再由被申请人举证、申请人质证的顺序依次进行。

反请求的举证、质证顺序相同。经仲裁庭同意，当事人也可以对本请求、反请求合并举证、质证。

第十五条 当事人举示证据应当说明证据名称、证据来源以及证明目的。

当事人应当围绕证据的真实性、合法性和关联性发表质证意见。

举证、质证可以一证一质，也可以分组进行。

第十六条 当事人申请证人出庭作证，仲裁庭予以准许的，通知证人到庭。

有多名证人出庭作证的，一名证人出庭时其他证人不得在场。

证人出庭作证按照下列顺序进行：

（一）仲裁庭查验证人身份，证人签署如实作证保证书；

（二）仲裁庭向证人调查询问；

（三）申请人、被申请人依次询问证人；

（四）证人发言完毕，仲裁庭告知其核对笔录，签名确认后离庭；

（五）申请人或被申请人归纳发表对证人证言的质证意见。

各方当事人均申请有证人出庭作证的，按照申请人、被申请人的顺序依次通知其证人到庭。反请求相同。

第十七条 当事人申请专家辅助人出庭作证，仲裁庭予以准许的，通知专家辅助人到庭。

有多名专家辅助人出庭的，一名专家辅助人出庭作证时其他专家辅助人不得在场。

专家辅助人出庭作证按照下列顺序进行：

（一）专家辅助人介绍身份、职称及从事与本案相关的专业情况；

（二）仲裁庭就专业问题询问专家辅助人；

（三）申请人、被申请人就专业问题依次询问专家辅助人；

（四）专家辅助人发言完毕，仲裁庭告知其核对笔录，签名确认后离庭；

（五）申请人或被申请人归纳发表对专家辅助人证言的质证意见。

各方当事人均申请有专家辅助人出庭的，按照申请人、被申请人的顺序依次通知到庭。反请求相同。

第十八条 仲裁庭调取的证据材料，应当当庭出示并质证。

第十九条 鉴定人、勘验人应当出庭接受当事人的询问或就专业问题作说明，当事人同意不出庭的除外。

申请人、被申请人依次对鉴定意见或者勘验笔录发表质证意见。

经仲裁庭许可，当事人可以向鉴定人、勘验人发问。

鉴定人、勘验人发言完毕，经仲裁庭许可，核对笔录并签名确认后离庭。

第二十条 对当事人举示的证据，仲裁庭调查的证据、鉴定意见以及勘验笔录，仲裁庭可以当庭认证并说明理由，也可以庭后在裁决书中予以说明。

第二十一条 举证、质证完毕后，仲裁庭可以就与案件相关的事实询问各方当事人。

经仲裁庭同意，各方当事人可以就与案件相关的事实相互发问。

第二十二条 庭审调查结束后，仲裁庭应当组织当事人进行辩论。

仲裁庭应当归纳争议焦点，引导当事人围绕争议焦点进行辩论。

庭审辩论按照申请人、被申请人的顺序依次进行，一般不超过两轮。

仲裁庭应当提醒当事人不要重复陈述意见。

双方当事人没有新的意见，仲裁庭宣布辩论结束。

反请求可以一并发表辩论意见，也可以分别发表。

第二十三条 在辩论阶段，因双方当事人抗辩而导出与本案有密切关系的新事实，仲裁庭可以恢复庭审调查。

第二十四条 当事人在庭审辩论终结前提出变更仲裁请求或者反请求，仲裁庭同意的，应当要求当事人提交书面变更申请，并询问对方当事人是否需要另行指定答辩、举证期。对方当事人要求当庭答辩并不需要举证的，继续开庭；对方当事人需要答辩、举证期的，仲裁庭告知其答辩、举证期限后宣布休庭。

第二十五条 庭审辩论终结，仲裁庭应当询问双方当事人的最后陈述意见。

第二十六条 仲裁庭应当询问双方当事人是否愿意调解。

当事人表示愿意调解的，仲裁庭应当宣布休庭并组织调解。调解过程中仲裁庭给予适当的引导，可以采取当事人面对面调解，也可以采取分别与当事人单独沟通等方式，最终促使双方达成调解。

调解结束后，仲裁庭宣布恢复庭审，并向双方当事人告知调解结果。

当事人申请庭外自行和解的，仲裁庭应当告知双方和解期限，当事人应当在仲裁庭告知的和解期限内将和解结果告知仲裁庭；逾期未告知的，视为和解不成功。

第二十七条 仲裁庭应当询问当事人对案件已经进行的仲裁程序有无异议。

有异议的，由仲裁庭决定相关仲裁程序是否重新进行。

无异议的，仲裁庭宣布本次庭审结束。

第二十八条 所有到庭的当事人、代理人应当阅读庭审笔录，并在指定位置签名和签署日期。

当事人、代理人不得擅自修改庭审笔录。当事人或者代理人认为庭审笔录需要补正的，经仲裁庭同意，由仲裁庭秘书补正，当事人或者代理人在补正处签名或者加按手印。仲裁庭不同意补正的，由仲裁庭秘书记录该申请。

第二十九条 仲裁庭在庭审中发现当事人提交的材料有页码缺漏、页面残损、字迹模糊，或者需要提交书面代理意见的，应当要求当事人在一定期限内补充完善和提交。

第三十条 庭审过程由本会全程录音、录像。

第三十一条 本规范自××××年×月×日起施行。

××仲裁委员会庭审程序示范文本

仲裁庭秘书：现在宣布庭审纪律：

1. 不准喧哗；
2. 不准随意走动；
3. 不准吸烟；
4. 关闭移动电话；
5. 未经仲裁庭许可，不准随意发言；
6. 不准摄像、拍照、录音。

报告仲裁庭，双方当事人均已到庭，请开庭。

首席仲裁员（独任仲裁员）（以下简称“首（独）”）：

本会受理的×××与×××纠纷一案，现在开庭。

本案由×××、×××、×××组成仲裁庭，其中×××为首席仲裁员（独任庭略）。本仲裁庭成员已签署仲裁员声明书（宣读仲裁员声明书，略）。

本案由仲裁庭秘书×××记录，庭审过程全程录音录像。

一、查验双方当事人和代理人的基本情况

首（独）：请申请人陈述姓名、性别、民族、出生日期、住址、身份证号（若当事人为法人或其他组织的，则应当查验营业执照、法定代表人或主要负责人身份证明）以及代理人的身份情况和代理权限。

申：

首（独）：请被申请人陈述你方当事人以及代理人的基本情况（查验内容与申请方相同）。

被：

首（独）：今天到庭的当事人，对另一方出庭人员的身份有无异议？

【若有申请旁听的人员，则询问对方当事人是否同意旁听】

申：

被：

二、宣布当事人的仲裁权利

首（独）：现在宣布当事人在仲裁活动中的权利：

依照《××仲裁委员会仲裁规则》的规定，当事人有下列权利：

1. 委托代理人参与仲裁；
2. 申请仲裁员回避；
3. 收集、提供证据，进行辩论；
4. 阅读庭审笔录并申请补正。

首（独）：申请人听清楚了没有，是否申请回避？

申：

首（独）：被申请人听清楚了没有，是否申请回避？

被：

三、庭审调查

首（独）：现在开始庭审调查。被申请人，本会送达给你的申请书副本收到没有，是否提交答辩书？

被：

【如果提交了答辩书，则询问申请人是否收到答辩书副本】

【如果被申请人于庭前提出了反请求，本会业已受理的，则询问申请人是否收到反请求申请书副本、是否对反请求提交答辩书，并宣布根据仲裁规则的规定，对本请求、反请求合并审理】

首（独）：申请人，请陈述你方的仲裁请求、事实依据和理由。

申：

首（独）：被申请人，请陈述你方的答辩意见、事实依据和理由。

被：

【反请求合并审理的，按以下程序进行：

首（独）：被申请人，请陈述你方的反请求、事实依据和理由。

被：

首（独）：申请人，请陈述你方对反请求的答辩意见、事实依据和理由。

申：】

首（独）：现在组织双方举证、质证。

请申请人逐一举示证据并说明证据来源、证明目的。

申：

首（独）：请被申请人对申请人举示证据的真实性、合法性、关联性发表质证意见。

被：

首（独）：请被申请人逐一举示证据并说明证据来源、证明目的。

被：

首（独）：请申请人对被申请人举示证据的真实性、合法性、关联性发表质证意见。

申：

【如果有证人出庭作证，按以下程序进行：

首（独）：申请人（被申请人）在举证期限内，申请证人出庭作证，本庭予以同意。请申请人（被申请人）陈述证人出庭作证的证明目的。

申（被）：

首（独）：通知证人×××到庭。请证人向本庭陈述你的身份情况。

证人：

首（独）：证人×××，你应当签署《如实作证保证书》，如实向本庭陈述所了解的与本案有关的情况，不得作伪证，否则应当承担法律责任，听清楚没有？

证人：
首（独）：证人请谈一下本案×××的情况。
证人：
首（独）：现在双方当事人可以向证人提问。
申（被）：
证人：
首（独）：谢谢证人的配合，请核对笔录，签名确认后离庭。
首（独）：请被申请人（申请人）对证人证言归纳发表质证意见。】
【如有专家辅助人、鉴定人或勘验人出庭，参照证人出庭的程序进行】
首（独）：双方当事人还有无证据向本庭出示？
申：
被：
首（独）：现在本庭向双方当事人提问：1.……；2.……。
申：
被：
首（独）：庭审调查结束。
【仲裁庭根据情况可以休庭评议，复庭后向当事人宣布认定的事实和证据，也可以直接组织庭审辩论】
四、庭审辩论
首（独）：现在进行辩论。
【仲裁庭可以纳焦点，要求双方围绕争议的焦点问题发表辩论意见】
首（独）：请申请人发表辩论意见。
申：
首（独）：请被申请人发表辩论意见。
被：
【重复，一般组织两轮辩论】
首（独）：双方如果没有新的意见，辩论结束。
请申请人作最后陈述。
申 ：
首（独）：请被申请人作最后陈述。
被 ：
五、调解
首（独）：双方当事人是否愿意调解？
申：
被：
【如果当事人愿意调解，则组织双方调解：
首（独）：现在组织双方进行调解，休庭。
…………

首（独）：恢复庭审，宣布调解结果】

六、庭审结束

首（独）：双方当事人对本案已经进行的仲裁程序有无异议？

申：

被：

首（独）：本次庭审结束。请双方当事人、代理人阅读庭审笔录，签名确认。

后　记

仲裁与诉讼、调解等纠纷解决机制共同构成中国特色的多元化纠纷解决体系，这一体系的形成顺应了国际国内经济有序发展的需要和社会主体多样化的解纷需求，有利于推进国家治理体系和治理能力现代化。基于仲裁服务党和国家发展战略的重要价值，《中共中央关于全面推进依法治国若干重大问题的决定》提出“完善仲裁制度，提高仲裁公信力”，首次将仲裁纳入国家发展战略。中共中央办公厅、国务院办公厅《关于完善仲裁制度提高仲裁公信力的若干意见》则对仲裁发展提出了具体的制度完善要求。习近平总书记指出，要“把非诉讼纠纷解决机制挺在前面”。仲裁作为重要的非诉纠纷解决机制之一，应承担起更大的纠纷解决职责，并基于自身的“意思自治”特点，发挥预防纠纷的诉源治理功能。习近平法治思想中的“统筹推进国内法治和涉外法治”，赋予了中国仲裁新使命新活力，推进了中国仲裁国际化与国际仲裁中国化的双向发展。

伴随我国仲裁事业的蓬勃发展，日益丰富的仲裁实践对我们提出了更多的制度与理论挑战。为了适应我国仲裁事业的国内国际发展，急需培养一支能适应国家发展需求、熟悉国情特色、通晓理论实践的仲裁专业人才队伍和打造一套与时代发展相适应的仲裁教材。以此为立足点，我们编写了《仲裁法原理与实务》，作为西南政法大学“法律硕士精品系列教材”之一。本书体例新颖，各章编写以“内容摘要-学习目标-知识要点-本章涉及的法律条文-案例评析-疑难问题-课后训练-论文选题参考-延伸阅读”为框架，以我国现行《仲裁法》和其他调整仲裁活动的法律规范为依据，兼顾中国仲裁法原理与仲裁实务，涵盖了我国《仲裁法》的基本知识阐述、实务案例分析与理论前沿研讨，并通过疑难问题、课后训练与延伸阅读等板块夯实学习成果，延展学习的广度与深度，力求更好地阐释仲裁理论、传授实务技能、引导研究思考。

本书由杨建学教授担任主编，张平教授、卢荣荣副教授、侯国跃教授担任副主编。参与本书编写的作者有：杨建学（西南政法大学）、张平（西南政法大学）、卢荣荣（西南政法大学）、侯国跃（西南政法大学）、杨桦（重庆师范大学）、许志华（中国政法大学）、王筝（西南政法大学）、徐志强（西南政法大学）、吕辉（西南政法大学）、贺嘉（西南政法大学）、杨茗皓（西南政法大学）、邱威棋（西南政法大学）。全书撰稿分工如下（以撰写内容先后为序）：杨建学，第一章、第二章（合作)；邱威棋，第二章（合作)；卢荣荣，第三章；杨桦，第四章、第七章、第十二章（合作)；贺嘉，第五章；许志华，第六章；侯国跃，第八章；张平，第九章；吕辉，第十章；杨茗皓，第十一章；王筝，第十二章（合作)；徐志强，第十三章。

在本书的出版过程中，中国人民大学出版社和西南政法大学等有关单位给予了大力支持，西南政法大学仲裁研究院（仲裁学院）2023级硕士研究生张文俙、曹景灏、张晨、王若涵等同学在文字校对方面付出了辛勤劳动，在此一并表示感谢！

作为面向法律硕士的专业教材，《仲裁法原理与实务》是编者融合仲裁法理论与实务的积极探索。由于仲裁事业发展迅猛以及编者学识有限，书中疏漏在所难免，诚请关心我国仲裁事业进程、关注仲裁教育发展的社会各界人士批评指正。

编者

2024年3月

图书在版编目（CIP）数据

仲裁法原理与实务/杨建学主编. -- 北京：中国人民大学出版社，2024. 5
法律硕士精品系列教材
ISBN 978-7-300-32747-1

Ⅰ. ①仲… Ⅱ. ①杨… Ⅲ. ①仲裁法-中国-研究生-教材 Ⅳ. ①D925. 7

中国国家版本馆 CIP 数据核字（2024）第 082567 号

法律硕士精品系列教材
仲裁法原理与实务
主　编　杨建学
副主编　张　平　卢荣荣　侯国跃

出版发行	中国人民大学出版社		
社　　址	北京中关村大街 31 号	**邮政编码**	100080
电　　话	010－62511242（总编室）		010－62511770（质管部）
	010－82501766（邮购部）		010－62514148（门市部）
	010－62515195（发行公司）		010－62515275（盗版举报）
网　　址	http://www. crup. com. cn		
经　　销	新华书店		
印　　刷	天津鑫丰华印务有限公司		
开　　本	787 mm×1092 mm　1/16	**版　　次**	2024 年 5 月第 1 版
印　　张	19. 25 插页 1	**印　　次**	2024 年 5 月第 1 次印刷
字　　数	410 000	**定　　价**	59. 00 元

《　　　　　　》※任课教师调查问卷

为了能更好地为您提供优秀的教材及良好的服务，也为了进一步提高我社法学教材出版的质量，希望您能协助我们完成本次小问卷，完成后您可以在我社网站中选择与您教学相关的 1 本教材作为今后的备选教材，我们会及时为您邮寄送达！如果您不方便邮寄，也可以申请加入我社的**法学教师 QQ 群：436438859（申请时请注明法学教师）**，然后下载本问卷填写，并发往我们指定的邮箱（cruplaw@163.com）。

邮寄地址：北京市海淀区中关村大街 59 号中国人民大学出版社 1202 室收

邮　　编：100080

再次感谢您在百忙中抽出时间为我们填写这份调查问卷，您的举手之劳，将使我们获益匪浅！

基本信息及联系方式：※

姓名：__________ 性别：__________ 课程：__________

任教学校：__________ 院系（所）：__________

邮寄地址：__________ 邮编：__________

电话（办公）：__________ 手机：__________ 电子邮件：__________

调查问卷：※

1. 您认为图书的哪类特性对您使用教材最有影响力？（　　）（可多选，按重要性排序）
   A. 各级规划教材、获奖教材　　B. 知名作者教材
   C. 完善的配套资源　　D. 自编教材
   E. 行政命令
2. 在教材配套资源中，您最需要哪些？（　　）（可多选，按重要性排序）
   A. 电子教案　　B. 教学案例
   C. 教学视频　　D. 配套习题、模拟试卷
3. 您对于本书的评价如何？（　　）
   A. 该书目前仍符合教学要求，表现不错将继续采用。
   B. 该书的配套资源需要改进，才会继续使用。
   C. 该书需要在内容或实例更新再版后才能满足我的教学，才会继续使用。
   D. 该书与同类教材差距很大，不准备继续采用了。
4. 从您的教学出发，谈谈对本书的改进建议：__________

____

____

选题征集：如果您有好的选题或出版需求，欢迎您联系我们：

联系人：黄　强　联系电话：010-62515955

索取样书：书名：__________

书号：__________

备注：※ 为必填项。